LES

HUGUENOTS

ASNIÈRES. — IMP. LOUIS BOYER ET Cie, 7, RUE DU BOIS

LES

HUGUENOTS

CENT ANS DE PERSÉCUTION

1685-1789

PAR

DE JANZÉ

ANCIEN DÉPUTÉ

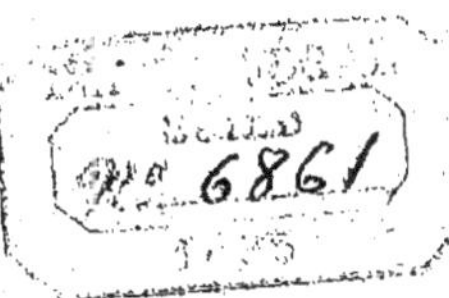

PARIS

GRASSART, LIBRAIRE-ÉDITEUR

2, RUE DE LA PAIX, 2

1886

Tous droits réservés

LES HUGUENOTS

PROLÉGOMÈNES

Memento

Ainsi que le dit Mably, c'est parce que l'on dédaigne, par indifférence, par paresse ou par présomption de profiter de l'expérience des siècles passés, que chaque siècle ramène le spectacle des mêmes erreurs et des mêmes calamités.

Or, n'est-ce pas mettre le pays en garde contre le retour des calamités qu'amène nécessairement l'application de la doctrine d'intolérance, chère à l'Église catholique, que de faire revivre comme une utile leçon de l'expérience du passé, la persécution religieuse qui, pendant plus d'un siècle, a fait des huguenots en France les représentants et les martyrs de la grande cause de la liberté de conscience ?

Pour obéir à l'église catholique qui lui enjoignait de fermer la bouche à l'erreur, Louis XIV a eu recours aux moyens les plus odieux de la corruption et de la violence; malgré les confiscations, les emprisonnements, les transportations, les expulsions, les condamnations aux galères, au gibet, à la roue et au bûcher, il n'est arrivé, au prix de la ruine et du dépeuplement de son royaume, qu'à obtenir

l'apparence menteuse d'une conversion générale des huguenots.

Ses successeurs, en acceptant le funeste legs de ses édits
contre les huguenots, se virent amenés à soumettre les *prétendus* convertis à un véritable régime de l'inquisition, à
multiplier les enlèvements d'enfants et à peupler les galères et les prisons, d'hommes et de femmes qui n'avaient
commis d'autre crime que de s'assembler pour prier Dieu
en mauvais français, ainsi que le dit Voltaire, et plus d'une
fois la recrudescence des persécutions renouvela le désastre
de l'émigration.

Sous Louis XVI, les idées de tolérance avaient fait de tels
progrès que le Gouvernement se trouvait impuissant à faire
observer les iniques dispositions des édits qu'il n'avait pas
osé abroger. Mais le mensonge *légal* qu'il n'y avait plus de
protestants en France, constituait pour les huguenots, dit
Rulhières, une persécution tacite ne paraissant pas et que
n'eût pas inventée Tibère lui-même.

« S'il existait depuis treize cents ans, (ajoute-t-il au
lendemain de l'édit de 1787 donnant un état civil aux
huguenots) une nation, devenue célèbre par tous les actes de
la paix et de la guerre, dont les leçons et les exemples eussent policé la plupart des peuples qui l'environnent, et qui
offrît encore au monde entier le modèle des mœurs douces,
des opinions modérées, des vertus sociales de l'extrême
civilisation, une nation qui, la première, eût introduit dans
la morale et posé en principe de gouvernement l'horreur
de l'esclavage, qui eût déclaré libres les esclaves aussitôt
qu'ils entrent sur ses frontières, et cependant, si la vingtième partie de ses citoyens retenus par la force et enfermés
dans ses frontières restaient sans culte religieux, sans professions civiles, sans droits de citoyens, sans épouses quoique

mariés, sans héritiers quoique pères ; s'ils ne pouvaient,
sans profaner publiquement la religion du pays, ou sans
désobéir ouvertement aux lois, ni naître, ni se marier, ni
mourir, que dirions-nous de cette nation ? Telle était il y a
peu de semaines encore, notre véritable histoire. Plus
d'un million de Français étaient privés, en France, du droit de
donner le nom et les prérogatives d'épouses et d'enfants légitimes, à ceux que la loi naturelle, supérieure à toutes les institutions civiles, ne cessait point de reconnaître sous ces deux
titres. Plus d'un million de Français avaient perdu, dans leur
patrie, ce droit dont tous les hommes jouissent, dans les
contrées sauvages comme dans les pays policés, ce droit
inséparable de l'humanité et qu'en France on ne refuse pas à
des malfaiteurs flétris par des condamnations infamantes. »

S'il en était ainsi, c'est parce que l'Église catholique, ayant
le privilège de la tenue des registres de l'état civil, avait voulu
faire de ce privilège un instrument de conversion vis-à-vis
des huguenots, obligés de s'adresser à elle pour donner une
constatation légale à leurs mariages, à leurs naissances et à
leurs décès. Les curés, imposant aux fiancés huguenots de
longues et dures épreuves de catholicité, avant de consentir
à les marier, et qualifiant de *bâtards*, dans leurs actes baptistaires, les enfants issus de mariages contractés au désert
et à l'étranger, les huguenots fuyaient les églises, ils allaient
se marier devant des pasteurs, et faisaient baptiser leurs
enfants par eux, mais, en agissant ainsi, ils n'avaient plus
d'état civil.

Pour mettre fin à un tel état de choses, Louis XVI, en
1787, promulga un édit qui — sans faire mention des protestants — permettait aux *non-catholiques* d'opter entre leur
curé et un fonctionnaire laïque pour donner une constatation
légale à leurs naissances, à leurs mariages et à leurs décès.

Dans un mandement des plus violents, l'évêque de la Rochelle protesta contre cet édit réparateur et, interdisant aux prêtres de son diocèse de faire fonctions d'officiers de l'état civil pour les *non catholiques* il leur enjoignit de déclarer à ceux qui se présenteraient devant eux que leur ministère était exclusivement réservé aux fidèles. En parlant ainsi, cet évêque était dans la logique de la doctrine catholique, en vertu de laquelle toutes les libertés et tous les droits doivent être *le privilège* des catholiques; en sorte que donner la liberté *à tous*, c'est *détruire* la liberté des catholiques, de même que c'est porter atteinte aux droits imprescriptibles de l'Église que de donner tous ses effets civils à un mariage qu'elle qualifie de *concubinat*, parce qu'il n'a pas été béni par elle. Que nous importe aujourd'hui, dira-t-on, la doctrine d'intolérance de l'Église catholique? notre société n'a-t-elle point pour base, l'égalité de tous les citoyens devant la loi, l'égalité des droits des sectateurs de toutes les religions et de toutes les opinions philosophiques?

Sans parler de l'explosion de cléricalisme qui s'est produite après le 24 mai, est-il permis d'oublier combien les flots de la mer politique sont changeants? Une surprise du scrutin, ainsi que la Belgique en a fait naguère l'épreuve, ainsi qu'en témoigne le vote du 4 octobre 1885 en France, ne pourrait-elle ramener au pouvoir, les partisans *masqués* d'une théocratie absolument hostile aux principes du droit nouveau? Sans doute un changement aussi radical dans l'orientation politique de notre pays, ne se produirait point sur une plate-forme électorale semblable à celle établie par M. Chesnelong et douze autres apôtres de l'ancien régime. Que l'on demande au pays de proclamer par son vote que l'indépendance de l'Église, c'est-à-dire son droit à la domination, que les libertés *nécessaires* de l'Église, c'est-à-dire la

suppression de la liberté des autres, sont des droits anté-
rieurs et supérieurs à tous les gouvernements, le pays ne
comprendra même pas ce langage d'un autre âge. Qu'on le
mette en demeure d'opter entre l'ancien régime et la révolution, ainsi que l'ont fait les ouvriers légitimistes des quatre-
vingts quartiers de Paris : « Nous réclamons la restauration
de la monarchie légitime et chrétienne ; arrière donc la révolution ! » il ne daignera même pas honorer d'une réponse une
telle mise en demeure ; mais, ne peut-il arriver que, sans
avoir été posée devant les électeurs, la question de la restauration d'un pouvoir théocratique se trouve tranchée par les
pouvoirs constitués ? N'a-t-on pas vu, en 1873, l'assemblée
nationale qui, en un jour de malheur, avait été élue avec la
mission spéciale de conclure la paix, sur le point de décider,
sans mandat, le rétablissement de la monarchie légitime, de
cette monarchie qui représentait l'alliance intime du trône
et de l'autel, l'asservissement politique et théologique du
peuple ?

Le comte de Chambord, en effet, plaçait ses chrétiennes
déclarations sous l'autorité du chef de la catholicité qui
avait condamné solennellement les erreurs du droit nouveau,
c'est-à-dire toutes les libertés ; et le pape, de son côté,
affirmait que la restauration de la monarchie légitime en
France, rendrait au régime et aux doctrines catholiques
toute la puissance des anciens jours.

L'assemblée nationale, au lieu de voter la monarchie
légitime, a fait la république à une voix de majorité, et le
comte de Chambord est descendu dans la tombe sans avoir
entendu sonner cette heure *de Dieu* qu'il ne se lassait pas
d'attendre ; mais il ne faut pas oublier que tout prince qui,
par force ou par ruse, se mettrait en possession du pouvoir
souverain, deviendrait fatalement, comme l'eût été

Henri V, le docile serviteur de l'Église. En effet, pour tenter quelque chose contre la démocratie, chaque parti monarchique est impuissant par lui-même, il est donc dans l'obligation de s'assurer *à tout prix* l'appui de l'Église si bien organisée pour la lutte, appui sans lequel il ne peut rien. En d'autres termes la monarchie en France sera cléricale ou elle ne sera pas, elle devra donc subordonner son pouvoir à celui de cette Église dont *le syllabus* est une véritable déclaration de guerre à tous les principes sur lesquels repose la société moderne.

Que s'est-il passé au mois d'octobre 1885? Les candidats monarchistes se sont bien gardés de montrer le plus petit coin de leur drapeau, et, sans demander aux électeurs de manifester leurs préférences pour telle ou telle dynastie, ils se sont bornés, qu'ils fussent bonapartistes, légitimistes ou orléanistes, à protester à l'envi de leur dévouement à la cause de l'Église. Il est vrai que dans les petits papiers anonymes distribués par le clergé à profusion, on disait aux électeurs des campagnes que voter pour les républicains, qui veulent assujétir les séminaristes au service militaire, c'était voter *pour le Démon*, tandis que nommer les monarchistes, partisans *masqués* de la théocratie, c'était voter *pour Jésus-Christ*.

Mais *les politiques*, comprenant qu'une telle plate-forme électorale n'avait aucune chance de succès devant le pays, ont tenté d'obtenir une surprise du scrutin, en posant aux électeurs cette question : voulez-vous qu'on renonce à une politique qui a provoqué la crise agricole et industrielle dont vous souffrez, et qui, par les dépenses exagérées et les expéditions lointaines, a mis le désordre dans les finances publiques?

Le suffrage universel ainsi consulté, a nommé deux cents

de ceux qui lui signalaient le mal, non parce qu'ils étaient partisans de la monarchie, mais parce qu'il a cru qu'ils seraient plus aptes que d'autres à guérir les maux qu'ils signalaient.

Mais, dès le lendemain de leur élection, ces partisans de la théocratie ont jeté le masque et annoncé tranquillement aux électeurs, de quelle singulière façon ils comptaient remplir le mandat qu'ils venaient de recevoir, le mandat de rendre aux pays sa prospérité et de rétablir le bon ordre dans nos finances.

Nous n'avons pas combattu, ont-ils dit, pour telle ou telle politique, mais pour jeter bas la république: *nous ne l'avons pas dit comme candidats,* mais maintenant nous n'avons plus à *nous gêner.* Nous rendrons tout ministère impossible jusqu'à ce qu'on dissolve la Chambre; si, après la dissolution, les monarchistes reviennent en majorité à la Chambre, ils jetteront le sénat par la fenêtre, si le sénat s'avise de s'opposer à leurs desseins révolutionnaires. Peut-être même, ont-ils ajouté, alors que les monarchistes sont encore en minorité, à la chambre des députés comme au sénat, faudra-t-il, pour hâter la chute de la République, la pousser avec la crosse d'un fusil ou le fer d'une fourche.

Il est fort à présumer que si la minorité monarchiste haussait demain son courage jusqu'à l'audace d'un coup de main, elle n'aurait pas à se féliciter de l'avoir fait. A je ne sais quel gascon de Bruxelles qui menaçait de faire envahir la France par l'armée belge, on se bornait à répondre: *et les douaniers!* de même aux monarchistes qui parlent de mettre le pied sur la gorge de la République, on peut répondre: *et les gendarmes!* mais il faut admettre toutes les hypothèses. Si, par impossible, un des prétendants à la couronne se trouvait violemment hissé sur les débris du trône de France, qu'arriverait-il?

Le nouveau souverain, roi ou empereur, ne pouvant rien sans l'Église, mis, par elle, en demeure de rendre au régime catholique la puissance des anciens jours, ne tarderait pas à succomber dans sa vaine tentative de ressusciter un passé mort et bien mort. La preuve la plus péremptoire de la certitude de l'échec qui l'attendrait, c'est l'accueil fait par les monarchistes eux-mêmes, à la proposition imprudemment faite par M. de Mun de constituer une ligue politico-religieuse pour préparer la restauration du gouvernement des curés. Considérer comme un droit de l'Église, l'exemption du service militaire pour les séminaristes, imposer le repos du dimanche, substituer le mariage religieux au mariage civil, réclamer la liberté de tester, en bon Français, le rétablissement du droit d'aînesse, etc., ce sont là de ces choses qu'on peut tenter d'accomplir dans l'ombre, quand on a le pouvoir, mais que l'on ne doit pas avoir la naïveté de demander publiquement à l'avance!

Le souverain improvisé qui, plagiaire de Louis XIV, voudrait se faire l'exécuteur des hautes œuvres de l'Église catholique, serait peut-être, dès le premier jour, tué par l'arme irrésistible du ridicule; peut-être, au contraire, avant de franchir la frontière en toute hâte, aurait-il multiplié les ruines et fait couler les flots de sang.

Dans un cas comme dans l'autre, et quelque mal qu'il eût pu faire à la France, il se trouverait des *sous-Massillon* pour le louer de ne pas s'être laissé arrêter dans son entreprise par les vues timides de la sagesse humaine, et des *sous-Veuillot* pour affirmer que les victimes de son intolérance ne sont pas à plaindre, mais que c'est lui qui, comme Louis XIV, a été le vrai martyr, parce qu'il a sacrifié à sa foi la prospérité de son royaume.

Je termine ce travail, au moment où le bi-centenaire de l'édit de révocation vient de rappeler à la mémoire de tous, cette année 1685, si cruelle pour les défenseurs de la liberté de conscience, ainsi que le montrait le célèbre ministre Dubosc, *l'homme de mon royaume qui parle le mieux*, disait Louis XIV, lorsqu'il écrivait de la terre d'exil :

« Quelle année, pour nous autres réfugiés ! une année qui nous a fait perdre notre patrie, nos familles, nos parents, nos amis, nos biens ; une année qui, par un malheur encore plus grand, nous a fait perdre nos églises, nos temples, nos sanctuaires. Une année qui nous a jetés ici, sur les bords de cette terre qui nous était inconnue, et où nous sommes comme de pauvres corps que la tempête a poussés par ses violentes secousses. Oh ! année triste entre toutes les années du monde ! »

Une restauration monarchique ne serait rien autre chose aujourd'hui qu'une restauration religieuse ; ainsi que le proclame M. Cazenove de Pradine, elle imposerait à la France les frais de la béatification d'un martyr aussi peu à plaindre que Louis XIV, et l'on pourrait dire de 1885 comme de 1685, que c'est une année triste entre toutes les années du monde.

CHAPITRE PREMIER

L'ÉDIT DE NANTES

Crois ce que je crois ou meurs. — L'Église. Ponce Pilate. — L'Église opportuniste. — Plan de Louis XIV. — Patience de Huguenot. — La parole du roi. — Absence de sens moral. — Marchandage des consciences. — Les mendiants de la cour. — La curée. — L'édit de révocation jugé par Saint-Simon.

Le jour où le huguenot Henri IV, faisant le saut périlleux, était passé du côté de la majorité catholique, estimant que Paris valait bien une messe, il avait imposé à cette majorité une grande nouveauté, *la tolérance*; par l'édit de Nantes, déclaré perpétuel et *irrévocable*, un traité solennel de paix avait été passé entre les catholiques et les protestants de France, sous la garantie de la parole du roi. Cet édit, grande charte de la liberté de conscience sous l'ancien régime, donnait une existence *légale* à la religion protestante, religion *tolérée*, en face du catholicisme, la religion *dominante* du royaume.

Par cet édit, le pouvoir civil s'élevait au-dessus des partis religieux, posant des limites qu'il ne leur était plus permis de franchir sans violer la loi de l'État. C'était là une grande nouveauté, puisque depuis bien des siècles chacun des princes catholiques de l'Europe disait à ses sujets : crois ce que je crois, ou

meurs, massacrait, envoyait au gibet ou au bûcher ceux que
l'Église lui dénonçait comme hérétiques. Ces princes n'étaient
que les dociles exécuteurs des hautes œuvres de cette Église into-
lérante, qui fait aux princes chrétiens un devoir de *fermer la
bouche à l'erreur*, et, parlant des hérétiques, dit, par l'organe du
doux Fénélon : *il faut écraser les loups !* Bossuet, lui-même,
affirme ainsi le droit des princes, à *forcer* leurs sujets au vrai
culte, et à punir ceux qui résistent aux moyens violents de conversion : « En quel endroit des écritures, dit-il, les schismatiques
et les hérétiques sont-ils exceptés du nombre de *ces malfaiteurs*,
contre lesquels saint Paul dit que Dieu même a *armé* les
princes ? Le prince doit employer son autorité à *détruire* les
fausses religions ; il est ministre de Dieu, *ce n'est pas en vain
qu'il porte l'épée.* »

Ce qu'il y a de plus étrange, c'est que l'Église, après l'extermi-
nation des Albigeois, les massacres de la Saint-Barthèlemy, les
auto-da-fé de l'inquisition, etc., ose soutenir qu'elle n'a jamais fait
couler une goutte de sang, *abhorret ecclesia a sanguine.*

Le pape, lors de la béatification de saint Vincent de Paul, après
avoir loué ce saint de ne s'être point lassé de réclamer du roi la
punition des hérétiques, ajoute :

« C'était le seul moyen pour que *la sévérité* du pouvoir sup-
pléât à *la douceur* religieuse, car l'Église qui, satisfaite par un
jugement canonique, *se refuse à une vengeance sanglante*, tire
cependant *un grand secours* de la rigueur des lois portées par les
princes chrétiens, lesquelles *forcent* souvent à recourir aux
secours spirituels ceux qu'effraie *le supplice corporel.* »

L'abbé Courval, un des habiles professeurs jésuites de nos
écoles libres, recourt à un semblable raisonnement pour dégager
l'Église de la responsabilité des *auto-da-fé*, dans lesquels des
centaines de mille d'hérétiques ont péri sur le bûcher :

« Le tribunal de l'Inquisition, dit-il, se contentait d'accabler
les hérétiques obstinés ou relaps, sous le poids des censures de
l'Église... *jamais l'Inquisition n'a condamné à mort.* Mais, comme
les princes d'alors voyaient dans l'hérésie, le blasphème et le
sacrilège autant de crimes contre la société, *ils saisissaient le
coupable, à sa sortie de l'Inquisition, et souvent le punissaient de
mort.* »

Ainsi, c'est l'Église qui a ordonné aux princes chrétiens de frapper de *supplices corporels* les crimes surnaturels de l'hérésie, du sacrilège et du blasphème et de traiter comme *des malfaiteurs* les hérétiques contre lesquels, dit-elle, Dieu les a armés ; et quand, pour lui obéir, ces princes ont fait périr des milliers de victimes, comme Ponce Pilate, elle se lave les mains et décline la responsabilité du sang versé !

Entre le maître qui a ordonné à son serviteur de commettre un meurtre et le serviteur qui a commis ce crime, la conscience publique hésitera-t-elle jamais à faire retomber la plus large part de responsabilité sur le maître ?

L'Église aura donc beau se frotter les mains comme lady Macbeth, pour faire disparaître la tache indélébile, ses mains resteront teintes du sang qu'a fait couler son impitoyable doctrine de l'intolérance.

Les jésuites de robes courtes ou de robes longues, ont toujours pratiqué d'ailleurs ce système a la Ponce Pilate de décliner pour l'Église, la responsabilité des mesures de rigueur qu'elle avait provoquées. Ainsi, à l'instigation de son clergé, Louis XIV ayant décrété qu'on enverrait aux galères tout huguenot qui tenterait de sortir du royaume, assisterait à une assemblée de prières, ou, dans une maladie, déclarerait vouloir mourir dans la religion réformée, ainsi que le conte Marteilhe dans ses mémoires, le supérieur des missionnaires de Marseille s'efforce de prouver aux forçats pour la foi que l'Église n'est pour rien dans leur malheur, qu'ils ne sont pas persécutés pour cause de religion ; à celui qui a été mis aux galères, pour avoir voulu sortir du royaume, il répond : « Le roi a défendu à ses sujets de sortir du royaume sans sa permission, on vous châtie pour avoir contrevenu aux ordres du roi ; *cela regarde la police de l'État et non l'Église et la religion* ».

A celui qui a été arrêté dans une assemblée, il dit :

« Autre contravention *aux ordres du roi*, qui a défendu de s'assembler pour prier Dieu, en aucun lieu que dans les paroisses et autres églises du royaume. »

A celui qui a déclaré vouloir mourir protestant, il dit de même :

« Encore une contravention *aux ordres du roi*, qui veut que tous ses sujets vivent et meurent dans la religion romaine. »

Et il conclut :

« Ainsi tous, tant que vous êtes, vous avez contrevenu aux ordres du roi, *l'Église n'a aucune part à votre condamnation; elle n'a ni assisté, ni procédé à votre procès, tout s'est passé, en un mot, hors d'elle et de sa connaissance.* »

Pour montrer à ce bon apôtre, le sophisme de l'argumentation en vertu de laquelle il voulait persuader aux galériens huguenots qu'ils n'étaient point persécutés pour cause de religion, Marteilhe déclare « qu'il consent à se rendre sur ce point, mais demande si on consentirait à le faire sortir des galères de suite, en attendant que les doutes qui lui restaient étant éclaircis, il se décidât d'abjurer. — Non assurément, répond le missionnaire, vous ne sortirez jamais des galères que vous n'ayiez fait votre abjuration dans toutes les formes. — Et si je fais cette abjuration, puis-je espérer d'en sortir bientôt ? — Quinze jours après, foi de prêtre ! — Pour lors, reprend Marteilhe, vous vous êtes efforcé par tous vos raisonnements sophistiques de nous prouver que nous n'étions pas persécutés pour cause de religion, et moi, sans aucune philosophie ni rhétorique, par deux simples et naïves demandes, je vous fais avouer que *c'est la religion qui me tient en galères*, car vous avez décidé que, si nous faisons abjuration dans les formes, nous en sortirons d'abord ; et au contraire qu'il n'y aura jamais de liberté pour nous si nous n'abjurons. » Les raisonnements sophistiques de ce missionnaire valaient ceux des jésuites qui déclinent pour l'Église la responsabilité des massacres et des supplices qu'elle a provoqués ou ordonnés.

Pour en revenir à l'édit de Nantes, faisant de la tolérance une loi obligatoire pour les partis religieux, on comprend que cet édit ne pouvait être accepté sans protestation par l'Église catholique qui professe la doctrine de l'intolérance.

Dès 1635, l'assemblée générale du clergé formulait ainsi son blâme :

« Entre toutes les calamités, il n'en est pas de plus grande, ni qui ait dû tant avertir et faire connaître l'ère de Dieu, que *cette liberté de conscience et permission à un chacun de croire ce que bon lui semblerait sans être inquiété ni recherché.* »

Et l'assemblée générale de 1651 exprimait en ces termes, son regret de ne pouvoir plus fermer violemment la bouche à l'erreur :

« Où sont les lois qui bannissent les hérétiques du commerce des hommes ? où sont les constitutions des empereurs Valentinien et Théodose qui déclarent l'hérésie un crime contre la république ? »

Mais si l'Église est invariable dans sa doctrine d'intolérance, elle se résigne quand il le faut à accepter la tolérance, comme une nécessité de circonstance, et modifiant son langage suivant les exigences du milieu dans lequel elle est appelée à vivre, elle dit, comme la chauve-souris de la fable :

Tantôt : je suis oiseau, voyez mes ailes !

Tantôt : je suis souris, vivent les rats !

Voici, en effet, la règle de conduite *opportuniste* que l'évêque de Ségur trace à l'Église :

« L'Église, dit-il, peut se trouver face à face, soit avec des pouvoirs ennemis, soit avec des pouvoirs indifférents, soit avec des pouvoirs amis.

— Elle dit aux premiers : Pourquoi me frappez-vous ? J'ai le droit de vivre, de parler, de remplir ma mission qui est *toute de bienfaisance.*

— Elle dit aux seconds : Celui qui n'est point avec moi, est contre moi. Pourquoi traitez-vous le mensonge comme la vérité, le mal comme le bien ?

— Elle dit aux troisièmes : Aidez-moi *à faire disparaître* tout ce qui est contraire à la très sainte volonté de Dieu. »

Or, ce qui est contraire à cette très sainte volonté, c'est, ainsi que le proclamait l'orateur du clergé en 1635, *la liberté de conscience*, c'est, ainsi que le disait le pape en 1877, la tolérance, à côté de l'enseignement catholique, d'autres enseignements, l'existence de temples protestants à côté des temples catholiques.

« Vous voyez ici la capitale du monde catholique, disait-il aux pèlerins bretons qu'il recevait au Vatican, où on a placé l'arche du nouveau testament, mais elle est entourée de beaucoup de Dagons ; d'un côté, l'on voit *l'enseignement protestant, incrédule, impie, de l'autre des temples protestants de toutes les sectes.* Que faire pour renverser tous ces Dagons ? Nous devons prier et espérer que l'arche sainte du nouveau testament sera bientôt libre, et *débarrassée de toutes ces idoles qui font honte à* la capitale du monde catholique. »

Quand l'Église n'a pas à sa disposition, des princes assez chrétiens pour fermer la bouche à l'erreur et détruire les fausses religions, elle déclare attendre d'une intervention d'en haut la réalisation de ses désirs, et sa patiente attente dure jusqu'à ce qu'elle trouve dans la puissance temporelle *un secours efficace.*

Entre temps elle ne laisse pas échapper une occasion de se rapprocher peu à peu de son but, en limitant habilement ses exigences apparentes, et en les mettant au niveau des possibilités du moment. C'est ainsi que le clergé de France se comporta vis-à-vis de l'édit de Nantes et, le détruisant pièce par pièce, finit par obtenir sa révocation ; en sorte qu'Élie Benoît a pu résumer ainsi l'histoire de ce mémorable édit : « Elle embrasse le règne de trois rois, dont le premier a donné aux réformés un édit et des sûretés, le second leur ôta les sûretés, et le troisième a cassé l'édit. »

Le clergé se borne d'abord à mettre dans la bouche de Henri IV ce vœu timide et discret en faveur du retour du royaume à l'unité religieuse : « maintenant qu'il plaît à Dieu, commencer à nous faire jouir de quelque meilleur repos, nous avons estimé ne le pouvoir mieux employer qu'à vaquer à ce qui peut concerner la gloire de son saint nom, et à pourvoir à ce qu'il puisse être adoré et prié par tous nos sujets, et, s'il ne lui a plu *que ce fût encore dans la même forme,* que ce soit au moins dans une même intention. »

Quant à Louis XIII, pour se mettre à l'abri des reproches que lui adressaient des catholiques fanatiques à l'occasion du serment qu'il avait prêté lors de son sacre, *d'exterminer les hérétiques,* il trouvait ce singulier subterfuge de défendre par un édit de qualifier *d'hérétiques* ses sujets protestants ; ceci ne rappelle-t-il pas l'habileté gasconne de frère Gorenflot, baptisant carpe, le poulet qu'il veut manger un vendredi, sans commettre de péché.

Après avoir privé les protestants de leurs places de sûreté, Louis XIII ne dissimule pas son désir de les voir revenir au culte catholique, mais comme le pape en 1877, il déclare ne compter que sur l'intervention d'en haut pour faire disparaître l'enseignement et les temples protestants.

« Nous ne pouvons, dit-il, *que nous ne désirions* la conversion de ceux de nos sujets qui font profession de la religion prétendue réformée... nous les *exhortons* à se dépouiller de toute passion pour être plus capables de recevoir la lumière du ciel, et *revenir au giron de l'Église.* »

S'il déclare qu'il se borne à attendre cette conversion *de la bonté de Dieu,* c'est « parce qu'il est trop persuadé, dit-il, par l'exemple du passé, que les remèdes *qui ont eu de la violence,* n'ont servi que d'accroître le nombre de ceux qui sont sortis de l'Église ».

Louis XIII avait raison, car, ainsi que le rappelle en 1689 le maréchal de Vauban « après les massacres de la Saint-Barthélemy (un remède *qui avait eu de la violence*), un nouveau dénombrement des huguenots prouva que leur nombre s'était accru de cent dix mille ».

Louis XIV était loin, même dès le début de son règne, de croire à l'inefficacité de la violence en pareille matière, ainsi qu'en témoigne ce passage des mémoires du duc de Bourgogne :

« Il arriva un jour que les habitants d'un village de la Saintonge, tous catholiques, *mirent le feu* à la maison d'un huguenot qu'ils n'avaient pu empêcher de s'établir parmi eux. Le roi (Louis XIV), en condamnant les habitants du lieu à dédommager le propriétaire de la maison, ne put s'empêcher de dire que ses prédécesseurs auraient épargné bien du sang à la France, s'ils s'étaient conduits par la politique *prévoyante* de ces villageois, dont l'action *ne lui paraissait vicieuse que par le défaut d'autorité.* »

Quoiqu'il en fût des sentiments *secrets* de Louis XIV, il affirma tout d'abord qu'il ne voulait pas obtenir la conversion de ses sujets huguenots *par aucune rigueur nouvelle,* et pendant la première partie de son règne, il s'appliqua assez exactement à suivre la règle de conduite que l'évêque de Comminges lui avait tracée, en lui transmettant les vœux de l'assemblée générale du clergé :

« Nous ne demandons pas à Votre Majesté, disait ce prélat *opportuniste,* qu'elle bannisse *dès à présent* cette malheureuse liberté de conscience, qui détruit la véritable liberté des enfants de Dieu, *parce que nous ne croyons pas que l'exécution en soit facile;* mais nous souhaiterions au moins que le mal ne fît point de progrès, et que, si votre autorité *ne le peut étouffer tout d'un coup*, elle le rendît languissant, et le fît périr peu à peu, par le retranchement et la diminution de ses forces. »

En effet, dans les mémoires qu'il faisait rédiger pour l'instruction de son fils, mémoires qui ne s'étendent qu'aux dix premières années de son règne, Louis XIV expose ainsi son plan de conduite envers les huguenots :

« J'ai cru que le meilleur moyen, pour réduire peu à peu les huguenots de mon royaume, était *de ne les point presser du tout par aucune rigueur nouvelle*; de faire observer ce qu'ils avaient obtenu sous les règnes précédents, mais aussi de ne leur accorder rien de plus et d'en renfermer l'exécution *dans les plus étroites bornes* que la justice et la bienséance le pourraient permettre.

Quant aux grâces qui dépendaient de moi seul, je résolus, et j'ai assez ponctuellement observé depuis, de n'en faire aucune à ceux de cette religion, et cela *par bonté*, non par aigreur, pour les obliger par là à considérer de temps en temps d'eux-mêmes, et sans violence, si c'était par quelque bonne raison qu'ils se privaient *volontairement* des avantages qui pouvaient leur être communs avec mes autres sujets; je résolus aussi d'attirer par des récompenses ceux qui se rendraient *dociles*: mais il s'en faut encore beaucoup que je n'aie employé tous les moyens que j'ai dans l'esprit, pour ramener ceux que la naissance, l'éducation, et le plus souvent un grand zèle sans connaissance, tiennent de bonne foi, dans ces pernicieuses erreurs. »

Nous verrons dans les chapitres de la liberté du culte et de la liberté de concience ce que Louis XIV fit des droits religieux des protestants, sous prétexte de renfermer l'exécution des édits *dans les plus étroites bornes*.

Il ne respecta pas davantage leurs droits *civils*, et finit par leur fermer l'accès de toutes les fonctions publiques et d'un grand nombre de professions, au mépris de la disposition de l'édit de Nantes qui stipulait l'égalité des droits, pour les protestants et pour les catholiques.

Voici, par exemple, comment il en arrive à exclure peu à peu les huguenots de toute charge de judicature. Il [commence par interdire aux huguenots conseillers au parlement de connaître de toute affaire dans laquelle sont intéressés des ecclésiastiques ou des nouveaux convertis; puis il prononce la même interdiction contre les conseillers catholiques, *mariés à des huguenotes*, « attendu que les réformés trouvaient accès auprès de ces officiers de justice, *par le moyen de leurs femmes*, aux prières et aux sollicitations desquelles ces officiers se laissaient souvent persuader »; enfin il décide que les conseillers huguenots doivent tous donner leur démission, attendu qu'ils ne peuvent rester *constitués en dignité*, et donner *un mauvais exemple* à ses sujets par leur opiniâtreté, au lieu de les exciter à quitter leurs erreurs pour rentrer dans le giron de l'Eglise. Il défend aux huguenots de se faire nommer *opinants ou assesseurs* ce qui leur permettrait de *se rendre maîtres des affaires* ainsi qu'auparavant; il leur interdit même d'accepter les fonctions *d'experts*, parce que « les juges étant obligés de se conformer aux rapports des experts, lorsque ces experts sont réformés, les catholiques sont exposés aux jugements de ces réformés. »

Enfin, il assimile les fonctions d'avocat aux charges de la judicature, et défend aux huguenots d'exercer ces fonctions, considérant « que les avocats *ont beaucoup de part dans la poursuite des procès*, en donnant aux parties leurs avis sur la conduite qu'elles ont à y tenir. »

A la veille de la révocation, sous les prétextes les plus vains et les plus fantaisistes, les huguenots se trouvaient *légalement* exclus des fonctions et professions de :

« Secrétaires du roi, conseillers au parlement, procureurs du roi, juges, assesseurs, greffiers, *notaires*, procureurs, recors, sergents, clercs, experts, avocats, docteurs ès lois dans les universités, monnayeurs, adjudicataires ou employés dans les fermes royales, employés dans les finances, fermiers des biens ecclésiastiques, revendeurs de consignations, commissaires aux saisies, lieutenants de louveterie, officiers de la maréchaussée, officiers ou domestiques de la maison du roi, de la reine ou des princes de la maison royale, marchands privilégiés suivant la cour, messagers publics, loueurs de chevaux, hôteliers, cabaretiers, cordonniers, orfèvres, marchandes lingères, apothicaires, épiciers, instituteurs, libraires, imprimeurs, maîtres d'équitation, chirurgiens, médecins, accoucheurs ou sages-femmes... »

Un certain nombre de ces interdictions étaient basées, contrairement à une disposition formelle de l'édit de Nantes, sur la *clause de catholicité;* c'est ainsi, par exemple, que la déclaration qui ferme aux filles ou femmes protestantes l'accès de la communauté des lingères, invoque les statuts de cette antique communauté, établie par saint Louis, lesquels portent : « qu'aucune fille ou femme ne pourra être reçue lingère, qu'elle ne fasse profession de la religion catholique. »

Le motif le plus fréquemment invoqué à l'appui des interdictions prononcées, c'est *le crédit* que l'exercice de la fonction ou de la profession peut donner pour empêcher les conversions : ainsi un édit ordonne aux médecins et *apothicaires* huguenots de cesser l'exercice de *leur art* afin d'empêcher les mauvais effets que produit la facilité que leur profession leur donne d'aller fréquemment dans toutes les maisons, sous prétexte de visiter les malades, « et d'empêcher par là les autres religionnaires de se convertir à la religion catholique. »

Un Purgon huguenot, obligé de cesser l'exercice de *son art* parce que, allant dans toutes toutes les maisons, armé de son *chassepot*, il pourrait par là empêcher les Pourceaugnac ses coreligionnaires de se convertir à la religion catholique, n'est-ce pas un comble ? A l'appui de l'interdiction faite aux médecins huguenots de continuer l'exercice de leurs profession, le roi invoquait cet autre motif, qu'il jugeait nécessaire que ses sujets huguenots pussent, *pour leur salut,* déclarer dans quelle religion ils voulaient mourir, et qu'ils ne pouvaient faire cette déclaration quand ils étaient soignés par un docteur de leur religion, lequel n'avertissait pas le curé *en temps utile.*

C'est par une préoccupation *de salut* semblable, qu'en 1877 le directeur de l'Assistance publique à Paris, avait prescrit d'apposer sur chaque lit d'hôpital un écriteau indiquant dans quelle religion voulait mourir le malade couché dans ce lit.

Louis XIV pourpoursuivre l'application de son plan de restriction aux édits, ou plutôt de destruction des édits, trouva la plus grande facilité dans l'esprit d'intolérance qui animait tous les corps constitués du royaume, les parlements, l'université, les communautés de marchands et d'ouvriers, etc.

« Dès qu'on pouvait, dit Rulhières, enfreindre l'édit de Nantes dans quelques cas particuliers, abattre un temple, restreindre un exercice, ôter un emploi à un protestant, on croyait avoir remporté une victoire sur l'hérésie. »

A défaut d'une loi à invoquer, on recourait à l'abitraire administratif pour molester les protestants et les priver de leur droits. Un exemple entre mille :

Un menuisier huguenot est admis à faire *chef-d'œuvre*, Colbert écrit à l'intendant Machault d'ordonner au prévôt de Clermont d'apporter de *telles difficultés* à la réception de ce menuisier, qu'il ne soit point admis à la maîtrise.

Plus tard, on n'eut même plus recours à ces habiles subterfuges, pour interdire la maîtrise aux huguenots.

On sait que, sous Louis XIV, le gouvernement battait monnaie en vendant des anoblissements et des privilèges de noblesse à beaux deniers comptants, anoblissements qu'on annulait, de temps en temps, par un édit, de manière à faire payer aux anoblis une deuxième et troisième fois les privilèges de noblesse qu'on leur avait vendus. D'un autre côté, au cours des guerres de religion, beaucoup de *vrais* nobles avaient vu leurs titres perdus on brûlés, en sorte qu'ils étaient dans l'impossibilité de pouvoir établir *légalement* la réalité et l'antiquité de leur noblesse. Dans de telles conditions une vérification des titres était une menace pour tous, anoblis et vrais nobles. Pour faire fléchir les gentilshommes huguenots *obstinés*, on imagina de faire de la vérification des titres un moyen de conversion. A ce propos, Louvois écrit à l'intendant Foucault :

« Le roi a fort approuvé l'*expédient* que vous proposez pour porter quelques familles des gentilshommes du Bas Poitou à se convertir. Je vous adresserai incessamment l'arrêt nécessaire pour ordonner de vérifier les abus qu'il y a eu dans la dernière recherche qui a été faite de la noblesse, *lequel sera général et ne portera point de distinction de religion;* duquel néanmoins l'intention de Sa Majesté est que vous ne vous serviez *qu'à l'égard de ceux de la religion prétendue réformée*, ne jugeant pas à propos que vous fassiez aucune recherche contre les gentils-hommes catholiques. »

Louvois, après avoir prescrit à Foucault de laisser en paix les *faux* nobles *catholiques* du Poitou, ajoute, en ce qui concerne les gentilshommes huguenots : « Que, pour ceux dont la noblesse est *indiscutable*, il ne doit pas être difficile, en entrant dans le détail de leur conduite, de leur *faire appréhender une recherche de leur vie*, pour les porter *à prendre le parti de se convertir pour l'éviter.* »

Des instructions sont données au duc de Noailles pour procéder avec la même *impartialité*, à la vérification des titres des gentilshommes du Béarn, et Louvois a soin d'ajouter, en ce qui concerne les *huguenots*, « à l'égard de ceux dont la noblesse est *bien établie*, il faut s'appliquer à voir ceux qui ont des démêlés avec eux dans les environs de leurs terres, ou à qui ils ont fait quelque violence, et, qu'en appuyant les uns contre eux, et, en faisant informer de tout ce qu'ils auront fait aux autres, on les portera mieux que de toute autre manière, à penser à eux. En un mot, Sa Majesté désire que l'on essaie, par tous les moyens, de leur persuader qu'ils ne doivent attendre aucun repos, ni douceur chez eux *tant qu'ils demeureront dans une religion qui déplaît à Sa Majesté.* » — Les protestants, en présence de l'animosité des juges, de la malveillance active ou passive de l'administration qui les laissait exposés à toutes les violences et à tous les outrages, en étaient venus à tout supporter sans protestation ni résistance, si bien que le peuple avait donné le nom de *patience de huguenot* à une patience que rien ne pouvait lasser.

Quelles garanties avaient d'ailleurs les protestants pour leurs droits ?

Etait-ce tel ou tel texte de loi ?

Mais que valait la *loi*, sous un régime qui avait pour base de jurisprudence : *si veut le roi, si veut la loi ?*

Quand il plut à Louis XIV de décréter que tout protestant qui tenterait de sortir du royaume sans permission serait condamné aux galères et aurait ses biens *confisqués*, il se trouva en face de cette difficulté *légale* que la peine de la confiscation n'était pas admise dans plusieurs provinces. Le roi ne fut pas embarrassé pour si peu, il décréta qu'il *entendait* que les biens des fugitifs lui fussent acquis, *même dans les pays où, par les lois et les coutumes, la confiscation n'avait pas lieu.*

Quand, par l'édit de révocation, il interdit tout exercice *public* du culte protestant, il inséra dans cet édit une clause

portant que les réformés pourraient demeurer dans les villes et lieux qu'ils habitaient, y continuer leur commerce et jouir de leurs biens, *sans pouvoir être troublés ni empêchés sous prétexte de religion*.

Néanmoins il ne craignit pas quelques années plus tard de rendre un édit par lequel il déclara passible des terribles peines portées contre les *relaps* (c'est-à-dire contre les protestants qui après avoir abjuré étaient revenus à leur foi première), tout réformé qui, *ayant abjuré ou non*, aurait, étant malade, refusé de se laisser administrer les sacrements.

Et voici comment il motiva cette monstruosité légale frappant comme *relaps* des gens qui n'avaient jamais changé de religion : « Le séjour que ceux qui ont été de la religion prétendue réformée, ou qui sont nés de parents religionnaires, ont fait dans notre royaume, depuis que nous avons aboli tout exercice *(public!)* de ladite religion, *est une preuve plus que suffisante* qu'ils ont embrassé la religion catholique, sans quoi ils n'y auraient pas été tolérés ni soufferts. »

Si les droits reconnus aux protestants par l'édit de Nantes ne pouvaient, comme on le voit, être assurés par un texte de loi sous ce régime du bon plaisir, on aurait pu penser du moins, qu'ils étaient garantis par *la parole du roi* solennellement engagée à plusieurs reprises.

Mais cette parole valait moins encore qu'un texte de loi et l'intendant de Metz pouvait cyniquement répondre aux protestations des réformés, invoquant en faveur de leur liberté religieuse la parole du roi engagée lors de la réunion de Metz à la France : *le roi est maître de sa parole et de sa volonté*...

Louis XIV, en effet, donna bien des exemples de sa prétention malhonnête de rester *maître de sa parole* après l'avoir solennellement engagée.

En 1665, la guerre ayant été déclarée entre l'Angleterre et la Hollande, celle-ci invoquant les traités, réclame le secours des Français ses alliés.

Le comte d'Estrades écrit au roi : « C'est à Votre Majesté de voir si ses intérêts se rencontrent avec ceux de ces gens-ci, et s'il lui convient de les trouver occupés d'une guerre comme celle d'Angleterre, lorsqu'elle aura des prétentions à disputer dans leur voisinage. En ce cas, elle peut trouver les moyens de laisser aller le cours des affaires et *paraître pourtant faire ce à quoi l'oblige la foi des derniers traités.* » Sur quoi, le roi, digne élève des jésuites, répond qu'avant de remplir ses obligations, il veut attendre que les Hollandais aient éprouvé quelque revers, car ils ne sont pas encore assez pressés pour entendre aux conditions qu'il entend mettre à l'octroi de secours qu'il leur doit.

Malgré les engagements formels qu'il avait pris envers l'Espagne par le traité des Pyrénées, Louis XIV envoie au secours du Portugal Schomberg avec un corps d'armée; et quand l'Espagne se plaint de cette infraction aux traités, il oppose à ses réclamations cette assertion *mensongère*, que Schomberg est un libre condottiere dont les actes ne peuvent engager la responsabilité du roi de France.

Ce qui est plus curieux en cette affaire, c'est la justification de sa déloyale conduite qu'il présente ainsi dans ses mémoires :

« Les deux couronnes de France et d'Espagne sont dans un état de rivalité et d'inimitié permanentes que les traités peuvent couvrir mais ne sauraient jamais éteindre, quelques clauses *spécieuses* qu'on y mette, d'union, d'amitié, de se procurer respectivement toutes sortes d'avantages.

Le véritable sens que chacun entend fort bien de son côté, par l'expérience de tous les siècles, est qu'on s'abstiendra *au dehors*, de toute sorte d'hostilités et de toutes démonstrations *publiques* de mauvaise volonté; car, pour les infractions *secrètes* qui n'éclatent point, l'un les attend toujours de l'autre, et *ne promet le contraire* qu'au même sens qu'on le lui promet. »

Quand, en 1666, Louis XIV affirmait à l'électeur de Brandebourg qu'il avait maintenu et maintiendrait ses sujets réformés dans tous les droits que leur avaient accordé les édits, il disait, pour donner plus de poids à son assertion et à sa promesse également *inexactes* :

« C'est la règle que je me suis prescrite à moi-même, tant pour observer la justice, que pour leur témoigner la satisfaction que j'ai de leur obéissance et de leur zèle pour mon service depuis la dernière pacification de 1660. »

Il promettait *le contraire* de ce qu'il avait l'intention de faire, il en était déjà aux infractions *secrètes* qui n'éclatent point ; il en vint plus tard aux démonstrations et aux hostilités publiques, à la révocation de l'édit de Nantes, et enfin aux mesures de violence les plus odieuses qu'on eût jamais vues.

Pour nous, habitués aux rigides principes de la morale du monde moderne, pour laquelle un chat est toujours un chat et Rollet toujours un fripon, nous sommes révoltés de ces cyniques et malhonnêtes pratiques de Louis XIV. Mais il ne faut pas oublier que la morale de l'ancien régime était basée sur ce commode axiome que *la fin justifie les moyens*, et l'on constate une absence de sens moral, tout aussi surprenante, chez les membres les plus distingués du clergé, de la magistrature et de l'administration aux xviie et xviiie siècles.

Ainsi, par exemple, ceux qui voulaient, *sans violence*, ramener le royaume à l'unité religieuse tentèrent à maintes reprises d'amener la réunion des deux cultes, par une transaction consentie par une sorte de congrès entre catholiques et protestants.

Eh bien, tous ces projets de réunion dont le premier échoua presque au lendemain de la promulgation de l'édit de Nantes et dont le dernier fut imaginé par l'intendant d'Aguesseau, à la veille de la révocation, tous ces projets reposaient sur la *fraude* et pas un de leurs auteurs n'avait conscience de leur immoralité.

Il s'agissait toujours de faire figurer à l'assemblée projetée un certain nombre de ministres *gagnés à l'avance*, lesquels, moyennant certaines concessions de l'Église catholique, comme la suppression du culte des images, des prières pour les morts, etc., se seraient déclarés réunis à l'Église catholique.

Le Gouvernement, une fois l'accord intervenu, aurait révoqué l'édit de Nantes comme devenu inutile, et le tour eût été joué.

Cette honteuse comédie de conférence entre docteurs catholiques et ministres *gagnés à l'avance* eût-elle eu tout le succès qu'on en attendait, la réunion une fois prononcée, les concessions faites aux protestants eussent été tenues pour lettres mortes, en vertu de cette théorie commode que, dans les traités, on promet *le contraire* de ce qu'on veut tenir.

Au début de la campagne des conversions, extorquées par la violence, on permit de même aux protestants de mettre à leur abjuration toutes les restrictions imaginables; mais quand la conversion générale fut accomplie, l'Église catholique si facile d'abord, déclara fièrement qu'elle n'éteindrait même pas, un cierge pour donner satisfaction aux scrupules des convertis.

Pessata la festa, gabbato il santo.

Ces ménagements de la première heure, ne tirant pas à conséquence pour l'avenir, nous les retrouvons chez Fénélon qui, au début de sa mission en Saintonge, diffère *l'ave maria* dans ses sermons et les invocations de saints dans les prières publiques, faites en chaire, afin de ne pas effaroucher son auditoire de nouveaux convertis.

Nous les retrouvons encore dans la lettre que Mme de Maintenon écrit à l'abbé Gobelin qu'elle avait chargé de convertir son parent, M. de Sainte-Hermine : « Mettez-vous bien dans l'esprit, écrit-elle, son éducation huguenote, ne lui dites *d'abord* que le nécessaire sur l'invocation des saints, les indulgences et sur les autres points *qui le choquent si fort.* »

Fénélon appelé à la rescousse pour cette conversion, se fait l'avocat du diable, et avec un autre prêtre, joue devant Sainte-Hermine une parade de conférence religieuse :

« M. Langeron et moi, dit-il, nous avons fait devant lui des conférences assez fortes l'un contre l'autre, *je faisais le protestant* et je disais tout ce que les ministres disent de plus spécieux. »

Fénelon avait, du reste, la manie de ces parodies de conférences; à la Tremblade il se vante de se servir *utilement* d'un ministre qui s'était secrètement converti : *Nous le menons* à nos conférences publiques, où *nous lui faisons proposer* ce qu'il disait autrefois pour animer les peuples contre l'Église catholique; cela paraît si faible et si grossier par les réponses qu'on y fait que le peuple est indigné contre lui. »

A Marennes, le ministre prêt à se convertir, consent à une conférence publique. « *Les matières furent réglées par écrit,* dit Fénelon, on s'engagea à mettre le ministre dans l'impuissance d'aller jusqu'à la troisième réponse, sans dire des absurdités. *Tout était prêt,* mais le ministre, par une abjuration dont il n'a averti personne, a prévenu le jour de la conférence. »

Fénélon, furieux de voir sa pieuse machination échouer, par

ce qu'il appelle *la finesse* de ce ministre, ameute des convertis contre lui. « Que doit-on penser, leur disait-il, d'une religion dont les plus habiles pasteurs aiment mieux l'abjurer que la défendre ? » Ce ministre n'eût dû abjurer qu'*après la conférence*, alors il eût été loué par Fénélon.

Une autre fois, c'est un protestant, qui, prenant les conférences au sérieux, vient troubler l'ordonnance de la comédie. « Ces conférences, lui dit Fénélon, sont pour ceux qui cherchent la vérité et non pas pour ceux qui s'obstinent dans l'erreur », et il fait mettre le gêneur dehors.

« Le ministre Bernon (à la Rochelle), écrit encore Fénélon, n'a pas voulu recevoir la pension que Sa Majesté donne aux ministres convertis, mais il a cru devoir donner à ses parents et à ses amis cette marque de *désintéressement* pour être plus à même de les persuader ; quand il les verra affermis, *il demandera*, dit-il, *comme un autre, ce bienfait du roi*. En effet, cette conduite éloigne tout soupçon et lui attire *la confiance* de beaucoup de gens qui vont tous les jours lui demander en secret s'il a éclairci quelque chose dans les longues conférences qu'il a eues avec nous ; il leur montre les cahiers où il a mis toutes les objections que les protestants ont coutume de faire, *avec les réponses que nous lui avons données à la marge* ; par là il leur fait voir qu'il n'a rien omis pour la défense de la cause *commune* et qu'il ne s'est rendu qu'à l'extrémité. »

Fénélon vante à Seignelai ce *désintéressement*, nécessaire pour éviter les soupçons qui pourraient empêcher Bernon d'être écouté avec fruit et il lui écrit :

« Il me paraît fort à souhaiter qu'une conduite *si édifiante* ne le prive pas des libéralités du roi et que la pension lui soit gardée, pour la recevoir quand ces raisons *de charité* cesseront. »

Fénélon n'était pas le seul à trouver *édifiante* la conduite de misérables, achetés pour jouer double jeu et trahir leurs co-religionnaires.

Le chancelier d'Aguesseau, sollicitant une gratification pour un ancien de l'église de Cognac *dont on tenait la conversion secrète*, invoque cette raison à l'appui de sa demande, qu'on peut se servir *utilement* de cet homme *dans la suite*. Il déclare qu'il est important que les ministres qui se convertiront, *continuent quelque temps leurs fonctions,* après avoir secrètement abjuré.

Le cardinal de Bonsy négocie la conversion d'un ministre, résolu à se déclarer, mais il estime qu'il vaudrait mieux se servir de lui *pour en gagner d'autres* avant qu'il se déclarât. « Je n'ai pu encore le faire expliquer *sur les conditions* », ajoute le cardinal qui prépare le marché à conclure.

Saint-Cosme, président du consistoire de Nîmes, abjure secrètement devant l'archevêque de Paris; *sur les conseils de cet archevêque et du duc de Noailles,* il conserve ses fonctions *deux ans* encore après avoir abjuré, trahissant et dénonçant ses anciens co-religionnaires. Une conduite *si édifiante* est récompensée par une pension de deux mille livres et le grade de colonel des milices.

Dans leur animosité contre les huguenots, les juges en venaient à commettre sans le moindre scrupule de monstrueuses iniquités. Le président du parlement de Bordeaux, Vergnols, après la condamnation d'un huguenot aux galères perpétuelles, ne craint pas d'écrire au secrétaire d'État : « Je vous envoie une copie ci-jointe d'un arrêt que nous avons rendu ce matin contre un ministre mal converti. Je dois bien dire, monsieur, que la preuve était délicate, *même défectueuse* dans le chef principal, et que néanmoins *le zèle des juges est allé au-delà de la règle,* pour faire un exemple. »

Parfois c'est un juge lui-même qui invente un crime ou un délit pour faire mettre en cause un huguenot. Ainsi l'intendant Besons écrit à Colbert :

« Nous avions cru devoir faire des procès à ceux qui étaient accusés d'avoir menacé et maltraité des personnes pour s'être converties. Comme l'on est venu à recoler les témoins, l'accusation s'est trouvée *fausse,* le juge qui l'avait faite, *ayant supposé trois témoins et contrefait leur seing,* sans qu'ils en eussent jamais ouï parler. »

Cette absence générale de sens moral se manifeste encore dans la manière dont le roi et ses collaborateurs appliquent la règle posée par Richelieu et Mazarin de réserver tous les droits et toutes les faveurs pour les catholiques; ou pour les huguenots *dociles* ; c'est-à-dire pour ceux qui, trafiquant de leur conscience, abandonneraient la religion qu'ils croyaient la meilleure, en *demandant du retour* pour se faire catholiques.

Il avait fallu que l'éclat des services lui forçât la main, pour que Louis XIV dérogeât en faveur de Turenne, de Duquesne et de Schomberg à la règle de n'accorder qu'à des catholiques ou à des convertis les hauts grades de l'armée ou de la marine.

Quant aux autres officiers de terre ou de mer huguenots, on leur laissait inutilement attendre les grades et l'avancement auxquels leurs services leur donnaient droit. Beaucoup d'entre eux, quand on leur montrait que leur croyance était le seul obstacle à la réalisation de leurs désirs, n'avaient pas la même fermeté que Duquesne et Schomberg, déclinant les offres les plus tentantes, en disant : « Il doit suffire au roi que *nos services soient bons catholiques* ».

Madame de Maintenon veut faire abjurer son parent de Villette, un huguenot qui, de capitaine de vaisseau, veut passer chef d'escadre. Elle lui fait donner par Seignelai un commandement en mer qui doit le tenir éloigné de France pendant plusieurs années, et lui permettre de se convertir sans y mettre une hâte *suspecte*. Elle écrit à de Villette : « Le roi vous estime autant que vous pouvez le désirer, et vous pourriez bien le servir si vous vouliez... Vous manquez à Dieu, au roi, à moi et à vos enfants, par votre malheureuse fermeté. » Ses lettres se succèdent, de plus en plus pressantes ; elle finit par lui écrire :

« Songez à une affaire « si importante » .... Convertissez-vous avec Dieu, et sur la mer, où vous ne serez point soupçonné de vous être laissé persuader par complaisance. Enfin, convertissez-vous *de quelque manière que ce soit.* »

M. de Villette finit par se rendre et se convertit : *douze jours après, il était nommé chef d'escadre.*

Cependant Mme de Caylus, sa fille, raconte ainsi dans ses mémoires, cette conversion *désintéressée* :

« Mon père s'embarqua sur la mer et fit pendant cette campagne des réflexions qu'il n'avait pas encore faites... Mais ne voulant tirer de sa conversion aucun mérite pour sa fortune, à son retour, il fit abjuration entre les mains du curé de... Le roi lui ayant fait l'honneur de lui parler avec sa bonté ordinaire sur sa conversion, mon père répondit avec trop de sécheresse que c'était la seule occasion de sa vie *où il n'avait point eu pour objet de plaire à Sa Majesté.* »

Il faut reconnaître que ce converti, s'il n'était pas *désintéressé,* était du moins un habile courtisan.

La conversion de M. de Villette, avec qui l'on avait cru devoir garder des ménagements exceptionnels, à raison de sa parenté avec Mme de Maintenon, n'eut lieu qu'à la fin de 1684, mais, la tactique des menaces mêlées aux promesses était déjà employée depuis longtemps auprès des officiers de la marine royale. En effet, dès le 30 avril 1680, la circulaire suivante avait été envoyée aux intendants des ports de mer.

« Sa Majesté m'ordonne de vous dire qu'elle a résolu d'ôter petit à petit du corps de la marine tous ceux de la religion prétendue réformée... Vous pouvez faire entendre tout doucement à ceux desdits officiers qui sont de la religion, que Sa Majesté veut bien encore patienter quelque temps...; mais que, après cela, son intention n'est pas de se servir d'eux s'ils continuent dans leur erreur. »

Seignelai prévient l'officier de marine Gaffon qu'on lui enlèvera son emploi s'il n'est pas converti dans trois mois, et il retire à un lieutenant de vaisseau le commandement de quatre pinasses, attendu que le roi, lorsqu'il lui avait donné ce commandement, ignorait sa qualité de réformé. En envoyant à l'intendant de Brest un brevet de lieutenant et une gratification de 50 livres accordée au sieur Barban de Conches, pour prix de sa conversion, Seignelai ajoute : « Il est à propos que vous fassiez bien valoir cette grâce aux autres officiers de la religion pour que cela serve à les attirer ». Le 16 décembre 1685, le secrétaire d'État finit par s'impatienter du retard apporté aux conversions et écrit à ce même intendant : « Il faut que vous me fassiez savoir ceux qui refuseraient de se convertir, que vous leur déclariez qu'ils n'ont plus pour y penser que le reste de l'année. » (15 jours !)

Avant même que le délai accordé aux officiers de marine ne soit expiré, Dobré de Bobigny, un enseigne de vaisseau, huguenot obstiné, est enfermé le 21 décembre au château de Brest, et l'intendant écrit : « Je lui ai fait entendre qu'il ne devait pas s'attendre de sortir de prison qu'il n'eût fait son abjuration. » Il n'en sortit, en effet, qu'en 1693, et ce fut pour se voir expulsé du royaume comme opiniâtre.

Louvois, de son côté, avait fait pour l'armée de terre ce que Seignelai faisait pour la marine. « Le roi, écrivait-il, disposera dès emplois des officiers qui n'auront pas fait abjuration dans un mois. Les derniers ne jouiront pas de la pension que Sa Majesté accorde aux nouveaux convertis. »

Le passage suivant d'une des lettres de l'intendant d'Argouges montre bien l'esprit de la politique suivie en vertu du plan de conversion imaginé par Louis XIV.

« J'ai fait, dit-il, plusieurs voyages à Aubusson, j'en ai fait *emprisonner* plusieurs *et récompenser* des charités du roi ceux que j'ai cru les mieux convertis, espérant que des mesures si *opposées* feraient bon effet. » De même l'évêque de Mirepoix, pour arriver à faire convertir M. de Loran, demande que le roi écrive à ce gentilhomme une lettre *mêlée d'honnêtetés et de menaces*, et il se charge de ménager, avec le concours de l'intendant, l'effet de cette lettre, pour obtenir le résultat poursuivi.

Par application de cette politique à deux faces, rigueur pour les opiniâtres, faveurs pour les dociles, tout prisonnier pour dettes qui se convertit est mis en liberté ; mais il reste sous les verrous, s'il demeure huguenot. Celui qui a un procès en a le gain entre les mains, à sa volonté, les juges lui donnent raison s'il abjure.

Si au contraire un huguenot, après avoir commis un crime, voulait échapper à la rigueur des lois, il n'avait qu'à se convertir. Ainsi M. de Chambaran avait été décrété de prise de corps par la cour de Rennes pour avoir commis un assassinat. Une fois sous les verrous, il abjure et le roi lui accorde des lettres de rémission ainsi motivées « *à cette cause qu'il avait fait sincère réunion à l'église catholique* ». Un soldat ancien catholique ayant volé, se dit huguenot et obtient sa grâce au prix d'une abjuration *simulée*.

Les évêques et les intendants rivalisent d'ardeur dans cette campagne de conversions *mercenaires*, et s'entremettent dans les plus honteux brocantages, sur le grand marché aux consciences ouvert par toute la France.

L'archevêque de Narbonne écrit :

« J'ai découvert que Bordère fils a ici des attachements et des liaisons qui faciliteraient sa conversion, si l'on peut lui faire appréhender un exil éloigné ou un ordre pour sortir du royaume. Si vous jugez à propos de m'envoyer une lettre de cachet pour cela, on me fait espérer qu'en la lui faisant voir, on le disposera à écouter, et qu'ensuite, *moyennant une charge de conseiller à ce présidial* dont le roi le gratifierait, il ne serait pas impossible de le *gagner*. Je n'ai pas perdu mon temps pour le fils de Monsieur d'Arennes, le cadet. Son ambition serait d'entrer dans la maison du roi *avec un bâton d'exempt*... si le roi veut lui faire *quelque gratification pour cela*, elle sera bien employée. Voyez, si vous jugez à propos qu'il aille à la cour où il pourrait faire son abjuration, *car ceux de cette religion prétendent que quand ils ont fait ce pas on les néglige un peu*. Pour ce qui est de l'aîné, la grande difficulté sera *de le détacher d'une amourette* qu'il a à Nîmes, en vue du mariage avec une huguenote. Nous espérons pourtant l'ébranler *par l'assurance qu'il obtiendra l'agrément pour un régiment de cavalerie.*

L'évêque de Lodève :

« C'est un malheur que vous ne puissiez rien faire pour ce pauvre Raymond, qui veut se convertir ; je conçois que vous ne vous mêliez pas de disposer des emplois de la compagnie de M. le duc du Maine, mais peut-être ne serait-il pas impossible que vous fournissiez à quelqu'un le moyen de se mêler utilement de l'y placer. Il pourrait donner pour cela une bonne partie de l'argent.

L'évêque de Valence :

« J'ai promis à M. du Moulac, gentilhomme du Pousin en Vivarrais, qui a fait abjuration de l'hérésie de Calvin entre mes mains, de vous supplier de lui vouloir bien accorder votre protection, pour lui faire obtenir la châtellenie de Pousin. Ce gentilhomme espère, par votre protection, obtenir pour lui la préférence sur ceux qui voudraient l'acheter, m'ayant dit que vous aviez eu la bonté de la lui faire espérer après sa conversion. »

L'évêque de Montpellier :

« Vous eûtes la bonté, Monsieur, de vous employer auprès du roi pour faire obtenir une pension de six cents livres à Mlle de Nancrest. Maintenant son aînée est en état, à l'exemple de sa sœur, de faire son abjuration ; mais comme elle souhaiterait une pareille pension de Sa Majesté, j'ai cru que vous approuveriez que je m'adressasse à vous une seconde fois pour obtenir cette grâce. »

On voit Fénélon solliciter de même, et avec succès, une pension de deux mille livres pour une demoiselle anglaise, miss Ogelthorpe. « J'espère, écrit-il à Le Tellier, que vous n'aurez pas de peine à toucher le cœur du roi, je crois même que Dieu, qui a changé celui d'une demoiselle si prévenue contre la vraie religion, mettra d'abord dans celui de Sa Majesté le désir de faire ce qu'elle a déjà fait tant de fois pour faciliter les conversions ; une pension lèvera toutes les difficultés et mettra cette personne en sûreté pour toute sa vie. »

Quand il s'agissait de gens de qualité, le chiffre de la pension était assez élevé ; ainsi la pension donnée au fils aîné du comte de Roye, à l'occasion de sa conversion, était de douze mille livres. On accordait des pensions de conversion, même à des étrangers, comme l'anglaise Ogelthorpe ou l'érudit allemand Kuster, qui reçut une pension de deux mille livres.

On donna tant et tant que l'on ne put plus payer, et qu'en 1699 Louis XIV fut obligé de prescrire de ne plus pensionner que des gens très dignes par leur qualité et leurs mérites et par un besoin très effectif.

Cette prudente prescription ne fut pas suivie, l'ardeur aveugle des convertisseurs ne le permettait pas ; c'est pourquoi, ainsi que le dit Rulhières, « la plupart des pensions ne furent plus payées, l'on eut cet étrange spectacle de convertis abusés et de convertisseurs infidèles. »

Louvois, accablé de réclamations de convertis abusés, répondait cyniquement : « Les pensions sont pour les gens à *convertir* et non pour ceux qui sont convertis. »

Cependant plusieurs de ces pensions de convertis furent payées jusqu'à la Révolution, et le 6 avril 1791 l'Assemblée nationale sanctionnait encore un état de ci-devant pensionnaires, auxquels il était accordé des secours, état sur lequel figurait Christine-Marguerite Plaustrum, née en 1715, avec cette mention : « Pension de trois cents livres, accordée à titre de subsistance et en considération de sa conversion à la foi catholique. »

Ce n'était pas seulement par des honneurs, des grades, des

places et des pensions que l'on avait procédé à l'achat des consciences. Bien avant la révocation, on avait créé une caisse des conversions pour acheter *au rabais* les abjurations des petites gens, et cela au prix d'une somme modique *une fois payée*. Cette caisse avait pris un grand développement depuis que le roi lui avait affecté le tiers du produit des économats, et on en avait confié l'administration au converti Pélisson, ancien serviteur du surintendant Fouquet, ce brocanteur expert des vertus de la cour. Les évêques et les intendants rivalisaient d'ardeur pour obtenir à l'aide des fonds envoyés par Pélisson le plus grand nombre possible de conversions à bon marché.

Pélisson écrit cependant à ses collaborateurs de province que c'est *beaucoup trop cher*, que d'avoir, comme dans les vallées de Pragelas, acheté sept ou huit cents conversions au prix de deux mille écus. Il invite les évêques et les intendants à imiter ce qui s'est passé dans le diocèse de Grenoble, où les abjurations ne sont jamais allées au prix de *cent francs* et sont même demeurées *extrêmement au-dessous*. Il leur rappelle que les listes de convertis passent sous les yeux du roi, et les avertit qu'ils ne peuvent faire mieux *leur cour* à Sa Majesté, qu'en faisant produire aux sommes qu'il leur envoie le plus grand résultat possible, c'est-à-dire beaucoup de conversions pour très peu d'argent. Ces adjurations pressantes produisirent leur effet, puisque Rulhières a pu dire, après avoir compulsé toutes les archives du gouvernement : « Le prix *courant* des conversions était, dans les pays éloignés, à *six livres* par tête de converti, il y en avait *à plus bas prix*. La plus chère que j'aie trouvée, *pour une famille nombreuse*, est à 42 livres. »

« En Poitou, dit Jurieu, de son côté, certains marchandèrent, et tel, à qui l'on ne voulait donner *qu'une pistole*, tint ferme et finit par obtenir *quatre écus* pour se convertir; mais quelques-uns n'eurent que *sept sols*, enveloppés dans un petit papier. »

Pour grossir leurs listes, les convertisseurs usaient en outre de fraudes *pieuses*.

La liste des convertis ayant été signifiée à plusieurs consistoires, dit Elie Benoît, on put constater que les mêmes personnes étaient portées deux fois, que plusieurs indiqués comme ayant abjuré, avaient toujours été catholiques, etc.

M. Paulin Paris, qui a retrouvé aux archives nationales deux listes de convertis *parisiens* pour les années de 1677 et 1679, a constaté :

1° Que la liste de 1677, indiquée comme contenant 515 convertis *français*, n'en comprend en réalité que 214, parmi lesquels on trouve cinq *Anglais*, huit *Belges* et treize *Suisses ou Hollandais*.

2° Que la liste de 1679, indiquée comme portant plus de *douze cents noms*, n'en contient que 526, que la moitié de ces 526 noms avaient déjà figuré dans la liste de 1677, enfin que, parmi ces convertis *français*, il y a des *Allemands, des Danois, des Piémontais et des Russes*.

Des catholiques, pour empocher deux ou trois écus payés pour les abjurations, se dirent huguenots et touchèrent la prime.

Quant aux huguenots peu honnêtes, qui, pour toucher la prime d'abjuration, mettaient leur signature ou leur croix au bas d'une quittance, ils retournaient ensuite tranquillement au prêche comme auparavant.

Le scandale des *rechutes* devient si grand que le roi est obligé d'édicter de terribles peines contre les *relaps*, en motivant ainsi sa décision :

« Nous avons été informé que, dans plusieurs provinces de notre royaume, il y en a beaucoup, qui, après avoir abjuré la religion prétendue réformée, *dans l'espérance de contribuer aux sommes que nous faisons distribuer aux nouveaux convertis*, y retournent bientôt après. »

Nul ne se fait illusion d'ailleurs sur la valeur des conversions obtenues à prix d'argent, et Fénélon reconnaît que dès qu'on abandonne les nouveaux convertis à eux-mêmes, leurs bonnes dispositions s'évanouissent en *deux jours*. « Si, par hasard, dit un intendant, on en voit paraître quelques-uns à l'église, ce sont ceux qui espèrent se conserver, par là, leur emploi ou office, et les pensions qu'ils ont du roi, et d'autres pour tâcher d'attraper quelque bon sur les biens de ceux qui ont quitté le royaume, et encore n'y vont-ils que *par grimace*. »

Pour que Louis XIV crût à la sincérité des conversions obtenues *au rabais* par la caisse de Pélisson, il fallait qu'il y mît une grande complaisance; cependant Rulhières dit :

« De cette caisse, comparée par les huguenots *à la boîte de Pandore,* sortirent en effet, tous les maux dont ils ont à se plaindre. Il est aisé de sentir que l'achat de ces *prétendues* conversions dans la lie des calvinistes, les surprises, les fraudes pieuses qui s'y mêlèrent, et tous ces comptes exagérés rendus par des commis infidèles, persuadèrent faussement au roi que les réformés n'étaient plus attachés à leur religion, et que le *moindre intérêt* suffisait pour les engager à la sacrifier. »

Que le roi ait pu croire que *tous* ses sujets huguenots étaient prêts à trafiquer de leur foi religieuse pour quelques écus, c'est déjà difficile à admettre, mais ce qui passe l'imagination, c'est de voir que pas un seul des convertisseurs ne semble soupçonner combien est odieux et immoral, le trafic des consciences auquel il se livre.

Quelques-uns vont plus loin encore, *ils spéculent sur la faim,* pour faire des prosélytes à la religion catholique.

On lit dans la correspondance des contrôleurs généraux, à la date du 20 octobre 1685 : « Grâce aux *exhortations* de l'intendant (aidé par les dragons) *et aux aumônes* du roi, la ville d'Aubusson a abjuré presque tout entière, mais il faudra *y répandre encore de l'argent* pour compenser le départ de plusieurs manufacturiers. »

Quelques mois auparavant, à Paris, le commissaire Delamarre apprenant que quelques ministres interdits s'y trouvent dans une si grande nécessité qu'on les prendrait pour des insensés, demande leur adresse pour voir s'il ne serait pas possible de les faire aborder par quelque endroit, *pour les convertir en secourant leur misère.*

Fénélon envoyé en Saintonge pour reconvertir les huguenots un peu trop sommairement convertis par les dragons, conseille des moyens de *persuasion* analogues. Il écrit à Seignelai :

« *Pour les pauvres, ils viendront facilement* si on leur fait les mêmes *aumônes* qu'ils recevaient chaque mois du Consistoire... *on ne donnerait qu'à ceux qui feraient leur devoir.* Si on joint toujours exactement à *ces secours,* ajoute-t-il, des gardes pour empêcher des déserteurs et la rigueur de peines (les galères et la confiscation), il ne restera plus que de faire trouver aux peuples autant de *douceur* à demeurer dans le royaume que de péril à entreprendre d'en sortir. »

On voit dans la correspondance des évêques, qu'on refuse des secours à une veuve jusqu'à ce que ces enfants aient abjuré. Qu'on agit de même avec les membres d'une famille qui sont si pauvres *qu'ils vont tout nus,* la mère ayant mieux aimé demeurer *nue,* que d'accepter un habit qu'on lui donnait, *à condition* qu'elle viendrait une fois à la messe, etc.

De son côté, le terrible proconsul du Languedoc, Bâville, écrit :

« Les douze mille livres que le roi a eu la bonté de m'envoyer, *pour faire des aumônes dans les missions,* font un effet merveilleux, et *gagnent* tous les pauvres à la religion. Bien que ce motif ne soit pas d'abord *très pur,* les missionnaires savent très bien le *rectifier,* et ils engagent, *par ce moyen,* une infinité de personnes à s'instruire et à fréquenter les sacrements. Elles (les aumônes) sont d'autant plus utiles qu'il y a *une misère extrême* cette année dans les Cévennes, parce que le blé et les châtaignes ont manqué, et beaucoup de paysans *ne vivent à présent que de glands et d'herbes...* — *Cette grande nécessité* m'a fait penser qu'il serait très utile d'établir, dans le fond des Cévennes, quatre ou cinq missions après *Pâques dans lesquelles je ferais distribuer du pain,* ainsi les pauvres recevraient en même temps ce secours pour le temporel et l'instruction. »

Ces missions ambulantes pour la conversion des hérétiques, payées sur la cassette du roi, avaient commencé sous Louis XIII, elles continuèrent sous les règnes de Louis XIV, de Louis XV et de Louis XVI ; des gratifications en argent, données aux convertis, ajoutaient du poids aux discours des missionnaires. Voici une ordonnance de comptant signée de Louis XVI, et portant la date du 1ᵉʳ janvier 1783 : « Garde de mon trésor royal, M. Joseph Micault d'Harvelay, payez comptant, au sieur évêque de Luçon, la somme de quatre cents livres, pour aider à la subsistance des missionnaires du Bas Poitou *qui travaillent à la conversion des protestants,* et ce pour la présente année. »

Il est bon de se rappeler que, depuis les dernières années du règne de Louis XIV, il n'y avait plus *légalement* un seul protestant en France, tout huguenot, ayant abjuré ou non, étant, de par la volonté du roi, *réputé catholique !* On conservait cependant les missions travaillant à la conversion des protestants.

Ce n'était pas seulement à prix d'argent qu'on achetait les conversions, c'était encore, on le sait, à l'aide de *faveurs* de toute nature accordées aux huguenots *dociles;* une de ces *faveurs* était la surséance du paiement des dettes; un édit accordait, à tous les huguenots qui feraient abjuration, un terme et délai de trois ans pour le paiement du capital de leurs dettes; « il est défendu à leurs créanciers, était-il dit, de faire aucune poursuite contre eux pendant ledit temps, à peine de nullité, cassation de procédures et tous dépens ».

Cet étrange édit apporta un trouble si profond dans le commerce qu'on fut bientôt obligé de décider que cette surséance du paiement des dettes ne pourrait être invoquée ni entre les nouveaux convertis, ni par les marchands convertis, pour les affaires qu'ils avaient avec l'étranger.

Les conversions *mercenaires*, obtenues, soit à prix d'argent, soit par des faveurs, n'avaient cependant pas sensiblement diminué le nombre des huguenots, en sorte que le plan conçu par Louis XIV pour ramener, *sans violence*, son royaume à l'unité religieuse menaçait d'échouer misérablement.

Par malheur, une des faveurs promises aux huguenots *dociles,* l'exemption des logements militaires, fut l'occasion de la jacquerie militaire qui a reçu le nom de *dragonnades,* et que suivirent les emprisonnements, les confiscations et toutes les odieuses mesures de violence que nous aurons à signaler au cours de ce travail. Dans un des chapitres de ce livre je ferai le récit détaillé des *dragonnades,* des violences exercées par les soldats pour arracher une abjuration à deux millions de victimes qui n'opposaient à leurs bourreaux d'autre résistance, que leur constance résignée, leurs larmes et leurs gémissements. « Les suites de cette jacquerie militaire furent choquantes, dit Michelet; le niveau de la moralité publique sembla baisser. Le contrôle mutuel des deux partis n'existant plus, l'hypocrisie ne fut plus nécessaire, le dessous des mœurs apparut. Cette succession immense d'hommes *vivants,* qui s'ouvrit tout à coup, fut une proie. Le roi jeta par les fenêtres; on se baissa pour ramasser. Scène ignoble!... La vie de cour ruinait la noblesse. On n'osait sonder les fortunes; on n'eût vu dessous que l'âbime. Le Roi, obligeamment, interdit la publicité des hypothèques, qui eût mis à jour cette *gueuserie* des grands seigneurs. Ruinés par le jeu, les loteries, la plupart attendaient un coup du sort pour remonter. Plusieurs faisaient le sort au lieu d'attendre, *ou en volant au jeu, ou par la poudre de succession*. Les plus hauts mendiaient, au lever, au coucher, dévalisaient le roi de tout ce qui venait, office ou bénéfice. Mais tout cela, des bribes, des miettes! Ils périssaient, s'il ne tombait d'en haut une grande manne imprévue, quelque vaste confiscation.

« Le miracle apparut au ciel en 1685. Six cents temples ayant été détruits, leurs biens, celui des pauvres, des maisons de charité, devaient passer aux hôpitaux catholiques... La cour visait ce morceau. Les jésuites crurent prudent de demander et faire décider que ces biens revinssent, non aux hôpitaux, mais au roi, autrement dit à ceux qu'il favoriserait ou qui mériteraient en poussant à la persécution... Après les biens des temples, ceux des particuliers suivirent; chacun fut ardent à la proie. Ce fut un gouffre ouvert, une mêlée où l'on se jeta pour profiter du torrent qui passait, ramasser les lambeaux sanglants. »

Avant Louis XIV, Anne d'Autriche avait déjà endetté le trésor public par ses munificences, les privilèges, les monopoles qu'elle accordait à son entourage de hauts mendiants; à une dame de sa cour elle avait donné un droit d'impôt sur toutes les messes dites à Paris; à sa première femme de chambre, la Beauvais, elle avait un jour, inconsidérément, donné *les cinq grosses fermes*, c'est-à-dire tous les impôts productifs faisant vivre la cour, et cela en croyant ne lui faire cadeau que d'une ferme appelée *les Cinq fermes*. Et, dit Madame, mère du régent, on a sur la régence d'Anne d'Autriche bien d'autres historiettes de ce genre.

Tandis que le peuple, décimé par des famines périodiques, mourait de faim sur les grands chemins, Louis XIV jetait l'argent par les fenêtres, à l'exemple de sa mère; et les courtisans avaient soin de se trouver sous ce qu'il jetait : à Mme d'Harcourt, le bien d'un suicidé; au comte de Marsan, la succession d'un bourgeois de Paris, bâtard mort sans enfants; à de Guiche, le produit de la confiscation des biens possédés par les Hollandais, en Poitou, pour prix de la dénonciation qu'il avait faite; à de Grammont, deux cent mille livres pour l'avis qu'il a donné au

contrôleur général, des malversations commises par les fournis-
seurs des troupes d'Alsace. Monsieur, frère du roi, reçoit plus
d'un million pour avoir demandé la poursuite des trésoriers de
l'extraordinaire, à qui l'on fait rendre gorge ; c'étaient chaque
jour de grosses gratifications aux courtisans, à l'occasion du
mariage de leurs filles, ou sous tout autre prétexte ; les dettes
de jeu de Monsieur, ou de la Montespan, à payer ; celle-ci, en
une seule nuit, perdait *neuf millions de livres*. Les plus impa-
tients réalisaient leurs espérances de succession en donnant à
leurs parents, ainsi qu'on le disait alors, *un coup de pistolet dans
un bouillon*. C'était chose commune pour les grands seigneurs de
vivre aux dépens de leurs vieilles maîtresses, et Tallemant des
Réaux dit, comme une chose toute simple : le comte d'Harcourt
fut longtemps *aux gages* de la femme du chancelier Séguier ;
Richelieu, le modèle du genre, dit Michelet, ne prenait pas
moins de douze louis de chacune de ses maîtresses.

Les plus hauts seigneurs, des prélats même, avaient des
mignons comme Henri III, mais ne se flagellaient plus comme
lui en public. Un jour que le roi oublie son chapeau sur un
siège, la boucle de diamants qui ornait le couvre-chef royal dis-
paraît. Un autre jour, à Saint-Germain, les vases sacrés de la
chapelle royale sont volés par un seigneur de la cour. Grandes
dames et grands seigneurs trichaient au jeu ; plus d'un gentilhomme fut envoyé aux galères comme faux monnayeur, etc.

Tous ces grands seigneurs et ces abbés et évêques *Benoiton*,
qui composaient la cour, sous l'ancien régime, étaient avant
tout des mendiants besoigneux et insatiables, et voici le portrait
que fait Paul-Louis Courrier de cette réunion de truands de
haute volée :

« Quand le gouverneur d'un roi enfant dit à son élève jadis :
Maître, tout est à vous, ce peuple vous appartient, corps et biens,
bêtes et gens, faites-en ce que vous voudrez, cela fut remarqué.
La chambre, l'antichambre et la galerie répétaient : Maître, tout
est à vous, ce qui, dans la langue des courtisans, voulait dire :
tout est pour nous, car la cour donne tout aux princes, comme
les prêtres tout à Dieu ; et ces domaines, ces apanages, ces listes
civiles, ces budgets ne sont guère autrement pour le roi, que le
revenu des abbayes n'est pour Jésus-Christ... A la cour, tout le

monde sert ou veut servir. L'un présente la serviette, l'autre le vase à boire, chacun reçoit ou demande salaire, tend la main, se recommande, supplie... mendier n'est pas honte à la cour, c'est toute la vie du courtisan... Aucun refus, aucun mauvais succès ne lui fait perdre courage. Il n'est affront, dédain, outrage, ni mépris qui le puissent rebuter.

Éconduit il insiste, repoussé il tient bon, qu'on le chasse, il revient, qu'on le batte, il se couche à terre. — *Frappe, mais écoute*, et donne ; on est encore à inventer un service assez vil, une action assez lâche, pour que l'homme de cour, je ne dis pas s'y refuse, chose inouïe, impossible, mais n'en fasse point gloire et preuve de dévouement. »

Mais le trésor royal de Louis XIV avait fini par s'épuiser par suite de ses folles dépenses et des largesses faites aux courtisans, et au moment où tomba la manne des |confiscations huguenotes, on ne pouvait plus répéter après Mme de Sévigné : « il ne faut pas désespérer, quoique on ne soit pas le valet de chambre du roi, il peut arriver, qu'en faisant sa cour, *on se trouve sous ce qu'il jette*. »

Il était temps pour tous ces mendiants titrés, tonsurés ou mitrés, que le roi les appelât à la curée protestante, digne couronnement des dragonnades. Ce fut un spectacle écœurant, et, quelque bas que fût déjà le niveau de la moralité publique, il baissa encore à la suite de cette curée ; des moines, des évêques, des gentilshommes se disputent la succession des consistoires ; les capucins de Corbigny demandent, non seulement les matériaux du temple, mais les vases d'argent et les deniers appartenant au consistoire A Marennes, les capucins demandent la cloche du temple. L'évêque de la Rochelle demande pour son chapitre, les biens de M. de la Forest. L'évêque de Laon obtient sur les biens des fugitifs trois mille livres, pour les maîtresses d'école de son diocèse. L'évêque de Gap qui veut achever son palais épiscopal, écrit : « Je n'ose pas vous importuner de mes bâtiments, cependant, si, *par le moyen des biens confisqués*, vous trouviez le moyen de loger un évêque *sur le pavé*, je vous en aurais beaucoup d'obligation. » L'évêque de Meaux demande le produit de la démolition des temples de Nanteuil et de Morcerf, pour l'hôtel-Dieu et et l'hôpital général de Meaux.

L'abbé de Polignac reçoit en don du roi les biens du fils de Ruvigny, devenu duc de Galloway. La fortune du marquis d'Harcourt est donnée à l'abbé Feuquières, neveu de Madeleine Arnaud. Un officier de marine, la Gacherie, demande les biens d'un protestant qu'il prétend être mort relaps ; la même demande avait été faite antérieurement par les religieuses de la visitation et avait été repoussée, en présence d'un certificat de médecin constatant que le défunt, quelques jours avant sa mort, était tombé dans une paralysie générale.

Il n'y a pas jusqu'au cocher de *Madame* qui ne vienne demander le bien d'un huguenot dont le fils est ministre en Angleterre.

Quant à l'intègre de Harlay, voici comment il sut se faire donner par le roi, la somme que son ancien ami de Ruvigny, lui avait confiée avant de partir pour l'Angleterre.

« Le vieux Ruvigny, dit Saint-Simon, était ami d'Harlay, lors procureur général, et, depuis, premier président, et lui avait laissé un dépôt entre les mains, dans la confiance de sa fidélité. Il le lui garda *tant qu'il n'en put abuser* ; mais quand il vit l'éclat, il se trouva modestement embarrassé entre le fils de son ami et son maître *à qui il révéla humblement sa peine*. Il prétendit que le roi l'avait su d'ailleurs. Mais le fait est *qu'il le dit lui-même*, et que, pour récompense, *le roi le lui donna comme bien confisqué*, et que cet hypocrite de justice et de vertu, de désintéressement et de rigorisme, *n'eut pas honte de se l'approprier* et de fermer les yeux et les oreilles au bruit qu'excita cette perfidie. »

De Louville, gentilhomme de l'Anjou qui devait dix mille livres à de Vrillac, trouve cet honnête prétexte pour ne pas rembourser son créancier, que de Vrillac *pourrait employer cette somme à préparer son évasion à l'étranger*.

De Marsac, enseigne de vaisseau, présente un placet au roi pour demander la remise d'une rente due par lui au sieur Boisrousset, pour ce motif que les parents de son créancier *ne font pas leur devoir de catholiques*.

Les parents des réfugiés ne sont pas moins âpres à la curée que les étrangers ; de la Corte, officier de marine, signale son oncle comme fugitif et demande ses biens ; Mme Jaucourt de la Vaysserie gagne la prime promise aux délateurs, en dénonçant son mari et ses filles qui cherchaient à sortir du royaume ;

Mlle Vaugelade se fait allouer une pension sur les biens séquestrés d'une de ses parentes.

Henri de Ramsay, pour prix de sa conversion s'était fait donner les biens de son père, de sa mère et de ses oncles de Rivecourt passés à l'étranger et était ainsi devenu un des seigneurs *les plus riches* du bas Poitou. Cependant il laissait son père et sa mère *mourir dans le dénuement*, et refusait même de rembourser à son oncle 35 louis, que celui-ci avait avancés pour faire sortir son père, de la prison pour dettes de Maëstrich.

Le fils de Mme de Saintenac qui avait, grâce à la loi des confiscations, hérité, par avance, de l'immense fortune de sa mère, laissait celle-ci *sans secours* à l'étranger, et à sa mort il refusa de *payer les dettes* qu'elle avait laissées.

Fontaine, réfugié en Angleterre, met sa signature au bas d'une feuille de papier timbré et l'envoie à un de ses parents restés en France, pour qu'il pût vendre ou louer son domaine. (Je lui faisais observer, dit Fontaine, qu'il serait nécessaire de dater cet acte d'une époque antérieure à mon départ de France, cette condition étant indispensable pour empêcher de confisquer ma propriété). Ce bon parent suivit ces instructions pour son propre compte, il s'établit dans la maison de Fontaine devenue sa propriété en vertu d'un acte de vente en bonne forme et le pauvre réfugié n'entendit plus jamais parler de lui.

Le testament d'Alice de Cardot, léguant tous ses biens à son neveu de Vignolles, ayant été cassé et sa fortune confisquée, ce fut alors parmi les parents, nouveaux convertis de la défunte, à qui se salirait de plus de turpitudes pour se faire adjuger cette riche proie. — Bien qu'un des concurrents eût obtenu de Fléchier un certificat constatant qu'il était digne des bontés du roi, Bâville mit fin à ce combat de vautours autour d'un cadavre, en faisant décider que, provisoirement, l'héritage serait adjugé à l'hôpital général de Nîmes.

Il serait facile de multiplier les exemples de cette nature, ceux que j'ai cités suffisent pour édifier mes lecteurs.

La politique de l'ostracisme des faveurs, suivie contre les huguenots par Louis XIV, après Mazarin et Richelieu, politique dont l'habileté est moins contestable que l'honnêteté, avait eu, du moins, un résultat heureux au point de vue de la tranquillité du royaume; elle avait ramené au catholicisme toutes les grandes familles, la noblesse de cour, tous les ambitieux de pouvoir et d'honneurs, tous ceux, en un mot, pour qui la question religieuse n'avait été considérée que comme un moyen de parvenir; quant à la bourgeoisie protestante, voyant toutes les carrières publiques se fermer peu à peu devant elle, elle s'était consacrée aux professions libérales, au commerce, à l'industrie et à l'agriculture, et s'était désintéressée de la politique. Les pasteurs qui avaient succédé aux seigneurs dans la direction du parti protestant, non seulement n'avaient rien de l'esprit turbulent de la noblesse, mais encore avaient fait accepter par leurs co-religionnaires cette dangereuse doctrine que désobéir au roi c'était désobéir à Dieu même.

La transformation du parti protestant, autrefois si remuant, en une pacifique secte religieuse explique comment, depuis la prise de la Rochelle, le roi de France avait toujours trouvé dans les réformés ses sujets les plus fidèles et les plus sûrs. Les huguenots avaient refusé de s'associer à la révolte du catholique Montmorency, et vingt ans plus tard, lors des troubles de la Fronde, ils étaient restés sourds aux appels de l'ancien chef du parti protestant, le prince de Condé.

Louis XIV, en confirmant l'édit de Nantes, disait : « Nos sujets de la religion réformée nous ont donné des preuves de leur affection et fidélité, notamment dans les circonstances présentes » ; et en 1666, écrivant à l'électeur de Brandebourg, il affirmait encore ses bonnes dispositions en faveur des réformés « pour leur témoigner, disait-il, la satisfaction que j'ai eue de leur obéissance et de leur zèle pour mon service depuis la dernière pacification de 1660 ».

Mais, moins les protestants devenaient dangereux pour la tranquillité du royaume, plus chacun croyait pouvoir tenter contre eux.

Le clergé n'étant plus contenu par la crainte d'une révolte possible des réformés, pressait de plus en plus vivement chaque jour le roi de prendre les mesures nécessaires pour faire périr le plus promptement possible le protestantisme.

« Si vous cherchez, dit Rulhières, dans la collection du clergé cette longue suite de lois, toujours plus sévères contre les calvinistes, que, de cinq ans en cinq ans, à chaque renouvellement périodique de ses assemblées, il *achetait* du Gouvernement; vous y observerez que ses demandes avaient quelque modération *tant que les calvinistes pouvaient être redoutés,* mais qu'elles tendirent vers une persécution ouverte *aussitôt qu'ils devinrent des citoyens paisibles.* »

Les cléricaux sont donc mal fondés à prétendre que, par leur esprit remuant et indiscipliné, les protestants ont mis Louis XIV dans la nécessité de tenter la réalisation de cette utopie: le retour du royaume à l'unité de foi religieuse.

C'est une erreur tout aussi injustifiable que commet le fourriériste Toussenel quand il déclare que Louis XIV s'est montré grand homme d'État, en voulant supprimer le protestantisme, ami de la féodalité et constituant un insurmontable obstacle à l'unité de la France.

Les protestants, depuis la prise de la Rochelle, ne constituaient plus un État dans l'État, et Louis XIV les persécuta, non par politique, puisqu'ils étaient devenus ses plus fidèles sujets, mais pour raisons purement religieuses.

« Louis, le modèle des rois, dit Paul-Louis Courier, vivait, c'est le mot, à la Cour, avec la femme Montespan, avec la fille La Vallière, avec toutes les femmes et les filles que son bon plaisir fut d'ôter à leurs maris, à leurs parents. C'était le temps alors des mœurs, de la religion, et *il communiait tous les jours.* Par cette porte entrait sa maîtresse le soir, et le matin son confesseur. »

La besogne était rude pour le confesseur, dit Michelet, car le roi possédait *publiquement* à la fois trois femmes, la reine, La Vallière et la Montespan, *elles communièrent ensemble,* à Notre-Dame de Liesse, la reine récemment accouchée, La Vallière grosse de six mois, la Montespan dans les premiers troubles d'une grossesse. Il fallut remplacer le père Amat qui avait des scrupules, par le père Ferrier, puis par le père Lachaise, deux jésuites qui trouvèrent tout naturel que le roi prononçât la séparation de corps et de biens entre M. de Montespan et sa femme, qu'il fît légitimer ses bâtards *du vivant de la reine,* etc., et surent, pendant vingt ans, concilier les exigences de l'Église avec celles des passions du roi.

Pour mettre sa conscience en tranquillité, Louis XIV qui avait beaucoup de péchés à expier établissait une sorte de compensation entre le bien qu'il obligeait ses sujets à faire et le mal qu'il faisait lui-même. C'est ainsi que ce prince, doublement adultère, rendait une ordonnance portant mutilation du nez et des oreilles pour les filles de mauvaise vie et motivait ainsi une déclaration contre les blasphémateurs : « Considérant qu'il n'y a rien qui puisse davantage attirer la bénédiction du ciel sur notre personne et sur notre Etat que de garder et faire garder par tous nos sujets inviolablement *ses saints commandements* et faire punir avec sévérité ceux qui s'emportent à cet excès de mépris que de blasphémer, jurer et détester son saint nom, ni proférer aucune parole contre l'honneur de la très sacrée vierge, voulons et nous plaît, etc. »

C'est l'application du commode système en vertu duquel le compagnon d'un enfant royal est fouetté toutes les fois que son auguste camarade a fait une faute, du système en vertu duquel, font pénitence, par délégation, les deux vieilles galantes repenties dont Dangeau conte ainsi l'histoire :

« La duchesse d'Olonne et la maréchale de la Ferté sa sœur, célèbres toutes deux par leurs galanteries, devenues vieilles et touchées par un sermon qu'elles venaient d'entendre un jour de mercredi des cendres, songeaient sérieusement à l'œuvre de leur salut. « Ma sœur, dit la maréchale, que ferons-nous donc? Car il faut faire pénitence.» Après beaucoup de raisonnements et de perplexités : « Ma sœur, reprit l'autre, tenez, voilà ce qu'il faut faire : *faisons jeûner nos gens!* »

De même, Louis XIV croyait racheter ses péchés, en provoquant par tous les moyens la conversion des huguenots de son royaume, en faisant pénitence sur le dos de ses sujets hérétiques.

Rulhières constate que cette préoccupation d'intérêt personnel est bien le motif déterminant de la croisade à l'intérieur, entreprise par Louis XIV. « Il avait, dit-il, formé le dessin de convertir les huguenots, comme trois siècles plus tôt et du temps de Philippe-Auguste et de Saint-Louis, il eût, *en expiation de ses péchés*, fait vœu d'aller conquérir la Terre Sainte. »

Quant à l'impossibilité de trouver une justification de l'édit de révocation, on ne saurait trouver de témoignage moins suspect que celui de Saint-Simon, puisque c'est lui qui déconseilla le régent du rappel des huguenots et qu'il dit, dans ses mémoires, que Louis XIV avait fait la faute de révoquer l'édit de Nantes, beaucoup plus dans la manière de l'exécution que dans la chose même.

Or, Saint-Simon reconnaît qu'il n'y avait nulle raison, nul prétexte même, de déchirer le contrat passé entre les catholiques et les protestants sous la garantie de la signature royale, et il apprécie ainsi la faute commise par Louis XIV dans l'exécution de la révocation de l'édit de Nantes :

« Qui eût su un mot de ce qui ne se délibérait que entre le confesseur, le ministre alors comme unique et l'épouse nouvelle et chérie, et qui de plus, eût osé contredire? C'est ainsi que sont menés à tout, par une voie ou par une autre, les rois qui... ne se communiquent qu'à deux ou trois personnes, et bien souvent à moins, et qui mettent, entre eux et tout le reste de leurs sujets, une barrière insurmontable.

La révocation de l'édit de Nantes, *sans le moindre prétexte et sans aucun besoin*, et les diverses déclarations qui la suivirent furent les fruits de ce complot affreux, qui dépeupla un quart du royaume, qui ruina son commerce ; qui l'affaiblit dans toutes ses parties, qui le mit si longtemps au pillage et public et avoué des dragons, qui autorisa les tourments et les supplices dans lesquels ils firent réellement mourir tant d'innocents de tout sexe, et par milliers, qui ruina un peuple si nombreux, qui déchira un monde de familles, qui arma les parents contre les parents pour avoir leurs biens et les laisser mourir de faim, qui fit passer nos manufactures aux étrangers, fit fleurir et regorger leurs Etats aux dépens du nôtre et leur fit bâtir de nouvelles villes, qui donna le spectacle d'un si prodigieux peuple, proscrit, nu, fugitif, errant, sans crime, cherchant asile loin de sa patrie ; qui mit nobles, riches, vieillards, gens souvent très estimés pour leur piété, leur savoir, leur vertu, des gens aisés, faibles, délicats, à la rame et sous le nerf très effectif du comité pour cause unique de religion : enfin qui, pour comble de toutes horreurs, remplit toutes les provinces du royaume de parjures et de sacrilèges, où tout retentissait des hurlements de ces infortunées victimes de l'erreur pendant que tant d'autres sacrifiaient leur conscience à leurs biens et à leur repos, et achetaient l'un et l'autre par des abjurations simulées, d'où, sans intervalle, on les traînait à adorer ce qu'ils ne croyaient point et à recevoir réellement le divin corps du saint des saints, tandis qu'ils demeuraient persuadés qu'ils ne mangeaient que du pain qu'ils devaient encore abhorrer. Presque tous les évêques se prêtèrent à cette pratique subite et impie, beaucoup y forcèrent, la plupart animèrent les bourreaux, forcèrent les conversions. Le roi s'applaudissait de sa puissance et de sa piété. Il se croyait au temps de la prédication des apôtres et il s'en attribuait tout l'honneur. Les évêques lui écrivaient des panégyriques, les jésuites en faisaient retentir les chaires et les missions. Toute la France était remplie d'horreur et de confusion et jamais tant de triomphes et de joie, jamais tant de profusions de louanges... nos voisins exultaient de nous voir ainsi nous affaiblir et nous détruire nous-mêmes, profitaient de notre folie, et bâtissaient des desseins sur la haine que nous nous attirions de toutes les puissances protestantes. »

Quelles que pussent être les désastreuses conséquences de cette cruelle persécution religieuse, elles n'étaient pas de nature à arrêter Louis XIV dans la voie déplorable où il s'était engagé. On lit, en effet, dans les mémoires du duc de Bourgogne, que dans le conseil où fut décidée la révocation de l'édit de Nantes, le Dauphin ayant observé que, en admettant que la paix ne fût pas troublée, un grand nombre de protestants sortiraient du royaume, ce qui nuirait au commerce et à l'industrie et, par là même, affaiblirait l'État, le roi trouva *la question d'intérêt peu digne de considération* comparée aux avantages d'une mesure qui rendrait à la religion sa splendeur, à l'État sa tranquillité et à l'autorité tous ses droits.

Il n'y a donc pas à s'étonner si Louis XIV refusa obstinément de revenir sur ses pas, quand il vit que la conversion de ses sujets huguenots n'était qu'une vaine apparence et que son ardeur inconsidérée à ramener, coûte que coûte, la France à l'unité religieuse, avait ruiné le royaume.

Il ne s'obstina que davantage à poursuivre un but impossible par le viol journalier des consciences, et la collection des édits qu'il fit contre ses sujets huguenots, faits par force catholiques, ou légalement réputés catholiques sans avoir jamais abjuré, est un monument monstrueux d'iniquité et de déraison.

CHAPITRE II

LIBERTÉ DU CULTE

Caractère d'humiliation du culte protestant. — Maxime du prince de Condé.
— Temples supprimés. — Ministres interdits. — La désolation des provinces
du midi. — L'insurrection des Cévennes. — Les assemblées. — Les pasteurs
du désert. — Reprise générale du culte protestant. — Mariages et baptêmes.
— L'édit de 1787.

L'édit de Nantes n'avait pas, en ce qui concerne l'exercice du culte, placé sur un pied d'égalité la religion catholique et la religion protestante. Le culte catholique était librement célébré sur tous les points du royaume et avait partout la première place, tandis que l'exercice du culte protestant n'était autorisé que dans les lieux où il avait existé avant 1597.

Jusqu'à 1573, les édits royaux avaient qualifié le protestantisme de *religion nouvelle*, l'édit de Nantes l'appela religion *prétendue* réformée, puis défense fut faite aux pasteurs de prendre un autre titre que celui de ministres de la religion *prétendue* réformée, et, dans tous les actes publics, les huguenots durent être qualifiés de *prétendus* réformés. Rien ne fut négligé, du reste, pour accuser ce caractère d'*humiliation* qu'on voulait donner au protestantisme, afin de mieux marquer la différence de situation de la religion *tolérée* et de la religion *maîtresse et dominante*, de la réformée *qui est toute fausse* et de la catholique *qui est toute sainte et toute sacrée*, ainsi que le disait l'évêque d'Uzès.

Non seulement on défendit aux gentilshommes huguenots de se faire enterrer dans les cimetières catholiques ou dans les caveaux des églises, *sous prétexte que les tombeaux de leurs pères y étaient ou qu'ils avaient quelque droit de patronage ou de seigneurie*, mais encore les cimetières communs aux morts des deux religions, durent être abandonnés aux catholiques. Les huguenots qui avaient réclamé vainement contre l'appellation de *prétendus* réformés qu'on leur imposait, protestèrent énergiquement, sans plus de succès, contre cette prescription d'avoir à enterrer leurs morts *à part*, ce qui les marquait, disaient-ils, *d'une tache odieuse et flétrissante*.

« Pourquoi, dit une requête des églises réformées, nous assigner des cimetières *à part*? Nos pères avaient leur droit en ceux qui étaient déjà, et étaient publics et *communs*. Nous ont-ils pas laissés héritiers de leurs droits en cela, *aussi bien qu'en cet air français que nous humons*, aussi bien qu'ès villes que nous hantons, aussi bien qu'ès maisons que nous habitons? »

Aujourd'hui encore, nous voyons sans cesse de graves difficultés se produire par suite de la prétention de l'Église catholique de faire inhumer *à part*, tous ceux, catholiques ou non catholiques, qu'elle n'a pas pu ou voulu enterrer religieusement. Cette prétention se base sur ce qu'elle aurait fait *siens*, les cimetières, propriétés communales, en leur donnant une bénédiction générale qui aurait transformé leur sol en *terre sainte*.

Dans un certain nombre de localités on a cru prévenir le retour de difficultés de ce genre, en attribuant à chaque culte différent, une portion du cimetière, mais cette solution n'est pas satisfaisante, car le mort peut n'avoir, de son vivant, appartenu à aucun culte. La ville de Paris a trouvé la vraie solution du problème. Elle a astreint le clergé catholique à bénir chaque fosse *isolément*, à ne plus étendre sa bénédiction au cimetière tout entier. De cette façon, catholiques, protestants, juifs, libres penseurs, sont enterrés côte à côte et non plus *à part*, et le cimetière est vraiment ce qu'il doit être, le lieu de repos commun pour tous les morts.

L'Église n'admettant pas *la tolérance*, même pour les morts, les cléricaux de la chambre des députés faisaient preuve d'illogisme en 1885, lorsqu'ils demandaient, à l'occasion de la proposition d'inhumer Victor Hugo au Panthéon, que cet édifice continuât à être consacré à l'exercice du culte catholique.

M. Goblet leur répondait avec raison :

« Ce grand esprit était profondément religieux. Je rappellerai cet admirable testament dans lequel, tout en répudiant tous les dogmes et en déclinant les prières des prêtres, il proclamait sa foi en Dieu; mais parce qu'il croyait en Dieu d'une manière différente de la vôtre, vous lui auriez fermé les portes de votre église. Je vous le demande, si nous l'avions porté au Panthéon, *restant à l'état d'église*, l'y auriez-vous reçu? » M. Baudry d'Asson et plusieurs de ses collègues de la droite, ne pouvaient s'empêcher de répondre : non !

Les cléricaux d'aujourd'hui auraient, dans ce cas, agi comme le fit en 1814 la royauté de droit divin, dont le premier soin fut de tirer des caveaux du Panthéon les corps de Voltaire et de Rousseau et de les faire jeter à la voirie.

Au sénat, MM. de Ravignan et Fresneau allaient jusqu'au bout de la doctrine catholique de l'intolérance, lorsqu'ils disaient que si le Panthéon perdait son caractère religieux, aucun grand homme *chrétien* ne consentirait à être enterré *là dedans* (*sic*).

Ainsi une nation ne pourrait assigner un même lieu de sépulture, dans un édifice *n'ayant aucun carractère religieux*, à tous ses grands hommes catholiques ou non catholiques, parce que, ainsi que le disait M. de Ravignan, ce serait infliger aux catholiques une sépulture qui serait un attentat à leur croyance que de les faire reposer à côté de protestants, de juifs, de théistes et d'athées. C'est l'application aux morts de cette théorie de l'Église, que la loi ne peut mettre sur le même pied l'erreur et la vérité, théorie empêchant que la paix et la tolérance puissent régner dans un pays, non seulement entre les vivants, mais encore au milieu des tombeaux.

Pour bien marquer le caractère *d'humiliation* du culte protestant, même dans l'intérieur des temples, Louis XIV ne négligea rien, il fit enlever de ces édifices religieux, les bancs et sièges élevés là pour les gentilshommes, juges, consuls et échevins, les fleurs de lys, armes du roi, des villes et des communautés placées sur les bancs, murailles et vitres desdits temples. Il fit défense à tous juges royaux ou des seigneurs, consuls et échevins réformés de porter *dans les temples*, et lorsqu'ils y allaient ou en revenaient, leurs robes rouges, chaperons et autres marques de magistrature.

Dans les villes, sièges d'un archevêché ou évêché, le temple ne pouvait être placé à moins d'une lieue de la dernière maison d'un des faubourgs. Louis XIV interdit, en outre, de prêcher et de s'assembler dans les temples, de n'importe quelle ville, pendant que les évêques ou archevêques s'y trouvaient en tournée pastorale.

Dans les villes, où il y avait citadelle ou garnison de troupes royales, il était défendu aux protestants de s'assembler, au son des cloches. Du jeudi au samedi, pendant la semaine sainte, les cloches de tous les temples devaient s'abstenir de sonner à l'exemple de celles des églises catholiques.

Plusieurs temples, entre autres celui d'Uzès, furent démolis, comme étant placés *trop près* des églises catholiques, dont les offices étaient troublés par le son des cloches et le chant des psaumes. Quand une procession, dans laquelle était porté le Saint-Sacrement, passait devant un temple, les protestants assemblés devaient cesser le chant des psaumes. Enfin on en vint à interdire aux ministres de parler avec irrévérence, dans leur prêche, des choses saintes et des cérémonies de l'église catholique. Un banc dut être réservé dans le temple aux catholiques pour que ceux-ci pussent, dit l'édit, réfuter au besoin les ministres, et les empêcher, par leur présence, d'avancer aucune chose contraire au respect dû à la religion catholique.

Que dirait le clergé catholique, si demain, le gouvernement républicain mettait en application une loi, par laquelle un banc devrait être réservé dans chaque église aux *non-catholiques*, afin que ceux-ci pussent, au besoin, *réfuter* les arguments du prédicateur, et, par leur présence, empêcher le prêtre de dire chose contraire au respect dû, soit aux croyances autres que celles du catholique, soit aux institutions du pays.

On avait eu soin de limiter, à l'intérieur des temples, la liberté de l'exercice du culte protestant, et c'est avec un soin jaloux qu'on avait interdit toute manifestation extérieure du culte toléré.

Il était défendu aux ministres de paraître au dehors des
temples, *en habit long*; on ne souffrait même pas que, dans le
temple, ils portassent des soutanes et robes à manches (ce qui n'appartenait qu'aux écclésiastiques et aux officiers de justice, disait
la loi). Ils ne pouvaient faire aucun prêche, aucune exhortation,
dans les rues, sur les places publiques, même *sous les arbres des
campagnes*, sous quelque prétexte que ce fût, exécution de
criminels, inondation, peste, etc.; quand ils allaient consoler
les prisonniers, les ministres ne pouvaient le faire qu'à voix
basse et dans une chambre séparée; de même, dans les hôpitaux, ils devaient faire leurs prières et exhortations aux malades
réformés, à voix assez basse pour qu'ils ne pussent être entendus
des autres malades.

Cette prescription était plus que difficile à observer dans les
hôpitaux de l'ancien régime, où l'on entassait dans chaque lit
six ou huit malades, les convalescents avec les moribonds,
parfois avec les morts qu'on n'avait pas toujours le temps
d'enlever. Le clergé attaché à l'Hôtel-Dieu de Paris ne laissait
les ministres parler aux malades *huguenots* qu'en présence
d'un ecclésiastique, prétendant que sans cette surveillance, les
ministres parlant haut, détournaient, dans un quart d'heure,
plus de malades catholiques que l'on ne pouvait en édifier en
trois jours. Les protestants ne pouvaient envoyer de députations
spéciales, et il leur était interdit de faire corps à part dans toutes
les occasions où ils avaient à paraître en public. Ils ne pouvaient
s'assembler pour faire des prières publiques, des lectures ou
autres exercices de leur religion *que dans leurs temples et
en présence de leurs ministres.* Il leur était défendu de chanter
des psaumes à haute voix, dans les rues, carrefours, places
publiques, et même aux fenêtres de leurs maisons. Ce chant
des psaumes ne leur était permis, dans leurs boutiques et
chambres fermées, qu'à cette condition qu'il fût fait à voix assez
basse pour ne pouvoir être entendu des voisins et des passants.

Les cérémonies de noces, de baptêmes et d'enterrements, étant
considérées comme de *nécessaires* manifestations extérieures du
culte, étaient réglementées de manière à bien marquer le caractère d'*humiliation* qu'on voulait imprimer au culte *toléré*.

Les réformés, dit un édit, allant en marche par les rues, à l'occasion des noces et des baptêmes, *affectent* de se trouver en nombre considérable pour se rendre à leurs temples. Pour faire cesser *ce scandale*, il est décrété qu'à toutes cérémonies de noces et de baptêmes, qui seront faites par des huguenots, il ne pourra y avoir *plus de douze personnes*, y compris les parents qui y assisteront ; il est fait défense de marcher *en grand nombre* par les rues, en allant à ces cérémonies.

Pour les enterrements, le nombre des personnes assistant aux convois ne peut dépasser *trente personnes*, y compris les plus proches parents du défunt, ces enterrements doivent se faire *à six heures du matin ou à six heures du soir*, du mois d'avril au mois d'octobre, *à huit heures du matin ou à quatre heures du soir*, du mois d'octobre à la fin de mars.

Le bailli de Caen avait condamné à l'amende les réformés Baillebache et Daniel, à raison de *la malversation* par eux commise :

« D'avoir couvert le cercueil du corps de la fille dudit Baillebache d'un drap blanc, semé de couronnes et guirlandes de romarin et fait porter les quatre coins d'icelui par quatre filles tenantes en leurs mains chacune un rameau aussi de romarin, et ledit Daniel d'avoir aussi pareillement fait porter les coins d'un drap étant sur le corps de sa défunte femme. »

Le parlement de Rouen confirme ce jugement : Ouï, Ménard, avocat, qui a dit :

« Qu'il n'appartenait point à ceux de la religion prétendue réformée de faire aucune pompe ni cérémonie dans leurs enterrements, que c'était un honneur *réservé* à ceux qui professent la religion du prince ; qu'il n'y pouvait avoir *égalité* entre les deux religions ; que la catholique, qui était la religion maîtresse et dominante, devait avoir *tous les honneurs et tous les avantages ;* que la prétendue réformée doit demeurer *dans l'abaissement, dans le silence et dans l'obscurité*, qu'il n'était pas juste que *la servante* se parât des mêmes ornements que *sa maîtresse*. »

Ouï l'avocat général, lequel a dit :

« Que nous voulons que ceux de la religion prétendue réformée, paraissent en toutes choses, ce qu'ils sont, c'est-à-dire *tolérés*, et, pour cette raison, il leur est interdit toutes choses qui sont *d'apparence extérieure ;* point d'exercice public de leur religion, point de culte extérieur, *rien qui paraisse ;* même les édits leur ordonnent de faire leurs enterrements sur le soir, *afin d'en retrancher les pompes, les cérémonies et toutes les vaines ostentations.* »

Ce système *d'humiliation* appliqué par Louis XIV aux protestants, à l'occasion des enterrements, nous avons vu sous la république, un préfet de *l'ordre moral* tenter de le ressusciter contre les libres penseurs de Lyon. En 1873, M. Ducros, préfet du Rhône, sous prétexte de nécessités d'ordre public (prétexte invoqué au xviiᵉ siècle pour les protestants), prit, en effet, un arrêté décidant : que les enterrements *civils* se feraient au plus tard, *à six heures du matin en été, à sept heures en hiver;* qu'ils ne pourraient être suivis par un nombre de personnes excédant le chiffre qu'il fixait, et qu'ils devraient se rendre au cimetière par la voie la plus directe, *en évitant les grandes rues.*

Les journaux cléricaux ne craignirent pas de prodiguer les éloges à cet arrêté, injustifiable dans une société où, en vertu de la loi, tous sont égaux, et ont droit au même traitement, quelles que soient leurs croyances religieuses ou leurs opinions philosophiques. Il était juste, disaient ces journaux bien pensants, que les morts libres penseurs fussent enterrés à l'heure où étaient enlevés *les immondices* de la ville, attendu que, ayant voulu *mourir comme des chiens,* ils devaient être *enfouis comme des chiens.*

L'injure n'était pas nouvelle et elle a toujours été appliquée par les catholiques à ceux qui, protestants ou libres penseurs, n'avaient point à leur lit de mort, reçu les sacrements de l'Eglise catholique. Ainsi on lit dans le *Journal de l'Etoile :*

« En 1590, mourut aux cachots de la Bastille, maître Bernard Palissy, prisonnier pour la religion, âgé de quatre-vingts ans. La tante de ce bonhomme y étant retournée le lendemain, voir comment il se portait, trouva qu'il était mort. Et, lui dit Bussy, que, si elle voulait le voir, qu'elle le trouverait *avec ses chiens* sur le rempart, où il l'avait fait traîner *comme un chien* qu'il était. »

On lit encore dans un mémoire qui se trouve aux archives générales :

« En 1699, le sieur Bertin de Montabar, gentilhomme de la religion prétendue réformée, des plus obstinés, lequel était âgé de quatre-vingts ans, mourut, sans avoir voulu souffrir que son curé ni aucun prêtre le vissent... Son obstination ayant fait refuser à ses enfants la permission de le faire enterrer en terre sainte, on l'a enterré dans son jardin *auprès du lieu où avait été enterré son chien.* »

C'est par suite de la même préoccupation d'imposer un caractère de flétrissure à l'enterrement des non catholiques qu'à Paris, jusqu'à la Révolution, les protestants et les artistes de la Comédie-Française, *excommuniés ordinaires du roi,* durent être enterrés sans pompe, la nuit, et inhumés dans un chantier.

S'inspirant de la doctrine qui avait dicté jadis l'arrêt rendu dans l'affaire Baillebache : *la religion catholique a le privilège de tous les honneurs et de tous les avantages,* les ministres de la guerre, sous l'*ordre moral,* MM. Berthauld et du Barral, firent pour la question des honneurs militaires, ce que le préfet Ducros avait fait pour les inhumations des libres penseurs à Lyon.

Arguant de je ne sais quelle équivoque de texte, ces ministres décidèrent que le piquet d'honneur accordé par la loi aux légionnaires morts, devait être refusé à ceux qui étaient conduits directement de leur domicile au cimetière, sans passer par l'église, le temple ou la synagogue. C'est en vertu de cette décision que le député Brousse et le compositeur Félicien David furent privés des honneurs militaires.

Ces tentatives faites hier pour noter d'infamie les obsèques des libres penseurs, ou tout au moins pour leur imprimer un caractère *d'humiliation,* suffisent pour montrer ce que serait devenu le principe de l'égalité de tous les citoyens et de toutes les opinions devant la loi, si l'on eût réussi à restaurer, avec le roi très chrétien Henri V, le gouvernement des curés.

Un jour, le prince de Condé ayant eu une vive discussion à propos de religion avec la princesse de la Trémouille, lui avait conseillé, pour se défaire de ses entêtements huguenots, de rester six mois sans aller au prêche et sans voir le ministre.

L'affaire fit grand bruit et *la maxime du prince de Condé* eut beaucoup de succès auprès des évêques et des intendants, qui, convaincus que la religion n'est qu'une affaire d'habitude, rivalisèrent d'ardeur pour mettre les huguenots dans l'impossibilité d'aller aux prêches et de voir des ministres, par la suppression d'un grand nombre de temples et l'interdiction de nombreux ministres.

On supprima tous les temples, dans les lieux où l'on ne put prouver *par titres* que le culte protestant avait été célébré avant l'édit de Nantes, et cette preuve *écrite* était d'autant plus difficile à faire que la plupart des titres avaient été détruits ou perdus au cours des guerres de religion.

Les protestants se trouvant souvent disséminés par groupes peu nombreux au milieu des populations catholiques, les annexes, ou lieux d'exercices secondaires, n'avaient pas de ministres attitrés, mais un pasteur venait, à des jours déterminés, prêcher dans chacune de ces annexes. Un édit défendit aux ministres de prêcher dans plus d'un lieu. Les églises s'étant cotisées, les plus riches venant au secours des plus pauvres, chaque annexe put avoir son pasteur.

Un nouvel édit vint interdire à chaque église de contribuer aux dépenses des autres, attendu que, au moyen des cotisations, les ministres *devenaient beaucoup plus fréquents qu'il ne convenait à une religion qui n'était que tolérée*. Pour empêcher que ces cotisations ne pussent continuer à se faire secrètement, il fut interdit aux consistoires de se réunir, hors la présence d'un juge royal, et de voter, même pour aumônes, aucune imposition nouvelle.

Pour qu'un temple fût fermé et ses ministres interdits, il suffisait qu'un huguenot *ayant abjuré* ou que l'on prétendait avoir abjuré eût assisté au prêche. Il eût fallu que les ministres se tinssent à la porte des temples pour demander à quiconque voulait entrer, avez-vous *abjuré ?* Tout nouveau converti qui, pour *n'importe quel motif*, entrait dans un temple devait être poursuivi comme *relaps* ainsi qu'en témoigne la lettre suivante, écrite le 25 janvier 1682, par le chancelier Letellier, au procureur général du parlement de Paris :

« Je me suis souvenu que je ne vous avais pas mandé les intentions du roi sur le mémoire qu'a envoyé ici le sieur de Marillac, concernant les nouveaux convertis qu'on a surpris retournant dans les temples. Pour y satisfaire, je dois vous faire savoir que Sa Majesté désire *qu'on ne fasse pas de distinction* de ceux qui y sont retournés, disant qu'ils veulent vivre dans la religion protestante d'avec ceux qui prétendent n'y avoir été que *par curiosité ou pour parler à leurs amis*, et sans dessein de changer, et qu'il faut que *les uns et les autres* soient châtiés suivant ce qui est porté à la déclaration qui pèse les peines *des relaps*. »

Arnould, intendant de la Rochelle, pour arriver à faire fermer plusieurs temples, se servait d'une nouvelle convertie qu'il envoyait assister aux prêches. Ce sont les services rendus à la cause *de la religion* par cette femme que Bégon, intendant de Rochefort, invoquait pour demander au roi d'accorder un secours à cette personne si méritante :

« M. Arnould, écrivait-il, s'est *utilement servi* de Marie Bonnaud, pendant les années 1684 et 1685, *pour trouver des preuves de faits suffisants pour parvenir à la démolition des temples*, et c'est par son moyen, que celui de la Rochelle et plusieurs autres ont été détruits au mois d'octobre 1685. »

Avec le désordre régnant dans l'œuvre des conversions, on comprend combien était grand le nombre des *relaps*, vrais ou prétendus, dont la présence au prêche suffisait pour provoquer la démolition des temples et l'interdiction des ministres.

Il n'est donc pas surprenant que, sous prétexte d'infractions aux édits, on fût arrivé à réduire dans une proportion considérable les lieux d'exercice et que le nombre des temples, qui avait été de 760 en 1598, fût descendu en 1684 à 50 ou 60.

A ce moment l'évêque de Lodève disait : « La condamnation des ministres, la démolition des temples est le plus sûr moyen d'humilier la religion prétendue réformée et de la *finir* en France. *Il n'y a qu'à laisser faire le roi* qui est conduit par l'esprit de Dieu, et avant peu de temps, nous aurons la consolation *de ne plus voir qu'un autel* dans l'État. »

Par suite de ces fermetures multipliées de temples, les huguenots venaient de fort loin en troupes aux temples encore debout, menant avec eux leurs enfants qu'ils voulaient faire baptiser et qui parfois mouraient gelés en route sur le sein des mères.

Un édit défend aux temples survivants d'avoir un plus grand nombre de ministres que par le passé et pour éviter l'affluence du peuple dans les lieux d'exercice et le *scandale* causé par le passage des huguenots se rendant à des temples éloignés, ordonne qu'à l'avenir les protestants ne pourront plus aller « aux temples qui se trouveraient dans les baillages ou sénéchaussées où ils n'ont pas leur principal domicile, et n'ont pas fait leur demeure ordinaire pendant un an entier sans discontinuer ». Là, où ils auront été soufferts, ajoute l'édit, *l'exercice sera interdit et le temple sera démoli.*

Cette clause peut donner une idée de la multiplicité des moyens employés pour amener la fermeture des temples ; quant aux ministres, on les interdisait sous les plus vains prétextes ; ainsi Brevet, ministre à Dompierre, fut interdit pour avoir fait la prière à un malade qui, au dire du curé du lieu, *avait l'intention* de se convertir. Cette lettre de Louvois à Baville suffit pour montrer avec quelle *impartialité* le gouvernement devait décider du bien ou mal fondé des contraventions aux édits, invoquées pour obtenir la fermeture ou la démolition d'un temple :

« Sa Majesté trouve bon que vous travailliez incessamment à faire le procès aux temples de... *et elle apprendra avec beaucoup de plaisir quil se soit trouvé de quoi les condamner.* »

Les intendants s'ingéniaient à trouver les moyens de *faire plaisir au roi*, et, dans ses mémoires, Foucault se fait gloire d'avoir trouvé un expédient de la plus insigne mauvaise foi pour arriver à supprimer, dans tout le Béarn, l'exercice du culte protestant.

« Je fis voir au roi, dit-il, qu'il y avait un trop grand nombre de temples et qu'ils étaient rapprochés les uns des autres, *qu'il suffirait d'en laisser cinq.* J'affectais de ne laisser subsister justement, *au nombre des cinq*, que des temples dans lesquels les ministres étaient tombés dans des contraventions *qui emportaient la peine de la démolition*, dont la connaissance était renvoyée au Parlement, en sorte que, par ce moyen, *il ne devait plus rester de temples en Béarn.* » En attendant la décision du Parlement, Foucault proposait d'obliger les ministres des autres temples *supprimés comme superflus*, à s'éloigner de *dix lieues* de leur résidence, ce qui les chasserait de la province « attendu, disait-il, que le Béarn *n'a que onze lieues de long sur sept à huit de large.* »

Les évêques poursuivaient le même but avec autant d'ardeur que les intendants, et n'avaient pas plus de scrupules que ceux-ci sur la moralité des moyens à employer pour arriver à ce but.

Voici, par exemple, comment l'évêque de Valence parvint à supprimer dans son diocèse l'exercice du culte protestant :

« J'attaquai, dit-il, les temples qui avaient contrevenu, et j'obtins le rasement de plusieurs. Je fus si *heureux* que, dans moins de deux ans, de quatre-vingts temples que j'avais dans les diocèses de Valence et de Dié, il n'en restait qu'environ *dix ou douze*. Quand je fus à l'assemblée (en 1685) je n'en avais plus que *deux*. Le Tellier *m'en donna un*, qu'il fit juger dans le conseil, et je suppliai si puissamment Sa Majesté de *m'accorder l'autre*, que je l'obtins de sa piété et de sa bonté ; de sorte que, avant la révocation de l'édit de Nantes, je me glorifiais fort *d'avoir détruit l'exercice des temples dans mon diocèse.* »

C'est *dans l'intérêt de la justice* que cet évêque réclamait la destruction du dernier temple existant dans son diocèse « parce que, disait-il au roi, ce temple se trouve *si fatalement situé*, qu'il fait, lui seul, rétablir et subsister tous les temples qui ont été démolis par vos ordres et vous rendez ainsi l'exercice à tous les lieux qui en ont été privés, d'une manière *qui leur est aussi commode.* »

Ces gracieusetés de ministre et de roi à évêque avaient pour résultat de réduire au désespoir des milliers de protestants arbitrairement privés de tout exercice de leur culte.

Dès 1683, plus de cent mille protestants, par suite des fermetures de temples et des interdictions de ministres, se trouvaient, sinon légalement, du moins *en fait*, privés de l'exercice public de leur culte.

A l'instigation de Brousson, avocat toulousain qui plaidait avec passion la cause des temples menacés, seize pasteurs du Languedoc, du Vivarais, du Dauphiné et des Cévennes se réunissent à Toulouse le 3 mai 1683. La réunion décide que, à un jour donné, l'exercice du culte sera repris partout où il a été aboli, soit sur les ruines des temples démolis, soit à côté des temples qu'on a fermés. C'était l'organisation de la résistance *passive* que les seize directeurs justifiaient ainsi dans une adresse à Louis XIV :

« Les déclarations que les ennemis des suppliants ont obtenues avec tant de surprise, leur défendent de s'assembler pour rendre à Dieu le service qu'ils lui doivent. Dans l'impuissance où les suppliants se trouvent, Sire, d'accorder la volonté de Dieu avec ce que l'on exige d'eux, ils se voient contraints par leur conscience de s'exposer à toutes sortes de maux pour continuer de donner gloire à la souveraine majesté de Dieu qui veut être servie selon sa parole. »

Brousson n'avait pas dissimulé à ses co-religionnaires que, par suite de cette résolution, il y aurait des martyrs, « mais, ajoutait-il, dix ou vingt personnes n'auront pas plutôt souffert la mort et scellé de leur propre sang la vérité de la religion qu'elles professent que le roi ne jugera pas à propos de pousser la chose plus loin, *pour ne pas faire une grande brèche à son royaume*.

Malheureusement la grande majorité des protestants avait accepté la doctrine de l'obéissance absolue aux ordres du roi *quels qu'ils fussent*, et n'était pas en disposition de suivre ces mâles conseils, en sorte que les assemblées furent peu nombreuses, et que ceux qui avaient désobéi aux édits se virent hautement désavoués par leurs co-religionnaires.

Ruvigny, député général des protestants, lui-même, qualifie de *criminelle* la conduite de ceux qui avaient repris l'exercice de leur culte et avaient ainsi commis une offense *envers Dieu lui-même*, en violant le respect dû au roi et à ses édits. Il traduisait du reste les sentiments des trop nombreux huguenots qui abjurèrent plus tard et crurent justifier leur abjuration en la motivant ainsi : *pour obéir à la volonté du roi.*

Les catholiques, s'étant inquiétés des rassemblements des protestants, avaient dispersé plusieurs des assemblées tenues par ceux-ci, dès lors on n'alla plus qu'armé aux assemblées de prières et la lutte entre les catholiques et les protestants prit bientôt en conséquence le caractère d'une guerre civile.

Louvois met des troupes en marche pour châtier *les rebelles* (les protestants), accusés d'avoir pris l'offensive ; mais l'intendant d'Aguesseau parcourt le pays, obtient des protestants qu'ils se dispersent, posent les armes, et il demande au gouvernement une amnistie.

L'amnistie est accordée, mais elle n'était qu'un leurre, car elle ne s'appliquait, ni aux ministres, ni aux notabilités protestantes compromises, ni à ceux qui avaient été arrêtés et se trouvaient dans les prisons. Dans le Vivarais et les Cévennes, les protestants, voyant que malgré l'amnistie leurs co-religionnaires étaient roués, pendus ou envoyés aux galères, reprennent les armes.

Louvois ordonne aux troupes qu'il envoie, de causer *une telle désolation* dans le pays que les autres religionnaires fussent contenus par l'exemple qui s'y ferait. Il avait chargé de la besogne de Noailles qui, de son aveu, mettait *trop de bois au feu,* et Saint-Ruth qui, au dire de d'Aguesseau, fit une véritable chasse *à la proie humaine.* Après les massacres en rase campagne, les supplices se multipliaient; le pasteur Brunier fut massacré, son collègue Homel, directeur pour le Vivarais, livré par un traître, fut roué vif; Brousson et les autres directeurs avaient dû fuir en Suisse; plusieurs furent exécutés par contumace, et plus de cent trente pasteurs furent impliqués dans les poursuites survenues à la suite de cette affaire.

Pour donner une idée de la barbarie de la répression, il suffira de citer les faits suivants :

Un jour, dit Cosnac, Saint-Ruth, après avoir dispersé une bande de religionnaires, en fit brûler plus de deux cents qui s'étaient réfugiés dans une grange. Les malheureux repoussant avec des perches les matières combustibles que les soldats jetaient sur le toît, les dragons embusqués dans les arbres tiraient sur eux. La grange brûla et tous furent étouffés, sauf les quinze plus vigoureux qui, étant sortis, furent fusillés ou pendus.

A l'approche des soldats, un autre jour, des vieillards, des femmes et des enfants se sauvent et se réfugient dans des précipices, derrière Mastenac, Saint-Ruth en trouve le chemin. « Il y eut plusieurs filles et femmes violées, dit Elie Benoît; une, entre autres, ayant donné beaucoup de peine à six dragons par sa résistance, et se jetant sur eux comme une lionne pour se venger, fut tuée par ces brutaux à coups de sabre... Catherine Raventel, ayant été trouvée dans les douleurs de l'enfantement, les dragons la tuèrent... On tua tout, hommes et femmes, tous périrent jusqu'au dernier. »

L'évêque de Valence avait demandé qu'on lui accordât du moins la grâce des prisonniers qu'il parviendrait à convertir. « J'accompagnais l'intendant, dit-il, dans les endroits où il y avait des prisonniers, et, dans le temps qu'il les condamnait à mort et qu'on instruisait leur procès, je recevais leur abjuration, *cela fit sauver plus de deux mille hommes.*

Louvois dut être satisfait, et la *désolation* du pays en 1683-1684, fut le digne prélude de la sauvage dévastation accomplie quelques années plus tard, pour faire régner *la paix des tombeaux* sur les ruines ensanglantées des Cévennes, dépeuplées et converties en désert, sur une étendue de quarante lieues de long sur vingt de large.

L'histoire de l'insurrection des Cévennes ne rentre pas dans le cadre de ce travail, qui a pour but de faire l'histoire de la résistance passive de l'immense majorité des huguenots, résistance finissant par lasser les persécuteurs. Mais si la constance héroïque des martyrs huguenots, au fond des cachots, sur les bancs des galères, devant la potence, la roue et le bûcher a gagné, devant l'opinion publique, la cause de la liberté de conscience, on ne peut contester que le souvenir toujours vivant de la lutte héroïque de quelques milliers de montagnards contre les armées de Louis XIV n'ait, pour une large part, contribué à assurer le succès définitif de cette grande cause. C'est pourquoi nous disons ici quelques mots de cette guerre du désespoir, provoquée par la longue et cruelle persécution qui suivit la désolation de 1683.

Deux fois dans les provinces du midi, en 1688 et en 1700, tout un peuple tombe malade, perd l'esprit à force d'être persécuté et torturé, et c'est par milliers que, hommes, femmes, filles et enfants se mettent à prophétiser. Cette maladie extatique, éteinte ailleurs, se perpétue dans les Cévennes, et, depuis Esprit Séguier qui, en 1702, donne le signal de l'insurrection, jusqu'à Rolland et Cavalier même, les chefs camisards furent presque tous *prophètes*. S'il fallait livrer un combat ou tenter une expédition, on ne le faisait qu'après avoir consulté les inspirés, interprètes de l'Esprit-Saint. Bombonnoux, un des derniers chefs camisards, prévient en vain ses gens du danger qu'ils courent : « *comme je n'étais pas prophète*, dit-il, on ne fit aucune attention à mes pressentiments. »

La principale cause qui amena les Cévenols à se révolter, dit Court, ce fut « la conduite cruelle et barbare que les ecclésiastiques, évêques, grands vicaires, curés, les moines eux-mêmes tenaient à l'égard des protestants. »

Le plus cruel des tyrans locaux qui s'ingéniaient à tourmenter les huguenots, c'était l'archiprêtre du Chayla qui, bourreau et satyre tout à la fois, torturait les hommes, à la vue de leurs femmes et de leurs filles, pour les obliger à se livrer à lui. Contre ses prisonniers enfermés dans les caves de son château de Pont-de-Montvert, il épuisait tous les raffinements de cette science de torture dans laquelle, dit Court de Gebelin, les prêtres n'ont point connu de rivaux et ne furent jamais dépassés. Il leur arrachait un à un les poils de la barbe, des sourcils, des cils; il leur liait les deux mains avec des cordes de coton imbibées d'huile ou de graisse, qu'il faisait brûler lentement jusqu'à ce que les chairs fussent rôties jusqu'aux os. Il leur mettait des charbons ardents dans les mains qu'il fermait et comprimait violemment avec les siennes. Il plaçait ces malheureux dans les ceps (nom que l'on donnait à deux pièces de bois entre lesquelles il engageait leurs pieds), de telle sorte qu'ils ne pouvaient se tenir ni assis, ni debout sans souffrir les plus cruels tourments.

Dans la nuit du 24 au 25 juillet 1702, trois prophètes, Esprit Séguier, Conduc et Mazel se donnent rendez-vous dans la montagne, une cinquantaine de huguenots armés de fusils, de sabres, de faulx ou de bâtons viennent se joindre à eux. Dieu le veut! s'écrie le prophète Séguier, il nous commande de délivrer nos frères et nos sœurs, et d'exterminer cet archiprêtre de Satan.

La bande des conjurés entre dans le bourg de Pont-de-Montvert en chantant le psaume de combat, ils prennent d'assaut la demeure de du Chayla, enfoncent la porte avec une poutre dont ils font un bélier, tuent ou dispersent les gardes de du Chayla, et mettent le feu au château.

Ils se précipitent vers les cachots et trouvent les malheureux prisonniers à moitié morts, les pieds endoloris pris dans les ceps, n'ayant même plus la force de prendre la liberté qu'ils viennent leur apporter. Leur fureur redouble, ils découvrent du Chayla, qui, en voulant s'enfuir par une fenêtre, est tombé et s'est brisé la jambe. Chacun défile à son tour devant l'archiprêtre et le frappe en disant : Voici pour mon frère envoyé aux galères, pour ma mère, pour ma sœur enfermées au couvent, pour mon père que tu as fait périr sur la roue. Quand on releva le cadavre de du Chayla, il avait cinquante-deux blessures faites par chacun de ceux qui avaient une victime à venger. C'est à la suite de cette sanglante exécution que commença la terrible guerre des Cévennes, guerre du désespoir, entre quelques milliers de montagnards guidés par leurs prophètes, et les armées de Louis XIV.

Pour se rendre compte de ce qu'étaient ces révoltés, se croyant inspirés de l'Esprit-Saint, ne craignant ni la mort sur le champ de bataille, ni les souffrances du supplice sur la roue ou le bûcher, il suffit de se rappeler la fin du prophète Esprit Séguier.

— Comment t'attends-tu à être traité? lui demande le capitaine Poul qui l'a fait prisonnier.

— Comme je t'aurais traité moi-même, si je t'avais pris, répond le prisonnier enchaîné.

— Pourquoi t'appelle-t-on Esprit Séguier? lui demandent les juges.

— Parce que l'esprit de Dieu est avec moi.

— Ton domicile?

— Au désert, et bientôt au ciel.

— Demande pardon au roi de ta révolte!

— Mes compagnons et moi n'avons d'autre roi que l'Éternel.

— N'éprouves-tu pas de remords de tes crimes?

— Mon âme est un jardin plein d'ombrage et de fontaines, et je n'ai point commis de crimes.

Condamné à avoir le poing coupé et à être brûlé vif, il meurt avec le courage d'un martyr, et, monté sur le bûcher, il revendiquait encore l'honneur d'avoir porté le premier coup à l'archiprêtre du Chayla.

Pour venir à bout de tels hommes, il fallut quatre maréchaux de France, de véritables armées, et de nouveaux croisés, les *cadets de la croix*, auxquels une bulle du pape Clément XI promettait les indulgences accordées autrefois aux massacreurs des Albigeois. Voici quelques exploits de ces saints *croisés :* « Dans le seul lieu de Brenoux, dit Court, ils massacrent cinquante-deux personnes. Il y avait parmi elles plusieurs femmes enceintes; ils les éventrent et portent en procession, à la pointe de leurs baïonnettes, leurs enfants arrachés de leurs entrailles fumantes... Entre Bargenc et Bagnols, les cadets de la croix s'emparent de trois jeunes filles, leur font subir le dernier outrage, leur emplis-

sent le corps de poudre, les bourrent comme une pièce d'artillerie, y mettent le feu et les font éclater. »

L'armée régulière, de son côté, traitait les Cévenols comme
des loups enragés ; après un combat, le brigadier Poul envoyait
à M. de Broglie *deux corbeilles de têtes* pour être exposées
sur les murs d'une forteresse. Un autre jour, ses soldats victo-
rieux reviennent avec des chapelets d'oreilles de Cévenols. Le
maréchal de camp Julien faisait passer au fil de l'épée des
villages entiers, et c'est lui qui avait trouvé ce barbare moyen
de ne jamais être gêné par le trop grand nombre des prisonniers
qu'il avait faits : « Comme dans nos marches d'exil, à la moindre
alarme, nous aurions été embarrassés de nos prisonniers, *je
pris la peine de leur casser la tête* à mesure qu'on me les conduisait, *le roi épargne ainsi les frais de justice et d'exécution.* »

Lalande, ayant surpris une trentaine de camisards blessés dans
la caverne où on les avait cachés, les fait tous tuer par ses dragons. C'était l'habitude des soldats d'en agir ainsi. Bonbonnoux
conte, qu'ayant été surpris avec Cavalier, sa troupe avait été
mise en fuite près d'une caverne, où nous avions, dit-il, partie de
nos blessés. « Nous délogeâmes, poursuit-il ; nos blessés qui ne
pouvaient point nous suivre, demeurèrent dans la caverne et
furent bientôt découverts *par des médecins qui pansèrent leurs
plaies d'étrange manière*, ils les firent tous périr. »

Faut-il s'étonner de ce que les camisards, appliquant la théorie
biblique : œil pour œil, dent pour dent, rendaient meurtre pour
meurtre, incendie pour incendie, si bien que l'évêque de Nîmes,
Fléchier, écrivait : « J'ai vu de mes fenêtres brûler nos maisons
de campagne impunément, il ne se passe pas de jour que je n'ap-
prenne à mon réveil quelque malheur arrivé la nuit. Plus de
quatre mille catholiques ont été égorgés à la campagne, quatre-
vingts prêtres massacrés, près de deux cents églises brûlées. »

Montrevel fait réduire en cendres quatre cent soixante-six villages, les maisons isolées, les granges, les métairies, on détruit
les fours ; *dans les huit jours*, tous les habitants de la campagne,
vingt mille personnes environ, doivent être rendus dans les
villes murées avec leurs bestiaux et tout ce qu'ils possèdent, et
il leur est interdit, sous peine de mort, de sortir des lieux où ils
sont internés. Pour que ces internés ne puissent venir en aide

aux camisards, on les rationnait si parcimonièusement que parfois ils n'avaient plus de quoi vivre. Les internés de Saint-André, mourant de faim, se décident un jour à sortir dans la campagne et rapportent quelques aliments. Pendant la nuit un détachement de troupes arrive pour les châtier. On arrache les malheureux de leurs lits, on les entasse dans l'église d'où on les fait sortir un par un pour les massacrer. L'exécution finie, on jeta tout, morts et mourants, hommes, femmes et enfants, dans la rivière, laissant aux chiens affamés et aux fauves le soin de faire disparaître les cadavres.

Les camisards, refoulés dans leurs montagnes, avaient bien de la peine à vivre avec le blé que la charité des paysans leur fournissait et qu'ils cachaient dans des cavernes. « Notre état, dit Bonbonnoux, devenait tous les jours plus triste et plus désolant. L'ennemi avait renfermé toutes les denrées dans les villes ou dans les bourgs murés, renversé les fours de campagne, mis les moulins hors d'état de moudre, obligé le paysan qui travaillait dehors de prendre le pain par poids et mesure, crainte qu'il ne nous en fournît quelque peu. Ainsi, nous avions toutes les peines imaginables pour trouver seulement ce qui était le plus pressant et le plus nécessaire pour subsister. Nous faisions fabriquer de ces fers qui sont entre les deux meules du moulin et que l'ennemi avait enlevés, nous faisions rebâtir les fours qu'on avait démolis, et nous les démolissions de nouveau pour n'être pas découverts. »

Ne pouvant venir à bout, par la force des armes, de ces terribles Cévenols aussi insoucieux de la mort sur les champs de bataille que sur le bûcher ou sur la roue, il avait fallu se résoudre à faire le désert autour d'eux, afin qu'ils fussent réduits à mourir de faim au milieu des montagnes sauvages et désolées où ils avaient été refoulés.

Quant aux chefs ou prophètes, c'était toujours par la trahison que l'on finissait par avoir raison d'eux. Bâville écrit, en 1700, à l'occasion de la prise du prophète Daniel Raoul et de trois prédicants que lui avait livrés un faux frère, gagné à prix d'argent : « On ne peut jamais prendre ces sortes de gens-là *autrement*, et toutes les forces du monde ne servent de rien, parce qu'ils ont des retraites assurées. Il faut, pour de l'argent, trouver quelqu'un de ceux qui les suivent, qui les découvre et les livre. » Ce n'est point par la force des armes que le maréchal de Villars vint à bout de l'insurrection cévenole ; par de vaines promesses, n'ayant pour garantie que *la parole du roi* — garantie dont on a vu plus haut le peu de valeur, il parvint à priver les révoltés de leur plus brillant capitaine, Cavalier. — Roland, ce grand organisateur de l'insurrection, ne s'étant pas laissé abuser par de trompeuses négociations, parce qu'il exigeait, non de vaines promesses, mais des actes, le maréchal de Villars se fit livrer par un traître le chef qui était l'âme de la révolte, mais il ne l'eut pas vivant, Roland se fit tuer.

Voici le portrait que Peyrat, dans son *Histoire des Pasteurs du désert*, fait de Cavalier et de Roland, les deux grandes figures légendaires de l'insurrection des Cévennes :

« Roland Laporte, général des enfants de Dieu, pâtre cévenol, unissait à l'indomptable ténacité de Coligny l'habile et sombre enthousiasme de Cromwell. S'emparant de cet orageux élément de l'extase, il en fit le fondement et la règle d'une insurrection qu'il organisa, nourrit, vêtit, abrita, entretint deux ans au désert, malgré la fureur des hommes et des saisons ; lutta avec trois mille combattants contre des populations hostiles, soixante mille ennemis armés, les maréchaux de Louis XIV, et ne fut enfin abattu que par la défection, la trahison et la mort. Quel homme plus obscur sut, avec de plus faibles moyens, tenter avec plus d'énergie un effort gigantesque ? Car, l'insurrection, créée par lui, morte avec lui, c'était lui-même. Il en était l'intelligence, l'âme. Mais, s'il en fut la tête, Cavalier, il faut le dire, en fut le bras et la plus vaillante épée. »

Roland n'avait point cet élan, cette fougue aventureuse, inspirée, cette bravoure téméraire et chevaleresque qui, jointe aux charmes de l'adolescence, font de Cavalier la plus gracieuse et la plus héroïque figure du désert... Roland, fait observer Peyrat, périt la veille de la bataille d'Hoschstet, et l'année qui précéda les grands désastres de Louis XIV ; s'il eût encore vécu qu'eût-il fait alors ?

« Ce chef formidable, grandissant de la ruine du monarque, lui eût sans doute imposé le rétablissement de l'édit de Nantes, il eût rouvert les portes de la France à cinq cent mille exilés, et, les réunissant sur la frontière, il leur eût dit : maintenant défendons la patrie, notre mère repentante et vénérée, et repoussons ses ennemis ! »

Le spectacle de cette lutte de quelques milliers de montagnards contre les armées de Louis XIV, commandées par ses meilleurs officiers, le fait inouï d'un maréchal de France traitant d'égal à égal, au nom du roi-soleil, avec Cavalier, *un ancien pâtre*, avaient stupéfié l'Europe et rehaussé le courage des huguenots qui s'étaient laissé arracher une conversion.

Les internements de populations entières, les transportations en Amérique, les tueries militaires, le supplice de douze mille Cévenols envoyés par Bâville aux galères, au gibet, à la roue, aux bûchers, l'incendie de cinq cents villages, la réduction en désert de quarante à cinquante lieues de pays, désert dans lequel avaient péri cent mille personnes : tels avaient été les terribles moyens employés pour arriver à faire régner dans les Cévennes *la paix des tombeaux*. Le souvenir de cette insurrection des Cévennes laissa au moins aux convertisseurs la crainte salutaire et persistante, de voir les huguenots des autres provinces imiter l'exemple des rebelles. Non seulement sous Louis XIV, mais pendant la régence et sous Louis XV, on voit souvent, en effet, les intendants conseiller de modérer la persécution, en rappelant l'insurrection des Cévennes, pour faire comprendre au Gouvernement qu'il pourrait être dangereux de pousser les huguenots à bout.

Pour en revenir à l'histoire de la campagne poursuivie pour *finir* le calvinisme, par la suppression des temples et l'interdiction des ministres, nous dirons qu'elle continua plus ardente que jamais par toute la France, après l'exécution militaire du Vivarrais et du Dauphiné. Puis après la première dragonnade du Poitou en 1681-1682, vinrent la grande dragonnade de 1685, commencée par l'armée réunie sur les frontières de l'Espagne, et enfin l'édit de révocation, interdisant l'exercice du culte protestant, supprimant tous les temples et bannissant tous les ministres hors du royaume.

Les opiniâtres que n'avait pu convaincre l'*Apostolat du sabre* étaient renfermés dans les prisons, dans les châteaux-forts, dans les hôpitaux, dans les couvents où ils avaient à subir de nouvelles persécutions, ou bien, ils erraient de lieu en lieu, cherchant à sortir du royaume. S'ils réussissaient, c'étaient les douleurs de l'exil et les dures épreuves de la misère à l'étranger ; s'ils échouaient, c'était, pour les femmes, la détention perpétuelle dans les prisons ou les couvents ; pour les hommes, le cruel supplice des galères ; pour tous, en outre, la confiscation des biens.

Quand à la grande masse des protestants, des *nouveaux convertis*, ainsi qu'on les appelait depuis qu'on leur avait arraché une abjuration, ils semblaient, sinon résignés à leur sort, du moins incapables de retrouver l'énergie nécessaire pour revenir sur le fait accompli.

Le clergé et le roi crurent un instant avoir cause gagnée et firent frapper de menteuses médailles en l'honneur de l'extinction de l'hérésie. Mais les huguenots avaient l'horreur du culte catholique qu'on voulait les contraindre à pratiquer, ils restaient attachés à la foi qu'on les avait obligés de renier des lèvres, et ils reprenaient peu à peu en secret l'exercice du culte proscrit.

Dans les provinces, comme la Bretagne ou la Normandie, où les huguenots étaient dispersés par petits groupes, au milieu de nombreuses populations catholiques, c'étaient des gentilshommes, des négociants, des artisans, des femmes qui s'attachaient par des lectures, par des conférences ou entretiens, à maintenir leurs co-religionnaires dans leurs anciennes croyances.

Dans le Poitou, dans la Saintonge et dans les provinces du Midi, où les huguenots étaient très nombreux et plus ardents, ils ne se résignèrent pas à se borner au culte domestique et se mirent à faire des assemblées qui devinrent peu à peu de plus en plus nombreuses. Ces assemblées se tenaient, parfois dans une maison isolée, mais le plus souvent dans les bois ou les cavernes, on y faisait des prières, on y chantait des psaumes et, à défaut de ministre, un homme, un adolescent, une femme faisait une lecture ou haranguait les fidèles. Quand le roi et le clergé apprirent la reprise du culte qu'ils croyaient avoir anéanti, ils furent pris d'une colère frénétique ; ils firent publier un édit qui, ainsi que le dit de Félice, aurait fait honte à des cannibales. Peine de mort contre les ministres rentrés en France, contre les prédicants, contre tous ceux qui seraient surpris dans une assemblée ; les galères perpétuelles pour quiconque prêterait secours ou donnerait asile à un de ces ministres dont la tête était mise à prix.

Le marquis de la Trousse donnait ces sauvages instructions aux officiers chargés de surprendre et de dissiper les assemblées de huguenots :

« Lorsque l'on aura tant fait que de parvenir au lieu de l'assemblée, il ne sera pas mal à propos *d'en écharper une partie*. »

Les ordres de Louvois ne sont pas moins barbares :

« S'il arrive encore que l'on puisse tomber sur de pareilles assemblées, l'on ordonne aux dragons *de tuer* la plus grande partie des religionnaires qu'ils pourront joindre *sans épargner les femmes*. »

« Sa Majesté désire que vous donniez ordre aux troupes... de ne faire que peu de prisonniers, *mais d'en mettre beaucoup sur le carreau*, n'épargnant pas plus les femmes que les hommes. »

« Il convient que... l'on fasse main basse sur eux, sans distinction d'âge ni de sexe, et que si, *après en avoir tué un grand nombre* on prend quelques prisonniers, on fasse faire diligemment leur procès. »

Le duc de Broglie, après avoir donné à l'armée du Languedoc, les mêmes instructions de charger les assemblées qui se tiendraient à la campagne, et de faire main basse dessus sans aucune distinction de sexe, ajoute, en ce qui concerne les assemblées particulières qui se tiennent dans les maisons : « Si l'assemblée passe le nombre de *quinze personnes*, l'officier qui commande pourra la charger et en user avec la même sévérité que si elle se faisait en campagne. »

« Jamais instructions ne furent mieux observées, dit Elie Benoit ; on ne manquait pas de se rendre aux lieux où on était averti qu'il se faisait des assemblées et, quand on pouvait les surprendre, on ne manquait pas *de tirer dessus*, quoique le plus souvent on les trouvât à genoux, attendant le coup sans fuir, et n'ayant ni le moyen, ni l'intention de se défendre. Il y en avait toujours quelque nombre de tués et encore un plus grand nombre de blessés, dont plusieurs allaient mourir dans quelque haie ou quelque caverne. Les soldats battaient, volaient, violaient impunément dans ces occasions. On a vu des femmes assommées de coups sur la tête, d'autres à qui on avait coupé le visage à coups de sabre, d'autres à qui l'on avait coupé les doigts pour leur arracher les bagues qu'elles y portaient, d'autres à qui on avait fait sortir les entrailles... »

Dans le Velai, en 1689, les soldats surprennent une assemblée, qu'ils massacrent. Un vieux prophète, Marliaux, avait à ce prêche nocturne deux fils et trois filles dont l'aînée, enceinte de huit mois, tenait par la main un petit enfant qui avait aussi voulu aller prier Dieu au désert... vers minuit on lui rapporta six cadavres, dont deux palpitaient encore, une fille qui expira bientôt après et un petit garçon qui guérit miraculeusement. Le prophète passa la nuit en prières au milieu de sa famille au cercueil qu'il déposa furtivement le lendemain dans une même tombe.

« Les petits enfants, dit Court, ne trouvaient pas grâce devant les soldats; ces monstres les perçaient de leur baïonnette et, les agitant en l'air, s'écriaient dans un transport de jovialité féroce : Eh! vois-tu se tordre ces *grenouillettes*.

En 1703, à la porte de Nîmes, cent cinquante protestants se réunissent dans un moulin pour célébrer leur culte le jour des Rameaux. L'assemblée se composait en majeure partie de vieillards, de femmes et d'enfants; le chant des psaumes trahit sa présence dans le moulin. — Le maréchal de Montrevel, averti à deux heures de l'après-midi, se lève de table et accourt avec des troupes qui investissent le moulin. Les soldats s'acquittant trop mollement au gré de Montrevel de leur œuvre de sang, il fait fermer les portes du bâtiment et y fait mettre le feu.

« Quels cris confus, dit Court; quel spectacle! quels affreux spectres s'offrent à la vue! Des gens couverts de blessures, noircis de fumée et à demi brûlés par les flammes, qui tâchent d'échapper à la fournaise qui les consume; mais ils n'ont pas plutôt paru qu'un dragon impitoyable, qui fait dans cette occasion, par ordre et sous les yeux d'un maréchal de France, l'office de bourreau, les repousse avec le fer dont il est armé. »

Tous périrent. Une jeune fille de seize ans qui avait été sauvée par un laquais de Montrevel, fut pendue par ordre du maréchal, qui, sans l'intercession des sœurs de la Miséricorde, eût aussi fait pendre ce laquais trop pitoyable. L'évêque de Nîmes, Fléchier, ne trouve pas un mot de blâme pour cette terrible hécatombe humaine laquelle était, dit-il, la *réparation du scandale* occasionné par le chant des psaumes tandis qu'on était à vêpres.

Près d'Aix, en 1686, les soldats cernent une assemblée, font une décharge concentrique, puis frappent sans pitié d'estoc et de taille; *six cents cadavres* restent sur place, on fait trois cents prisonnières et les soldats s'amusent à leur larder le sein et les cuisses à coups de baïonnettes. Dans une autre assemblée, en 1689, trois cents personnes furent massacrées, et l'on compte plus de trois cents assemblées surprises et dispersées par les troupes ou par les communautés catholiques. On sait à peu près le nombre des victimes *légalement* frappées, en vertu d'une condamnation; on a les noms d'environ quinze cents protestants envoyés aux galères, d'une centaine de ministres ou prédicants pendus, roués ou brûlés vifs. Mais qui pourrait dire le chiffre des malheureux tombés sur le lieu où ils s'étaient réunis pour prier, pendus sur place sans forme ni figure de procès, tués en route comme *embarrassant* la marche des soldats qui les emmenaient, ou succombant au fond d'un obscur cachot après des années de cruelle captivité?

Pendant plus de soixante années les sauvages instructions données pour la dispersion des assemblées furent strictement exécutées.

Le baron de Breteuil, ministre de Louis XVI, rappelle dans son mémoire au roi, qu'au milieu du xviiie siècle, des troupes étaient encore envoyées dans les bois pour disperser *par le fer et le feu* ces multitudes de vieillards, de femmes et d'enfants, de gens sans armes qui s'assemblaient pour prier Dieu. « J'ai vu, dit-il, ces propres mots dans les instructions que donnait aux troupes le commandant d'une grande province, *connu pour son extrême indulgence :* Il sera bon que vous ordonniez, dans vos instructions particulières aux officiers qui doivent marcher, *de tirer le plus tard qu'ils pourront sur ceux qui ne se défendront pas.* »

En 1754, le duc de Richelieu publie encore un ban pour la dispersion des assemblées dans lequel il est ordonné « de tirer sur les assemblées, lorsque l'officier commandant chaque corps ou détachement *jugera à propos d'en donner l'ordre* ».

Il arrivait souvent que les officiers auxquels était laissé ce terrible pouvoir discrétionnaire, faisaient tirer sur les assemblées qu'ils surprenaient en prières. D'autres, au contraire, faisaient tirer en l'air, mais laissaient leurs soldats dépouiller les protestants, les maltraiter, insulter les femmes, et même les violer, leur faire l'amour *à la dragonne*, suivant une expression du temps (1).

Voici, en effet, ce que raconte Court à l'occasion d'une assemblée surprise par les soldats dans le Dauphiné en 1749 et saluée d'une décharge inoffensive de coups de fusils.

« Si les coups de fusils portèrent à faux, l'avidité des dragons ne le fit pas ; ils enlevèrent aux femmes et aux filles leurs bagues, les cœurs d'or qu'elles portent en pendants à leur cou, et leurs habits, et leurs coiffures, et tout l'argent qu'ils trouvèrent sur elles, de même que celui des hommes. » A cette occasion, Court rappelle ce qui s'était passé quelques mois plus tôt dans le diocèse d'Uzès à une assemblée surprise par les dragons :

« Plusieurs femmes ou filles furent insultées, presque au point d'être violées. On leur arracha les bagues des doigts, les crochets d'argent de leur ceinture, les colliers de perles qu'elles portaient à leur cou, et tout ce qu'elles avaient d'argent monnayé. »

Dans les années qui suivirent la publication de l'édit de révocation, on envoyait impitoyablement à la potence, tous les prisonniers qu'on avait faits aux assemblées ; il en fut ainsi pour *un aveugle* qui avait assisté près de Bordeaux à une assemblée. En 1689, deux femmes, nouvelles converties, sont amenées devant le juge ; on leur demande pourquoi elles sont retournées aux assemblées — par curiosité, répondent-elles. — Eh bien, leur dit le juge avec une cruelle ironie, avant de prononcer sa sentence, *vous irez aussi à la potence par curiosité.*

Mais le grand nombre des *coupables* rendait souvent impossible l'application de la peine de mort à tous les prisonniers faits aux assemblées. Dès le 10 janvier 1687, Louvois écrit à Bâville : « Sa Majesté n'a pas cru qu'il convînt à son service de se dispenser *entièrement* de la déclaration qui condamne à mort ceux qui assisteront aux assemblées. Elle désire que, de ceux

____

(1) Lettre de Court, 1745. Les dragons entreprirent de faire *l'amour à la dragonne* à une jeune fille ; des paysans qui travaillaient à leurs vignes accourent aux cris désespérés de la jeune fille et la délivrent.

qui ont été à l'assemblée d'auprès de Nîmes, *deux des plus coupables* soient condamnés à mort, et que tous les autres hommes
soient condamnés aux galères. Si les preuves ne vous donnent
point lieu de connaître qui sont les plus coupables, le roi désire
que vous les fassiez *tirer au sort* pour que deux d'iceux soient
exécutés à mort. »

Plus tard, l'intendant Foucault fait observer au ministre à
propos d'un homme et de quatre femmes ayant assisté à une
petite assemblée à Caen, que la peine de mort semblera *un
peu rude* ; et le ministre consent à substituer à cette peine, celle
des galères pour l'homme et de l'emprisonnement pour les
femmes.

Cette substitution de peine devint bientôt la règle générale ;
on se dispensa *entièrement* de la déclaration condamnant à mort
ceux qui avaient assisté à une assemblée, on envoya les hommes
aux galères et les femmes en prison. Les hommes assurèrent le
recrutement de la chiourme des galères, les assemblées se multipliant de plus en plus; on envoyait même des enfants aux
galères, car l'amiral Baudin a relevé sur une feuille d'écrou du
bagne de Marseille, cette annotation mise en face du nom d'un
galérien « condamné pour avoir, *étant âgé de plus de douze ans,*
accompagné son père et sa mère au prêche. »

Quant aux femmes, à partir de 1717, on leur consacra comme
prison la tour de Constance à Aigues-Mortes, où l'on n'avait pas
à redouter leur évasion.

Alors que les hôtes des autres prisons *recevaient le pain du roi,*
les prisonnières de la tour de Constance devaient payer de leurs
deniers le pain, seul aliment qu'on leur donnât. « Elles étaient là,
dit Court, abandonnées de tout le monde, livrées en proie à la
vermine, presque destituées d'habits et semblables à des squelettes. » La prison était composée de deux grandes salles rondes
superposées, au milieu desquelles était une ouverture permettant
à la fumée de sortir, le feu se faisant au centre de ces salles ; ces
mêmes ouvertures servaient aussi à éclairer et à aérer les deux
salles et permettaient en même temps au vent et à la pluie d'y
entrer. Les lits des prisonnières placés à la circonférence et
adossés au mur, étaient sans matelas, garnis seulement de draps
grossiers et de minces couvertures. Séparées du monde entier,

souffrant de la faim et du froid, ces prisonnières restaient oubliées dans cet enfer, pendant de longues années, jusqu'à ce qu'elles devinssent folles ou que la mort mît fin à leurs souffrances. Marie Durand, sœur d'un ministre, délivrée quelques mois avant les autres prisonnières de la tour de Constance, avait subi trente-huit années de captivité, elle ne pouvait plus marcher ni travailler assise à des ouvrages à la main, tant sa constitution avait été affaiblie par les souffrances et les privations qu'elle avait endurées.

Au mois de janvier 1767, le chevalier de Boufflus, faisant une tournée d'inspection avec le prince de Beauvau, gouverneur du Languedoc, s'arrête avec lui à la tour de Constance et tous deux pénètrent dans la prison : « Nous voyons, dit-il, une grande salle privée d'air et de jour, quatorze femmes y languissaient dans la misère et les larmes..., je les vois encore à cette apparition, tomber toutes à la fois aux pieds du commandant, les inonder de leurs larmes, essayer des paroles, ne trouver que des sanglots, puis, enhardies par nos consolations, nous raconter toutes ensemble, leurs communes douleurs ; hélas ! *tout leur crime était d'avoir été élevées dans la même religion que Henri IV.* » M. de Beauvau fait connaître à la cour le spectacle lamentable auquel il a assisté, mais au lieu de l'ordre de mise en liberté des quatorze prisonnières qu'il avait sollicité, il ne reçoit de Versailles que la permission de délivrer trois ou quatre de ces malheureuses. De son propre mouvement il les fait cependant mettre toutes en liberté, et explique ainsi au ministre ce coup d'autorité : « La justice et l'humanité parlaient *également* pour ces infortunées, je ne me suis pas permis de *choisir* entre elles, et, après leur sortie de la tour, je l'ai fait fermer, dans l'espoir qu'elle ne s'ouvrirait plus pour une semblable cause. »

Le secrétaire d'État, la Vrillière, lui fit de vifs reproches et lui enjoignit même de revenir sur la mesure qu'il avait prise, faute de quoi il ne répondait pas de la conservation de sa place. M. de Beauvau répondit fièrement : « Le roi est maître de m'ôter la place qu'il m'a confiée, mais non de m'empêcher d'en remplir les devoirs selon ma conscience et mon honneur. »

Les quatorze prisonnières qu'il avait délivrées restèrent en liberté et il conserva son gouvernement du Languedoc, mais ce n'est qu'en 1769 que la prison de la tour de Constance fut définitivement fermée.

Pour assurer l'exécution de l'édit de révocation, interdisant l'exercice public du culte protestant, on ne s'était pas borné à édicter contre ceux qui se rendraient aux assemblées, ces terribles peines des galères pour les hommes, de l'emprisonnement perpétuel pour les femmes.

On avait eu recours à tous les moyens pour empêcher que les assemblées pussent avoir lieu, de manière à ce qu'il fût impossible aux protestants de se réunir, pour prier Dieu à leur manière, soit dans les maisons, soit *sous la couverture du ciel*.

On avait obligé les nouveaux convertis de chaque communauté à prendre des délibérations par lesquelles ils s'érigeaient en inspecteurs les uns des autres, et s'engageaient à empêcher que les édits ne fussent violés. Ainsi, dans une délibération des habitants de Saint-Jean-de-Gardonnenque, en date du 17 novembre 1686, on lit :

« Tous lesdits habitants, ci-dessus dénommés, s'obligent à mettre *des espions* à toutes les avenues de la paroisse pour éviter et empêcher les assemblées de quelques fugitifs. »

Si les nouveaux convertis ne tenaient pas leur promesse et n'avertissaient point les autorités, les soldats prévenus par quelques-uns des faux frères que l'on entretenait partout à grands frais, ou par un catholique, arrivaient dans les localités près desquelles devait se tenir une assemblée, et, se faisant accompagner par le curé, procédaient à des visites domiciliaires. Tout absent était réputé coupable d'avoir assisté à l'assemblée s'il ne pouvait justifier d'un motif légitime d'absence.

On avait pensé, sur l'avis conforme de Bâville, que le moyen *le plus efficace* pour empêcher les assemblées, était de rendre responsables les communautés sur le territoire desquelles elles se seraient tenues, et de condamner à des amendes solidaires tous les habitants.

En 1712, deux arrondissements dans lesquels s'étaient tenues deux assemblées, surprises par les soldats, étaient condamnés, l'un à 1 500 l'autre à 3 000 livres d'amende.

En 1754, l'intendant Saint-Priest condamne encore à mille livres d'amende les habitants nouveaux convertis de l'arrondissement de Revel, dans le taillable duquel était situé le bois où une assemblée s'était tenue. A la même époque, les habitants de Clairac, Tonneins et Nérac, déclarent dans une supplique, que les amendes arbitraires qu'on leur inflige, à raison d'assemblées tenues sur leurs territoires, les épuisent, et *les mettent hors d'état de payer leurs impositions ordinaires.*

Peu à peu les communautés en vinrent, cependant, à considérer les amendes qu'on leur infligeait pour avoir souffert des assemblées sur leurs territoires, comme une sorte d'abonnement à payer, pour avoir la faculté de célébrer leur culte au désert, en violation des édits.

Pour prévenir la réunion des assemblées, la constante préoccupation du Gouvernement était d'empêcher, par tous les moyens, que les huguenots pussent trouver des ministres, ou des prédicants faisant fonctions de ministres pour exercer leur culte au désert.

Une ordonnance du 1er juillet 1686, édicte *la peine de mort,* contre tout ministre *rentré ou non sorti*; la même peine est appliquée à ceux qui, sans mandat, viennent spontanément remplir le rôle de ministres dans les assemblées.

En 1701, Bâville écrit à l'évêque de Nîmes :

«Le prophète, monsieur, que vous avez interrogé ce matin sera bientôt *expédié*; j'ai condamné ce matin à *mort* quatre prédicants du Vivarais, et une femme qui faisait accroire qu'elle pleurait du sang; j'ai, condamné aussi une célèbre prédicante *au fouet et à la fleur de lys.* Je ne ferai aucune grâce aux prédicants...»

« J'ai fait prendre et punir, écrit-il ailleurs, *seize* de ces prédicateurs, je n'en connais plus que deux qui sont fort cassés, que j'espère arrêter s'ils paraissent.»

De 1685 à 1762, une centaine de pasteurs, prophètes ou prédicants furent cruellement suppliciés, roués ou pendus, pour avoir prêché au désert ; *quant* aux prédicantes, on finit par se borner à les enfermer à l'hôpital comme *insensées.* Le dernier martyr de cet apostolat errant, fut le pasteur Rochette condamné à être *pendu et étranglé,* le 18 février 1762 « comme atteint et convaincu *d'avoir fait les fonctions de ministre* de la religion prétendue réformée, prêché, baptisé, fait la cène et des mariages dans des assemblées désignées du nom de désert. »

Au début, voulant terrifier les populations par l'horreur des supplices, on avait laissé des patients pendant de longues heures sur la roue, les os et les membres brisés, avant de leur donner le coup mortel, le coup de grâce ; mais cette barbarie, loin d'avoir le succès qu'on en attendait, avait, grâce à l'héroïque constance des victimes, surexcité le fanatisme des religionnaires. On fut donc obligé, *par politique*, d'agir plus humainement.

« La mort *la plus prompte* à ces gens-là, disait le maréchal de Villars, à l'occasion du supplice de Fulcran Rey, est toujours la plus convenable ; il est surtout convenable de ne pas donner à un peuple gâté le spectacle d'un prêtre qui crie et d'un patient qui le méprise. » L'impitoyable Bâville avait fini par se ranger lui-même à cet avis et le pasteur Brousson ayant été condamné à être roué *vif*, Bâville demanda que le condamné fût étranglé avant d'être mis sur la roue, afin, dit-il, *de finir promptement le spectacle.*

Pour empêcher les patients de haranguer la foule à leurs derniers moments, on avait commencé par les mener au supplice avec un bâillon dans la bouche ; l'usage du bâillon ayant paru trop odieux, dit Elie Benoît, on laissa aux condamnés *l'apparence* d'avoir la liberté de parler, mais on mit au pied de l'échelle des tambours qui battaient jusqu'à ce que le patient eût expiré.

« Etonnantes vicissitudes des choses humaines, s'écrie de Félice, qui eût dit à Louis XIV que son arrière-petit-fils, un roi de France, aurait aussi la voix étouffée par des tambours sur l'échafaud ! »

Pour se saisir des ministres, on ne négligeait rien, on mettait leur tête à prix ; la prime de trois à cinq mille livres promise au délateur qui ferait prendre un ministre, fut portée à dix mille livres, pour Brousson et pour Court, à vingt mille livres pour Paul Rabaut, un des derniers et des plus illustres de ces pasteurs du désert.

Ce n'était pas seulement par des primes en argent que l'on cherchait à provoquer les trahisons ; ainsi l'on avait promis un régiment de dragons à un gentilhomme s'il faisait prendre Court, et ce traître avait provoqué une assemblée près d'Alais afin de gagner son régiment. Court se rend à cette assemblée, mais, à l'arrivée des troupes, il trouve moyen de s'enfuir, et pour se mettre à l'abri des poursuites, est obligé de rester caché pendant vingt-quatre heures sous un tas d'immondices.

Quant aux soldats, on excitait leur zèle en leur permettant de dépouiller ceux qui faisaient partie d'une assemblée surprise, et les officiers qui capturaient un pasteur, pouvaient espérer un grade, ou une récompense honorifique. Le lieutenant qui avait pris le pasteur Bénézet lui ayant dit avec satisfaction : Votre prise me procurera la Croix de Saint-Louis. — Oui, réplique fièrement le futur martyr, *ce sera une croix de sang qui vous reprochera toujours.*

On entretenait, à beaux deniers comptants, un service d'espions chargés de surveiller et de faire prendre ces pasteurs ambulants, si bien que les intendants avaient la liste de toutes les maisons où ces pasteurs pouvaient songer à demander asile.

On écrit du Poitou à Court : « *les mouches* volent sous toutes sortes de formes, malgré que nous soyons en hiver, pour tâcher de pincer les ministres. »

« Je sais, dit Paul Rabaut, qu'il y a un nombre considérable d'espions à mes trousses. Ils se tiennent tous les soirs aux endroits où ils s'imaginent que je dois passer et y restent jusque bien avant dans la nuit. » Un soir, il se rend au logis qui lui a été préparé ; au moment d'entrer dans la maison il aperçoit un homme assis qui lui paraît suspect. Il fait semblant d'entrer dans la maison voisine, et revient à son asile sans être aperçu. Le lendemain matin, la maison où l'on avait cru le voir entrer, était investie par un détachement de soldats. Rabaud s'empresse de sortir pour gagner une porte de la ville. « J'observai, dit-il, de marcher au petit pas, afin que la sentinelle ne soupçonnât rien, et, pour mieux la tromper, je chantai tout doucement, mais de manière qu'elle pût m'entendre ; dès que je fus hors de la vue de la sentinelle, je doublai le pas. » Rabaut rencontre des amis qui le conduisent à une maison écartée et le pressent instamment d'y coucher ; il refuse et part à neuf heures du soir ; il n'était pas à cinquante pas de là que la maison est entourée par des soldats et fouillée du haut en bas.

« Je viens d'apprendre, écrit-il encore le 19 mai 1752, de deux ou trois endroits différents qu'on met en usage les moyens les plus diaboliques pour se défaire de moi. On emploie des soldats travestis et d'autres gens de sac et de corde qui, armés de pistolets, doivent tâcher de me trouver, ou en ville, ou aux assemblées, et s'ils ne peuvent pas me saisir vivant, ils sont chargés de me mander à l'autre monde par la voie de l'assassinat. Jugez par là, si j'ai besoin de redoubler de précautions. »

Les faux frères auxquels les pasteurs venaient demander asile, et que pouvait tenter l'appât de la prime promise pour leur capture, constituaient un danger incessant et des plus sérieux pour ces prédicateurs ambulants. Grâce au peu d'épaisseur d'une cloison, Brousson, caché dans une maison, entend ses hôtes délibérer entre eux s'ils doivent ou non le livrer ; il s'empresse d'aller chercher ailleurs un asile plus sûr.

Le pasteur Béranger arrive à une ferme isolée dans le Dauphiné où il comptait passer la nuit. Il aperçoit un enfant sur la porte et lui dit : mon ami, est-ce qu'il y a des étrangers dans la maison ? — Non ! — Est-ce que ton père y est ? — Non, il est allé chercher les gendarmes parce que le ministre doit loger chez nous ce soir. Bien entendu, Béranger s'empresse de poursuivre sa route.

Bien souvent, les pasteurs étaient obligés de s'adresser à des hôtes dont ils n'étaient pas sûrs, par suite de la terreur résultant de la rigoureuse application de la loi portant que ceux qui leur donneraient asile, aide ou assistance, seraient passibles des galères ou même de la peine de mort.

Voyant se fermer toutes les portes devant eux, traqués comme des fauves, errant de village en village, obligés de passer des jours et des nuits dans des bois, des avenues, des granges isolées, les pasteurs du désert menaient une rude et terrible existence, souffrant du froid, de la faim, et toujours sous la menace imminente de la mort.

« Nous sommes, dit Paul Rabaut, errants par les déserts et par les montagnes, exposés à toutes les injures de l'air, n'ayant que la terre pour lit et le ciel pour couverture.

« Mon occupation, dit-il, est de circuler sans cesse de lieu en lieu, et de prêcher souvent jusqu'à cinq fois dans une semaine, quelquefois le jour, mais le plus souvent la nuit. Notre fatigue est grande : marcher, veiller, demeurer debout sur une pierre, presque les trois heures entières, prêcher en rase campagne. »

L'activité de Brousson était prodigieuse ; pendant deux ans, il présida trois ou quatre assemblées chaque semaine ; il lui arriva pendant quinze journées consécutives de prêcher chaque deux nuits, en se reposant le jour et en employant la nuit d'intervalle à voyager.

Court n'était pas moins actif ; pendant deux mois il fit plus de cent lieues, allant d'assemblée en assemblée, à pied, quand ses forces le lui permettaient, porté par deux hommes quand la fièvre qui le minait l'empêchait de marcher.

Il n'y avait sorte de déguisement que les pasteurs, obligés de changer souvent de nom pour dépister les espions, n'employassent ; ils se travestissaient en mendiants, en pèlerins, en officiers, en soldats, en vendeurs de chapelets et d'images ; mais, en route, ils étaient sans cesse exposés à de fâcheuses rencontres, et devaient n'attendre leur salut que de leur sang-froid et de leur esprit d'à-propos.

Un pasteur, déguisé en mendiant, contrefait le sourd ; un autre ne doit son salut qu'au sang-froid avec lequel il joue le rôle de l'ermite dont il avait revêtu la robe.

Un jour, Court entre dans un cabaret ; survient le commandant d'une garnison voisine qui l'interroge durement. La netteté des réponses de Court satisfait l'officier qui prie le prédicant d'attendre qu'il ait fait son courrier, et lui donne à porter deux lettres, l'une pour le duc de Roquelaure, l'autre pour Bâville, le terrible intendant du Languedoc.

Des soldats viennent frapper à la porte d'une maison d'un faubourg de Sedan où Brousson tenait une assemblée. Brousson payant d'audace, va ouvrir à l'officier ; on le prend pour le maître de la maison, et l'on arrête un des assistants qui, ayant un bâton à la main, est pris pour le ministre. Brousson se cache derrière la porte d'une chambre basse et échappe aux recherches. Avant de sortir de la maison, l'officier demande à un enfant de cinq ou six ans de lui dire où a couché le ministre ; l'enfant répond qu'il ne le sait pas. Mais, quelques instants plus tard, ayant aperçu Brousson, cet enfant court à l'officier et lui dit : Monsieur, *ici, ici*, en lui montrant la porte derrière laquelle se tenait caché le proscrit. L'officier ne comprend pas ce que veut dire l'enfant et s'éloigne. Brousson prend les vêtements d'un palefrenier, se charge d'un fardeau et peut ainsi traverser, sans être reconnu, les postes que l'on avait mis à l'entrée du faubourg.

Le prédicant Fouché, caché à Nîmes, entend publier au son
de la trompette, défense à qui que ce soit de sortir des maisons,
et voit que des sentinelles sont postées au coin des rues pour
que personne ne puisse échapper à la visite domiciliaire qu'on
va opérer. Au moment où la sentinelle qui garde sa rue tourne
le dos, il traverse la rue et demande à une femme qu'il avait
aperçue dans la maison en face de lui, de le cacher dans son lit,
moyennant bonne récompense. La femme se laisse tenter et le
place à côté d'un enfant qu'elle avait malade au lit. L'officier
qui procédait à la visite des maisons arrive et demande à la
femme si elle n'a personne chez elle. — Un enfant, dit-elle,
au lit, malade. L'officier fait le tour du lit, voit l'enfant et n'aperçoit pas Fouché caché sous la couverture. Touché de compassion pour l'enfant en voyant la misère qui règne au logis, cet
officier tire une pièce d'argent de sa poche, la donne à la mère
et sort de la maison.

Semblable aventure arrive a Court ; les soldats frappent à la
porte de la maison où il était réfugié ; Il se couche dans la ruelle
du lit de son hôte, à qui il recommande de faire le malade et
d'envoyer sa femme ouvrir aux soldats. Les soldats entrent,
fouillent les armoires, sondent les murs et ne trouvent rien.
Pendant ce temps, le faux malade, pâle de peur, entr'ouvrait ses
rideaux et protestait de la peine qu'il éprouvait de ne pouvoir
se lever pour aider les soldats dans leurs recherches.

Un autre prédicant n'a que le temps de se cacher dans le
pétrin de son hôte, au moment où les soldats arrivent. Après
l'avoir cherché vainement, ceux-ci s'attablent autour du pétrin,
et ce n'est qu'après leur départ, longtemps retardé, que le prédicant peut sortir de son incommode cachette.

C'était souvent un hasard qui sauvait les proscrits : un jour,
Bâville écrit à l'évêque de Nîmes lui indiquant où est réfugié
Brousson qu'il veut faire arrêter ; pendant que le prélat recon-
duit un visiteur, un gentilhomme nouveau converti lit la lettre
restée ouverte sur une table, il se hâte de sortir et de prévenir
Brousson qui a à peine le temps de déloger.

Une autre fois, Court, assis au pied d'un arbre, préparait un
sermon. Il voit les soldats investir la maison dans laquelle il
avait trouvé asile ; il grimpe à l'arbre, et, caché par le feuillage,

il assiste invisible aux recherches faites pour s'assurer de sa personne.

Un jour, la métairie où Brousson était réfugié près de Nîmes est investie ; son hôte n'a que le temps de le faire descendre dans un puits où une petite excavation à fleur d'eau existait. Brousson s'y blottit. Après avoir fouillé la maison, les soldats attachent l'un deux qui connaissait la cachette à une corde, et le descendent dans le puits. Le soldat, échauffé, une fois dans le puits, se sent saisi par le froid ; craignant un accident, il se fait retirer avant d'arriver au fonds du puits, en criant qu'il n'y a personne dans la cachette. Brousson est sauvé, alors qu'il se croyait irrémédiablement perdu.

Le prédicant Henri Pourtal se trouvant dans une maison où il avait fait une petite assemblée, ne trouve d'autre moyen d'échapper aux soldats que de monter au haut de la maison et de passer sur les toits des maisons voisines. Poursuivi de près, il se jette dans un puits où, par bonheur, il n'a de l'eau que jusqu'au cou, mais il est obligé de demeurer *trois heures* dans l'eau glacée. Quand on l'en retire, demi mort, il s'aperçoit qu'en descendant d'une maison à l'autre il s'est blessé si gravement à la jambe, qu'il doit rester six semaines sans pouvoir marcher.

Pendant trois nuits consécutives, par une pluie battante, les troupes font une battue dans un bois, entre Uzès et Alais, où Brousson s'était réfugié. La troisième nuit, Brousson dut s'abriter sous un rocher dans une position si gênée qu'il ne pouvait ni se lever ni s'allonger ; au matin, percé jusqu'aux os par la pluie et transi de froid, il sort de sa cachette pour se rendre à un village voisin. Il entend des voix, c'était une troupe de soldats ; il n'a que le temps de se cacher dans les broussailles. Il voit successivement passer plusieurs détachements qui vont investir le village où il comptait se rendre.

Fouché, échappé par miracle à ceux qui venaient l'arrêter dans son asile, sur la dénonciation d'un traître, passe une rivière à la nage par un froid glacial. Transi, à demi mort, il marche dans la neige sans savoir où il va, traverse à minuit un village inconnu, où il n'ose demander asile et se perd dans les bois. Il arrive à Audabias, chez un paysan qui l'a logé autrefois, mais celui-ci n'ose le garder ; aussitôt le jour paru il faut déloger.

Pressé par la faim, harassé de fatigue, Fouché marche toujours
sans savoir où il va. Il rencontre enfin un homme de sa connaissance qui le campe sous un rocher dans un bois et va aux provisions. Pendant deux heures Fouché souffrant du froid et de la
faim l'attend; quand l'autre revient, Fouché a peine à mâcher une
bouchée de pain tant il est affaibli, mais une gorgée de vin qu'il
avale le remet, son compagnon le mène à une métairie; mais il y
a des domestiques papistes et il faut les laisser coucher avant
d'entrer. Fouché reste encore deux heures exposé à la rigueur
du froid; il entre enfin, on lui prépare un lit; mais, au moment
où il va porter à sa bouche le bouillon qu'on lui a fait chauffer, les
soldats arrivent. Il s'échappe en franchissant une haute muraille;
arrivé dans un petit bois il s'évanouit de faiblesse et d'épuise-
ment. Ce n'est qu'au bout de deux heures que les forces lui
reviennent et qu'il peut suivre son compagnon, qui le mène chez
une veuve à Saint-Laurent. Le lendemain matin, nouvelle
alerte, les soldats qui poursuivaient Fouché, s'arrêtent pour se
rafraîchir chez cette veuve qui vendait du vin, mais heureusement ils ne songent point à faire de recherches; sans quoi Fouché
était perdu.

Le pasteur Cottin peut s'échapper des mains de l'officier qui
l'avait arrêté et fuit en Hollande; le proposant Mézarel, pris par
les soldats et enfermé dans une grange, se met pieds nus et peut
fuir sans bruit; Pradel surpris avec l'assemblée qu'il présidait,
saute à cheval et est longtemps poursuivi par les soldats, entendant les cris répétés de : *à celui du cheval !* et des coups de fusil;
de même le pasteur Gibert, fuyant d'une assemblée à cheval
avec deux autres huguenots, voit l'un de ses compagnons tué à
ses côtés, et l'autre fait prisonnier avec la valise dans laquelle
étaient renfermés ses papiers, il n'échappe lui-même aux soldats qu'en se cachant dans un bois.

Les périls renaissaient sans cesse et plus d'un, comme
Romans pris deux fois et deux fois miraculeusement délivré de
la prison, ou comme le futur martyr Brousson, dut momentanément repasser à l'étranger quand la persécution devenait trop
ardente ; ce n'était pas une fuite, mais *un délai du martyre*. Un
jour venait, en effet, pour presque tous les pasteurs du désert où
la malchance, la trahison les livraient aux mains de l'autorité ;

or, être pris, c'était la mort sur le gibet ou sur la roue, après les tortures de la question ordinaire et extraordinaire.

Quand les pasteurs manquaient, c'étaient des artisans, des femmes, des enfants qui les remplaçaient et faisaient aux fidèles des exhortations, ou leur lisaient des prières.

C'est surtout à partir de 1715, après la fondation à Lausanne, du séminaire des pasteurs du désert, que l'on aurait pu appeler *l'école des martyrs* — que la célébration du culte proscrit reprit partout avec suite et régularité, bien que l'on ne sût jamais si la prière commencée dans la réunion tenue *sous la couverture du ciel*, serait ou non interrompue par la sanglante intervention des soldats.

« Les anciens avaient la charge de convoquer les assemblées. Le matin ou dans la journée un homme passait. Il trouvait un frère, lui annonçait qu'un prêche devait avoir lieu à telle heure et dans tel endroit, puis disparaissait. Cependant, portes closes, on se communiquait la bonne nouvelle. Enfin la nuit venait, alors mille craintes, quelque espion ou quelque faux frère n'avait-il pas appris la convocation de l'assemblée ? Vers dix heures, on partait de la ville ou du village, non par bande, cela eût pu donner des soupçons, mais séparément, sauf à se réunir plus tard en quelque endroit isolé. La course était longue, une lieue, deux lieues. Les femmes étaient harassées et les enfants avaient peine à suivre ; chose grave ! les abandonner en route, ou les renvoyer à la maison, c'était les exposer à être surpris par les troupes, les livrer aux interrogatoires qui pouvaient avoir ce résultat de faire surprendre l'assemblée. Il fallait alors que les hommes robustes de la troupe portassent les enfants sur leurs épaules. L'assemblée était lente à se réunir, cependant on disposait les sentinelles pour donner l'alarme et éviter la surprise. »

Pour revenir au logis, on prenait les mêmes précautions qu'au départ. Les femmes rentrées à la maison, lavaient avant le jour leurs vêtements et ceux de leurs maris souillés par la boue du chemin, afin que rien ne pût faire soupçonner la sortie nocturne.

Peu à peu les assemblées devinrent de plus en plus nombreuses, et *presque publiques*, lorsque le gouvernement, par

suite de quelque guerre avec l'étranger, n'avait pas la libre disposition de ses troupes.

Comment en eût-il été autrement alors que les exigences inad-
missibles du clergé catholique chargé de la tenue des registres
de l'état civil, mettait les huguenots dans la nécessité de recourir aux pasteurs pour faire constater la naissance de leurs enfants
et pour faire bénir leurs mariages ?

En 1745, Rabaut écrit : « On me mande de Montauban que les
protestants y donnent des marques extraordinaires de zèle ; ils
font des assemblées de trente mille personnes. Un dimanche du
mois dernier on y bénit cent quatre-vingt-un mariages, le
dimanche suivant soixante, et celui d'après quatorze. »

Deux ans plus tôt, il écrivait à Court : « Je voudrais de tout mon
cœur que vous passiez le dimanche matin au chemin de Montpellier, près de la ville de Nîmes, lorsque nous faisons quelque
assemblée pour cette dernière église, à la place nommée vulgai-
rement la fon de Langlade où vous avez prêché si souvent ; vous
verriez autant que votre vue pourrait s'étendre le long du chemin,
une multitude étonnante de nos pauvres frères, la joie peinte
sur le visage, marchant avec allégresse pour se rendre à la maison du Seigneur.

Vous verriez des vieillards, courbés sous le faix des années, et
qui peuvent à peine se soutenir, à qui le zèle donne du courage
et des forces et qui marchent d'un pas presque aussi assuré que
s'ils étaient à la fleur de leur âge. Vous verriez des calèches et
des charrettes, pleines d'impotents, d'estropiés ou d'infirmes
qui, ne pouvant se délivrer des maux de leurs corps, vont chercher les remèdes nécessaires à ceux de leurs âmes. »

Ces assemblées *publiques* se tenaient à la veille de la violente
persécution que le duc de Richelieu allait exercer dans le Languedoc contre les huguenots, et dont la rigueur fut telle que
Rabaut lui-même songea un instant à émigrer en Irlande avec
la majeure partie des fidèles de son église. Mais cette recrudescence de persécution ne pouvait durer, elle constituait un véritable anachronisme en présence du progrès que faisaient chaque
jour les idées de tolérance, malgré les efforts du clergé et ses
incessantes réclamations pour que l'on maintînt la rigoureuse
application des lois barbares édictées contre les huguenots.

Les soldats en vinrent, ainsi que le constate avec surprise le secrétaire d'État Saint-Florentin, à avoir *le préjugé*, qu'ils n'étaient pas faits pour inquiéter les religionnaires.

« Les officiers, dit Rulhières, ralentissaient la marche de leurs détachements pour donner aux religionnaires assemblés le temps de fuir. Ils avaient soin de se faire voir longtemps avant de pouvoir les atteindre. Ils prenaient des routes perdues et par lesquelles ils cherchaient à égarer leurs soldats. »

En 1768, quatre-vingts huguenots d'Orange sont surpris dans une grotte par des soldats qui les couchent en joue, ils continuent à chanter leurs psaumes; quatre chefs de famille sortant de la grotte, se livrent aux soldats, à condition que le reste de l'assemblée pourra se retirer librement. L'officier accepte la proposition et conseille à ses prisonniers de s'évader en route, promettant de favoriser leur fuite. Ceux-ci refusent et sont mis en prison ; mais, deux mois après, ils étaient mis en liberté, le temps des exécutions était passé.

Les gouverneurs de province et les commandants de troupes veulent cependant parfois intimider par de vaines menaces, les huguenots qui se rassemblent pour prier contrairement aux édits non abrogés.

Un commandant de dragons écrit à l'intendant le 27 décembre 1765 :

« Il est bon que vous fassiez assembler chez vous les plus notables d'entre les religionnaires de Nions, Vinsobre et Venteral et que vous leur notifiiez, de la part de M. le maréchal, que s'ils continuent de s'assembler au mépris des ordres du roi, sur le compte qui lui en sera rendu, il les fera arrêter et *les rendra responsables* des assemblées qui se feront, *attendu qu'étant les plus considérables*, ils ne peuvent que beaucoup influer sur les démarches de leurs confrères, et qu'ils seront emprisonnés *au moment qu'ils s'y attendront le moins*, s'ils persistent d'assister aux assemblées après la défense qui leur en aura été faite. C'est avec regret que le maréchal se décide à *cette extrêmité*, mais il voit qu'il faut absolument *quelque exemple* de cette espèce, pour en imposer et contenir tous les autres. »

Ces vaines menaces que l'opinion publique ne permettait plus de mettre à exécution ne produisaient aucun effet.

Le gouvernement en vint à négocier avec les huguenots pour obtenir d'eux qu'ils s'abstinssent de violer la loi *trop ouvertement*. Ainsi, en 1765, le maréchal de Tonnerre donnait à ses subordonnés les instructions suivantes :

« Il faut employer adroitement tour à tour la douceur et la menace en leur faisant envisager (aux huguenots) le danger où ils s'exposent, s'ils continuent de se rendre *aussi ouvertement* rebelles aux ordres du roi. MM. les curés, conduits par un zèle trop ardent et souvent mal entendu, ne connaissent que *la violence et le châtiment* pour réprimer le scandale protestant ; vous vous tiendrez en garde contre de pareilles insinuations ; cependant, si quelqu'un des protestants se rendait *trop publiquement* réfractaire aux ordres du roi, vous le ferez arrêter. »

Il n'est plus question dès lors, de proscrire l'exercice du culte domestique qui, en dépit des lois, a repris droit de cité. En 1764, à l'occasion de l'arrestation du pasteur Rochette, Voltaire écrit à un protestant : « Vous ne devez pas douter qu'on ne soit très indigné à la cour contre les assemblées *publiques*. On vous permet de faire *dans vos maisons* tout ce qui vous plaît, cela est bien honnête. »

M. de Vergennes adresse plus tard à l'intendant de Rouen les instructions suivantes :

« Le roi ne veut pas souffrir que les protestants s'assemblent ainsi, ni qu'ils donnent *la moindre publicité* à leur culte. Ils doivent *rester dans l'intérieur de leurs maisons et de leurs familles*. Ce n'est que par ce moyen qu'ils pourront se rendre dignes de l'indulgence et de la bonté de Sa Majesté. »

En 1778, on voit encore le gouvernement flotter indécis entre l'exécution des mesures de rigueur, et la crainte de l'effet que pourra produire cette exécution. Là, où les huguenots sont peu nombreux, il fait arrêter un pasteur ou fermer une école ; là au contraire, où ils sont en force, comme dans le Languedoc, il n'ose prescrire à l'intendant d'employer ces moyens de rigueur, autorisés par les lois, ou seulement quelques-uns d'entre eux, « *qu'en évitant ceux dont l'exécution* pourrait exciter une fermentation qu'il serait peut être ensuite bien difficile d'éteindre. » Dans la Saintonge, le ministre prescrit la démolition du temple de Saint-Fort de Cosnac, mais il ajoute : « Si vous prévoyez qu'elle puisse exciter quelque émeute qu'il soit ensuite trop difficile d'apaiser, vous voudrez bien *la différer* jusqu'à ce que, sur l'avis que vous m'en donnerez, j'aie pu prendre de nouveau les ordres de Sa Majesté. »

Les huguenots décorent une grange à Castelbarbe, près Orthez, la pourvoient d'une chaire, y célèbrent les mariages et les baptèmes *publiquement*. Le ministre fait mettre la grange sous scellés et ordonne l'arrestation de trois prédicants. Puis il écrit au comte de Périgord : « J'ai peine à croire que cet exemple *puisse augmenter le nombre des émigrations...* L'on est *obligé* de fermer les yeux sur les assemblées *au désert* des protestants, même sur les assemblées peu nombreuses et peu éclatantes *dans quelques maisons particulières*; mais qu'ils aient des temples publiquement connus, tels qu'ils en construisent, qu'ils y placent des chaires, c'est ce que le roi ne paraît nullement disposé à tolérer. » Quant aux conseils que donne l'intendant d'envoyer des dragons loger chez les huguenots, aux lieux où ils ont eu des assemblées, le ministre les repousse par cette fin de non-recevoir : « Ne trouvez-vous pas qu'il serait à craindre que cette expédition ne réveillât l'idée des anciennes dragonnades qui n'ont, dans le temps, que trop fait *de bruit* dans la France et dans toute l'Europe? »

Toute là politique du gouvernement de Louis XVI était d'empêcher par des mesures isolées qui ne fissent pas *trop de bruit*, les huguenots de braver trop ouvertement, les lois interdisant dans le royaume tout culte autre que le catholique; mais on n'osait plus sévir contre ceux qui refusaient de porter leurs enfants à l'église pour être baptisés, ni contre ceux qui se mariaient publiquement devant des pasteurs.

Sans doute les terribles lois qui avaient été édictées contre les huguenots, par Louis XIV étaient toujours subsistantes, mais elles étaient *lettres mortes*, quoi que pussent faire le clergé et l'administration. Le gouvernement avait publiquement donné du reste, une preuve manifeste qu'il croyait lui-même à l'abrogation *de fait* de ces lois *subsistantes*, lorsque, en 1775, il avait fait une démarche *officielle* auprès d'un de ces pasteurs du désert que la loi ne connaissait que pour les envoyer à la potence. A cette époque, en effet, le contrôleur général, *par ordre du roi,* avait envoyé à Paul Rabaut, le plus influent de ces proscrits, un exemplaire de la circulaire adressée aux évêques catholiques afin de réclamer leur concours pour arrêter le brigandage qui s'exerçait sur les blés.

Eût-il voulu le faire, Louis XVI n'aurait pu impunément braver l'opinion publique, en obéissant aux injonctions que l'orateur du clergé n'avait pas craint de lui adresser en ces termes : « Achevez l'œuvre que Louis le Grand avait entreprise et que Louis le Bien-Aimé a continuée. Il vous est réservé de porter le dernier coup au calvinisme dans vos États. Ordonnez *qu'on dissipe les assemblées* des schismatiques.

Non seulement Louis XVI ne pouvait recommencer l'œuvre sanglante et vaine de son arrière grand-père, mais encore il ne pouvait se refuser à reconnaître qu'il était impossible de laisser subsister intégralement une législation qui frappait de *mort civile* plus d'un million de ses sujets.

Dans le mémoire que lui adressait en 1786, son ministre M. de Breteuil, sur la situation faite aux protestants en France, on peignait ainsi cette situation : « ces infortunés également rejetés de nos tribunaux sous un nom et repoussés de nos Églises sous un autre nom, méconnus dans le même temps comme calvinistes et comme convertis, dans une entière impuissance d'obéir à des lois qui se détruisent l'une l'autre, et, par là destitués du moyen de faire admettre, ou devant un prêtre, ou devant un juge les témoignages de leurs naissances, de leurs mariages et de leurs sépultures, se sont vus, en quelque sorte, *retranchés de la race humaine.* »

Cette situation intolérable avait pour causes, non seulement les dispositions des édits, basés sur cette fiction légale et mensongère qu'il n'y avait plus de protestants en France, mais encore l'obstination du clergé à vouloir faire de son privilège de dresser les actes de l'état civil, un moyen de conversion ou de reconversion, pour les protestants et pour les nouveaux convertis.

En ce qui concerne les décès, la loi avait bien prescrit les formalités à remplir pour leur constatation devant le juge le plus voisin, mais par suite du terrible édit de 1713 déclarant *relaps*, tout huguenot qui, *ayant abjuré ou non*, refuserait les sacrements à son lit de mort, les protestants écartaient soigneusement tous les témoins du chevet de leurs parents gravement malades. Et, une fois que ceux-ci étaient morts, ils négligeaient de remplir les formalités prescrites pour ne pas éveiller l'attention sur les circonstances d'une mort de nature à entraîner un procès à la mémoire du défunt et la confiscation de ses biens.

« Les parents des morts, dit Rulhières, les enterraient *en secret*, la nuit, dans leurs propres maisons, sans faire inscrire les décès sur aucun registre public, quels que fussent les dangers auxquels ils s'exposaient par ces sépultures clandestines. Ils ne tardaient pas, en effet, à être poursuivis par cette bizarre espèce d'inquisiteurs, par ces régisseurs et ces fermiers des biens des *fugitifs*, non moins avides de la dépouille des morts que de celle des fugitifs, et qui firent saisir les biens de ceux qui avaient ainsi disparu, prétendant qu'ils avaient fui, et, sous ce prétexte, s'emparant des successions que n'osait leur disputer une famille embarrassée de sa propre défense. »

Si, au contraire, le décès d'un protestant avait été constaté dans les formes prescrites par la loi, la femme que le défunt avait épousée *hors l'Église*, et les enfants nés de son mariage, se voyaient contester son héritage par d'avides collatéraux ; et certains parlements donnaient raison à ces spoliateurs, en déclarant concubine l'épouse, et bâtards les enfants légitimes.

Quant aux naissances, elles devaient être constatées par les curés dans les actes baptistaires, l'édit de révocation ayant décrété que tout enfant qui naîtrait de parents réformés devrait être porté à l'église pour y être baptisé.

Mais les huguenots furent détournés de faire porter leurs enfants à l'église, par l'entêtement que mirent les curés à vouloir qualifier de *bâtards*, les enfants nés de mariages contractés soit au désert, soit à l'étranger. Les huguenots se décidèrent donc à faire baptiser leurs enfants par les pasteurs allant d'assemblée en assemblée ; et ceux-ci avaient l'*insolence*, dit un intendant, de purifier les pères et mères des enfants qui avaient été baptisés par un prêtre catholique. Pour obliger les parents à faire *rebaptiser* par le curé, les enfants baptisés au désert, on eut recours à l'argument persuasif des logements militaires ; mais on y renonça pour y substituer le régime des amendes, après l'incident que conte ainsi Rabaut :

« Les protestants de la Gardonneuque, voyant les cavaliers de la maréchaussée à Lédignan pour contraindre à la *rebaptisation*, crurent qu'il fallait se mettre en bonne posture et faire trembler, tant les cavaliers que les prêtres.

» En conséquence, ils donnèrent l'alarme aux cavaliers et tirèrent quelques coups de fusil aux prêtres de Ners, de Guillion et de Languon. Le premier et le second furent dangereusement blessés, et en sont morts depuis; le dernier n'eut qu'une légère égratignure. Les cavaliers appréhendèrent le même sort, décampèrent par l'ordre de M. l'intendant, et, en vertu du même ordre, restituèrent l'argent qu'ils avaient déjà retiré des protestants. »

La résistance obstinée des huguenots finit, sur ce point, comme sur tant d'autres, par avoir raison des prescriptions des édits les obligeant à faire baptiser leurs enfants par les curés, mais il en résultait que, chez eux, les naissances de même que les décès, n'étaient plus constatés par un document *officiel* pouvant être produit en justice.

Pour ce qui est des mariages, les curés catholiques, ne voulant pas admettre que le mariage est un contrat civil bien antérieur au christianisme, et absolument indépendant du sacrement, faisaient de leur privilège d'officiers d'état civil, un instrument de conversion. Voyant que les huguenots ne regardaient le mariage que comme une cérémonie *civile*, et se confessaient, sans scrupule, pour obtenir la bénédiction nuptiale, ils les firent communier, puis, exigèrent une abjuration par écrit. Quelques-uns, dit l'intendant Fontanieu, obligèrent les fiancés de jurer qu'ils croyaient leurs pères et mères damnés.

Puis on en vint à imposer aux fiancés, avant de les marier, de longues périodes d'épreuves, à les obliger à faire des actes de catholicité pendant des mois et même pendant plusieurs années.

Dans le Béarn, les curés faisaient attendre la bénédiction nuptiale aux futurs époux pendant deux, trois et quatre *ans*. Un placet adressé par des habitants de Bordeaux, en 1757, signale l'opposition faite par un ecclésiastique *depuis huit ans*, au mariage de Paul Decasses, ancien religionnaire.

L'année précédente, le secrétaire d'État Saint-Florentin avait été obligé de prier l'évêque de Dax d'ordonner à un de ses prêtres de marier enfin, *après douze années d'épreuves,* deux nouveaux convertis d'Orthez.

Les fiancés huguenots, pour se soustraire à de telles exigences, avaient voulu d'abord se contenter d'un contrat passé par devant notaire ; mais une loi vint interdire aux notaires de passer aucun contrat à moins qu'il ne fût produit un certificat *de catholicité*, constatant que le contrat serait ultérieurement validé par un mariage béni à l'église.

Quelques curés, *moyennant finances,* consentent alors à marier les huguenots sans exiger d'eux aucune preuve de catholicité.

Un curé du Poitou est condamné à dix livres d'amende pour exactions à ce sujet, et menacé de la saisie de son temporel s'il perçoit à l'avenir pour le mariage des religionnaires rien autre chose que les droits légitimement dus. Plusieurs autres curés sont incarcérés pour avoir marié des protestants *moyennant de grosses rétributions.* En 1746, un curé de la Saintonge est condamné aux galères, comme convaincu : « d'avoir conjoint par mariage des religionnaires, *sans avoir observé les formalités prescrites par les lois de l'Église et de l'État,* et d'avoir délivré des certificats de célébration de mariage à d'autres religionnaires, *sans que lesdits se soient présentés devant lui.* »

Le plus souvent les huguenots s'adressaient à des aumôniers, à des prêtres n'appartenant pas à leurs paroisses. En 1710, l'évêque de Gap dénonce au chancelier Voisin un grand nombre de mariages célébrés dans son diocèse (trente dans une seule paroisse) par des aumôniers de régiment et autres prêtres ; quinze ans plus tard le même évêque dénonce encore des mariages faits par un prêtre *inonnu. c*Parfois les certificats de mariage étaient délivrés par de faux prêtres, empruntant le nom de tel ou tel ecclésiastique, et l'on voit en 1727, le prédicant Arnoux condamné aux galères, comme convaincu « d'avoir pris le nom de Jean Cartier, prêtre aumônier sur les vaisseaux du roi, et d'avoir fait plusieurs mariages de religionnaires. » A partir de 1715, dans le Midi comme dans le Poitou et la Saintonge, presque tous les mariages se célébrèrent au désert devant les pasteurs. A Paris, les protestants se mariaient dans les chapelles des ambassadeurs de Suède et de Hollande. Quant aux huguenots qui se trouvaient à proximité des frontières, ils allaient se marier soit à Genève, soit dans les îles anglaises, parfois même à Londres.

Le clergé et la magistrature tenaient ces mariages pour nuls et non avenus. Les évêques faisaient assigner les époux comme *concubinaires publics*, donnant le scandale de vivre et demeurer ensemble sans avoir été mariés *par leurs propres curés*.

Les trois parlements de Grenoble, de Bordeaux et de Toulouse, attaquent les mariages au désert par la voie criminelle, ils condamnent les mariés, les hommes *aux galères*, les femmes *à la prison* et font *brûler par la main du bourreau* les certificats de mariage délivrés par les pasteurs et produits par ces mariés. Mais cette inique jurisprudence ne put se maintenir, en présence du nombre toujours croissant de ceux qui contrevenaient aux édits en recourant au ministère des pasteurs ; bientôt, ce fut en vain que les évêques réclamèrent des mesures de rigueur contre le *brigandage des mariages au désert*, l'administration fut obligée de rester sourde à leurs appels. En 1775, on estimait que les mariages au désert depuis quinze ans s'élevaient au nombre de plus de cent mille, et le gouverneur du Languedoc déclarait que, s'il fallait emprisonner tous les mariés au désert, les prisons de la province ne suffiraient pas pour les contenir.

S'il en était ainsi, c'est que les huguenots repoussés de l'Église par les exigences du clergé, avaient une facilité de plus en plus grande de faire bénir leurs unions par les pasteurs, depuis que les assemblées s'étaient multipliées et pouvaient se faire presque publiquement. C'est encore, parce que les synodes et les pasteurs déclaraient que les huguenots ne pouvaient se marier qu'au désert ou à l'étranger, que toute autre voie était *déshonnête et coupable*, quelles que fussent les conventions faites avec les prêtres catholiques. Censurés durement par leurs pasteurs et menacés par eux d'excommunication, ceux qui avaient fléchi *devant l'idole*, en recevant la benédiction nuptiale d'un prêtre catholique, durent faire réhabiliter leurs mariages suivant le rite calviniste.

Mais les unions, contractées hors de l'Église catholique, n'étant pas reconnues par la loi, les huguenots ne pouvaient se présenter devant les tribunaux dans aucune cause où ils eussent à procéder en qualité de pères, de maris, d'enfants, de parents, car jamais

ils ne pouvaient prouver leur état par la production de titres légalement valables.

Dans les différends qu'ils avaient entre eux, ils recouraient
souvent à des arbitres; mais quand ils avaient affaire à des co-
religionnaires de mauvaise foi, ou à des catholiques les appelant
devant les tribunaux, ils ne pouvaient défendre leurs droits les
plus incontestables contre les actions judiciaires les moins fondées.

Quelques parlements, pour écarter les malhonnêtes prétentions
d'avides collatéraux voulant dépouiller la femme ou les enfants
d'un de leurs parents mariés au désert, étaient obligés de se
baser sur *la possession d'état* de la veuve ou des orphelins; mais
cet expédient légal mettait sur le même pied la concubine et
l'épouse, le bâtard et l'enfant légitime.

Les ministres de Louis XVI comprirent qu'il n'était pas possible de laisser plus longtemps sans état civil, plus d'un million
de Français, la vingtième partie des citoyens de la France, de
les laisser « *privés, ainsi que le disait Rulhières, du droit de
donner le nom et les prérogatives d'épouses et d'enfants légitimes
à ceux que la loi naturelle, supérieure à toutes les institutions
civiles, ne cessaient de reconnaître sous ces deux titres.* »

En 1787, un édit vint porter remède au mal; cet édit se bornait,
ainsi que le déclarait son exposé des motifs, à donner *un état civil*
aux Français ne professant pas la religion catholique. Pour arriver à ce résultat, l'édit accordait aux *non-catholiques* le droit d'op-
tion entre le curé et le juge du lieu pour faire constater sur des
registres *ad hoc*, leurs décès, leurs naissances et leurs mariages.
Quand une déclaration de mariage avait été faite dans les formes
prescrites, soit devant le curé, soit devant le juge, celui-ci devait
déclarer les comparants unis. Pour tous les mariages contractés
hors de l'Église *antérieurement à l'édit*, une déclaration semblable suffisait pour qu'ils produisissent tous leurs effets civils.

Cet édit réparateur fut cependant vivement attaqué : au Parlement de Paris, le conseiller d'Epréminil, conjurant ses collègues
de ne point l'enregistrer, s'écriait, en leur montrant l'image du
Christ : *voulez-vous le crucifier une seconde fois?*

Dans un mandement, l'évêque de la Rochelle le qualifiait ainsi :
« cette loi qui semble *confondre et associer toutes les religions
et toutes les sectes...* cette loi, sur laquelle nous ne saurions vous

peindre notre douleur et notre peine, en voyant *l'erreur prête à s'asseoir à côté de la vérité.* »

On trouve encore en 1789, dans les cahiers du clergé, une protestation du clergé de Saintes contre cet édit, permettant aux parents de constater sous une forme purement civile la naissance de leurs enfants, « *ce qui expose,* dit-on, *les enfants même nés catholiques à ne pas être baptisés* ».

Pour l'Église, en effet, c'est porter atteinte à ses *droits,* que d'accorder, sans son entremise, un état civil aux *non-catholiques.* Le Girondin Barbaroux, au contraire, estime qu'il est essentiel de donner, même avec l'intervention de l'Église, un état civil à son fils, il le fait baptiser et dit :

« Le baptême *n'est rien* aux yeux du philosophe, mais la cérémonie, *quelle qu'elle soit,* par laquelle on transmet son nom à son fils, est bien intéressante pour un père. »

L'évêque de la Rochelle, s'insurgeant contre la loi, défend même aux prêtres de son diocèse, de faire une distinction entre leur qualité d'officiers d'état civil et leurs fonctions de ministres de la religion catholique et leur dit :

« Comment pourriez-vous déclarer, *même au nom de la loi,* légitime et indissoluble, une union contractée contre les règles et les ordonnances de l'Église? Ne craignez point de déclarer à ceux qui se présenteront devant vous, que votre ministère est spécialement et même *uniquement* réservé aux fidèles. »

Cette injonction faite par un évêque aux curés de son diocèse, était la démonstration péremptoire que l'on ne pouvait laisser au clergé catholique la moindre part dans la tenue des registres de l'état civil. Ce n'est cependant qu'en 1792 que la loi décida que les officiers de l'état civil n'auraient plus *aucun caractère religieux,* conformément aux principes ainsi posés par la constitution de 1791 :

« La loi ne considère le mariage que comme *un contrat civil.* Le pouvoir législatif établira pour tous les habitants, *sans distinction,* le mode par lequel les naissances, les mariages et les décès seront constatés, et il désignera les officiers publics qui recevront et conserveront ces actes. »

Le mandement lancé par l'évêque de la Rochelle contre l'édit qui se bornait, ainsi que le déclarait Louis XVI, *à donner dans son royaume un état civil à ceux qui ne professent point la vraie religion*, fut déféré au conseil du roi et condamné à être supprimé sur ces sévères conclusions du procureur du roi :

« *C'est en abusant des droits du sanctuaire*, c'est en profanant la mission apostolique, qu'un évêque, en discutant une loi *qu'il ne doit que respecter*, ose exciter dans son diocèse la résistance à un édit à jamais mémorable... La discipline de l'Église et l'instruction des fidèles imposent aux évêques le devoir de publier des mandements, mais ce devoir doit se circonscrire dans les limites de la police ecclésiastique. Quand le zèle des prélats, dans des cas très rares, s'étend jusqu'aux lois civiles, *ce né doit être, suivant l'esprit du christianisme, que pour en recommander l'exécution.* »

Les évêques de nos jours, quand ils parlent des lois civiles dans leurs mandements, n'oublient-ils pas aussi trop souvent qu'ils ne devraient le faire que pour recommander l'exécution de la loi?

Je ne parle pas bien entendu de l'évêque député qui, à la tribune, a déclaré que si la loi, retirant aux fabriques pour le donner aux communes, le monopole, et par conséquent *le bénéfice* des inhumations, était votée par les chambres, *il jurait de ne pas lui obéir*. M. Freppel peut impunément oublier à la tribune de la chambre ce que *l'esprit du christianisme* lui commande de faire, comme évêque; mais si, dans un mandement, il reproduisait l'emprunt oratoire qu'il a fait à Mirabeau, le gouvernement de la république, bien que plus patient que celui de Louis XVI, serait bien obligé de lui rappeler que le rôle d'un évêque n'est pas de prêcher *la désobéissance à la loi*.

Dans le projet d'édit qui avait été soumis à Louis XVI, il y avait une clause permettant aux pasteurs de jouir de tous leurs droits civils comme les autres protestants; lors de la publication de l'édit, cette clause avait disparu, comme entraînant, en fait, l'abolition de peines qu'on ne pouvait plus cependant appliquer, mais dont on ne pouvait pas se retirer la faculté d'user en des circonstances plus favorables.

Après 1787, comme avant, les pasteurs restèrent donc légalement passibles du gibet, à raison de l'exercice de leur ministère, et ceux qui allaient les entendre pouvaient toujours être condamnés aux galères.

Louis XVI, en sa qualité de roi très chrétien, n'avait pas pu aller jusqu'à mettre sur le même pied toutes les religions, la vérité et l'erreur. Il n'avait même pas, comme Henri IV, décidé que le culte *public* des protestants serait *toléré* à côté de celui de la religion maîtresse et dominante.

Il disait, en effet, dans le préambule de l'édit donnant un état civil aux protestants :

« Que s'il n'était pas en son pouvoir d'empêcher qu'il n'y eût différentes sectes dans ses États, il avait pris les mesures les plus efficaces pour prévenir *de funestes associations*, et pour que la religion catholique qu'il avait le bonheur de professer, jouît *seule* dans son royaume des droits et des honneurs du culte *public*. »

La révolution seule pouvait proclamer et appliquer les vrais principes, déclarer que toutes opinions philosophiques et religieuses étaient égales devant la loi, et décréter que toutes les religions jouissaient des droits et des honneurs du culte public.

CHAPITRE III

LIBERTÉ DE CONSCIENCE

Persécution du Saint-Sacrement. — Sacrilèges et blasphêmes. — Prosélytisme.
— Relaps. — Visite obligatoire du curé. — Mortarisme. — Le droit des
pères de famille. — Enfants de sept ans. — Suspects. — Régime de l'inquisition. — Opiniâtres. — Expulsions. — Transportations. — Couvents.
— Hôpitaux. — Prisons.

L'édit de Nantes autorisait les huguenots à vivre et demeurer
dans toutes les villes et lieux du royaume, sans être enquis,
vexés, molestés, ni astreints *à faire chose, pour le fait de religion, contraire à leur conscience,* ni, *pour raison* d'icelle, être
recherchés ès maisons et lieux où ils voudraient habiter.

Pour les huguenots, cette liberté de conscience fut, au début,
aussi complète qu'elle pouvait l"être dans un pays où l'Église et
l'Etat étant unis par les liens les plus étroits, la loi avait une
croyance religieuse.

Ainsi, par respect pour les prescriptions de l'Église catholique,
les huguenots devaient s'abstenir de vendre publiquement et
d'étaler de la viande pendant la durée du carême et pendant les
autres jours d'abstinence. S'ils se trouvaient en voyage pendant les
jours où l'Église catholique interdit l'usage de la viande, ils devaient *faire maigre,* bon gré, mal gré, car il était défendu aux ta-
verniers et hôteliers de fournir, ces jours-là, viande, volaille ou
gibier à ceux qui venaient manger ou loger chez eux.

Pour la même raison du respect dû à la religion d'État, les

huguenots ne pouvaient aller au cabaret pendant la durée des offices catholiques.

Une loi de 1814, qui n'a été abrogée qu'en 1877, reproduisit cette interdiction d'aller au cabaret pendant les offices catholiques. Tous ceux qui ont fait une campagne électorale, sous le règne des hommes du 16 mai, ont pu constater avec quelle hâte comique, les réunions d'électeurs tenues dans les auberges, cafés ou cabarets, étaient obligées de se disperser, dès que les cloches sonnaient la grand'messe ou les vêpres, pour se mettre en règle avec cette loi de 1814.

Pendant les jours fériés de l'Église catholique (si fréquents au xviie siècle, que Louis XIV dut en diminuer le nombre avec l'assentiment plus ou moins volontaire du clergé), les huguenots ne pouvaient ni vendre, ni étaler, ni tenir boutique ouverte, ni travailler, même dans les chambres ou maisons fermées, en aucun métier dont le bruit pût être entendu au dehors.

Cette interdiction de travailler pendant les jours fériés avait été reproduite par la Restauration et c'est la République qui a dû abroger la loi qui édictait cette interdiction. Il y a encore aujourd'hui bien des partisans du repos *obligatoire* du dimanche, qui, en faveur de l'interdiction hebdomadaire du travail, invoquent, non un motif religieux, mais l'intérêt de l'ouvrier luimême. Sans doute il serait désirable que tout travailleur pût se reposer vingt-quatre heures par semaine, que ce fût le dimanche comme le veulent les catholiques et les protestants, le samedi comme le veulent les juifs, le vendredi comme le font les musulmans, peu importerait.

Mais l'organisation des grands services publics, comme les chemins de fer, les postes, les télégraphes, ne permettent point l'arrêt complet de la vie nationale à un jour déterminé.

En outre, certains ouvriers, — soit que leur travail, comme celui des hauts-fourneaux par exemple, ne puisse subir d'interruption, soit qu'il leur faille travailler sans relâche, pour subvenir aux besoins de leurs familles avec des salaires *insuffisants*, —sont obligés de travailler sept jours sur sept; d'autres, après avoir travaillé six jours pour leurs patrons, travaillent le septième jour pour eux-mêmes; de quel droit les empêcher de le faire? Si le législateur imposait aux salariés un jour de repos *obligatoire*, il serait moralement tenu de leur allouer, en même temps, une indemnité équivalente à la rémunération de la journée de travail qu'il leur ferait perdre par cette prescription arbitraire.

Ce qui était vraiment obliger les huguenots à faire *chose contre leur conscience*, c'était de les astreindre à laisser tendre leurs maisons les jours de fêtes catholiques sur le chemin que devaient suivre les processions ; on tendait leurs maisons, malgré eux, ils étaient même contraints de payer les frais de cette décoration forcée, bien que l'édit de Nantes portât, qu'ils ne contribueraient aucune chose pour ce regard.

Mais ce qui devint pour les huguenots une véritable persécution ce fut la persistance que l'on mit à vouloir les contraindre à se mettre *en posture de respect* (chapeau bas ou à genoux) quand ils se trouvaient sur le passage d'un prêtre allant donner le viatique à un malade, ou d'une procession dans laquelle était porté le Saint-Sacrement.

De nos jours encore on a vu plus d'une fois se produire des scènes de violence regrettables, quand des prêtres trop zélés ou des fidèles échauffés ont voulu obliger les passants à se découvrir devant le Saint-Sacrement porté dans une procession. — C'est pour éviter ces scènes fâcheuses que, dans les villes où il y a exercice de plusieurs cultes, on interdit aux processions catholiques de sortir dans les rues, et que, dans certaines grandes villes, le viatique est porté aux malades sans cérémonie, *inostensiblement*. Sous Louis XIV et sous Louis XV, l'ardeur des passions religieuses renouvelait presque chaque jour de violentes querelles entre les catholiques et les protestants, ceux-ci refusant d'accorder une marque de respect à ce qu'ils appelaient *un Dieu de pâte*.

Le Synode de Charenton en 1645 avait sévèrement censuré les huguenots qui, à la rencontre du Saint-Sacrement, ôtaient le chapeau, et, pour éviter le reproche d'avoir salué un objet qu'ils tenaient pour *une idole*, disaient qu'ils rendaient cet honneur, *non à l'hostie, mais au prêtre qui la portait et à la compagnie qui le suivait*.

« Le Synode, dit Elie Benoit, faisant de cet acte de révérence, et de cette équivoque honteuse, une affaire capitale, représenta cette complaisance qu'on avait pour les catholiques avec des couleurs qui devaient *en donner l'horreur*. »

C'était donc une obligation de *conscience* pour les protestants, ou de fuir la rencontre du Saint-Sacrement, ou, s'ils ne pouvaient l'éviter, de se laisser condamner à l'amende édictée contre ceux qui refusaient de se mettre en *posture de respect*.

Les condamnations étaient fréquentes, car la populace se faisait un jeu d'empêcher les huguenots de s'enfuir à l'approche du Saint-Sacrement. A Fécamp, même, un protestant ayant été poursuivi jusqu'au fond de l'allée d'une maison où il était réfugié par le curé et par le vicaire qui portaient le Saint-Sacrement, se vit condamné pour avoir refusé de s'agenouiller devant l'*idole*. A Metz, raconte Olry, pour surprendre plus facilement les protestants, *on épargnait* le son de la petite clochette, agitée d'habitude par la personne précédant le prêtre qui portait le Saint-Sacrement. La terreur de subir cette fâcheuse rencontre était devenue telle que les domestiques huguenots, quand ils entendaient le son des clochettes attachées aux tombereaux destinés à enlever les immondices, rentraient à la hâte au logis au lieu de venir apporter les ordures à ces tombereaux.

Louvois qui connaissait l'invincible répugnance qu'éprouvaient les calvinistes et les luthériens à se mettre à genoux, lors du passage du Saint-Sacrement, avait su éviter aux soldats étrangers au service de Louis XIV, la fâcheuse alternative de désobéir à leurs chefs ou de faire *chose contre leur conscience*.

Par une lettre circulaire adressée aux commandants de troupes, il leur enjoignait de faire retirer les troupes suisses ou étrangères *dans lesquelles il y aurait des hérétiques*, des postes qui se trouvaient sur le passage des processions ; si dans ces troupes catholiques, ajoutait-il, « *il y avait quelques hérétiques officiers ou soldats mêlés*, Sa Majesté trouvera bon que vous dissimuliez que les officiers ou soldats hérétiques *se retirent auparavant que la procession passe*. Il reste à vous informer de l'intention du roi, à l'égard des postes devant lesquels le Saint-Sacrement passera lorsqu'on le portera aux malades. Sa Majesté trouvera bon qu'en ce cas, il n'y ait *que les catholiques qui sortent pour prendre les armes et se mettre à genoux*; que si, *tout* ce qui se trouvait dans un corps de garde se trouvait *hérétique*, l'intention de Sa

Majesté est que ledit corps de garde *ne prenne pas les armes...* »

De nos jours, les sentiments des protestants n'ont pas changé sur cette sorte de cas de conscience, et l'on a vu en 1881, le caporal Taquet, un protestant, commandé pour assister à une cérémonie religieuse, refuser de s'agenouiller au moment de la bénédiction du Saint-Sacrement. Taquet, pour avoir désobéi à l'ordre donné par son chef, fut condamné à quatre jours de salle de police. Il eût mieux valu ne pas commander un protestant pour escorter la procession de la Fête-Dieu, afin de ne pas mettre un sous-officier dans cette pénible alternative ou de désobéir à l'ordre que lui donnait son chef de s'agenouiller devant le Saint-Sacrement, ou d'exécuter cet ordre et de faire ainsi *chose contraire* à sa conscience. Depuis l'incident Taquet, on s'abstient, avec raison, de commander les troupes pour servir d'escorte dans les cérémonies religieuses.

Pour éviter même, que les soldats appelés à rendre les honneurs militaires aux morts ne se trouvent, dans l'enceinte des édifices religieux, obligés de faire *chose contraire à la conscience* de quelques-uns d'entre eux, le général Campenon a publié la circulaire suivante :

— Paris, 7 décembre 1883.

Mon cher général,

« J'ai été consulté sur l'interprétation à donner aux articles 329 et 330 du décret du 23 octobre 1883, relatif aux honneurs funèbres à rendre aux militaires et marins morts en activité de service. Ces articles stipulent que les troupes commandées pour rendre les honneurs sont conduites à la maison mortuaire et accompagnent le corps jusqu'au cimetière ; mais ils sont muets sur ce que ces troupes doivent faire durant le temps pendant lequel le corps stationne dans l'édifice où s'accomplissent, le cas échéant, les cérémonies du culte auquel appartenait le défunt.

J'ai l'honneur de vous faire connaître, après examen de cette question, qu'il ressort des explications qui m'ont été fournies à la suite de la publication du décret du 23 octobre 1883, que le conseil d'État, en supprimant l'article 326 de l'ancien décret du 13 octobre 1863, concernant les honneurs à rendre par les troupes pendant les services religieux, a admis que les troupes désignées pour rendre les honneurs funèbres aux militaires et marins décédés en activité de service resteraient en dehors des édifices du culte pendant la durée du service religieux.

Le service terminé, ces troupes accompagnent le corps *jusqu'au* cimetière, *à la porte* duquel elles rendent, avant d'être reconduites à leurs quartiers, les mêmes honneurs qu'à la maison mortuaire, honneurs spécifiés à l'article 329 précité du décret du 23 octobre 1883. »

Sous Louis XIV, les aumôniers des galères firent de l'obligation de se mettre en posture de respect devant l'hostie consacrée, un cruel moyen de persécution contre les huguenots condamnés aux galères pour cause de religion. Les galériens enchaînés à leurs bancs, assistaient, bon gré mal gré, à la messe que l'aumônier disait chaque matin et lorsque les huguenots refusaient de *lever le bonnet*, au moment de l'élévation, on les bâtonnait cruellement parfois jusqu'à la mort.

Voici la navrante description de ce supplice de la bastonnade faite par le galérien huguenot Marteilhe : « On fait dépouiller tout nu, de la ceinture en haut, le malheureux qui doit recevoir la bastonnade. On lui fait mettre le ventre sur le coursier (galerie étroite et élevée placée aumilieu de la galère), les jambes pendantes dans son banc et ses deux bras dans le banc à l'opposite. On lui fait tenir les jambes par deux forçats, et les deux bras par deux autres et le dos en haut et tout à découvert et sans chemise. Le comite (chef de la chiourme) est derrière lui qui frappe sur un robuste Turc *pour animer* celui-ci à frapper de toutes ses forces avec une grosse corde sur le dos du pauvre patient. Ce Turc est aussi tout nu et sans chemise, et comme il sait qu'il n'y aurait pas de ménagement pour lui s'il épargnait le moins du monde le pauvre misérable qu'on châtie avec tant de cruauté, il applique ses coups de toutes ses forces, de sorte que chaque coup qu'il donne fait une contusion qui est élevée *d'un pouce*. Rarement un de ceux qui sont condamnés à un pareil supplice en peut-il supporter dix à douze coups *sans perdre la parole et le mouvement;* cela n'empêche pas que l'on continue à frapper sur ce pauvre corps, sans qu'il crie ni remue.

Vingt ou trente coups n'est que pour les peccadilles, mais j'ai vu qu'on en donnait cinquante et même cent, mais ceux-là n'en reviennent guère. »

« Dès les premiers coups, dit Bion, aumônier des galères, la vue du corps du supplicié était telle que des galériens endurcis, des malfaiteurs, des meurtriers, en détournaient les yeux. Les coups semblent *terriblement pesants*, dit un des patients, le sang découle et le dos s'enfle de trois ou quatre doigts. »

Après avoir reçu deux bastonnades successives, le forçat huguenot David de Serres écrit :

« Je vous dirai, sur la douleur dont on ne peut parler que par expérience, que c'est quelque chose *de bien aigu et de bien pénétrant.* Elle vous pénètre jusqu'aux os, jusqu'au plus profond du cœur et de l'âme. Mon cœur défaillit à la fin de chaque bastonnade et *mon âme fut sur le bord de mes lèvres,* ce me semblait, pour abandonner sa misérable cabane qu'elle voyait détruire.... à me voir on eût dit à la lettre, *qu'une forte charrue m'eût labouré le dos, en traînant son soc sur ma peau toute nue.* »

« L'Hostalet, porté à l'hôpital après avoir été bâtonné ainsi, dit : « Je ne suis pas encore guéri de mes plaies car, entre la chair et les os, *il y a des amas de chair meurtrie comme des noisettes, tellement que cela se réduit en flocons fort mauvais.* » Après deux bastonnades Elie Maurin resta, suivant ses propres expressions, *dans une grande débilité de cerveau.*

Quant à Sabatier, resté longtemps à l'hôpital entre la vie et la mort à la suite d'une terrible bastonnade, voici ce que dit de lui Marteilhe qui l'avait retrouvé en Hollande :

« Il en revint, mais toujours si valétudinaire, *si faible de cerveau* qu'on l'a vu diverses années en ce pays, hors d'état de soutenir la moindre conversation et ayant *la parole si lasse qu'on ne pouvait l'entendre.* »

L'aumônier des galères, Bion, raconte comment la vue de ce terrible supplice, si courageusement supporté par les forçats huguenots, l'amena à se convertir au protestantisme.

« Je fus après cette exécution à la chambre de proue (1), sous

(1) (Il y a sous le pont, à fond de cale, un endroit qu'on appelle la chambre

prétexte de voir les malades. J'y trouvai le chirurgien occupé à visiter les plaies de ces martyrs. Il est vrai qu'à la vue du triste état où étaient leurs corps, je versai des larmes. Ils s'en aperçurent, et, quoique à peine ils pussent prononcer une parole, étant plus près de la mort que de la vie, ils me dirent qu'ils m'étaient obligés de la douceur que j'avais toujours eue pour eux. J'allais à dessein de les consoler, mais j'avais plus besoin de consolation qu'eux-mêmes... J'avais occasion de les visiter tous les jours, et tous les jours, à la vue de leur patience dans la dernière des misères, mon cœur me reprochait mon endurcissement et mon opiniâtreté à demeurer dans une religion où depuis longtemps j'apercevais beaucoup d'erreurs et surtout *une cruauté* qui a le caractère opposé à l'Église de Jésus-Christ. Enfin, *leurs plaies furent autant de bouches qui m'annonçaient la religion réformée, et leur sang fut pour moi une semence de régénération.* »

Cette cruelle persécution, exercée pour obliger les forçats huguenots *à lever le bonnet*, en signe de respect pour l'*idole*, tantôt abandonnée, tantôt reprise, ne cessa qu'en 1709, la constance des victimes ayant lassé l'obstination des persécuteurs. On a peine à s'expliquer cette persistante prétention des catholiques à vouloir obliger, sous peine de cruelles punitions, les huguenots à se mettre en *posture de respect*, devant l'hostie que ceux-ci ne considèrent que comme *un morceau de pâte*. Mais, lorsque la loi a une croyance religieuse, elle crée des délits et des crimes *surnaturels*, elle punit aussi bien *l'irrévérence* envers l'hostie que sa profanation qu'elle qualifie de *sacrilège*, elle punit même la raillerie contre un des dogmes de la religion d'État, raillerie qu'elle qualifie de *blasphème*.

Les huguenots à qui leur religion interdit de croire à l'immaculée conception, ne pensaient pas commettre un crime ou un

de proue, où on ne respire l'air que par un trou large de deux pieds... dans ce lieu affreux toutes sortes de vermines exercent un pouvoir despotique. Toutes les fois que j'y descendais *je marchais dans les ombres de la mort...* j'étais obligé de me coucher tout de mon long auprès des malades pour entendre en secret la déclaration de leurs péchés, et souvent, en confessant celui qui était à ma droite, je trouvais celui de ma gauche *qui expirait sur ma poitrine*).

Bion.

7

délit, lorsqu'ils disaient qu'il fallait être visionnaire pour croire à une naissance sans douleurs, sans infirmités naturelles. Cependant pour avoir ainsi parlé, ils étaient poursuivis comme ayant proféré des *blasphèmes* contre la pureté de la Vierge, et, pour ce délit *surnaturel*, étaient passibles des peines terribles édictées contre les blasphémateurs : langue coupée, percée d'un fer rouge ou arrachée. De même que le blasphème, le *sacrilège*, crime *surnaturel*, est puni de peines basées sur l'opinion, non de ceux qui commettent ce crime, mais de ceux qui le punissent. — C'est pourquoi la loi, quand elle a une croyance religieuse, frappe des mêmes peines le *sacrilège* conscient ou inconscient; peu importent aux juges et la croyance de celui qui a profané une hostie, et les circonstances qui ont accompagné cette profanation qui est regardée comme constituant une voie de fait contre Jésus-Christ lui-même. C'est le dogme catholique de *la présence réelle*, passé dans la loi, qui fait le crime et le qualifie.

Un prêtre de Paris, dit une relation attribuée à Jurieu, avait mis de côté pendant trois ans toutes les hosties consacrées en disant la messe ; puis, un beau jour, avec sa collection d'hosties il était passé en Hollande. — Là, il fit une conférence contre la présence réelle devant une nombreuse assistance, et, à l'appui de son discours contre *l'idole de pâte*, « il prit une des hosties qu'il avait apportées, la brisa, et, en laissant tomber les fragments par terre, dit à ses auditeurs qu'ils prissent garde, s'il sortait du sang, des os brisés de cette *idole*. »

Ce sacrilège n'aurait pas été autrement puni que celui des malheureux huguenots qui, traînés à l'église et ayant recraché l'hostie qu'on leur avait mise de force dans la bouche, furent impitoyablement envoyés au bûcher.

Lièvre, dans son histoire du Poitou, cite entre autres, l'exemple suivant de cette inique cruauté :

« Guizot, un vieillard de soixante-dix ans, qui avait abjuré par contrainte, tombe malade; le curé accourt, Guizot rétracte son abjuration et refuse de recevoir la communion, le curé lui met *de force* l'hostie dans la bouche et Guizot la crache ; malheureusement pour lui la maladie ne fut pas mortelle. Poursuivi comme sacrilège, Guizot fut condamné au feu et mourut avec le courage d'un martyr. »

La folie religieuse n'est même pas une circonstance atténuante, en pareil cas, et d'Argenson n'eût pas hésité à faire brûler la femme Dubuisson, s'il n'eût été retenu par des considérations politiques.

« Cette femme, dit le lieutenant de police, après s'être mis dans l'esprit *qu'elle était sainte,* communiait tous les jours depuis plus de six mois, *sans aucune préparation* et même après avoir mangé ; le procédé pourrait mériter *les derniers supplices,* suivant la disposition des lois. Mais on ne pourrait rendre *publique* la punition de ces crimes, sans faire injure à la religion, et donner lieu *aux mauvais discours* des libertins et des protestants mal convertis. »

En conséquence d'Argenson conclut à ce que cette femme soit envoyée au gouffre de *l'hôpital général* où elle trouvera la punition *non publique* de *ses sacrilèges.*

La profanation des vases sacrés et des saintes huiles constituait aussi un sacrilège que la loi punissait au xviiᵉ siècle de la peine du bûcher. Nous trouvons, dans les mémoires du forçat protestant Martheilhe, l'histoire d'un *crime* de ce genre commis par un esclave turc des galères, et commis *inconsciemment.* Ce Turc nommé *Galafas,* avait acheté, de voleurs qui l'avaient dérobée dans l'église de Dunkerque, une boîte d'argent contenant les saintes huiles destinées à l'administration des sacrements. Galafas, sachant que c'était chose volée, aplatit la boîte à coups de marteau pour en dissimuler la forme, et, pour ne rien perdre, *graissa ses souliers* avec le coton *imbibé d'huile qu'elle contenait.* « *Si j'avais eu de la salade,* dit-il aux prêtres qui l'interrogeaient, *je l'aurais garnie de cette huile, car je l'ai goûtée et elle était très bonne.* » Galafas traduit en justice fut condamné *à être brûlé vif.* Mais les Turcs des galères de Dunkerque, ayant trouvé moyen de faire tenir une lettre à Constantinople au grand Seigneur, celui-ci aussitôt fit appeler l'ambassadeur de France et lui déclara que, si on faisait mourir Galafas, pour un fait de cette nature *que les Turcs ignorent être un crime,* lui, grand Seigneur, ferait mourir du même supplice cinq cents chrétiens esclaves français. Cet argument *péremptoire* du grand Seigneur sauva Galafas qui fut racheté des galères et retourna à Constantinople.

Malgré cette leçon de jurisprudence qu'il avait reçue, Louis XIV n'en continua pas moins à punir *de même* tous les sacrilèges, qu'ils fussent conscients ou inconscients.

La Restauration elle-même, qui avait ressuscité le crime du *sacrilège*, n'admettait pas davantage cette distinction équitable à faire pour les auteurs de ces crimes *surnaturels*, entre celui qui avait fait un outrage *calculé* à la religion, et celui qui avait commis un sacrilège, ignorant que c'était un crime aux yeux du législateur.

L'édit de Nantes stipulait que tous ceux qui avaient antérieurement abjuré, pour passer soit du catholicisme au protestantisme, soit du protestantisme à la foi catholique, auraient toute liberté de revenir à leur foi première, sans pouvoir être recherchés ni molestés à raison de leur nouveau changement de religion. La même faculté était donnée aux prêtres et personnes religieuses, et l'on reconnaissait la validité des mariages contractés par eux devant un ministre protestant, c'était là une disposition qui pouvait paraître d'un libéralisme excessif, sous le régime d'une religion d'Etat, puisqu'en l'an de grâce 1883, alors que les lois ne reconnaissent plus de vœux perpétuels, on a vu un procureur de la République soutenir cette thèse que la qualité de prêtre, même défroqué, est une cause de nullité de mariage.

Ces diverses dispositions de l'édit de Nantes avaient été considérées comme s'appliquant aussi bien à l'avenir qu'au passé. Le cardinal de Richelieu avait même déterminé les formes dans lesquelles devait se faire l'abjuration des catholiques et un édit de 1663 constate que, depuis l'édit de Nantes, beaucoup de catholiques s'étaient faits protestants et que des prêtres et des personnes religieuses avaient abjuré et s'étaient mariées devant un ministre.

Louis XIV n'osa en venir tout d'abord à rapporter ces dispositions formelles de l'édit, bien que le clergé catholique protestât sans cesse contre l'égalité du droit d'abjuration pour les catholiques et pour les protestants. Mais il apporta successivement toutes les entraves imaginables au droit de prosélytisme des protestants, en même temps qu'il employait les moyens les moins honnêtes pour amener l'abjuration des religionnaires.

Alors que la caisse des conversions administrée par Pélisson, protestant converti, tenait boutique ouverte pour l'achat des abjurations, il était interdit aux ministres et consistoires de corrompre *les pauvres* catholiques en les faisant participer à leurs aumônes; on défendait aux ministres et anciens d'aller dans les maisons, soit de jour, soit de nuit, si ce n'est pour visiter les malades huguenots et faire fonctions de leur ministère. Quant aux malades pauvres, de la religion réformée, ils ne pouvaient être recueillis et soignés par leurs co-religionnaires, ils devaient être envoyés dans les hôpitaux *catholiques*.

Alors qu'on provoquait l'abjuration des huguenots par l'appât des grades, des places et des pensions, on défendait aux huguenots d'employer pour amener la conversion d'un catholique, même l'appât du mariage avec une huguenote. Puis on en vint à interdire les mariages mixtes ou *bigarrés*, à déclarer nul tout mariage entre catholique et huguenot célébré contrairement à cette défense.

Nous avons rappelé de combien de fonctions et de professions les huguenots furent exclus par suite de cette préoccupation de mettre les protestants dans l'impossibilité d'user du *crédit* que pouvait leur donner telle situation officielle ou telle profession, pour empêcher les conversions de leurs co-religionnaires. Par suite de la même préoccupation il fut interdit aux pasteurs d'exercer leur ministère dans le même lieu pendant plus de trois ans, une trop longue résidence *leur donnant une puissance absolue sur l'esprit de leurs co-religionnaires*.

Pour empêcher les maîtres d'user de leur *crédit* près de leurs domestiques et de faire du prosélytisme auprès d'eux, on eut recours aux injonctions les plus contradictoires. Un domestique catholique ne put abjurer que six mois après avoir quitté le service d'un maître huguenot, et il devait s'écouler un nouveau délai de six mois avant que ce domestique pût entrer au service d'un autre huguenot. Puis on interdit aux catholiques d'entrer au service des huguenots « attendu, disait l'édit, que plusieurs de la religion prétendue réformée, après avoir *perverti* leurs domestiques catholiques, les obligent de passer dans les pays étrangers pour quitter leur religion. » Quelques mois plus tard, nouvel édit ordonnant au contraire, aux huguenots et aux nouveaux convertis, de congédier leurs domestiques prostestants pour en prendre des catholiques, « attendu que ce qui était très utile alors » (six mois plus tôt) pour empêcher la perversion de nos sujets catholiques, dit la déclaration royale, pourrait retarder à présent la conversion de ceux de la religion prétendue réformée engagés au service du petit nombre de prétendus réformés qui sont malheureusement restés jusqu'ici dans leur erreur. Pareillement serait dangereux de laisser aux nouveaux convertis la liberté de se servir de domestiques de ladite religion. » Les peines édictées pour contraventions à cette injonction étaient, pour le maître, mille livres d'amende; pour une domestique *le fouet et la marque*, pour le serviteur mâle *les galères*.

Dans sa haine pour le protestantisme, ie roi alla jusqu'à défendre aux huguenots d'instruire les mahométans et les idolâtres dans leur fausse doctrine. « Afin d'empêcher qu'on n'abuse de leur ignorance pour les engager dans une religion *contraire à leur salut*, voulons, dit le roi, que tous mahométans et idolâtres qui voudront se faire chrétiens ne puissent être instruits, ni faire profession d'autre religion que de la catholique. »

Enfin, Louis XIV établit des catégories de catholiques *de droit* :

1° Les enfants *exposés* : « parce que ayant été malheureusement abandonnés de leurs pères, et par ce moyen devenant sous notre puissance *comme père commun de nos suiets*, nous ne pouvons les faire élever que dans la religion que nous professons ».

2° *Les bâtards*, même nés d'une mère protestante.

« Attendu qu'il n'y a personne qui puisse exercer sur ces enfants une puissance *légitime*. »

3° Les enfants, nés de père et de mère appartenant à la religion protestante, lorsque leur père avait abjuré avant qu'ils eussent atteint l'âge de quatorze ans.

4° Les enfants dont les pères étaient morts protestants mais dont les mères étaient catholiques « pour donner aux dites veuves, dans la perte de leurs maris, cette consolation de pouvoir procurer à leurs enfants, l'avantage d'être élevés dans la véritable religion. »

Quant aux orphelins huguenots, dont le père et la mère étaient morts protestants, ne trouvant pas de prétexte pour les déclarer catholiques *de droit*, on s'était borné à leur imposer des tuteurs et curateurs catholiques, « certains tuteurs et curateurs réformés ayant abusé de la puissance que cette qualité leur donnait sur leurs pupilles, *pour les détourner des bons desseins qu'ils témoignaient de se convertir à la religion catholique.* »

Cette persistante préoccupation de vouloir assurer le salut de ceux de ses sujets qu'il estimait être dans l'erreur, amena Louis XIV à porter la plus grave atteinte à la liberté de conscience des huguenots, ainsi garantie par le quatrième article particulier de l'édit de Nantes : « Ne seront tenus ceux de ladite religion de recevoir *exhortations,* lorsqu'ils seront malades, d'autres que *de la même religion.* » Sous prétexte de violences exercées, en plusieurs occasions, par ceux de la religion prétendue réformée pour empêcher la conversion de leurs malades qui voulaient rentrer avant leur mort dans le sein de l'Église, le roi, par une déclaration du 2 avril 1666, autorisa les curés, assistés des juges, échevins ou consuls *à se présenter aux malades pour recevoir leur déclaration.*

Il arrivait souvent que les curés, emportés par leur zèle convertisseur, se rendaient auprès des malades huguenots, sans avoir même réclamé l'assistance des magistrats.

C'est ce qui advint à Rouen ; un curé ayant pénétré près d'un malade, sans être accompagné d'un magistrat, et suivi *du menu peuple du quartier*, ce malade avait refusé de le recevoir.

Ce qui ayant fait mutiner cette populace, deux magistrats assistés de deux sergents y étaient allés, et étaient montés à la chambre du malade qui leur avait déclaré n'avoir eu aucune pensée de faire appeler le curé ni de changer de religion ; sur quoi les magistrats, qui avaient d'abord fait sortir les parents jusqu'à la femme du malade, les avaient fait rentrer et ayant trouvé un ministre au bas de l'escalier, lui avaient dit qu'il pouvait monter puisque le malade le demandait.

A Paris même, sous les yeux d'une police ombrageuse, le clergé négligeait parfois de requérir l'assistance d'un magistrat pour aller tourmenter les malades protestants. Un passementier étant à l'agonie, deux religieuses et le vicaire de Saint-Hippolyte veulent pénétrer auprès du malade, malgré l'opposition de la femme de celui-ci. Ils insultent cette femme, et la canaille qui les avait accompagnés se met en mesure de piller la maison, si bien qu'il faut recourir à l'intervention de la police pour que le malheureux puisse mourir en paix.

Le ministre Claude fut lui-même obligé de se retirer d'auprès d'une malade que persécutaient des prêtres appuyés par la populace. Le commissaire appelé après avoir demandé quatre fois à la malade quelle était sa volonté, fit enfin retirer ces prêtres, et Claude revint consoler la mourante qui expira une demi-heure plus tard.

A Caen, un curé et un vicaire s'étant établis *d'autorité*, malgré le mari, auprès de la femme Brisset, tombée en une sorte de léthargie et ne pouvant ni leur répondre, ni même les entendre, firent chasser d'auprès d'elle par le lieutenant particulier, son mari et ses filles, puis déclarèrent la malade convertie et la firent enterrer comme catholique. Elie Benoit raconte l'histoire d'une pauvre femme que l'on avait interrogée pendant qu'elle avait le délire de la fièvre, et déclarée catholique. Elle revient à elle et voit au pied de son lit un crucifix : elle comprend qu'on a abusé de son état pour prétexter qu'elle a changé de religion. Elle veut se sauver par la fenêtre, la porte étant fermée à clé, elle tombe d'un troisième étage et se tue.

En Poitou, dit Jurieu, un marguillier et un curé ayant chassé les enfants d'un vieillard mourant, après les avoir menacés de pendaison s'ils revenaient, tentèrent en vain pendant plusieurs jours de convertir le malade. Le pauvre homme, abandonné par eux et privé de ses enfants qui s'étaient réfugiés dans le bois, mourut de froid, de misère et de faim et l'on trouva *qu'il s'était mangé les mains.*

Sur les plaintes faites par les protestants contre les curés qui commettaient cette double infraction à la loi, de se présenter aux malades sans être accompagnés d'un magistrat, et, au lieu de se borner à recevoir la déclaration de ceux-ci, de leur faire *desexhortations*, ce qui était contraire à l'édit de Nantes, la loi fut ainsi modifiée :

« Voulons et nous plaît que nos baillis, sénéchaux et autres premiers juges des lieux, ensemble les baillis, sénéchaux, prévôts, châtelains et autres chefs de justice seigneuriale de notre royaume qui auront avis qu'aucuns de nos sujets de ladite r. p. r. demeurant aux dits lieux, seront malades ou en danger de mourir, soient tenus de se transporter vers lesdits malades, assistés de nos procureurs ou des procureurs fiscaux et de deux témoins, pour recevoir leur déclaration, et savoir d'eux s'ils veulent mourir dans ladite religion; et, en cas que lesdits de la r. p. r. désirent se faire instruire en la religion catholique, voulons que lesdits juges fassent venir sans délai et au désir des malades, les ecclésiastiques, ou autres qu'ils auront demandés, sans que leurs parents y puissent donner aucun empêchement. » Cette prescription mettait fin aux scènes de scandale et de violence provoquées par les curés venant auprès des malades sans avoir été appelés, mais il mettait le moribond à la discrétion d'un magistrat, souvent peu scrupuleux et tout disposé à favoriser le prosélytisme *in extremis* du curé.

Le moribond dont la famille entourait le lit de douleur, tout à coup, sans avoir été prévenu, voyait entrer le magistrat dont la présence lui annonçait que sa dernière heure était proche. On faisait retirer tous les siens, et ce malheureux, qui n'avait plus de force que pour mourir, se trouvait seul en face du magistrat, souvent aussi ardent convertisseur que le prêtre, il lui fallait subir un long et délicat interrogatoire. En dépit de la fièvre qui le minait et le privait de l'usage de ses facultés, il devait calculer chaque mot des réponses à faire aux questions captieuses qui lui étaient posées. Qu'une de ses réponses pût être interprétée dans un sens favorable [aux désirs de son interrogateur, c'en était assez, on s'écriait : le malade veut se convertir ! il appartenait dès lors au clergé, les siens étaient éloignés de sa couche d'agonie, et, alors même qu'il mourait, sans avoir repris connaissance, il était enterré comme catholique, et ses enfants étaient enlevés à leur mère huguenote, pour être élevés dans la religion dans laquelle leur père était censé être mort.

Cette barbare pratique de la visite des malades devint l'instrument de la plus odieuse et cruelle persécution, lorsque le clergé eut obtenu ce qu'il réclamait instamment, l'interdiction d'abjurer la foi catholique aussi bien pour les anciens catholiques que pour les nouveaux convertis.

En 1670, l'orateur de l'assemblée générale du clergé, en même temps qu'il déclarait que les évêques ne pouvaient, *sans être criminels*, refuser de se rendre aux désirs d'enfants *de moins de douze ans*, voulant se convertir à la religion catholique, malgré leurs parents, disait, sans se rendre compte de son inconséquence :

« Tout est perdu à jamais par la *funeste* liberté qui donne lieu aux catholiques de votre royaume *de faire banqueroute à leur religion.* »

Louis XIV, pour donner satisfaction aux vives remontrances du clergé, décide : que les dispositions de l'édit de Nantes relatives aux immunités accordées à ceux qui, après avoir abjuré, seraient retournés à leur religion première, ne s'appliquent *qu'au passé.*

Que tout réformé qui aura une fois fait abjuration pour professer la religion catholique, *ne pourra jamais plus y renoncer et retourner à la religion réformée.*

« Voulons et nous plaît, décrète-t-il, que nos sujets, de quelque qualité, condition, âge et sexe qu'ils soient, faisant profession de la religion catholique, *ne puissent jamais la quitter pour passer en la religion prétendue réformée.* »

Nul catholique ne pouvant plus se faire protestant, et nul protestant, *ayant abjuré* ne pouvant revenir à sa foi première, les huguenots *de naissance* avaient seuls désormais le droit de se dire protestants.

C'était trop encore. Après la suppression de l'exercice *public* du culte protestant, un incroyable édit vint déclarer catholiques tous les huguenots restés en France à la suite de cette suppression, *leur séjour dans le royaume étant une preuve plus que suffisante qu'ils avaient embrassé la religion catholique.*

Pour se rendre compte de l'odieuse et imprudente iniquité d'un tel édit, il faut se rappeler que les huguenots ne pouvaient quitter le royaume sans être passibles des galères et de la confiscation des biens, et que l'article XI de l'édit révocatoire, portant suppression de leur culte *public*, les autorissait « à rester dans les villes et lieux du royaume, à y continuer leur commerce et jouir de leurs biens, *sans pouvoir être troublés ni empêchés sous prétexte de leur religion.* »

Quoi qu'il en soit, à la suite de cet inqualifiable édit, nul n'ayant plus le droit de dire qu'il voulait mourir protestant, la visite *obligatoire* du curé aux malades provoqua chaque jour des drames émouvants au chevet des mourants.

Le clergé usa de son droit avec la dernière rigueur, et mit autant d'ardeur à vouloir imposer l'administration des sacrements aux huguenots qui n'en voulaient pas qu'il en apporta plus tard à la refuser aux jansénistes qui la demandaient sans pouvoir l'obtenir. Rulhières, à ce propos, conte cette plaisante anecdote :

« Il se trouva dans le même hôtel deux malades dont l'un, janséniste, demandait au curé les sacrements, ne pouvait les obtenir et menaçait de s'adresser aux magistrats ; et l'autre, calviniste, refusait la communion et repoussait le curé qui le menaçait des galères s'il en relevait, ou de le faire traîner sur la claie, s'il mourait. Le maître d'hôtel, alarmé de ces scènes fâcheuses, qui pouvaient avoir des suites plus fâcheuses encore, imagina de changer *secrètement* les deux malades de lit, *et tout le trouble fut apaisé.* »

Aujourd'hui, comme au xviiiᵉ siècle, nous voyons l'Église mettre autant d'ardeur à refuser les sacrements aux gens qui les réclament, qu'à les administrer, *in articulo mortis*, à des hommes qui, comme Littré, par exemple, ont, pendant tout le cours d'une longue existence, fait profession de *libre-pensée*.

Le docteur Robin, collaborateur et ami de Littré, ne put s'empêcher d'écrire à l'occasion de l'enterrement religieux de Littré, libre-penseur comme il l'était lui-même : « Littré a toute sa vie demandé des obsèques *civiles*, nous accompagnerons son corps jusqu'à l'Église seulement. » — Le docteur Robin, pour éviter une mésaventure semblable, avait inséré dans son testament cette prescription formelle : « J'exige absolument de mes héritiers que mon enterrement soit un enterrement *civil*, quel que soit le lieu où je meure. »

Cependant sa famille l'a fait enterrer *religieusement*, bien qu'elle ne pût alléguer sa conversion quasi-posthume, puisque il était mort à la suite d'une attaque d'apoplexie, sans avoir un seul instant recouvré l'usage de la parole, mais, elle n'avait pas, dit-elle, pris connaissance de ses papiers. Tout au contraire, l'israélite Léon Gozlan, près duquel un rabbin faisait la veillée des morts, fut enterré catholiquement parce que sa famille trouva dans ses papiers la preuve qu'il avait été baptisé dans son enfance.

Quelques semaines avant la mort du docteur Robin, on avait vu un Lepère *libre-penseur*, frappé d'un mal subit qui, dès le début de sa courte maladie, lui avait enlevé toute connaissance, recevoir, sans s'en douter, l'assistance d'un prêtre et être enterré comme catholique.

Aussitôt le *Figaro*, moniteur du monde religieux et du monde galant, s'est empressé de dire : « M. Lepère que l'on a enterré hier avec tous les sacrements de la religion chrétienne, est, en somme, *revenu aux anciennes croyances de sa prime jeunesse*. »

M. Rathier, ami de M. Lepère et comme lui député de l'Yonne, a cru devoir rétablir la vérité des faits, en rappelant que, pendant les dernières années de sa vie, M. Lepère avait été fidèle à ses convictions, *qui associaient la libre-pensée à sa foi républicaine*, que, s'il avait été enterré comme catholique, c'était parce qu'un prêtre lui avait été *imposé*, alors qu'il n'avait plus connaissance de ce qui se passait autour de lui.

Le plus souvent les familles des libres-penseurs, soit par conviction religieuse, soit par respect humain, se font ainsi les complices de l'Église venant exercer son prosélytisme de la dernière heure près d'un moribond inconscient de sa conversion *quasi-posthume*. Si au contraire, comme c'est son devoir de le faire, la famille veille à ce que le moribond soit mis à l'abri de ces tentatives de *pseudo-conversions*, les cléricaux protestent contre l'atteinte ainsi portée à la liberté de prosélytisme de l'Église.

C'est ainsi que, à l'occasion de la mort de Victor Hugo, M. Fresneau ne craignait pas de dire à la tribune du Sénat :

« Il s'est établi un usage, contre lequel je proteste de toute l'énergie de ma conscience et de ma raison ; je veux parler du droit que l'incrédulité s'est arrogé, de se donner des gardes du corps pour surveiller les derniers moments des malades, petits ou grands, humbles ou illustres. Grâce à cette coutume *qui représente assez exactement les violences reprochées à nos pères, et comme l'introduction des dragonnades dans la vie privée*, nous ne pouvons savoir ce qui s'est passé à la dernière heure de celui (VICTOR HUGO) que vous prétendez honorer à votre manière. »

De cette insinuation que Victor Hugo eût pu se convertir, s'il n'eût pas été entouré de sa famille, à l'affirmation qu'à sa dernière heure il a voulu se convertir, il n'y a qu'un pas, et ce pas ayant été fait par *Le Monde*, organe officiel de la royauté de droit divin, le pieux journal s'est attiré ce rude démenti de M. Lockroy :

« Les drôles qui dirigent un journal religieux intitulé *Le Monde*, ont osé imprimer que Victor Hugo à son lit de mort a demandé un prêtre. Je n'ai pas besoin de dire qu'ils en ont menti. Voici du reste la lettre que je reçois à ce sujet du docteur Germain Sée : Si vous avez lu *Le Monde* d'hier, vous y trouverez une monstruosité, sur le désir qu'aurait manifesté *le Maître*, de se confier à un prêtre, et une prétendue déclaration de mon ami Vulpian ; je vous autorise, au nom de Vulpian, à donner le plus formel démenti aux paroles qu'on lui avait prêtées à titre de *révélation*. »

Il est évident que si, malgré les précautions prises par la famille pour mettre le mourant à l'abri de toute tentative *suspecte*, on a pu tenter d'accréditer *la légende* du désir de conversion de Victor Hugo, cette conversion eût passé pour un fait accompli, si, comme au bon vieux temps, un magistrat complaisant assisté d'un prêtre catholique, eût pu, lorsque *le Maître* agonisait, écarter sa famille et interpréter habilement, soit ses réponses les plus insignifiantes à des questions captieuses, soit son silence même. Alors Victor Hugo eût été, bon gré mal gré, tenu pour bien et dûment converti, et l'Église aurait enterré comme catholique, celui qui avait solennellement déclaré qu'il déclinait les prières des prêtres.

N'en déplaise à M. Fresneau, ce sont les odieuses pratiques de l'ancien régime à l'égard des mourants qui peuvent, à bon droit, être qualifiées *d'introduction des dragonnades dans la vie privée*, et c'est manifester le désir du retour à de telles pratiques, que de s'indigner de ce que les familles se fassent *les gardes du corps* de leurs malades, pour leur permettre de mourir en paix.

Sous la monarchie de droit divin, les Parlements, s'ils n'avaient point songé à interdire à l'Église d'administrer les sacrements à ceux qui ne les réclamaient pas, ou même les refusaient, avaient commis l'erreur de vouloir enjoindre aux curés, *par arrêts*, d'administrer les sacrements aux jansénistes qui les réclamaient. Les pamphlétaires du temps raillaient ainsi cette erreur juridique : « les Parlements veulent décider du corps de Jésus-Christ comme d'une question de boues et de lanternes. »

En 1883, M. Bernard Lavergne, alors qu'il demandait au garde des sceaux de sévir contre un curé, refusant d'administrer un mourant parce que celui-ci ne voulait pas promettre de retirer ses enfants des écoles de l'État pour les envoyer aux écoles congréganistes, ne tombait pas dans la même erreur que les anciens Parlements. Il ne demandait pas qu'on obligeât le curé à administrer ce mourant, mais que l'on infligeât une peine disciplinaire à ce prêtre, *fonctionnaire salarié par l'État*, qui abusait de sa situation pour faire tort aux écoles de l'État. De même, lorsque dans l'élection sénatoriale du Finistère, les prêtres ont cherché à influencer le vote des électeurs en menaçant ceux qui voteraient pour les candidats républicains, de leur refuser l'absolution et la communion, ils se sont exposés à être poursuivis, pour violation des prescriptions de la loi électorale. Mais, presque toujours, le gouvernement s'abstient de punir disciplinairement ou de faire poursuivre les prêtres, qui ont abusé de leur situation d'agents d'un service public, se faisant une arme politique du refus des sacrements. Il sait que, si l'Église doit être seule maîtresse de déterminer les conditions qu'elle veut mettre à l'administration des sacrements, elle use à ses risques et périls de son droit, et que, lorsque ses refus de sacrements ont manifestement un motif politique, ces refus imprudents ne tardent point à augmenter le nombre des déserteurs du catholicisme. N'a-t-on pas vu tout récemment, en 1885, un des catholiques électeurs du catholique département du Finistère, répondre à son curé qui le menaçait de lui refuser ses Pâques s'il votait mal : *Eh bien ! je m'en passerai !*

Pour en revenir à la visite *obligatoire* du curé, pour tous les malades, on ne peut mieux faire ressortir la cruelle iniquité de cette prescription légale qu'en rappelant l'énormité des peines édictées contre le malade huguenot, qui refusait de se laisser administrer les derniers sacrements :

« Voulons et nous plaît, dit une déclaration du roi de 1713, que tous nos sujets, nés de parents qui ont été de la r. p. r. avant ou depuis la révocation de l'édit de Nantes, qui, dans leurs maladies auront refusé aux curés, vicaires ou autres prêtres de recevoir les sacrements de l'Église, et auront déclaré qu'ils veulent persister et mourir dans la r. p. r., *soit quils aient fait abjuration ou non*, ou que les actes n'en puissent être rapportés, soient réputés *relaps* et sujets aux peines portées par notre déclaration du 29 avril 1686. »

Or voici les peines édictées par cette déclaration contre les malades *relaps* : « Au cas que lesdits malades viennent à recouvrer la santé, voulons que le procès leur soit fait et parfait par les juges, et qu'ils les condamnent, à l'égard des hommes, *aux galères perpétuelles avec confiscation des biens*, et à l'égard des femmes et filles, à faire amende honorable et à être *enfermées avec confiscation de leurs biens*; quant aux malades ayant fait les mêmes refus et déclarations qui seront morts dans cette malheureuse disposition, nous ordonnons que le procès sera fait aux cadavres ou à leur mémoire.., et qu'ils seront *traînés sur la claie, jetés à la voirie, et leurs biens confisqués*. »

Rien n'avait été négligé pour que les malades ne pussent se soustraire à la terrible visite du curé qui devait si souvent avoir pour eux les plus funestes conséquences. Non seulement les baillis, sénéchaux et prévôts devaient prévenir le curé du lieu dès qu'ils apprenaient qu'un huguenot était malade, mais encore la même obligation incombait au médecin appelé pour soigner le malade.

Les prescriptions suivantes dont l'infraction rendait le médecin passible de trois cents livres d'amende pour la première fois, d'une suspension de trois mois pour la seconde et de la déchéance pour la troisième, assuraient l'exécution des obligations imposées aux médecins par la loi :

« Voulons et nous plaît que tous les médecins de notre royaume soient tenus dès le second jour qu'ils visiteront les malades attaqués de fièvre ou autre maladie, qui, par sa nature peut avoir trait à la mort, de les avertir de se confesser, ou de leur en faire donner avis par leur famille ; et, en cas que les malades ou leur famille, ne paraissent pas disposés à suivre cet avis, les médecins seront tenus *d'en avertir le curé* ou le vicaire de la paroisse dans laquelle les malades demeurent... *Défendons aux médecins de les visiter un troisième jour*, s'il ne leur paraît pas un certificat signé du confesseur desdits malades, qu'ils ont été confessés, ou du moins qu'il a été appelé pour les voir et qu'il les a vus, en effet, pour les préparer à recevoir les sacrements. » Ainsi, le médecin, s'il n'avait pas la preuve que son malade avait pris soin d'assurer le salut de son âme en réclamant les sacrements, devait dès le troisième jour l'abandonner, *le laisser périr sans secours*, sous peine d'encourir lui-même, soit une grosse amende, soit même, à la seconde récidive, sous peine de se voir interdire l'exercice de la médecine !

Les familles, pour se mettre à l'abri de la visite du curé qui constituait pour le malade une cruelle épreuve, et, pour elles-mêmes, le danger de la confiscation des biens, se résignaient souvent à ne pas avoir recours au médecin, précurseur inévitable du curé. Puis quand le malade, à l'agonie, était sans connaissance, elles faisaient appeler le curé qui ne pouvait plus constater un refus de sacrement.

Le gouvernement, pour l'exemple, voulut faire le procès à la mémoire de quelques huguenots comme *suspects* d'avoir voulu mourir sans sacrements, parce qu'ils n'avaient pas appelé de médecins. Mais il dut s'arrêter dans cette voie où ne l'auraient pas suivi les magistrats les plus complaisants. Pour trancher la difficulté, Geudre, intendant de Montauban, proposait à la Vrillère de faire rendre un édit, en vertu duquel serait *censé* mort dans la religion réformée, et par conséquent passible de la confiscation des biens, tout nouveau converti qui, dans sa dernière maladie, n'aurait pas fait un déclaration expresse de sa foi catholique, devant les notaires ou les juges des lieux.

Le procureur du roi à Nantes, voulait même faire le procès à la mémoire d'un nouveau converti, lequel *après avoir fort bien soupé* était mort,... sans doute d'indigestion.

« Il n'a pas, disait ce procureur du roi, déclaré vouloir mourir dans la religion réformée, *mais l'on n'a pas de marques qu'il soit mort dans les véritables sentiments catholiques...* Si l'on peut découvrir des marques plus convaincantes, on fera le procès à sa mémoire et, *même sur les preuves que je vous marque, si vous le jugez à propos.* »

Un homme qui meurt subitement, après avoir fort bien soupé, considéré comme *relaps* parce qu'il n'a pas, en mourant, donné des marques suffisantes de ses sentiments catholiques, cela ne passe-t-il pas les dernières limites de l'odieux et de l'absurde?

Les malades qui n'avaient pu se soustraire à la visite du curé, recouraient à tous les subterfuges et à toutes les équivoques pour éviter, à eux-mêmes, un traitement infâmant, et à leurs héritiers la confiscation des biens.

Il y en a, dit l'intendant Geudre, qui font les muets, plusieurs qui affectent les fièvres chaudes. « Quand les prêtres visitent les réformés, écrit un curé, ils font les derniers efforts pour les recevoir hors de lit pour faire voir qu'ils ne sont pas si malades, jusque là qu'il y en a plusieurs qui meurent debout. »

L'un, dissimulant ses souffrances, dit au curé qui le presse de se confesser, *il n'est pas encore temps*, il était mort le lendemain quand le curé revint pour renouveler ses instances. Un autre, après avoir renvoyé plusieurs fois le curé en disant *qu'il n'était pas si mal*, à la question qui lui est posée à l'agonie, s'il veut mourir dans la religion catholique, répondit *maigrement*, dit un procès verbal, il n'y en a qu'une, sans vouloir s'expliquer autrement.

Souvent l'odieuse persécution qu'ils avaient à subir à leur lit de mort, de la part du magistrat et du curé, était pour les huguenots, l'occasion de manifester enfin leurs véritables sentiments qu'ils avaient dû dissimuler pendant des années.

Le curé de Paimbœuf, tourmentant une convertie pour l'amener à recevoir les sacrements, eut la cruauté de lui dire « qu'elle ne se flattât point sur une longue vie, d'autant que sa maladie était mortelle et *quelle ne pouvait point passer la nuit.* »

Sur les dix heures du soir, la malade tombe en agonie et elle dit des paroles injurieuses au prêtre et aux curieux qui étaient venus avec celui-ci, et la tourmentaient encore, à minuit elle était morte.

A Metz, un maître cordonnier menacé du lieutenant criminel par le curé, congédie ainsi son tourmenteur: « Je vous donne le bonsoir, que Dieu vous conduise; vous me rompez la tête depuis une heure et demie. » Il voulut souffler la chandelle, bientôt après il expira.

8

« Madame de la Rochelandière, dit Lambert de Beauregard, étant tombée malade à Lyon, son hôte avertit le curé de la paroisse qui ne manqua pas de venir vers elle avec beaucoup de monde pour la solliciter à se confesser et ensuite à recevoir le viatique. Mais elle s'en défendit vigoureusement, *quoiqu'elle commençât bientôt d'agoniser* et qu'elle fût en l'âge de soixante-quinze ans. On s'avisa même de la tirer du lit et de la mettre sur une chaise, en lui criant à haute voix qu'il fallait obéir, et qu'autrement, *on traînerait son corps sur une claie et q'uon la jetterait aux bêtes*, à quoi elle répondit que l'on fît ce que l'on voudrait, que même, si on ne *voulait pas attendre de la traîner qu'elle fût morte, que l'on la traînât toute vivante et que l'on la jetât à la voirie toute vive*, que, pour cela, elle ne renierait jamais son sauveur. Tellement, qu'étant morte bientôt après, on ne manqua pas de la traîner et ensuite de la jeter dans le Rhône. » .

Un octogénaire, le comte de Nouvion, ancien lieutenant colonel, ayant rétracté par écrit son abjuration, était gravement malade. On lui envoie *le bourreau* qui lui déclare avoir ordre de le traîner sur la claie *dès qu'il aura rendu le dernier soupir*. Nouvion répond qu'il *n'est pas besoin d'attendre qu'il soit mort*, qu'il est tout prêt. Quelques heures après on enlevait Nouvion pour le jeter dans un couvent où l'on fit en vain mille efforts pour vaincre sa constance. Dès qu'il fut mort, les moines jetèrent son corps dans un chenil où, par ordre de la justice, une charrette vint le prendre pour le mener à la ville de Laon où l'on allait faire le procès à sa mémoire. « On vit alors, dit Jurieu, un spectacle affreux. La tête de ce pauvre corps pendait entre deux roulons de la charrette, toute sanglante. Toutes les plaies qu'il avait autrefois reçues se rouvrirent toutes à la fois et devinrent *autant de bouches qui vomissaient le sang et demandaient vengeance de ce que de si longs services étaient ainsi récompensés* ».

A Dijon, une femme fut mise sur la claie avant d'avoir rendu le *dernier soupir et traînée encore demi vive.*

Le cadavre de Mlle de Montalembert, d'une des plus nobles familles d'Angoulême, fût traîné *nu* sur la claie.

A Montpellier, dit Jurieu, on a vu le corps d'une vénérable femme, épouse de M. Samuel Carquet, médecin, exposé *tout nu* le long des rues, souillant le pavé *de son sang et de ses entrailles*

repandues. Et quand elle eût été laissée à la voirie, deux dra
gons arrivèrent qui firent passer et repasser cent fois leurs chevaux sur ce pauvre corps.

A Rouen, les corps de Pierre Hébert et de la femme Vivien,
furent mis en pièces par la populace et leurs misérables restes,
pendant plusieurs jours, servirent de jouets aux écoliers des
jésuites. Le cadavre de Pierre le Vasseur fut *écorché*, celui
d'Anne Magnan donné *à manger aux chiens* ; d'autres abandonnés dans la campagne aux bêtes fauves après avoir été traînés
pendant plusieurs lieues. A Dieppe, le gardien de la prison chargé
de la garde du corps d'une relapse, agit, dit Elie Benoît, comme
un montreur d'éléphants, de lions ou d'autres choses peu ordinaires. Il invita le monde à venir, moyennant finance, voir *le
corps d'une damnée* ; sept ou huit cents curieux se rendirent à
son appel et cette indigne exhibition valut quelque profit à cet
ingénieux geôlier.

Il fallait souvent conserver assez longtemps les corps de ceux à
la mémoire desquels on faisait le procès, et parfois, pour éviter
la putréfaction, les juges ordonnaient que le corps fût provisoirement inhumé. A Caen, un arrêt ordonna de *saler*, comme un
porc, le corps d'un huguenot jusqu'à ce que les juges eussent
statué sur le procès fait à sa mémoire.

Mais on ne prenait pas toujours les précautions conservatrices
nécessaires ; ainsi, six ou sept mois après la mort de l'orfèvre
l'Alouel, ce ne fut pas le corps de ce malheureux, mais les
débris de son cadavre qui furent traînés sur la claie à Saint-Lô.
Parfois, dit Elie Benoît, on traînait par les rues des corps qui
tombaient en pièces et dont la cervelle ou les entrailles demeuraient sur le pavé.

Quand on traîna sur la claie, à Metz, les restes de M. de Che-
nevières, conseiller au parlement, mort à quatre-vingts ans,
entouré de l'estime de tous, le peuple, dit Olry, fit entendre des
cris lamentables en voyant ce pauvre corps exposé tout nu sur
la claie, avec les entrailles séparées du corps et mises dans un
petit cercueil placé auprès de lui.

Ces révoltantes exécutions indignaient les catholiques eux-
mêmes et inspiraient aux nouveaux convertis l'horreur d'une
religion qui provoquait de tels outrages aux morts.

Dès 1687, le secrétaire d'Etat écrivait aux intendants : « La loi sur les relaps n'a pas eu *tout le succès* qu'on en espérait. Sa Majesté trouve *à propos* que vous fassiez entendre aux écclésiastiques qu'il ne faut pas que, dans ces occasions, ils appellent *si facilement* les juges pour être témoins, afin de *ne pas être obligé* de faire exécuter la déclaration *dans toute son étendue.* »

Le gouvernement voulait se réserver la faculté de faire le procès à la mémoire des relaps, pour pouvoir confisquer les biens de ceux-ci, sans être obligé de faire traîner leur corps sur la claie, ce qui révoltait l'opinion publique. C'est ainsi qu'en 1699 encore, le secrétaire d'Etat donne ces instructions à un intendant : « Sa Majesté m'a ordonné de vous écrire de dire aux juges ordinaires de faire le procès à sa mémoire (une femme relapse) ; que si son cadavre avait été conservé et qu'il fût condamné à être traîné sur la claie, vous direz aux juges de ne point exécuter, *à cet égard seulement,* le jugement. »

Mais trop souvent, le zèle immodéré du clergé donnait à la rechute de nouveaux convertis trop d'éclat pour que le gouvernement crût pouvoir se dispenser d'appliquer dans toute sa rigueur, la loi sur les relaps. On vit donc longtemps encore, du moins en province, le déplorable spectacle de cadavres traînés sur la claie et jetés à la voirie.

On tenta même de les traîner à Paris et Rapin Thoiras écrit en 1693 : « M. de la Bastide me marque qu'un nouveau converti étant mort à Paris, sans avoir voulu confesser ni communier, *on l'avait mis sur une claie pour le traîner,* mais qu'à ce spectacle inhumain, le peuple se mutina et l'enlevèrent et furent l'enterrer dans un cimetière, disant qu'il était indigne d'un grand roi de souffrir qu'on usât de telles barbaries contre ses sujets et que, sans doute, c'était ce qui attirait la colère de Dieu sur eux. »

Au mois d'août 1700, le préfet de police d'Argenson, pour se dispenser d'éxécuter l'ordre que lui donnait le secrétaire d'Etat de faire *dans toute sa rigueur* le procès à la mémoire d'une prétendue relapse, était encore obligé de faire valoir les considérations suivantes :

« Je craindrais que cet exemple de sévérité mal placée, ne fît un éclat fâcheux sur le public, vous savez combien les procès de cette gravité *révoltent* les nouveaux convertis encore chancelants, et s'ils font *ce mauvais effet* dans les provinces, ils porteront *un bien plus grand coup* dans la capitale du royaume, où l'on a sujet de croire que rien ne se fait, en matière de cette importance, si le roi ne l'a ordonné à ses magistrats, par un ordre exprès et précis. »

Ce ne furent ni le clergé, ni le gouvernement qui eurent le mérite du renoncement à cette barbare pratique de traîner les corps sur la claie; il fallut que l'opinion publique leur forçât la main en cette occasion, comme elle l'avait fait pour l'odieux usage de mener les patients au supplice avec *un bâillon* sur la bouche.

Peu à peu l'application de la loi prescrivant la visite obligatoire des malades par le curé, cessa même d'être faite exactement. Enfin en 1736, une déclaration, donnant une sanction *tacite* à la suppression de l'obligation de la visite du curé, décida que ceux auxquels la sépulture ecclésiastique serait refusée, juifs, mahométans, *protestants* ou *comédiens*, seraient inhumés en vertu d'une ordonnance du juge, indiquant l'endroit où devait avoir lieu l'inhumation.

Pour les huguenots qui mouraient à Paris, le refus de sépulture ecclésiastique était *présumé*, et, quand les parents ou les amis du défunt requéraient le commissaire du quartier de leur donner un permis d'inhumation, celui-ci ordonnait invariablement que le cadavre fût enterré, *secrètement, sans éclat ni scandale*, dans le grand chantier du port au plâtre, aujourd'hui port de la Râpée.

En province, on était tenu à plus de précautions et l'on se gardait de déclarer que le défunt appartenait à la religion protestante, et avait *volontairement* négligé d'appeler un prêtre à son lit de mort, dans la crainte de voir faire le procès à sa mémoire.

Ainsi, par exemple, les enfants Marchegay en 1745, ayant perdu leur mère, morte en Vendée, ont soin de faire constater par un notaire que, peu de jours avant sa mort, la défunte était *sur pied et en bonne santé*. Puis, pour obtenir l'autorisation de l'inhumer dans leurs terres, ils déclarent que le curé a refusé de laisser inhumer la défunte dans le cimetière, *sans qu'ils sachent pour quelles raisons*, ce qui les met dans l'obligation d'avoir recours à la justice.

L'opinion publique avait obligé le gouvernement et le clergé à renoncer à la barbare mesure de traîner sur la claie le cadavre des relaps, c'est encore elle qui les contraignit de laisser tomber en désuétude les édits qui imposaient aux malades la visite obligatoire du curé.

La persécution la plus cruelle que les huguenots eurent à subir, aussi bien avant qu'après la révocation, fut celle des enlèvements d'enfants, soit que ceux-ci fussent *censés* avoir le désir de se convertir, soit même que, par un baptême subrepticement donné l'Église se les fût appropriés.

Fléchier expose ainsi cette étrange théorie de *l'appropriation par le baptême:* « Un Israëlite converti, se trouvant seul dans une maison avec un petit juif, il le baptisa, avec l'intention de croire et faire croire ce que l'Église croit et fait en pareille rencontre. *L'enfant ne sait pas ce qu'il est*, ses parents n'ont pas consenti ni été consultés en cette occasion; cependant, quoi qu'il soit dans la synagogue, il ne laisse pas *d'appartenir à l'Église...* Votre Excellence sait mieux que moi, *le parti qu'il y a à prendre.* »

Ce parti, c'était de l'enlever à ses parents, et, en le faisant élever dans la religion catholique, de le rendre à l'Église, à laquelle il appartenait *sans le savoir*.

En vertu de ce prétendu droit d'appropriation, quiconque a reçu le baptême, peut être, *vivant ou mort*, réclamé par l'Église comme catholique; c'est ainsi que récemment elle réclama le corps de Léon Gozlan qu'elle enterra chrétiennement au cimetière Montmartre, bien que ce fils d'Israëlite fût mort, sans que personne se doutât qu'il eût jamais été baptisé.

« Tout le monde le croyait juif, dit Philibert Audebrand; le jour même du décès *la veillée des morts fut faite par un rabbin;* mais, durant la nuit qui suivit, *on découvrit* dans ses papiers que sa mère, catholique elle-même, *l'avait fait baptiser*; à la suite de cette révélation tout à fait inattendue, *l'Église le réclame à la synagogue.* »

De nos jours l'affaire du petit Mortara enlevé à ses parents et élevé, *malgré eux*, dans la religion catholique, et cela dans la capitale du monde catholique, a montré que l'Église était toujours fidèle à la doctrine d'appropriation par le baptême, soutenue au XVIIe siècle par Fléchier.

La victime de cet enlèvement, le petit juif, devenu le révérend père jésuite Mortara, défendait ainsi lui-même, en 1879, le droit de l'Église, droit antérieur et supérieur à celui du père de famille : « *Baptisé, à l'âge de deux ans*, disait-il, *in articulo mortis*; *j'appartenais à l'Église*, qui avait le droit et le devoir de me donner une instruction conforme au baptême que j'avais reçu. »

Que diraient un père ou une mère catholique, si un juif ou un mahométan venait leur dire : j'ai enlevé votre enfant de force, comme l'a été le petit Mortara, ou je me suis trouvé seul avec lui — comme le converti avec le petit juif de Fléchier — et *je l'ai circoncis*; de ce moment, il a appartenu à la synagogue ou à la mosquée, qui a le droit de le garder pour lui donner une instruction conforme à la circoncision qu'il a subie. Avec cette doctrine que l'Église, par un baptême, même forcé ou clandestin, peut s'approprier un enfant, que devient le droit des pères de famille?

On comprend qu'en voyant les monarchistes cléricaux, humbles serviteurs de l'Église, se poser aujourd'hui en champions *des droits des pères de famille,* un républicain de la vieille roche, défenseur de toutes les libertés sous tous les régimes, M. Madier de Montjau, puisse s'indigner et s'écrier : Si quelque Danton survivait, en entendant tomber de la bouche de ceux qui sont les héritiers des persécuteurs violents du culte païen et de tous les cultes, autres que le leur; en entendant tomber de la bouche de ces hommes des protestations au nom de la tolérance, de la liberté, des droits du père de famille, de ceux qui applaudissent à la conversion des jeunes Lovedas, du jeune Mortara, à la conversion d'un enfant japonais, baptisé à Lyon à l'insu de ses parents, oui, Danton s'écrierait : *Tant d'impudence à la fin commence à nous lasser.* »

Antérieurement à l'édit de Nantes, les catholiques enlevaient souvent déjà les enfants huguenots pour les baptiser. Elie Benoît cite l'exemple d'un père qui menait son enfant au temple pour le faire baptiser, et auquel cet enfant fut dérobé pendant qu'il menait son cheval à l'écurie, puis porté à baptiser dans une église catholique, par une servante de l'hôtellerie.

L'article 17 de l'édit de Nantes dut défendre « *d'enlever par force ou induction contre le gre de leurs parents,* les enfants des

protestants pour les faire *baptiser* ou confirmer en l'Église catholique... à peine d'être puni exemplairement. » Malgré cette défense
formelle les enlèvements des enfants huguenots continuèrent, et,
en 1623, les députés du synode national d'Alençon formulaient
ainsi les plaintes de leurs co-religionnaires à ce sujet : « on leur
enlevait leurs enfants *pour les baptiser* et les élever dans la
religion romaine... témoin la fille du pharmacien Rédon et celle
de Gilles Connant âgée de *deux ans*, qui, attirée dans un couvent, y avait été retenue malgré les réclamations de sa mère. »

Le plus souvent le clergé enlevait les enfants huguenots sous
prétexte que ces enfants *désiraient se convertir*, mais il les
enlevait *si jeunes* que ce prétexte ne pouvait être sérieusement
invoqué, et que Louis XIV lui-même se vit obligé, en 1669, de
publier la déclaration suivante :

« Faisons défense à toutes personnes d'enlever les enfants de
ladite religion prétendue réformée, ni les induire ou leur faire
faire aucune déclaration de changement de religion, *avant l'âge
de quatorze ans accomplis pour les mâles et de douze ans
accomplis pour les femelles.* »

Cette loi mettait une bien légère entrave à la violation journalière des droits sacrés du père de famille ; cependant elle provoqua les plus vives protestations des évêques. Ainsi, en 1670, au
nom de l'assemblée générale du clergé, l'évêque d'Uzès adressait
au roi ces pressantes remontrances : « Pouvons-nous, sans trahir
notre conscience, sans être criminels devant Dieu, ne pas ac-
quiescer à leurs justes désirs (d'enfants de moins de douze ou
quatorze ans !) lorsque, par leur propre mouvement, secourus de
la grâce, ils se jettent dans nos bras et qu'ils nous découvrent
l'extrême envie qu'ils ont *d'être admis parmi nous !* » Quant aux
pères de famille qui mettaient obstacle au désir de conversion
de leurs jeunes enfants, ils étaient, disait l'orateur du clergé,
« *meurtriers plutôt que pères* ».

Les évêques, avec la connivence du chancelier qui leur disait :
« Le roi a fait son devoir, faites le vôtre ! » continuèrent leurs
razzias d'enfants huguenots, en ayant soin, pour avoir l'air de
respecter la loi, de ne faire abjurer ces enfants enlevés que le jour
où ils atteignaient l'âge de douze ou quatorze ans.

Mais l'édit de 1669 devint *lettre morte*, du jour où furent fondées les nombreuses maisons de propagation de la foi, ces écoles-prisons « destinées à procurer aux jeunes protestantes des retraites salutaires *contre les persécutions de leurs parents et les artifices des hérétiques* ». C'est ainsi que les trois filles de Jean Mallet, avocat au parlement de Paris, furent mises aux nouvelles catholiques, avant la révocation, alors que l'aînée n'avait pas encore *douze ans*.

Cette note, mise en marge d'une liste des pensionnaires de la maison des nouvelles catholiques de Paris, montre ce que pouvait être *le désir de conversion* des enfants enfermées dans ces écoles-prisons.

« *L'aînée* des Hammonet, très déraisonnable, elle n'a que *quatre ans*, et il est cependant *très dangereux* de lui laisser la liberté de voir ceux qui ne sont pas convertis, ou qui sont mauvais catholiques. »

Les huguenots de Reims, las de réclamer vainement auprès des juges et auprès de l'intendant, adressent un placet au roi, protestant contre le refus qui leur est fait par la directrice de la maison de la propagation de la foi, de leur laisser voir leurs filles. Ce refus, disent-ils, est contraire à *l'équité et à la nature* qui donnent droit aux pères et mères *de s'inquiéter de ce que deviennent leurs enfants.*

A cette légitime réclamation, Louis XIV répond en décidant qu'une fille, une fois reçue dans la maison de propagation, *ne pourra être forcée de voir ses parents jusqu'à ce qu'elle ait fait son abjuration*, attendu qu'il s'est assuré que les filles protestantes qui entrent dans cette maison *y entrent toujours volontairement après* avoir fait connaître leur désir de se faire instruire dans la religion catholique.

« *Qu'ainsi* leur volonté devenant publique et notoire, telle précaution *affectée* de leurs père et mère à vouloir *en tirer des éclaircissements plus particuliers,* ne peut passer que pour *artifice* dont ils désireraient se servir pour tâcher d'ébranler leurs enfants, et *de les émouvoir par leurs larmes,* peut-être même par leurs reproches et par leurs menaces. »

Non seulement les parents ne peuvent, avant qu'elle ait abjuré, voir la fille qu'on leur a arrachée pour la convertir, mais encore ils doivent bien se garder de la recevoir chez eux, si, spontanément ou sur leurs conseils, elle s'échappe de la prison après avoir abjuré. Charlotte Leblanc, convertie aux nouvelles catholiques, est confiée à la maréchale d'Humières. En janvier 1678 elle s'échappe et voici l'ordre qui est donné à ce sujet : « Le roi m'a ordonné de vous dire que vous ayiez à vous informer si elle s'est retirée chez ses parents, et, au cas qu'ils l'aient fait enlever, que vous leur fassiez faire leur procès *comme suborneurs et ravisseurs*, et si, au contraire, elle y est retournée de bon gré, que vous fassiez *informer contre elle comme relapse.* »

En 1676, Madeleine Blanc, enlevée de vive force, avait été conduite chez le curé de Saint-Véran *un bâillon sur la bouche.* La convertie s'échappe un jour et se réfugie chez son père, on condamne le père à l'amende comme coupable *d'enlèvement* ; la fille reprise est jetée dans un couvent, et l'on n'entend plus jamais parler d'elle.

Quels sombres drames se sont passés derrière les murs des couvents et de ces maisons de propagation qu'Elie Bénoît appelle avec raison *ces nouvelles prisons* ! — On enfermait de jeunes enfants dans des cachots sales, humides et obscurs, et on ne leur parlait que des démons qui y revenaient, des crapauds et des serpents qui y grouillaient. Fausses visions, menaces, promesses, mauvais traitements, jeûnes, rien n'était négligé pour abuser de la faiblesse de ces jeunes enfants et de leur simplicité d'esprit. Une jeune fille, ajoute Elie Benoît, enfermée au couvent d'Alençon est tourmentée par ces fausses béates de la plus cruelle manière ; on lui met le corps tout en sang à coups de verges, on là jette dans un grenier où elle reste pendant tout le jour et toute la nuit suivante, une des plus froides de l'hiver, sans feu, sans couverture, sans pain. Le lendemain on la trouve demi-morte, le corps enflé démesurément, ses blessures livides et enflammées ; quand elle fut guérie de ses plaies, elle demeura sujette à des convulsions épileptiques.

Les religieuses d'Uzès avaient huit jeunes filles *rebelles.* Elles avertirent l'intendant, firent venir le juge d'Uzès et le major du régiment de Vivonne et, devant eux, elles dépouillèrent les huit demoiselles (qui avaient de seize à vingt ans) et les fouettèrent de lanières armées de plombs. Ces mortifications de la chair semblaient chose toute naturelle aux convertisseurs, comme moyen de persuasion. L'évêque de Lodève, lui-même, catéchisait chaque jour une jeune demoiselle, et, chaque jour, passant des injures aux voies de fait, la rouait de coups.

L'histoire des petites Mirat, enlevées par l'ordre de Bossuet, histoire que conte un témoin oculaire des faits, est un remarquable exemple de l'énergique résistance que de jeunes enfants opposaient parfois au zèle violent des convertisseurs. Les filles Mirat, orphelines de père et de mère, furent enlevées de chez leur grand-père de Monceau, médecin à la Ferté-sous-Jouarre, au commencement de l'année 1683, sur un *faux bruit* qu'elles voulaient se faire catholiques — l'aînée avait alors *dix ans* et la plus jeune *huit*. Dans le carrosse où elles furent mises, elles se défendirent comme des lionnes, cassèrent les carreaux et voulurent se jeter par les portières. Le procureur du roi, pour venir à bout de la plus jeune, avait mis la tête de l'enfant entre ses deux jambes, mais elle se dégagea, lui sauta à la figure, et le griffa de telle façon qu'il en conserva longtemps les marques. Il fallut faire monter les archers dans le carrosse pour contenir les deux enfants, qui s'étaient blessées en brisant les carreaux des portières.

On les amena à un couvent, mais l'abbesse refusa de les recevoir *dans l'état où elles se trouvaient;* alors on les prit et *on les lia* sur une charrette, pour les conduire à Rebais chez un chirurgien catholique de leurs parents. « Pendant cinq mois qu'elles demeurèrent là, dit l'auteur de la relation, elles n'ont vécu que de vieux pain noir que l'on accompagnait quelquefois d'un peu de lard jaune. La plus jeune y a souffert du fouet, l'une et l'autre on été exposées aux outrages et aux soufflets. Elles avaient toujours sur les bras des prêtres et des dévotes qui les punissaient quelquefois si sévèrement, que, pour éviter *les violences,* elles ne trouvaient plus d'autre remède que *de se jeter par la fenêtre,* quoiqu'elles fussent d'un étage de haut. On les a *deux fois* réduites à cette extrémité et l'on s'est vu deux fois obligé de les retirer de ce pas. On leur avait ôté toutes les choses dont elles pouvaient se faire du mal, comme des couteaux, des épingles, des cordes, etc. Un matin que la servante était allée à la messe, les petites filles se lèvent à la hâte, sortent de la maison et vont se réfugier, à un quart de lieue de Rebais, chez un réformé. Pendant qu'elles sont là, le chirurgien qui les a en garde vient deux fois faire perquisition dans la maison ; elles vont se cacher dans les blés ; à la nuit elles se mettent en route, *marchant sans bas et sans souliers*, au milieu des cailloux, des ronces et des épines

C'est ainsi qu'elles firent trois grandes lieues et arrivèrent à La Ferté à trois heures du matin, où, venant à la porte de leur grand-père, elles l'éveillèrent par leurs cris. Je les vis, *elles étaient dans un état qui faisait pitié, leurs corps étaient pleins de gale et leurs pieds déchirés.* »

Le procureur fiscal voulait pourtant les reprendre, et le grand-père n'eut d'autre ressource pour éviter qu'il en fût ainsi que de les emmener quatre ou cinq heures après leur arrivée pour les présenter au premier président. Malgré les promesses de celui-ci et l'intervention de Ruvigny, député général des protestants, elles furent mises au couvent de Charonne, et un placet au roi donne les détails navrants qui suivent, sur le traitement qu'elles eurent à subir dans ce couvent :

« Quand l'abbesse vit que les caresses, les promesses et les menaces, de l'autre, ne pouvaient rien gagner sur elles, elle se servit des *coups*, des soufflets, de la rigueur du froid, de la violence du feu et d'autres tourments pour les obliger à démordre. Chacun sait combien a été rude l'hiver qui finissait l'année 1683 et qui commençait l'année 1684. Pendant tout ce temps-là on les a laissées *sans feu*, exposées à toutes les rigueurs que peut causer un froid excessif ; on les a *garrottées* quelquefois fort étroitement ; on leur a *serré les doigts avec des cordes* et, à tous ces tourments on ajoutait des paroles pleines de fureur et de malédiction. » Le jour des Cendres 1684, alors que tout le monde était à l'Église, elles se sauvèrent par-dessus les murs du jardin et se rendirent chez un marchand nommé Sire, dont elles avaient entendu dire qu'on voulait enlever la fille. Celui-ci les cacha tantôt dans une maison tantôt dans une autre, pendant près d'un an et réussit enfin à les faire partir pour la Hollande où elles arrivèrent au mois d'avril 1685. »

L'histoire des petites Mirat montre quelle valeur pouvait avoir, à la veille de la révocation, *le prétendu bruit* que tel ou tel enfant qu'on enlevait à ses parents avait manifesté le désir de se convertir ; ce qui rendait ce *prétexte* d'enlèvement encore moins admissible, c'est que Louis XIV avait abrogé l'édit de 1669 interdisant d'induire à se convertir les filles avant douze ans et les garçons avant quatorze ans, et conformément à la loi catholique qui porte que, à *sept ans*, l'homme est en âge de connaisance. Il avait publié en 1681 la déclaration suivante :

« Voulons et nous plaît que nos sujets de la religion prétendue réformée, tant mâles que femelles ayant atteint l'âge de *sept ans* puissent et qu'il leur soit loisible *d'embrasser la religion catholique* et que à cet effet ils soient reçus à faire leur abjuration de la religion prétendue réformée, *sans que leurs pères et mères ou autres parents y puissent donner aucun empêchement.* Voulons qu'il soit *aux choix* des dits enfants de retourner dans la maison de leurs pères et mères pour y être nourris et entretenus ou de se *retirer ailleurs* et de leur demander une pension proportionnée à leurs conditions et facultés.

En vain les protestants adressèrent-ils une requête au roi, faisant observer que cette déclaration permettant à des enfants qui avaient encore aux lèvres le lait de leurs nourrices, de faire choix d'une religion et de déserter le foyer paternel, allait jeter la discorde dans les familles — qu'une telle disposition allait multiplier les émigrations, les parents aimant mieux souffrir toute espèce de maux que de se voir séparer de leurs enfants d'un âge si tendre.

L'édit fut maintenu et désormais les enfants furent également présumés *capables* de faire choix d'une religion « à l'âge, dit Jurieu, où ils ne savent pas distinguer le rouge du bleu, à l'âge où une pomme ou une pirouette les peuvent gagner. »

Les parents vécurent dès lors dans des angoisses continuelles, se défiant de tout et de tous, de leurs amis catholiques, de leurs domestiques, de tout étranger. Une servante gagnée, mène l'enfant au curé ou au couvent ; il dit ce qu'on veut et le voilà catholique, *perdu pour les parents*.

La justice, dit Elie Benoît, accueillait les dénonciations de tout le monde.

Un voisin, une servante, un débiteur, un ennnemi venait déclarer que votre enfant savait faire le signe de la Croix, qu'en voyant passer le Saint-Sacrement ou la Croix, il avait dit : *C'est le bon Dieu !* Sans autre information, sans autre examen, on le remettait aux mains d'un catholique. Là, soit par la prom-

messe d'une poupée, soit en lui donnant un fruit ou des con-
fitures on lui faisait répéter *l'ave maria* ou dire seulement *la
messe est belle*, et cela suffisait pour établir son désir de se convertir à la religion catholique. Ainsi, un marchand étant venu
pour réclamer au gouverneur la Vieville son enfant de *huit ans*, à
quil'on avait promis quatre deniers pour se faire catholique, le gouverneur répondit que l'enfant ayant dit : que ce qu'il y avait
à l'église était *bien plus beau* que ce qu'il y avait au temple, avait
suffisamment témoigné son désir de se faire catholique et rendu
raison de son choix.

Mme de Maintenon savait, par son expérience personnelle,
combien il est facile de convertir un jeune enfant, car, confiée
elle-même dans son enfance aux Ursulines de Niort, elle disait:
« Oh ! je serai bientôt catholique, car on me promet une image ! »
malheureusement elle ne devint que trop catholique plus tard,
sans doute dans l'espérance d'effacer aux yeux du roi sa tache
originelle de huguenote.

Elle-même enleva la fille de son parent de Villette âgée de
sept ans, et cette fille qui devint plus tard Mme de Caylas, écrit
dans ses mémoires :

« *Je pleurai d'abord beaucoup mais je trouvai le lendemain
la messe du roi si belle que je consentis à me faire catholique à
condition que je l'entendrais tous les jours et que l'on me garan-
tirait du fouet. C'est toute la contreverse que je fis.* »

« Je l'emmenai avec moi, dit de son côté madame de Maintenon, elle pleura un moment quand elle se vit seule dans mon
carrosse, ensuite elle se mit à chanter. Elle a dit à son frère
qu'elle avait pleuré en songeant que *son père lui avait dit en
partant que si elle changeait de religion et venait à la cour,
il ne la reverrait jamais.* »

C'est de concert avec une tante de Mlle de Villette que madame de Maintenon avait fait ce beau coup, à l'insu de la mère,
et, quelques jours après, elle mandait à la cour les deux fils de
Villette et les faisait abjurer à leur tour. Son projet avait été
longuement prémédité, car c'est sur sa demande que Seignelai
avait donné à M. de Villette un commandement à la mer qui
devait le tenir éloigné de France pendant plusieurs années. Ce
qui est plus odieux peut-être que l'acte lui même, c'est l'apo-

logie jésuitique qu'en fait madame de Maintenon dans la lettre qu'elle écrit à M. de Villette au lendemain de l'enlèvement et de la conversion de ses enfants.

« Vous êtes trop juste, écrit-elle, pour douter du motif qui m'a fait agir. Celui qui regarde Dieu est le premier, mais s'il eût été seul, d'autres âmes étaient aussi précieuses pour lui que celles de vos enfants et j'en aurais pu convertir qui m'auraient moins coûté. C'est donc *l'amitié que j'ai eue toute ma vie pour vous qui m'a fait désirer avec ardeur de pouvoir faire quelque chose pour ce qui vous est le plus cher* Je me suis servie de votre absence comme du seul temps où j'en pouvais venir à bout, *j'ai fait enlever votre fille par l'impatience de l'avoir et de l'élever à mon gré* ; j'ai trompé et affligé madame votre femme pour qu'elle ne fût jamais soupçonnée par vous, comme elle l'aurait été si je m'étais servie de tout autre moyen pour lui demander ma nièce.

Voilà, mon cher cousin, mes intentions qui sont bonnes, et *droites*, qui ne peuvent être soupçonnées d'aucun intérêt, *et que vous ne sauriez désapprouver dans le même temps qu'elles vous affligent*, comme je vous fais justice, et que vos déplaisirs me touchent, faites-la moi aussi, recevez *avec tendesse la plus grande marque que je puisse vous donner de la mienne*, puisque je fâche ce que j'aime et que j'estime, pour servir des enfants que je ne puis jamais tant aimer que lui, et qui me perdront avant que je puisse connaître s'il sont ingrats ou non. »

Ainsi les catholiques pouvaient dire, et croyaient peut-être, que la plus grande marque *de tendresse* qu'ils pussent donner à un parent ou à un ami huguenot, était de lui enlever ses enfants et de les convertir malgré lui ! N'y a t-il pas là un exemple frappant de cette aberration morale que produit cette passion religieuse qui vous enlève toute notion du juste et de l'injuste !

Du reste les convertisseurs ne se donnent bientôt plus la peine de prétexter un désir prétendu de conversion chez les enfants qu'ils enlèvent, et le gouvernement lui-même les autorise, par son exemple, à en agir ainsi, témoin cet ordre du cabinet du roi, antérieur à la révocation : « Le roi veut que M. le curé de la Junquières fasse remettre au porteur de ce billet, l'enfant de M. de la Pénissière qui est *en nourrice* dans sa paroisse. »

C'était une incroyable émulation de zèle entre les convertisseurs, fort peu soucieux des droits des pères de famille, désireux de se faire bien venir en cour. Cette émulation multipliait chaque jour davantage ces enlèvements d'enfants. Il ne faut donc pas s'étonner si à la veille de l'édit de révocation, les maisons de propagation de la foi regorgeaient d'enfants huguenots mis à l'abri des prétendues persécutions de leurs parents hérétiques, derrière les grilles des couvents.

Vient l'édit de révocation, décrétant que tout enfant qui naîtrait désormais de parents huguenots serait obligatoirement baptisé par le curé et *élevé dans la religion catholique.* Il restait encore aux huguenots leurs enfants nés avant l'édit, mais Louis XIV complète bientôt son œuvre, il décide qu'on enlèvera les enfants huguenots *de cinq à seize ans*, pour les élever dans la religion catholique ; une déclaration antérieure avait mis déjà sous la main du gouvernement tous les enfants de moins de seize ans par cette disposition prévoyante :

« Enjoignons très expressément à nos sujets de la religion prétendue réformée qui ont envoyé élever leurs enfantsdans les pays étrangers, *les faire revenir sans délai*, leur défendons d'envoyer leurs enfants dans les pays étrangers pour leur édution *avant l'âge de seize ans.* » Louis XIV motive ainsi son terrible édit, *exécutoire dans les huit jours* :

« Nous estimons à présent nécessaire de procurer avec la même application le salut de ceux qui étaient avant cette loi, et de suppléer de cette sorte au défaut de leurs parents, qui se trouvent encore malheureusement engagés dans l'hérésie, *qui ne pourraient faire qu'un mauvais usage de l'autorité que la nature leur donne pour l'éducation de leurs enfants...* voulons et nous plaît que *dans huit jours*, après la publication faite de notre présent édit, *tous les enfants* de nos sujets qui font encore profession de la dite religion prétendue réformée, *depuis l'âge de cinq ans jusqu'à celui de seize accomplis*, soient mis dans les mains de leurs parents catholiques, à défaut dans les mains de telles personnes catholiques qui seront nommées par les juges, ou *dans les hôpitaux généraux*, si les pères et mères ne sont pas en état de payer les pensions nécessaires pour faire élever et instruire leurs enfants hors de leurs maisons... tous ces enfants *seront élevés dans la religion catholique.* »

L'enlèvement général des enfants, ce grand *massacre des innocents*, comme l'ont qualifié les huguenots, était heureusement chose impossible. Seuls, les nobles, les notables, les bourgeois aisés eurent à subir l'application de cet odieux édit, la masse fut sauvée du désastre par l'obscurité de sa situation ; du reste si l'on eût voulu tout prendre, les couvents, les collèges et les hôpitaux n'eussent pu contenir les enfants de deux cent mille familles.

Mais que de scènes déchirantes dans les familles *privilégiées*, condamnées à se voir *dans les huit jours*, arracher tous leurs enfants, même ceux qui n'avaient que cinq ans !

« Un enfant de cinq ans ! à cet âge si tendre, dit Michelet, l'enfant fait partie de la mère. Arrachez-lui plutôt un membre à celle-ci ! Tuez l'enfant ! il ne vivra pas, il ne vit que par elle et pour elle, d'amour qui est la vie des faibles ! »

Pour éviter ce coup terrible, beaucoup de huguenots faiblirent et se résignèrent à faire ce que Henri IV appelait le *saut périlleux*, dans l'espoir de conserver leurs enfants après leur conversion, ou semblant de conversion à la religion catholique.

Ils furent cruellement trompés dans leur espoir, car, chaque année, jusqu'à la chute de la monarchie, on fit de véritables razzias d'enfants de convertis, que l'on entassait dans les couvents après les avoir enlevés à leurs parents accusés d'être *mauvais* catholiques. Les huguenots avaient cru que leur abjuration obligerait le roi à ne *plus les distinguer des anciens catholiques*; ainsi que le demandaient les convertis de Nîmes dans leur supplique au duc de Noailles. Il n'en fut point ainsi : sous le nom de *nouveaux convertis* ils constituèrent une classe de *suspects*, auxquels on déclara applicables toutes les mesures de précaution ou de rigueur, prises contre les huguenots. Une ordonnance, renouvelée tous les cinq ans, jusqu'en 1775, interdit même aux nouveaux convertis, de vendre leurs biens sans une autorisation spéciale du gouvernement, parce qu'on les tenait pour de *faux* convertis n'attendant que l'occasion de passer à l'étranger pour y pouvoir professer librement leur religion véritable. Une ordonnance royale du 30 septembre 1739 portait même défense, aux nouveaux convertis du Languedoc, de sortir de la province *sans permission*, on voulait les garder sous la main pour les mieux surveiller.

Ces suspects, au début, étaient menés à l'église de gré ou de force et contraints de participer à des sacrements qui leur faisaient horreur; presque tous les évêques, dit Saint-Simon, se prêtèrent à cette pratique impie et y forcèrent. Mais bientôt une réaction se fit contre cette obligation de *la communion forcée*, discrètement blâmée ainsi par Fénélon : « Dans les lieux où les missionnaires et les troupes vont ensemble, dit-il, les nouveaux convertis vont en foule à la communion. Je ne doute point qu'on ne voie à Pâques un grand nombre de communions, *peut-être trop.* »

« J'ai obtenu, écrit en 1686 l'évêque de Grenoble, le délogement des troupes envoyées à Grenoble. J'ai représenté qu'il fallait laisser aux évêques le soin de faire prendre les sacrements, sans y forcer par des logements de gens de guerre. L'exemple de Valence *m'a fait peur* — à Chateaudouble on a *craché l'hostie* dans un chapeau, après l'avoir prise par contrainte. »

Cependant, en 1687, l'évêque de Saint-Pons est encore obligé d'écrire au commandant des troupes dans son diocèse : « Vous employez les troupes du roi pour faire aller indifféremment tout le monde *à la table* sans aucun discernement. L'on fait mourir quelques-uns de ces impies qui crachent et foulent aux pieds l'eucharistie. Est-ce que Jésus-Christ n'est pas encore plus outragé qu'on le mette violemment dans le corps d'un infidèle public et *d'un scélérat*, tels que vous convenez que sont plusieurs de ceux que vos troupes *font communier ?* »

Ce n'est qu'en 1699 que cette circulaire, adressée au nom du roi aux intendants et commissaires, vient prescrire de renoncer définitivement à de telles pratiques : « Le roi a été informé qu'en certains endroits, quelques officiers peu éclairés avaient voulu, par un faux zèle, obliger les nouveaux convertis à s'approcher des sacrements, avant qu'on leur eût donné le temps de laisser croître et fortifier leur foi ; Sa Majesté qui sait qu'il n'y a point de crime plus grand, ni plus capable d'attirer la colère de Dieu, que *le sacrilège*, a cru devoir déclarer aux intendants et commissaires départis, qu'elle ne veut point *qu'on use d'aucune con-*

trainte contre eux pour les porter à recevoir les sacrements. »

Quant à l'usage de la contrainte matérielle pour obliger les convertis à assister à la messe, aux offices et aux instructions religieuses, il fut non seulement approuvé mais réclamé de tout temps par les évêques.

Les troupes furent employées à cette besogne, et des inspecteurs, nommés dans les paroisses, veillèrent à ce que les convertis fissent leur devoir.

Les convertis de Saint-Jean-de-Gaudonnenque sont forcés de s'engager à découvrir ceux qui manqueront à leur devoir, soit messe, prédication, cathéchisme, instruction ou autre exercice catholique, et ils nomment les *inspecteurs* qui dénonceront tous ceux qui manqueront à quelqu'un des exercices de la religion catholique.

Quant aux habitants de Sauve, ils donnent, à chacun des inspecteurs nommés, la conduite d'un certain nombre de familles dont ils prendront soigneusement garde, si tous ceux qui les composent vont à la messe, fêtes et dimanches, s'ils assistent aux instructions et y envoient leurs enfants et domestiques, s'ils observent les fêtes et jours d'abstinence de viandes ordonnés par l'Église.

L'intendant de Creil demandait que les convertis « fussent obligés de s'inscrire, sur une feuille du curé ou d'un supérieur de maison religieuse, pour marquer qu'ils avaient assisté à la messe les jours de fêtes et les dimanches, « ce qui aurait un merveilleux effet, disait-il, quand on pourrait ajouter, *sous peine* de loger pendant trois ou quatre jours un dragon. »

En 1700 l'intendant de Montauban écrit encore au contrôleur général : « La première démarche de les engager (les nouveaux convertis) par la douceur à venir à la messe, était *le coup de partie*, pourvu qu'on n'en demeure pas là ; il faut y joindre l'instruction — c'est ce que j'ai fait, en composant environ vingt classes des nouveaux convertis de Montauban, que j'ai confiées, pour l'instruction, à vingt des plus habiles gens de la ville qui *m'en rendront compte* exactement chaque semaine. Moyennant ces instructions, je sais d'abord que quelqu'un a manqué, ou d'aller à la messe, ou de se faire instruire, et aussitôt je l'envoie quérir pour lui représenter que ceux qui ont commencé à faire leur devoir sont plus coupables que les autres quand ils ne continuent pas. Si je puis obtenir *quelques lettres de cachet*, pour intimider les plus opiniâtres, et *quelques secours d'argent* à beaucoup de nouveaux convertis qui sont dans le besoin, vous pouvez vous fier à moi, l'affaire réussira ou j'y périrai. »

Mais, ainsi que le dit Rulhières, pour obliger deux cent mille familles à répéter journellement les actes d'une religion qu'on leur faisait abhorrer, les cent yeux d'inquisition et ses bûchers n'auraient pu suffire.

Le gouvernement se vit obligé de prescrire à ses agents de ne pas appliquer des réglements vexatoires absolument inexécutables, mais cette recommandation fut faite *en secret*, avec injonction de ne point laisser soupçonner la défense de faire *ce qui sentait l'inquisition*.

Et il se passa bien des années avant que l'on renonçât à soumettre les nouveaux convertis à un véritable régime de l'inquisition.

Tel est traduit devant le lieutenant criminel pour avoir refusé de se mettre à genoux pendant la messe, au moment de l'élévation, tel autre pour avoir jeté son pain bénit, un troisième pour avoir repoussé avec son chapeau, au lieu de la baiser, la patène qui lui était portée par un petit garçon.

En Normandie, Lequesne est condamné à cinq cents livres d'amende pour avoir refusé la charge de trésorier marguillier de sa paroisse.

Jacques de Superville, en quittant Nantes pour s'enfuir à l'étranger, laisse un état de ses dettes avec cette mention : « Je crois que le boulanger demandera quinze livres ; mais, sur ces quinze livres, il y en a six livres cinq sols pour le *pain bénit*, qu'il faut que ceux qui l'ont ordonné paient ; quant à moi, je n'ai amais donné ordre qu'on le fît pour moi. »

Il fallait, en effet, payer bon gré mal gré le pain bénit, ainsi que la tenture de sa maison les jours d'usage sur le passage des processions.

On veillait à ce que les nouveaux convertis ne travaillassent pas les jours de fêtes et les dimanches, et à ce qu'ils fissent maigre les jours d'abstinence. En 1714, un marchand de Nantes, Roger, et sa femme sont signalés comme mangeant de la viande les jours défendus. En 1723, un gentilhomme est dénoncé pour avoir, dans une partie de campagne, contrevenu aux prescriptions de l'Église sur le même point, et le secrétaire d'État, La Vrillière, lui écrit, à propos de cette *grave* affaire : « J'ai reçu, Monsieur, le mémoire qui contient vos raisons sur des plaintes que l'on m'avait portées contre vous, vous ne pouvez disconvenir qu'elles avaient quelque fondement, puisqu'il est certain *que vous avez fait, un jour maigre, un repas en maigre et en gras publiquement dans un pré,* ce qui a causé du scandale. Soyez donc plus circonspect à l'avenir, sans quoi l'on ne pourrait s'empêcher de *sévir contre vous.* »

Le 14 juillet 1785, le curé de Mézières en Drouais dénonce encore un nouveau converti, lequel, dit-il, n'a abjuré que pour se marier, et ne fait pas son devoir, ayant passé vingt-quatre jours de dimanches et fêtes obligatoires sans assister à la messe ni à aucun des offices de l'Église.

Pour ceux des nouveaux convertis auxquels on a accordé une pension, ou que l'on a mis en possession des biens de leurs parents, réfugiés à l'étranger, ils sont menacés, si eux et les leurs ne font pas leur devoir, de se voir retirer ces pensions et ces biens.

En 1699, Pontchartrain écrit qu'il a appris que des officiers de marine, auxquels on a accordé des pensions en considération de leur conversion, souffrent que leurs femmes et leurs enfants ne fassent aucun exercice de la religion catholique, et il ajoute : « Sa Majesté veut que ces officiers envoient des certificats des intendants et des évêques des lieux où leurs femmes et leurs enfants demeurent, *comme ils y vivent en catholiques,* et elle ne fera expédier les ordonnances de leurs pensions *que sur ces certificats.* »

De même, une circulaire aux intendants prescrit de surveiller la conduite de ceux qui ont été mis en possession des biens de leurs parents fugitifs. « S'ils trouvent, dit cette circulaire, que ceux qui jouissent de ces biens ne s'acquittent pas des devoirs de la religion, après en avoir été avertis, ils donneront les ordres nécessaires *pour en faire saisir et séquestrer les fruits.* »

Saint-Florentin donne même l'ordre aux fermiers de la régie de saisir les biens des nouveaux convertis qui se sont montrés *indignes* de la grâce que leur a faite le roi, en discontinuant tout exercice de la religion catholique.

Quant aux évêques, les moyens *pratiques* qu'ils trouvent, d'obliger les nouveaux convertis à pratiquer, c'est de leur imposer des épreuves de catholicité, quaud ils veulent se marier, et de leur faire enlever leurs enfants s'ils ne pratiquent pas.

Dès 1692, l'évêque de Grenoble disait: « Nos religionnaires sont dans un état pitoyable, puisqu'ils sont presque sans religion ; ils ne tiennent à la nôtre que *par grimace* et ne tiennent plus à la leur que par cabale et par hypocrisie. »

Et, quatre ans plus tard, constatant « que les nouveaux convertis ne vont ni à la messe ni au sermon, ne fréquentent point les sacrements, et, *à la mort*, les refusent, disant qu'ils sont calvinistes » il ordonne à ses curés « de les regarder comme hérétiques et de ne leur point administrer le sacrement du mariage *qui est le seul endroit qui les oblige á revenir à l'Église.* »

En 1754, de Blossac écrit à M. de Clervault, qui veut épouser une aussi mauvaise convertie que lui : « Vous sentez qu'étant *suspects* l'un et l'autre, il ne faut que le rapport de quelque malintentionné pour vous attirer de fâcheuses affaires, et qu'ainsi vous devez être plus exacts, même qu'un ancien catholique, soit à assister à l'église et aux instructions et à y envoyer vos domestiques ; je ne vous donne ces avis que parce que la moindre fausse démarche de votre part tirerait à conséquence. »

Pour ce qui est des enfants, ils ne suffisait pas que les nouveaux convertis eussent fait baptiser leurs enfants à l'église, on excerçait sur eux une surveillance jalouse et incessante pour arriver à ce que ces enfants fussent élevés et instruits dans la religion catholique.

Une circulaire aux intendants portait cette disposition : « Les parents doivent envoyer leurs enfants, savoir : les garçons chez les maîtres, les filles chez les maîtresses d'école, aux heures réglées ; les tuteurs doivent faire la même chose pour les enfants dont ils sont chargés, et les maîtresses pour leurs domestiques. »

Outre cette instruction *obligatoire*, presque exclusivement religieuse, que devaient recevoir les enfants des nouveaux convertis, ces enfants devaient encore aller à l'église, y suivre les instructions de catéchisme et accomplir leurs devoirs religieux,

le tout sous peine d'amendes infligées aux parents qui néglige-
raient de faire remplir ces obligations à leurs enfants.

Mais on n'avait pas grande confiance dans ces suspects mal
convertis, et l'instruction donnée aux intendants porte cette
terrible prescription :

« S'ils ont avis que quelques parents *détournent leurs enfants
de la religion catholique*, ils feront mettre dans des collèges ou
dans des monastères, les enfants de qualité pour y être élevés, et
feront payer des pensions pour leur nourriture et entretêne-
ment sur les biens de leurs pères et mères, et, à défaut de biens,
les feront mettre dans les hôpitaux pendant le temps qui sera
nécessaire pour leur instruction seulement; de même pour les
enfants dont les pères et mères *n'assisteront pas aux instructions, et ne feront pas le devoir des catholiques*, après qu'ils les
auront avertis, aussi les enfants qui marqueront par leurs actions
et par leurs paroles beaucoup d'éloignement de la religion catholique, *le tout aux dépens des pères et mères.* »

Les instructions données aux intendants, donnaient libre
carrière aux dénonciations du clergé, toujours désireux de faire
enlever aux nouveaux convertis leurs enfants, pour les faire
élever dans les collèges ou dans les couvents. Chaque année,
par ordre de l'évêque, les curés de chaque diocèse dressaient la
liste des *suspects* auxquels on devait enlever leurs enfants, et
cette liste était transmise à l'intendant qui enjoignait aux parents d'avoir à lui amener leurs enfants, sous peine d'être traités
comme rebelles aux ordres du roi. Les enfants livrés, il fallait
que les parents payassent leur pension au collège ou au couvent,
sous peine d'amende ou d'emprisonnement. Un sieur Bocquet,
par exemple, se refuse à payer la dot de sa fille qu'on a enlevée,
et à laquelle on veut faire prendre le voile.

Pontchartrain écrit à l'intendant : « Il n'y a pas de meilleure
voie pour obliger le nommé Bocquet à donner mille livres à sa
fille pour sa dot dans son couvent, que *de l'arrêter* comme mauvais catholique qui fait mal son devoir. »

Chaque année les curés dressaient des listes d'enfants à enlever dans les familles huguenotes de leurs paroisses.

Pour les notables et pour les nobles, les évêques envoyaient
soit au ministre, soit aux intendants des mandements pour faire

recevoir les jeunes filles dans les couvents, c'étaient des ordres en blanc seing que l'on remplissait pour les couvents, tout comme il y avait des lettres de cachet, signées d'avance du roi, pour la Bastille et autres prisons du roi. Les évêques en faisaient si grand usage, que le secrétaire d'État en 1686, est obligé de réclamer à l'archevêque de Paris une douzaine de ces mandements, n'en ayant plus en main que deux ou trois.

En 1750, l'archevêque d'Aix demande à Saint-Florentin des lettres de cachet *en blanc*, et des troupes pour procéder à l'enlèvement de jeunes protestantes, mais Saint-Florentin répond que les lettres en blanc sont sujettes à trop d'inconvénients et que l'emploi des soldats, dangereux pour l'honneur des jeunes filles, a eu un succès très équivoque.

Le plus souvent, grâce aux listes dressées par leurs curés, les évêques pouvaient désigner *nominativement* à l'autorité civile les enfants qu'ils voulaient enlever à leurs familles, et c'est ce que faisait Bossuet dans son diocèse de Meaux.

« Ayant reçu de M. l'évêque de Meaux, écrit le secrétaire d'État, à Phelipeaux, — en 1699, un mémoire par lequel il serait nécessaire de mettre dans la maison des nouvelles catholiques de Paris les demoiselles de Chalandos et de Neuville, j'en ai rendu compte au roi qui m'a ordonné de vous écrire d'envoyer une des demoiselles de Chalandos... et les deux cadettes des demoiselles de Neuville qui demeurent à Caussy, dans la paroisse d'Ussy. Il y a dans même paroisse d'Ussy deux demoiselles, nommées de Nolliers, que M. de Meaux croit nécessaire de renfermer. Mais comme elles ne sont pas présentement sur les lieux, il ne faudra les envoyer aux nouvelles catholiques que de concert avec M. de Meaux, et dans le temps qu'il vous dira. »

Les évêques recherchaient surtout les enfants dont les familles étaient assez riches pour payer de grosses pensions.

L'évêque de Montauban, pour faire enlever une jeune fille de cette ville et la faire mettre au couvent, invoque cette raison déterminante, qu'elle aura un jour *cent mille écus*. Fléchier, pour faire enlever le jeune d'Aubaine âgé de huit ans *qui aura de grands biens*, se contente de dire que les parents qui l'élèvent ne sont *peut-être* pas sincèrement catholiques, que l'enlèvement qu'il sollicite est nécessaire pour faire perdre à cet enfant les mauvaises impressions qu'on a *peut-être* commencé à lui donner.

Dans l'entraînement de leur zèle convertisseur, les évêques ne songeaient pas toujours à s'assurer si les enfants qu'ils voulaient enlever appartenaient à des familles riches ou pauvres; c'est ainsi qu'à l'évêque de Sisteron, voulant faire enlever les quatre enfants d'un sieur Ganaud, pour placer les trois fils au séminaire, et la fille au couvent, le ministre répond : « Êtes-vous disposé à payer les pensions? Si vous ne le pouvez pas, ils resteront en liberté. » A l'intendant de la Rochelle, Saint-Florentin ordonne de mettre en liberté la jeune Claude, enlevée par ordre de l'évêque « dont vous me prouvez, dit-il, que la mère *n'est pas en état de payer la pension.* »

A l'intendant Saint-Priest, il est obligé d'écrire : « Ne vous en rapportez pas, dans l'avenir, avec tant de facilité aux témoignages des missionnaires et des curés, ou faites d'abord *vérifier les facultés de leurs parents.* » Le gouvernement ne se souciait pas, en effet, de voir tomber à sa charge la pension des enfants enlevés à leurs parents pour être instruits; la pauvreté mettait les parents à l'abri des enlèvements; ainsi aux nouvelles catholiques de Paris, il n'y avait que la dixième partie des pensionnaires qui fussent *non payantes;* pour les jeunes filles appartenant à des familles riches, le plus futile prétexte était accepté, comme un motif suffisant d'enlèvement; telle est prise comme *soupçonnée* de vouloir épouser un Danois et d'être ainsi en danger de se pervertir en pays étranger, telle autre parce que, ayant de la fortune, elle est sur le point d'épouser un nouveau converti, mauvais catholique. A l'appui de ces demandes d'enlèvement on ne craint pas d'invoquer les intérêts de l'État et de la religion.

Quand les parents rentraient en possession de leurs enfants, suffisamment instruits, à chaque instant ils étaient exposés à se les voir de nouveau enlever pour suspicion religieuse. On rend à du Mesnil ses quatres filles élevées au couvent; il produit, pour éviter qu'on ne les lui enlève de nouveau, un certificat du curé de la paroisse constatant qu'elles ont fait leur devoir (sauf le temps de Pâques où elles s'étaient rendues à Caen). Saint-Florentin déclare ce certificat insuffisant et écrit au père que si, à l'avenir, il ne produit pas de certificat plus explicite, on s'assurera *d'autre manière* de la religion de ses filles.

Mlle de Bernières est plusieurs fois reprise à sa mère, celle-ci ne peut se la faire rendre qu'à la condition de l'envoyer exactement au service divin et de la remettre aux nouvelles catholiques pendant quinze jours, à chacune des quatre grandes fêtes de l'année.

Fraissinet, marchand à Anduze, retire de pension l'aîné de ses huit enfants, âgé de quinze ans, pour lui faire apprendre son commerce. Il est obligé de le réintégrer à sa pension sur la dénonciation de l'évêque de Montpellier prétendant qu'il veut faire passer son fils à l'étranger. Ce n'est que, après avoir obtenu des évêques d'Alais et de Montpellier un certificat qu'on peut désormais sans danger lui *accorder cette grâce* de reprendre son fils chez lui, qu'on lui rend son enfant (à la charge de se conduire par rapport à la religion, de manière à ce qu'il n'intervienne aucune plainte à Sa Majesté).

Le sieur Bienfait expose vainement qu'il a sept enfants, que les pensions qu'on le force à payer pour ses trois filles le ruinent, et que, en laissant passer le moment de leur apprendre un métier, on leur prépare une misère certaine. Il n'obtient pas satisfaction. L'évêque de la Rochelle va plus loin, il demande un ordre d'emprisonnement contre un marin qui a fait partir comme mousse son fils, alors que Monseigneur voulait continuer à faire instruire cet enfant. Le ministre s'y refuse, déclarant que c'est vouloir ruiner le commerce que de demander l'arrestation des chefs de famille pour de tels motifs. Sans cesse le gouvernement était occupé à modérer l'ardeur d'enlèvements du clergé. Saint-Florentin, obligé de consentir à l'enlèvement de douze jeunes filles, demandé par l'évêque de Dax, se borne à conseiller prudemment à cet évêque de ne pas les enlever *toutes à la fois*. Mais à l'évêque d'Orléans qui veut enlever vingt enfants, dont il se charge de payer la pension, le ministre répond que le cardinal Fleury est fort édifié d'un si beau zèle, mais que, comme l'évêque d'Orléans en a déjà, depuis très peu de temps, fait mettre vingt-deux autres dans les couvents et communautés, il paraîtrait extraordinaire qu'on eût, *en moins d'un mois*, fait enlever plus de quarante enfants dans un seul diocèse.

Cette prudence administrative était inspirée, non par des sentiments de modération humanitaire, mais par la crainte de mettre en éveil les huguenots, par des actes de violence trop nombreux pour ne point avoir quelque éclat. Cette préoccupation d'éviter le bruit se retrouve dans l'instruction donnée à un intendant au sujet du fabricant Renouard, père de famille accusé d'être en secret attaché à la foi protestante. Il lui est prescrit de prendre à ce sujet les éclaircissements nécessaires, mais on ajoute : « Il faut agir avec circonspection, pour que ce particulier n'entre pas en défiance, et ne fasse pas disparaître ses enfants. »

En vain, prenait-on toutes les précautions pour ne pas mettre les huguenots en défiance ; en vain envoyait-on la nuit, à l'improviste, les troupes faire des visites domiciliaires dans les villages, beaucoup d'enfants, portés sur les listes de proscription remises par l'évêque à l'intendant, étaient soustraits au sort qui les menaçait. « Quoique j'aie fait prendre toutes les précautions possibles, écrit l'évêque de Bayeux, et que le secret ait été très bien gardé, on n'a pu arrêter que ces dix enfants, quatre nous ont échappé par des issues souterraines que leurs pères avaient fait faire dans leurs maisons depuis la signification des premiers ordres du roi, qui avait donné l'alarme. »

Dans le Dauphiné, le jeune Roux, âgé de douze ans, qu'on voulait enlever, se cache dans un marais où il y passe trois jours et trois nuits, ayant de l'eau jusqu'au cou ; ses parents ne peuvent que lui porter un peu de nourriture pendant ce temps. Quand la maréchaussée a renoncé à ses battues, ils le tirent de là, cousent à son habit des pièces de monnaie, en guise de boutons, et le mettent sur la route de Genève, où il arrive heureusement.

A Luneray, en Normandie, à l'approche des soldats, deux fillettes âgées, l'une de cinq ans, l'autre de sept, sont confiées à leurs grands-pères, deux vieillards de quatre-vingts ans, qui montent à cheval, et, les prenant sous leurs manteaux, les emmènent fort loin chez des amis. Pendant huit ans, elles restent là ; au bout de ce temps, l'aînée se marie, et la cadette, revenue à Luneray, reste trois ans cachée dans une chambre chez sa mère sans voir personne.

A Bolbec, une jeune fille poursuivie par les soldats échappe, en se précipitant par la fenêtre d'un grenier. Une autre jeune fille est violemment arrachée par les archers des bras de sa mère et de sa belle-sœur récemment accouchée; celle-ci s'évanouit et tombe à terre. La mère fait un quart de lieue de chemin se cramponnant à son enfant. A bout de forces, elle finit par céder. La pauvre enfant, ainsi disputée, eut un tel effroi de cette scène que son visage en conserva toujours une pâleur mortelle.

A Die, un chirurgien, désespéré de se voir enlever son enfant, se donne un coup de lancette dont il meurt sur l'heure.

C'étaient, dans toutes les maisons soumises à une visite domiciliaire, des scènes déchirantes : les parents ne pouvant se résigner à se voir prendre leurs enfants, et ceux-ci pleurant et se débattant pour échapper aux étreintes des ravisseurs. Quant aux soldats, ils exécutaient impitoyablement leurs ordres, parfois même au hasard et les outrepassaient, voulant avoir leur compte de prises.

En 1740, l'évêque d'Apt envoie des cavaliers de la maréchaussée pour enlever les deux filles aînées des époux Béridal.

Ces filles avaient été mises à l'abri; les cavaliers, après avoir vainement fouillé partout sans succès, disent : puisque nous ne trouvons pas les autres, nous allons toujours prendre la troisième, une enfant de trois ans. La mère court au lit et prend l'enfant dans ses bras, un cavalier saisit cette enfant par les pieds et la tire comme s'il eût voulu l'écarteler ; ne réussissant pas à l'arracher des bras de la mère, il donne à celle-ci un coup de poing si violent sur la tête qu'elle tombe sur le carreau, ce qui lui permet de prendre l'enfant. Quelques mois après, l'évêque ayant réussi à mettre la main sur les deux filles aînées, Béridal se rend à l'évêché pour réclamer ses trois filles. « Prends la plus jeune si tu veux, lui dit l'évêque. — Il n'est plus temps de me la rendre, répond le père, à présent qu'elle est morte et qu'on me l'a tuée, — Fais comme tu voudras, je vais me coucher. — Pardonnez-moi monseigneur, car, quoique morte, je la porterai avec les dents plutôt que de vous la laisser. »

Le père remporte chez lui l'enfant qui a été prise *sans ordre*, et quelques jours après elle meurt des suites des violences qu'elle avait eu à subir.

« Les cavaliers de la maréchaussée, écrit en 1749 la supérieure des nouvelles catholiques de Caen, nous ont amené trois filles. Nous nous sommes aperçues qu'ils se sont *un peu mépris*... Au

lieu de Marie-Anne Boudon, pour laquelle nous avions un
ordre du 8 octobre 1748, ils nous ont amené sa sœur... ; nous ne
sommes point fâchées de cette *méprise* si elle ne déplaît pas à la
cour.

Que dirait-on d'un bourreau à qui on livrerait, pour l'exécuter,
le frère d'un coupable, s'il déclarait ne pas être fâché de la *me-*
prise, et se résignait, pourvu que cela ne déplût pas en haut lieu,
à supplicier l'innocent à la place du coupable?

Les convertisseurs n'y regardaient pas de si près, ils instrui-
saient, bon gré mal gré, aussi bien l'enfant qui leur était remis
en vertu d'une lettre de cachet, que celui qu'on leur livrait *par*
erreur et sans ordre. Il est aisé d'imaginer quel trouble profond
jetait chez les huguenots cette cruelle persécution, les frappant
dans ce qu'ils avaient de plus cher, et dans quelles continuelles
angoisses vivaient les familles.

« Hélas! que de familles désolées en basse Normandie, écrit
en 1751 le pasteur Garnier, que de mères éplorées, que d'angoisses
et d'amertume dans tout le voisinage! Pour un seul enfant arrêté,
il est incroyable toute la rumeur qui se fait; on ne songe de toutes
parts qu'à faire fuir les innocentes créatures qu'on chérit avec
tendresse; on les sauve toutes nues; nonobstant la rigueur des saisons, on erre à l'aventure, on les cache dans les genêts. On revient
ensuite reconnaître le dégât de l'ennemi, on court de côté et d'autre, le cœur déchiré de douleur et, au moindre bruit nocturne,
c'est à recommencer. » En 1754, on écrit que, depuis quatre ans,
un tiers des familles protestantes du Bocage ont émigré à l'île de
Jersey, *à cause d'enlèvements d'enfants*.

En (1763), les habitants de Bolbec adressent au roi une requête
dans laquelle nous lisons : « la maréchaussée est venue en vertu
de deux lettres de cachet enlever les deux filles de la veuve de
Jean de Bray... Cet incident, sire, nous inquiète et nous afflige
en nous rappelant les désordres et la confusion que de pareils
évènements occasionnèrent dans notre canton, il y a trente ans,
et *dont les suites furent l'émigration d'un nombre considérable*
de familles protestantes. Votre Majesté a désiré que nous rebâ-
tissions nos maisons incendiées (Bolbec venait d'être à moitié
détruit par un terrible incendie), nous y employons le peu que
nous avons échappé de nos désastres, mais sire, que nous servira

de les faire construire *si nous ne sommes point sûrs de les habiter avec nos familles ?* »

En 1775, le gouvernement modère un peu le zèle du clergé, mais ne répudie point la doctrine qui permet de porter aux droits du père de famille la plus cruelle atteinte. « Sa Majesté, écrit Malesherbes à l'évêque de Nîmes, est dans la disposition de n'user que *rarement*, et dans des cas où elle ne pourra s'en dispenser, de son autorité pour retirer les jeunes néophytes des mains de leurs parents et les faire mettre dans des lieux d'instruction. »

Le 10 janvier 1790, à une supérieure des nouvelles catholiques qui déclare avoir encore douze jeunes filles à instruire et demande de nouvelles pensionnaires, le ministre répond : « Je ne crois pas qu'il y ait lieu, *dans le moment actuel*, de donner des ordres pour soustraire à l'autorité de leurs parents, les jeunes personnes que le *désir* d'être instruites des vérités de la religion, conduirait dans votre maison. Si cependant, les circonstances étaient *urgentes*, on pourrait s'adreser aux juges, pour recourir ensuite, suivant le jugement, à l'autorité. »

C'est après 1789, il n'est plus question déjà que de jeunes filles ayant un *prétendu* désir de se faire instruire malgré leurs parents ; mais pour que l'inviolabilité du droit du père de famille sur la conscience de ses enfants mineurs fût proclamée, il fallait que la monarchie très chrétienne eût été balayée par la révolution.

Ce n'étaient pas, du reste, depuis l'édit de révocation, les enfants *seuls* qui étaient jetés dans les couvents pour y être instruits ; les *opiniâtres*, hommes, femmes et enfants que n'avaient pu convaincre les exhortations des soldats, remplissaient les couvents, les prisons et les hôpitaux, véritables maisons de tortures.

L'intendant Foucault, un convertisseur émérite, déclarait que les dragons avaient attiré moins de gens à l'église, que ne l'avaient fait, pour les gentilshommes, la crainte des prisons éloignées, pour les femmes et les filles, l'aversion qu'elles avaient pour les couvents.

Cette aversion des huguenotes pour la vie monotone et vide du couvent, avec les longues stations sur la dalle froide des chapelles, les prières interminables en langue inconnue, se comprend d'autant mieux, que ces chrétiennes étaient prises par les nonnes ignorantes pour des juives, des payennes ou des idolâtres, et catéchisées en conséquence à leur grand étonnement — quelques-unes des néophytes, non-seulement se montraient peu dociles à de telles instructions, mais encore *pervertissaient*, pour employer le langage du temps, celles qui étaient chargées de les amener à la foi catholique. Madame de Bardonnanche en agit ainsi dans un couvent de Valence ; l'évêque de cette ville, apprenant qu'elle avait gagné l'affection des religieuses, et craignant qu'elle *n'infectât tout le troupeau*, la fit enfermer dans un couvent de Vif, *avec défense aux nonnes de lui parler*.

Madame de Rochegude, enfermée dans un couvent de Nîmes, avait si bien gagné l'esprit et le cœur des religieuses que l'abbesse dut écrire : « Otez-nous cette dame, ou elle rendra tout le couvent *huguenot*. » Madame de Rochegude fut expulsée du royaume comme *opiniâtre*. Au moment des dragonnades, de Noailles et Foucault constatent déjà que les huguenotes sont plus difficiles à convertir que leurs maris et souvent on mettait la femme au couvent dans l'espoir de convertir, non seulement elle-même, mais encore le mari par surcroît. « Le roi sait, écrit le secrétaire d'État, que la femme du nommé Trouillon, apothicaire à Paris, est une des plus opiniâtres huguenotes qu'il y ait. Et, comme sa conversion pourrait attirer celle de son mari, Sa Majesté veut que vous la fassiez arrêter et conduire aux nouvelles catholiques.

Des femmes, des jeunes filles, des enfants même montrèrent une constance admirable pendant des années entières. Par exemple, les deux demoiselles de Rochegude, ayant pu conserver des relations avec leurs parents, par l'entremise d'une personne dévouée qui n'était pas suspecte à l'abbesse du couvent dans lequel elles étaient retenues, parviennent à s'échapper *après quatorze ans* de captivité. Elles rejoignent à Genève leurs parents dont la joie de les revoir fut encore plus grande, dit une relation « quand ils s'aperçurent que leurs filles n'avaient ni l'esprit, ni le cœur gâtés. »

Le plus souvent les supérieures habituées à voir tout plier

devant elles, s'exaspéraient en présence de la résistance des huguenotes, elles les injuriaient, les maltraitaient et parfois les ensevelissaient dans leurs sombres *inpace*, ces sépulcres faits pour *les morts vivants*. Sur une liste des pensionnaires des nouvelles catholiques de Paris, on voit, en regard de plusieurs noms, cette note : « elles ont été *extrêmement maltraitées* en province, ce sont des esprits effarouchés qui ont besoin d'être adoucis. »

Les cas de folie, à la suite des mauvais traitements qu'avaient à subir les pensionnaires des couvents, étaient si fréquents, qu'on lit dans le règlement de visite fait par la supérieure de *l'Union chrétienne :* « S'il arrive qu'il y ait des personnes *insensées* parmi les pensionnaires, nous défendons très expressément, tant aux sœurs qu'aux pensionnaires, de s'y arrêter et de s'en divertir, ni de se mêler de ce qui les regarde si elles n'en sont chargées, ou si la supérieure ou celle qui en aura soin ne les en prient. »

Dans un couvent de Paris, une dame Falaiseau, enfermée avec ses trois filles, devient folle et meurt. Aux nouvelles catholiques de Paris, mises sous la direction de Fénélon, la dame de La Fresnaie devient folle, il faut la faire enfermer, et Mlle des Forges, prise aussi de folie, se précipite par une fenêtre et se tue. Théodore de Beringhen écrit à ce propos :

« Je ne suis pas surpris d'apprendre la frayeur et l'étonnement général qu'a causés dans Paris la fin tragique de Mlle des Forges, qui s'est précipitée du troisième étage par une des fenêtres de la maison. C'était une suite affreuse de l'égarement d'esprit où elle était tombée depuis quelques mois dans la communauté qu'on appelle les nouvelles catholiques. Tout le monde sait que c'était une fille de mérite et de raison, mais les rĕĕanps continuelles, l'abstinence forcée et les insomnies qu'elle a souffertes entre les mains de ces impitoyables créatures, lui ont fait perdre en bien peu de temps le jugement et la vie. »

Les femmes et les filles huguenotes livrées à la dure main des religieuses, ne pouvaient recevoir ni une visite ni une lettre, et, dans leur isolement, leur raison se perdait ou leur constance devait céder. « Sa Majesté, écrit le secrétaire d'État à la supérieure des nouvelles catholiques, a été informée que quelques-unes de ces femmes refusent d'entendre les instructions qu'on veut leur donner, sur quoi elle m'ordonne de vous dire d'avertir celles qui les refuseront que cette conduite déplaît à Sa Majesté, et qu'elle ne pourra s'empêcher de prendre à leur égard des résolutions *qui ne leur seront pas agréables.* »

L'ordonnance du 8 avril 1686 prescrit, de par le roi, à la supérieure d'avertir ses pensionnaires qu'il faut « qu'elles écoutent avec soumission et patience les instructions qui leur seront données, en sorte que *dans le temps de quinzaine, du jour qu'elles seront reçues dans la maison, elles puissent faire leur réunion*; et, au cas qu'elles ne le fassent pas dans ledit temps, enjoint à ladite supérieure d'en donner avis pour y être pourvu par Sa Majesté ainsi qu'elle verra bon être. »

Les mesures peu agréables qu'on trouvait bon de prendre contre les opiniâtres, c'était l'envoi dans des couvents plus durement menés, dans les prisons, ou enfin à l'hôpital général.

Les demoiselles Besse et Pellet restent longtemps aux nouvelles catholiques de Paris sans céder, on les envoie dans un couvent d'Ancenis, et l'évêque de cette ville reçoit de Pontchartrain cette instruction : « *On leur donne trois mois* pour se rendre raisonnables, à la suite desquels on les mettra à *l'hôpital général* pour le reste de leurs jours. »

Avec le désordre des temps, dit Michelet, que devenait une femme à l'hôpital, dans cette profonde mer des maladies, des vices, des libertés, du crime, la Gomorrhe des mourants?

On faisait tout pour ne pas être jeté dans ces maisons de mort qu'on appelait alors des hôpitaux; ainsi, en temps de famine il fallait que les troupes fissent des battues pour ramasser les vagabonds et les mendiants, préférant la mort à l'hôpital.

Là, couchaient côte à côte, dans le même lit, cinq ou six malheureux, parfois plus, les sains avec les malades, les vivants avec les morts qu'on n'avait pas toujours le temps d'enlever; dans ces foyers d'infection toute maladie contagieuse, se propageant librement, s'éternisait; — à Rouen, en 1651, plus de 17 000 personnes furent enlevées par la peste dans les hôpitaux. L'hôpital de la Santé, dit Feillet, n'était plus qu'un sépulcre, les pauvres qui étaient frappés du mal dans leur logis, aimaient mieux y périr sûrement que d'être portés dans un lieu où ils se trouvaient huit ou dix dans un même lit, *quelquefois un seul vivant au milieu de sept ou huit morts.*

Nulle précaution pour empêcher les maladies contagieuses de se propager dans l'hôpital et au dehors. En 1652, les administrateurs des hôpitaux de Paris, vu l'affluence des malades (il en était arrivé 200 en un seul jour à l'Hôtel-Dieu où il y en avait déjà 2 400), décident que l'hôpital Saint-Louis, spécialement destiné aux *pestiférés*, sera ouvert aux blessés ; tant pis pour les blessés, on se bornera à interdire autant que possible la communication avec le dehors. Voici comment on se préoccupait peu de préserver la population du dehors des maladies régnant dans les hôpitaux. « On vendait aux pauvres, dit Feillet, les habits de ceux qui étaient morts à l'hôpital, *sans les assainir*, après les avoir tirés du dépôt infect où ils avaient été entassés pêle-mêle, et dont le seul nom *la pouillerie* inspire l'horreur... on en vendait annuellement pour cinq cents livres ; qu'on se figure combien de misérables haillons, couverts de vermine, et recélant dans leurs plis les germes funestes des maladies, représente cette somme. »

Les hôpitaux n'étaient pas seulement des foyers d'infection, ils ne différaient en rien des maisons de correction. Le malade, le pauvre, le prisonnier qu'on y jetait, était considéré comme un pécheur frappé de Dieu, qui, d'abord, devait expier. Il subissait de cruels traitements.

On y entassa les huguenots après les dragonnades, et ils eurent à y souffrir cruellement. La veuve de Rieux, envoyée à l'hôpital général, en février 1698, résista à tout, et en septembre 1699, d'Argenson écrit : « On n'a pu lui inspirer des sentiments plus modérés, ni même lui faire *désirer* la maison des nouvelles catholiques, tant elle appréhende d'être instruite et de ne pas mourir dans son erreur... Elle est d'un âge *très avancé* et cette circonstance doit d'autant plus exciter le *zèle* des ecclésiastiques qui la soignent. »

L'hôpital qui devint pour les huguenots la maison de torture la plus tristement célèbre et redoutée, fut celui de Valence, hôpital-prison, dirigé par le sieur Guichard, seigneur *d'Hérapine*, la Rapine, comme l'appelaient les huguenots, un des bourreaux les plus cruellement inventifs qui se soient jamais rencontrés.

D'Hérapine fit si cruellement jeûner Joachin d'Annonay que ce malheureux, dans les transports de la faim, se mangea la main et mourut deux jours après de douleur et de misère ; une autre de ses victimes, un jeune homme de vingt-et-un ans mourut aussi de faim dans son cachot. Il enferma Ménuret, avocat à Montélimar, dans une basse-fosse humide où le jour ne pénétrait que par une étroite lucarne et le maltraita cruellement ; un jour enfin il lui fit donner tant et de si forts coups de nerf de bœuf par ses estaffiers que, quelques heures après, on le trouva mort dans son cachot. La demoiselle du Cros, et quelques-unes de ses compagnes qui avaient voulu, comme elle, fuir à l'étranger, sont livrées à d'Hérapine et aux six furies exécutrices de ses ordres impitoyables.

« Dès leur arrivée on les dépouilla de leurs chemises qu'on remplaça par de rudes cilices de crin qui leur déchirèrent la peau et engendrèrent des ulcères par tout leur corps ; puis il les obligea de mettre des chemises qu'il envoya quérir à l'hôpital, lesquelles avaient été plusieurs semaines sur des corps couverts de gale, d'ulcères et de charbon ; pleines de pus et de poux.

N'ayant pour nourriture que du pain et de l'eau, surchargées de travail, ces prisonnières étaient encore accablées des plus mauvais traitements. Un des supplices favoris de d'Hérapine, après les coups de nerf de bœuf qu'il leur faisait appliquer, sur la chair, en sa présence, consistait à les plonger *dans un bourbier* d'où on ne les tirait que quand elles avaient perdu connaissance. La mort délivra la jeune du Cros de son martyr. Quant à ses amies, couvertes de plaies de la tête aux pieds, et n'ayant plus figure humaine, elles finirent par abjurer, et furent transportées dans un couvent. »

Nous avons les relations laissées par deux des victimes de d'Hérapine, Jeanne Raymond, née Terrasson, et Blanche de Gamond ; voici quelques extraits de ces relations navrantes :

« La Rapine ne cessait de nous visiter, dit Jeanne Raymond, toujours accompagné de trois ou quatre estaffiers et de cinq ou six malvivantes dont il se servait pour l'aider *à nous battre et à nous torturer* ; les satellites avaient toujours leurs mains pleines de *paquets de verges* dont ils donnaient les étrivières sur le corps *nu* à tous ceux que leur barbare maître livrait à leur fureur. Ils ne cessaient de frapper que lorsque le sang ruisselait de tous côtés.

L'on commença par une de mes chères compagnes (pour avoir chanté un psaume) qu'on fit mettre à genoux dans une petite allée qui régnait le long de nos cachots, et là, elle fut frappée jusqu'à ce qu'elle tombât presque morte sur les carreaux. En la remettant dans le cachot, on m'en fit sortir pour exercer sur mon dos le même traitement, ce qui étant fait, on en fit de même aux autres deux qui restaient encore. Je fus accusée ensuite d'avoir dit quelque parole d'encouragement à l'une de celles qui étaient dans les autres cachots, ce qui fit que la Rapine, ranimant sa fureur, me fit sortir de nouveau du cachot et recommença à me frapper de rechef avec un bâton, jusqu'à ce que, n'en pouvant plus, il ordonna à deux de ses satellites de continuer à me battre, chacune avec un bâton, ce qu'elles continuèrent à faire jusques aussi qu'elles en furent lasses et qu'elles eurent mis mon corps *aussi noir qu'un charbon.*

Quelque temps après, étant accusée d'avoir parlé à quelqu'une de mes compagnes, la sœur Marie qui faisait l'office de bourreau, vint contre moi, me prit par derrière, me frappa de tant de coups de bâton, surtout à la tête, me donna tant de soufflets et de coups de poing au visage, qu'il enfla prodigieusement et dans ce pitoyable état, il n'est point de menaces qu'elle ne me fit... Comme tous ses mauvais traitements n'opéraient pas, la Rapine me dit que j'irais de nouveau dans le cachot et que j'y crèverais dans moins de six semaines... On m'obligea d'en nettoyer deux autres qui étaient attenant à celui-ci. Je m'aperçus, en les nettoyant, que les clous de l'une des portes étaient fort gros, posés les uns tout près des autres et que leurs pointes n'étaient pas redoublées. J'en demandai la raison et l'on me dit que la Rapine s'en servait pour tourmenter qui bon lui semblait en les mettant entre les murailles et la porte, *et les serrant contre ces clous.* Je faillis être dévorée par *la vermine* dans ce cachot. Non seulement on plaçait à côté des cachots des chiens qui, par leurs aboiements importuns, achevaient d'y ôter tout repos, mais on logeait parfois ces chiens dans les cachots mêmes avec les prisonniers, ce qui causait à ces malheureux des terreurs mortelles, car ces chiens, surtout deux d'entre eux, du poil et de la grosseur d'un vieux loup, étaient si furieux que peu d'étrangers échappaient à leurs dents.

Blanche de Gamond arrive à l'hôpital de Valence, elle refuse d'aller à la chapelle où se disait la messe ; la sœur Marie lui donne des soufflets et des coups de pied et lui rompt un bâton sur le dos, puis elle la décoiffe pour la prendre aux cheveux. Mais Blanche venait d'être rasée, par ordre du parlement ; on la prend par les bras et malgré ses cris on la traîne à la chapelle. « Ce soir-là, ajoute-t-elle, on me donna un lit qui était assez bon, mais je ne pouvais pas me déshabiller, ni tourner les bras, ni lever la tête, tant on m'avait meurtrie de coups. C'était le premier jour que j'entrai à l'hôpital. Le lendemain on nous fit lever à quatre heures et demie du matin. Quoique je ne pouvais pas lever la tête, parce que mon cou était tout meurtri, il me fallut cependant travailler ; à six heures deux filles me prirent et me menèrent dans la chapelle malgré moi...

On me mit dans une chambre où il y avait *des poux, des puces et des punaises*, en quantité prodigieuse, tellement qu'il me semblait tous les matins qu'on m'avait donné les étrivières, tant que ma chair me cuisait. Il ne nous était pas permis de blanchir ni de faire blanchir nos chemises, les poux nous couraient dessus, *il nous était défendu de nous les ôter...* je n'avais point de draps, tant seulement une couverte et de la paille... le pain qu'on nous donnait était fort noir et du plus amer, car, pendant trois ou quatre jours, il me fut impossible d'en mettre un morceau à ma bouche, quelque effort que je fisse en moi-même.

On me faisait charrier de l'eau avec Mlle de Luze. Une fille nommée Muguette, nous suivait après, avec une verge à la main, qui nous en frappait les doigts. Et la cornue que nous portions était si pleine et pesante, que deux hommes auraient eu peine de la porter et, comme nous étions faibles, ce fut cause que celle qui était avec moi, le bâton lui glissa de la main, et nous versâmes deux ou trois verres d'eau sur le pavé. On s'en alla quérir la Rapine... Il s'en alla à la cuisine et dit aux cuisinières : « Donnez les étrivières à cette huguenote, mais ne l'épargnez pas ; que si vous l'épargnez vous serez mises à sa place. »

A l'instant on me fit lever et on me fit entrer à la cuisine. Sitôt que j'y fus dedans, on ferma bien toutes les portes et je vis six filles que chacune d'elles avait un paquet de verges d'osier de la grosseur que la main pouvait empoigner et de la longueur d'une aune, on me dit : Déshabillez-vous ; ce que je fis, on me dit : Vous laissez votre chemise, il la faut ôter. Elles n'eurent pas la patience qu'elles mêmes l'ôtèrent et j'étais nue depuis la ceinture en haut. On apporta une corde de laquelle on m'attacha à une poutre qui tenait le pain dans la cuisine, en m'attachant on tirait la corde de toutes leurs forces, puis on me disait : Vous fais-je mal ? Et alors elles déchargèrent leur furie dessus moi et en me frappant l'on me disait : Prie ton Dieu !

On avait beau s'écrier : Redoublons nos coups, elle ne les sent pas puisqu'elle ne dit mot ni ne pleure point. Et comment aurais-je pleuré, puisque j'étais *pamée* au dedans de moi ? Mais sur la fin, mes pieds ne purent pas me soutenir parce que mes forces étaient faillies, aussi j'étais pendue par les bras et voyant que j'étais comme couchée par terre, alors on me détacha pour me frapper mieux à leur aise. On me fit mettre à genoux au milieu de la cuisine, là elles achevèrent de gâter les verges sur mon dos, tant que le sang me coulait des épaules... et comme elles me mettaient mon corps (mon corsage) je les priai de ne me le mettre pas, mais tout seulement mon manteau ; elles ne firent que pis, me serrèrent tant plus et, comme j'étais enflée et noire comme du charbon, ce me fut un double supplice et double martyre... C'était à deux heures après midi et, quoique je ne pouvais pas me remuer, il me fallait... pourtant travailler. Et tantôt on venait en disant : Quatre huguenotes pour travailler et charrier de l'eau. Dans un moment après on revenait en criant : Encore deux ou trois huguenotes pour charrier de la farine ; et tous les jours on augmentait nos peines et nos supplices.

Aussi, je regardais ce lieu là comme l'image de l'enfer ; je désirais ardemment d'en sortir par la mort... On nous faisait balayer la cour des filles, mais on ne nous donnait point de balais à toutes, *il fallait que nos doigts fissent les balais et nous ramassions la boue avec nos mains*... Depuis les étrivières, j'étais devenue comme ladre, j'avais par tout mon corps des *ampoules* qui étaient de la grosseur d'un pois. Ce n'était pas la gale, mais du sang meurtri... Je balayai la salle ; le redoublement de fièvre me prit, ma chemise était toute mouillée de sueur de

travail, et comme j'étais extrêmement mal, je m'en allai me jeter
sur le lit...

Je ne fus pas plutôt sur le lit que la Roulotte et la Grimaude,
transportées de furie, vinrent contre moi en me disant : Allons,
à la messe !... Elles me jetèrent du lit à terre,.. et, comme je ne
voulais pas marcher, j'étais couchée sur le pavé, elles me frap-
pèrent à coups de pied, ensuite du bâton qu'elles avaient à la
main... Quand elles eurent rompu le bâton sur moi,.. on me
traîna jusqu'aux degrés... »

A la suite des mauvais traitements répétés qu'elle avait subis,
Blanche de Gamond tombe malade et est envoyée à l'infirmerie.

« Je demeurai là, dit-elle, l'espace de deux mois, je fus détenue
d'une fièvre continue et redoublement d'accès. Quand je deman-
dais de l'eau pour me rafraîchir la bouche, pour la plupart du
temps, on me la refusait, en me disant : Faites-vous catholique
et on vous en donnera... On ne me donnait point de bouillon,
sinon d'eau bouillie avec des choux verts, qu'il y avait des poux
et des chenilles parce qu'on ne les lavait, ni triait, comme j'en ai
très-souvent trouvé dans ma soupe. Mais, pour du se_ et du
beurre on y en mettait fort peu, tellement que, quand on me
présentait ce bouillon, le dédain et le vomissement me prenaient. »

C'était, paraît-il, l'habitude des hôpitaux de laisser à peu près
mourir de faim les malades, car Lambert de Beauregard, porté à
l'hôpital général après avoir été torturé par les soldats, dit : « J'y
fus bien couché et mal nourri : car il est constant qu'en huit jours
que j'y demeurai, je n'y mangeai *pas une livre pesant*, pour tous
les aliments que je pris là dedans, parce que l'on ne m'y présentait que de gros pain que l'on mettait bouillir avec de l'eau, sans
sel ni autre chose pour le mortifier... Je buvais surtout de l'eau
froide que je trouvais fort bonne, et c'est de cela que je me
nourris presque tout le temps que je demeurai à l'hôpital... Il
arriva qu'après que j'eus séjourné cinq à six jours à cet hôpital,
sans prendre d'autre nourriture que de l'eau froide, je me
trouvai *si vide d'estomac et de cerveau* que, durant la nuit,
j'avais des visions et étais dans les rêveries qui me faisaient dire
beaucoup d'extravagances. »

A Marseille, l'hôpital des galères était ainsi un lieu de tourments où les malheureux allaient *achever de mourir* ayant à souffrir *de la faim* et du froid.

Pour en revenir à Blanche de Gamond, on vient lui dire, à sa sortie de l'infirmerie, que sous trois jours elle devra partir pour l'Amérique. « Et, quand vous serez sur la mer, ajoutait-on, on vous fera passer sur une planche fort étroite, et ensuite *on vous jettera dans la mer*, afin de faire perdre la race des huguenots et de se défaire de vous.

Élie Benoit constate que cette menace de transportation dans le nouveau monde parvint à vaincre la constance « de plusieurs de ceux qui avaient résisté aux prisons, aux galères, aux cachots, à la faim, à la soif, à la vermine et à la pourriture. »

Jurieu dit, qu'après le naufrage d'un des navires transportant des huguenots aux colonies, on ne mit plus en doute qu'on ne vous embarquât pour opérer des noyades en grand. A ceux qu'on allait embarquer, raconte Elie Benoit, « on parlait de l'Amérique comme d'un pays où ils seraient réduits *en esclavage* et traités comme les habitants des colonies traitent leurs nègres et leurs bêtes ».

Une lettre écrite de Cadix par un Cévenol au mois d'avril 1687, montre combien était répandue cette idée que les huguenots transportés devaient être réduits en esclavage aux colonies : « On les envoie aux îles d'Amérique *pour y être vendus au plus offrant*. Ces choses font horreur à la nature que ceux qui se disent chrétiens, vendent des chrétiens à deniers comptants...

Nous apprîmes que ce vaisseau venait de Marseille et qu'il allait en Amérique porter *des esclaves*... Nous avons vu paraître quelques demoiselles, à qui la mort était peinte sur le visage, lesquelles venaient en haut pour prendre l'air. Nous leur avons demandé par quelle aventure elles s'en allaient en Amérique. Elles ont répondu avec une constance héroïque : Parce que nous ne voulons point adorer la bête, ni nous prosterner devant des images; voilà, disent-elles, notre crime. Je ne fus pas plutôt au bas de l'échelle que je vis quatre-vingts jeunes filles où femmes, couchées sur des matelas, accablées de maux, et d'un autre côté l'on voyait cent pauvres malheureux accablés de vieillesse et que les tourments des tyrans ont réduits aux abois (des forçats invalides). Elles m'ont dit que, lorsqu'elles partirent de Marseille, elles étaient 250 personnes, hommes, femmes, filles et garçons et que, en quinze jours, il en est mort 18. » Ce Cévenol trouve parmi les transportées, deux de ses cousines, deux jeunes filles, l'une de quinze, l'autre de seize ans, l'une déjà bien malade, vouées toutes deux à une mort prochaine car le vaisseau qui les portait *fit naufrage* et l'on ne sauva point la moitié des passagers. Est-ce à ce naufrage, ou un des cinq ou six autres sinistres du même genre, que se rapporte cette relation du huguenot Etienne Serres, un des rares survivants d'un navire qui, chargé de prisonniers et de forçats invalides, fit naufrage près de la Martinique?

« Les femmes, dit-il, étaient fermées à clef dans leur chambre et, dans le désordre où tout le monde était, on ne se souvint de leur ouvrir que lorsqu'il ne fut presque plus temps. Quelqu'un ayant enfin pensé à elles, et s'étant avisé d'ouvrir la porte de leur chambre, ne pouvant trouver la clef, la rompit à coups de hache. Quelques-unes en sortirent au milieu des eaux où elles nageaient déjà; et on trouva toutes les autres noyées. Les forçats étaient enchaînés les uns avec les autres, et sept à sept, de sorte que, ne pouvant rompre les chaînes dont ils étaient liés, ils jetaient des cris épouvantables pour émouvoir les entrailles et pour faire venir à leur secours. Ces cris ayant attiré près d'eux leur comite, il eut pitié d'eux et fit tous ses efforts pour rompre leurs chaînes. Mais le temps était court, et, tous voulant être déliés à la fois, après avoir ôté les fers à quelques-uns, il fut contraint d'abandonner les autres. »

Les matelots mettent les chaloupes à la mer, quelques-uns seulement des transportés peuvent les suivre dans les embarcations, si bien que quinze des prisonniers périrent et que *presque toutes* les prisonnières furent noyées.

Ce n'était pas seulement le naufrage qu'avaient à craindre les transportés, c'étaient encore les maladies résultant de l'entassement sur les navires et du manque de soins. Ainsi sur un navire parti de Nantes en 1687 avec cent-soixante transportés, quarante périrent dans la traversée, et sur deux autres partis de Marseille l'année suivante avec cent quatre-vingt passagers, quarante périrent en route.

Cette croyance qu'on embarquait les huguenots pour les noyer était si bien établie, que Couvenant, pasteur d'Orange, à l'occasion de l'émigration protestante de cette principauté, dit encore en 1703 : « On répétait qu'on ne leur faisait prendre cette route que pour les embarquer à Nice sur des vaisseaux qu'on y avait préparés, et pour leur faire le même traitement qu'on avait fait, il n'y avait que quelques jours, à tous les habitants d'un village des Cévennes, qu'on avait mis sur un vaisseau, sous ombre de les transporter dans les îles d'Amérique, et *qu'on avait fait couler à fond au milieu de la mer.* »

On avait eu l'idée, tout d'abord, de faire de la transportation sur une grande échelle ; le marquis de la Trousse avait cru trouver dans la transportation un moyen de *changer quelques peuples des Cévennes*, et en 1687, il annonçait être prêt à faire trois *voitures*, d'une centaine de personnes chacune, pour Marseille, mais il dut se contenter de faire partir pour les îles d'Amérique ou le Canada, *ceux qui paraissaient avoir le plus de crédit dans chaque village.* On renonça bientôt absolument à la transportation des huguenots, « Sa Majesté, écrivait Louvois en 1689, ayant connu par expérience que ces gens-là embarrassaient extrêmement les gouverneurs des îles et que, quelque précaution que l'on prît, ils s'évadaient et revenaient en France. »

Cette décision se comprend d'autant mieux que Louvois avait obtenu du roi que la liberté de sortir du royaume fût *momentanément* rendue aux huguenots et aux nouveaux convertis. Il avait invoqué cet argument « que le naturel des Français les poussait à vouloir principalement les choses difficiles et *défendues*, mais qu'ils se refroidissaient aussitôt qu'on leur donnait la permission de se satisfaire ». Conformément à son avis, les passages furent un instant ouverts aux émigrants, mais quand on vit qu'une foule de gens profitaient de l'occasion pour sortir du royaume, on s'empressa de les refermer et de remettre en vigueur les édits interdisant l'émigration sous peine des galères.

En même temps, pour désemplir les prisons trop peuplées, on avait expulsé du royaume quelques centaines de huguenots opiniâtres, qu'on avait fait conduire aux frontières de terre ou de mer, *en confisquant leurs biens*, comme s'ils fussent sortis volontairement du royaume. On expulsa de même quelques *notables* qui n'avaient pas été emprisonnés, mais donnaient le mauvais exemple de leur attachement à la foi protestante.

Ainsi, de Thoraval, gentilhomme du Poitou qui, enfermé à la Bastille, avait abjuré entre les mains de Bossuet, était dénoncé, six ans plus tard, comme étant le conseil des nouveaux convertis, si bien *qu'il ne paraissait pas qu'il eût fait abjuration*. Quelques jours plus tard, après que le secrétaire d'État eut consulté Bossuet sur la question, le maréchal d'Estrées recevait l'ordre suivant, qu'il s'empressait d'exécuter contre cet *opiniâtre* dont la présence était réputée dangereuse : « Sa Majesté veut que vous fassiez sortir du royaume le sieur de Thoraval, en l'envoyant au plus prochain endroit pour s'embarquer, et sa femme aussi, supposé qu'elle n'ait point fait l'abjuration. Je crois inutile de vous dire qu'il ne doit emmener avec lui aucun de ses enfants, *ni disposer de ses effets*. »

Fénélon, non seulement conseillait d'envoyer les nouveaux convertis dangereux de la Saintonge dans les provinces où il n'y avait point de huguenots, de les y envoyer en qualité d'*otages*, pour empêcher la désertion de leurs familles, mais encore il ajoutait : «Peut-être ne serait-il point mauvais d'en envoyer quelques-uns dans le Canada, *c'est un pays avec lequel ils font eux-mêmes le commerce*. » La plaisante raison pour les transporter en Amérique !

Le secrétaire d'État Seignelai envoie à un intendant cette lettre du roi : « J'ai vu la liste que vous m'avez envoyée de ceux de la religion prétendue réformée qui sont dans l'étendue de votre département, et qui ont, jusqu'à présent, refusé de faire leur réunion à l'Église catholique, et ne pouvant souffrir que des gens si opiniâtres dans leur mauvaise religion demeurent dans mon royaume, je vous écris cette lettre pour vous dire que mon intention est que vous les fassiez conduire au plus prochain lieu de la frontière sans qu'ils puissent, sous quelque prétexte que ce soit, *emporter aucuns meubles ou effets de quelque nature qu'ils soient*. »

Ces mesures d'expulsion ne portaient que sur quelques têtes choisies; il eût fallu, chose impossible, conduire à la frontière des populations entières pour débarrasser le royaume de tous les *opiniâtres*.

En 1729 encore, le président du parlement de Grenoble rend cette ordonnance : « Nous avons ordonné que, dans trois mois, le sieur Jacques Gardy fera abjuration de la religion prétendue réformée, à compter du jour dé la signification qui lui sera faite du présent, à faute de quoi, ledit délai passé, il est ordonné au sieur prévôt de la maréchaussée de cette province de le faire prendre par des archers et conduire hors du royaume sur la frontière la plus proche, lesquels archers lui feront défense d'y rentrer sous la peine des galères. »

Quant à ceux qu'on tenait sous les verroux, on ne se résignait à leur ouvrir les portes des prisons pour les conduire à la frontière que lorsque l'on avait épuisé tous les moyens pour provoquer leur abjuration.

La veuve Camin était prisonnière au château de Saumur depuis de longues années sans qu'on eût pu la faire abjurer. Pontchartrain écrit au gouverneur : « Le roi est résolu de la faire sortir du royaume, après qu'on aura essayé de la convertir. Pour cet effet il faut tenir cette décision *secrète* et mettre tous les moyens possibles en usage pour l'obliger à s'instruire, en lui faisant entendre que c'est le seul expédient à mettre fin à ses peines; et si, dans trois mois, elle persiste dans son opiniâtreté, on l'enverra hors du royaume. »

Comme on savait que les prisonniers préféraient tout, même les galères, à la transportation en Amérique, on faisait peur jusqu'au bout de l'Amérique, dit Elie Benoit, aux expulsés, que l'on conduisait aux frontières du royaume, et cet artifice réussit contre quelques-uns qui perdirent courage à la veille de leur délivrance. Le marquis de la Musse était déjà sur un vaisseau étranger, avant qu'il eût appris qu'on voulait le relâcher; il n'en sut rien qu'après que celui qui était chargé de le conduire se fut retiré et que les voiles furent levées. — « On nous mena dans notre charrette, dit Anne Chauffepié, à un village nommé Etran, où nos gardes et nous, nous montâmes sur le vaisseau qui nous attendait pour mettre à la voile, et *ce fut là seulement* que nos gardes nous dirent qu'on nous emmenait en Angleterre ou en Hollande, car, jusqu'à ce moment, ils nous avaient toujours fort assuré *qu'on nous mènerait en Amérique.* »

Pour en revenir à Blanche de Gamond, la victime de d'Hérapine, ou la Rapine, comme l'appelaient les huguenots, quand on lui eut fait cette menace de la transporter en Amérique, elle résolut de s'évader de l'hôpital de Valence avec trois de ses compagnes; mais, en franchissant une haute muraille, elle tomba et se rompit la cuisse, si bien qu'elle fut reprise par ses bourreaux et ramenée à l'infirmerie où se trouvait son amie Jeanne Raymond, blessée comme elle.

« L'un me prit par la tête, dit-elle, et les autres par le milieu de mon corps, ainsi on commença à monter les degrés. Je souffrais comme si j'eusse été sur une roue; tous les degrés qu'on montait ébranlaient si fort mon corps et mes os qu'ils craquetaient tous. — Un moment après on vint pour me déshabiller, ce fut des maux les plus cuisants du monde. Ils étaient trois ou quatre filles, les unes me tenaient entre leurs bras, les autres me délaçaient, les autres m'ôtaient mes bas; c'est alors que je fis des cris, car les os de mon pied gauche étaient démis. Puis on me mit dans une peau de mouton, là où je demeurai jusqu'au troisième jour sans qu'on me changeât de place, ni nous faire accommoder nos desloqûres, nous priâmes tant qu'enfin on nous fit venir un homme, nommé maître Louis Blu qui nous remit nos os. Il accommoda premièrement Mlle Terasson, et puis moi, ce furent des cris et des larmes que ma cuisse me causait, car elle était démise et *moulite*, cela dura assez longtemps, devant qu'il eût accommodé, en six ou sept parts de ma personne, les os qui étaient démis de leur place. On demeura huit jours sans venir voir nos meurtrissures. On ne me donna point de bouillon ni autre chose... M. de Brezane ne manquait pas de nous faire de rudes menaces de temps en temps; en venant nous voir il nous disait: « Quoique vous soyez estropiées, cela n'empêchera pas *qu'on ne vous mène en Amérique* pour vous faire prendre fin, mais en attendant je vous ferai mettre dans un cachot et vous pourrirez là-dedans. »

« Il fallait qu'on fût quatre personnes pour me lever, chacune d'elles prenait le coin du matelas et avec le matelas on me mettait par terre : puis deux filles me tenaient entre leurs bras et les autres faisaient mon lit, puis on tâchait de m'y mettre dessus; mais c'était là la plus grande peine parce qu'on ne pouvait pas m'y mettre sans me toucher. Et comme *je pourrissais vive et que ma peau s'ôtait dès* qu'on me touchait, c'étaient des cris, des larmes et des soupirs, les plus grands qu'on ait jamais ouïs, la nuit et le jour sans relâche...

Comme M. le comte de Tessé avec l'évêque de Valence approchaient de mon lit, la plus grande hâte qu'ils eurent, ce fut de se boucher le nez et ensuite de prendre la fuite à cause de la puanteur, et de ce *qu'on n'avait pas soin de changer le linge de ma plaie*, car elle coulait nuit et jour et perçait le matelas; et toutes les fois qu'on me levait, il ressemblait à un ruisseau, et quoiqu'on eût parfumé la chambre, cela n'empêchait pas qu'il n'y eût une grande puanteur. »

Grâce aux démarches d'amis puissants, et à un sacrifice pécuniaire que sa mère consentit à s'imposer pour faire disparaître les dernières oppositions, Blanche de Gamond, autorisée à se rendre à Genève, put sortir de l'hôpital de Valence. La malade partit, couchée à plat ventre sur un sac rempli de foin, posé en travers sur la selle d'un cheval, les pieds appuyés sur l'un des étriers. Ce fut un nouveauet cruel martyre; à chaque pas du cheval, c'étaient de terribles douleurs; il fallut s'arrêter toutes les deux ou trois lieues, et, à chaque étape, séjourner plusieurs jours pour se reposer, si bien que l'on mit un mois pour faire les quatorze lieues qui séparent Valence de Grenoble.

Celui qui visite les prisons d'aujourd'hui, ne peut avoir aucune idée de ce qu'étaient les prisons du temps de Louis XIV, ces sépulcres des vivants où furent entassés les huguenots après la révocation, et où tant de victimes furent jetées pendant près d'un siècle pour cause de religion.

La plupart des cachots des châteaux-forts et des prisons d'État étaient de sombres réduits, dans lesquels l'air et le jour ne pénétraient que par une étroite lucarne, donnant parfois sur un égout infect; ils étaient si humides que les prisonniers y perdaient bientôt leurs dents et leurs cheveux, les insectes y pullulaient ainsi que les souris et les rats, et les tortures de la faim venaient souvent s'ajouter aux autres souffrances qu'on avait à y supporter. Je laisse la parole aux témoins oculaires et aux victimes pour ne pas être accusé d'exagération dans la description de ces lieux de torture.

Voici d'abord le témoignage d'Elie Benoit:

« Il y a des lieux où les cachots sont si noirs, si puants, si pleins de boue et d'animaux qui s'engendrent dans l'ordure, que la seule idée en fait frémir les plus assurés. Presque partout ces

cachots sont des lieux où il passe des égouts et où les immondices de tout le voisinage viennent se rendre. Dans plusieurs
on voit passer les ordures des latrines, et, quand les eaux sont
un peu hautes, elles y montent jusqu'au cou de ceux qui y sont
confinés... A Bourgoin les cachots n'y sont rien autre chose
que des puits, pleins d'eau puante et bourbeuse... On y descend
les prisonniers par des cordes, et on les y laisse suspendus de
peur qu'ils ne fussent étouffés s'ils tombaient jusqu'au fond. Le
cachot de la Flosselière est une véritable voirie, où passent
toutes les ordures d'un couvent voisin. On avait la méchanceté
d'y porter exprès des charognes pour incommoder les prisonniers de leur puanteur. Tels sont encore ceux d'Aumale en Normandie, tels ceux de Grenoble où le froid et l'humidité sont si
terribles que plusieurs, au bout de quelques semaines, ont
perdu les cheveux et les dents... Certains cachots sont si étroits
qu'on n'y peut être debout. Les malheureux qu'on y jette ne
peuvent trouver de repos qu'en s'appuyant contre la muraille,
en se mettant comme en un peloton pour se délasser en pliant
un peu les jambes.

Il y en a qui sont faits à peu près comme la coiffure d'un capu-
cin, un peu larges d'entrée, mais étrécissant jusqu'au fond, en
*sorte qu'on n'y peut tenir qu'en mettant les pieds l'un sur l'autre,
et que la seule posture où un homme s'y puisse mettre, est de
demeurer demi couché, sans être jamais ni debout, ni assis ;
sans pouvoir se remuer, qu'en se roulant contre la muraille ;
sans pouvoir changer la situation de ses pieds, comme s'ils
étaient attachés avec des clous et qu'ils ne pussent tourner que
sur un pivot...* Avec tout cela ces lieux ne sont ouverts que pour
donner aux prisonniers autant d'air qu'il en faut pour n'étouffer
pas, et *cet air ne leur vient que par des crevasses qui, outre
qu'elles apportent un air impur et infect, exposent aussi ces
lieux pleins d'horreur à toutes les injures des saisons.*

La plupart des cachots n'ont de jour, qu'autant qu'il en faut
pour faire apercevoir aux prisonniers *les crapauds et les vers qui
s'y engendrent et s'y nourrissent...* On avait parfois la cruauté
de mettre aux prisonniers les fers aux pieds et aux mains... On
refusait aux malades tout ce qui pouvait leur faire supporter leur
mal avec plus de patience... *Le geôlier appliquait impunément*

à son profit ce qu'il recevait pour le soulagement des prisonniers... On laissait ceux-ci dans les plus horribles cachots autant de temps qu'ils y pouvaient demeurer sans mourir. Après qu'on les en avait retirés, pénétrés d'eau et de boue, on ne leur donnait ni linge ni habits à changer, ni feu pour sécher ce qu'ils avaient sur le corps... On en a retiré parfois dans des états qui auraient fait pitié *aux peuples qui s'entremangent;* on les voyait enflés partout; leur peau se déchirait en y touchant, comme du papier mouillé; ils étaient couverts de crevasses et d'ulcères, maigres, pâles, ressemblant plutôt à des cadavres qu'à des personnes vivantes. »

« Les prisons de Grenoble étaient si remplies, en 1686, écrit Antoine Court, que les malheureux qui y étaient renfermés, étaient entassés les uns sur les autres; dans une seule basse-fosse, il y avait quatre-vingts femmes ou filles, et dans une autre, soixante-dix hommes. Ces prisons étaient si humides, à cause de l'Isère qui en baignait les murailles, que les habits *se pourrissaient sur les corps des prisonniers.* Presque tous y contractaient des maladies dangereuses, et il leur sortait sur la peau des espèces de clous qui les faisaient extrêmement souffrir, et ressemblaient si fort aux boutons de la peste que le parlement en fut alarmé et résolut une fois de faire sortir de Grenoble tous les prisonniers. »

Blanche de Gamond qui fut enfermée dans ces prisons avant d'être conduite à l'hôpital de Valence, écrit :

« Comme la basse-fosse était un mauvais séjour extrêmement humide, je tirai du venin tellement, que je tombai dans une grande maladie, car j'étais détenue d'une fièvre chaude... Il me sortit de rechef un venin à la jambe droite, elle était si défigurée à cause du venin que j'avais tiré de ces lieux humides qu'on croyait qu'il faudrait la couper. »

Mesnard dépeint ainsi sa prison de la Rochelle :

« Etant dans ce triste lieu au plus fort de l'hiver, qu'il ne cesse de pleuvoir, du côté du soleil levant la mer y montait, et comme ce cachot n'est qu'une voûte, l'eau y entrait en chaque fente de pierre, dégouttant sans cesse. Enfin nous étions entre deux eaux; il pleuvait partout, jusque sur notre lit qui était exposé sur un peu de paille par terre; ayant aussi les latrines au même lieu qui empoisonnaient. »

A Aigues-Mortes, le froid, l'humidité et le mauvais air firent mourir seize prisonniers en six mois. A Saint-Maixent, plusieurs malheureux périrent ayant de la boue jusqu'aux genoux. A Nîmes, raconte le huguenot Jean Nissolle, pour augmenter l'horreur du cachot sale et puant où l'on enfermait les prisonniers, on y fit couler l'ordure des lieux.

Partout les prisonniers, dévorés par la vermine, souffrant du froid et du mauvais air, étaient encore exposés à mourir de faim, par suite de la rapacité de leurs geôliers. Les prisons étaient affermées et faisaient partie des domaines de l'État *productifs de revenus*, en sorte que c'était sur le prix alloué aux geôliers à chaque entrée nouvelle, que devait se prélever le montant de leur bail. Une pareille obligation annulait en fait tous les règlements destinés à protéger un détenu contre des spéculations *meurtrières*; aussi, en 1665, un geôlier avait-il été condamné à mort pour avoir laissé mourir de faim un prisonnier.

Les commandants des châteaux-forts, de même que les geôliers, économisaient le plus qu'ils pouvaient sur les pensions qui leur étaient attribuées pour leurs prisonniers. M. de Coursy, gouverneur du château de Ham, par exemple, fut sévèrement admonesté par le ministre, pour ne donner à un détenu que six sous par jour pour sa nourriture, alors que le roi avait fixé à trente sous la pension journalière de ce détenu, et le laisser : *tout nu et manquant de toutes choses.*

Farié de Garlin, huguenot détenu à la Bastille, passe onze ans dans une des chambres basses des tours du château appelées *calottes* et, après avoir usé et pourri le peu de vêtements et la seule chemise qu'il avait sur le corps, en est réduit à se couvrir uniquement de la mauvaise courte-pointe qui était sur son lit.

Le gouverneur de la Bastille économisait terriblement, on le voit, sur les dépenses d'habillements de ses prisonniers.

En 1765, des prisonnières huguenotes détenues depuis dix-huit ans dans les prisons de Bordeaux adressent une requête à M. de la Vrillière pour obtenir leur mise en liberté, elles font valoir que deux d'entre elles, âgées de quatre-vingts à quatre-vingt-deux ans, sont *imbéciles* depuis plus de dix années. La Vrillière ordonne d'attendre pour les plus jeunes, mais de relâcher les plus âgées. Le geôlier refuse de libérer ses prisonnières, sous prétexte *des droits de gîte et de geôle* qui lui sont dus par elles ; il faut que constatation soit faite que ces prisonnières *n'ont pas de bien* pour que ce geôlier rapace consente enfin à leur ouvrir les portes de la prison, en se contentant d'une très légère somme. Il semblait si naturel de grapiller sur les sommes allouées pour l'entretien et la subsistance des prisonniers, que, à l'occasion d'une accusation de malversation dans la distribution du pain des prisonniers, dirigée contre les officiers de la maréchaussée de Toulon, l'intendant de la marine objecte *naïvement* qu'il a toujours été d'usage, d'employer les économies faites sur les fonds alloués pour le pain des prisonniers, aux réparations du Palais et à diverses menues dépenses.

On lit dans une relation sur la prison d'Aigues-Mortes : « On demeura *quelques jours* sans rien donner à quatre d'entre nous. Les autres prisonniers nous firent part de leur pain pendant ce temps. Il y avait quatre portes à passer, d'eux à nous ; au milieu il y avait un appartement où était un de nos frères prisonniers. Il fallait donc que ceux qui nous faisaient ainsi part de leur nécessaire, l'attachassent avec du fil au bout d'un roseau, et le fissent passer sous ces quatre portes. Cependant le roseau était court, et, sans le prisonnier qui, par une providence particulière, se trouva heureusement au milieu, pour prendre le pain et pour nous le donner, nous serions peut-être *morts de faim* dans cette prison... Quand nous voulions faire acheter quelques provisions, il fallait donner l'argent par avance et payer les choses doublement, encore étions-nous fort mal servis. Une fois on nous apportait de la viande, et on oubliait le bois qu'il fallait pour la faire cuire ; une autre fois on apportait le bois et on laissait la viande. Il manquait toujours quelque chose ; *ce qui nous faisait le plus souffrir c'était la soif, on fut une fois deux jours sans nous donner une goutte d'eau.* »

Six prisonniers enfermés depuis vingt-deux ans comme *opiniâtres* au château de Saumur, écrivent en 1713 à l'évêque de Bristol, ministre plénipotentiaire de la reine d'Angleterre : « M. Desy, le lieutenant du roi, mettra tout en œuvre pour nous retenir toute notre vie, *à cause du profit qu'il tire sur notre nourriture*, qui lui est payée vingt sous par jour, desquels il retient une partie et donne l'autre au cantinier qui nous nourrit fort mal. »

Un de ceux qui eurent à souffrir le plus cruellement de la cupidité de ses geôliers fut Louis de Marolles, ancien conseiller du roi, un des hommes les plus instruits et les plus capables du XVII° siècle, que l'on avait enterré tout vivant dans un des plus affreux cachots de Marseille. Il n'eut pas seulement à souffrir de l'isolement, des ténèbres et du froid ; son geôlier, l'exploitant de la manière la plus indigne, le laissa sans vêtements et souvent sans nourriture. Son corps s'exténua, sa tête s'exalta ; souffrant du froid et de la faim, en proie à de cruelles hallucinations, si bien qu'un jour il se brisa la tête en tombant contre un des murs de son cachot. Après deux mois de cruelles souffrances pendant lesquels, dit un de ses correspondants, il ne songeait plus *qu'à déloger*, Louis de Marolles mourut le 17 juin 1692.

Voici quelques extraits des rares lettres que ce *mort vivant* put écrire, dans son sépulcre, à la clarté d'une petite chandelle d'un liard, soit à un forçat pour la foi, soit à sa femme que, par anticipation, il appelait ma chère et bien-aimée veuve.

« Mon petit sanctuaire a douze de mes pieds de longueur et dix de largeur ; le plus grand jour qu'il ait, vient par la cheminée, la clarté n'y entre qu'autant qu'il faut pour ne pas heurter le jour contre les murailles. Quand j'y eus été trois semaines, je me trouvai attaqué de tant d'incommodités que je ne croyais pas y vivre quatre mois, et le douzième de février prochain, il y aura cinq ans que Dieu m'y conserve.

Environ le 15 octobre de la première année, Dieu m'affligea d'une fluxion douloureuse qui me tomba sur l'emboîture du bras droit avec l'épaule. Je ne pus plus me déshabiller, je passais les nuits, tantôt sur le lit, tantôt me promenant dans mes ténèbres ordinaires. La solitude et les ténèbres perpétuelles dans lesquelles je passais mes jours se présentèrent à mon esprit sous une si affreuse idée, qu'elles y firent de très funestes impressions. Il se remplit de mille imaginations creuses et vaines qui l'emportèrent très souvent dans les rêveries qui duraient quelquefois des heures entières... Dieu voulut que ce mal durât quelques mois... J'étais plongé dans une profonde affliction, quand je joignais à ce triste état, le peu de repos que mon corps prenait, j'en concluais que c'était là *le grand chemin au délire* et que je n'éviterais jamais d'y tomber.

Il y a quatre ou cinq mois j'étais encore très incommodé d'une oppression de poumon qui me faisait presque perdre la respiration, j'avais aussi des vertiges et je suis tombé à me casser la tête. Ces tournoiements de tête n'étaient causés, à mon avis, que *par le défaut de nourriture...* »

Demandant à son correspondant de lui faire acheter pour quelques sous de fil afin de pouvoir recoudre son linge, sa culotte et autres hardes, de Marolles dit : « Il y a plus de six semaines que les sergents en demandent tous les jours pour moi chez le *major* sans pouvoir en obtenir. Voilà où j'en suis pour toutes choses avec lui... Il y a bien trois mois qu'il ne me fait plus blanchir mon linge... J'ai été plus d'un an sans chemise, mes habits plus déchirés que ne sont ceux des plus pauvres gueux qu'on voit aux portes des églises; j'ai été pieds nus jusqu'au 15 décembre ; je dis pieds nus, car j'avais des bas qui n'avaient point de pieds et, pour souliers, des savates décousues des deux côtés et percées en dessous...

Voici le quatrième hiver que j'ai passé presque sans feu. Le premier des quatre, je n'en eus point du tout. Le second, on commença à m'en donner le 28 janvier et on me le retrancha avant février fini. Le troisième, on ne m'en donna qu'environ quatorze ou quinze jours.

Je n'en ai point encore vu de cet hiver et n'en demanderai point du tout. Le major pourrait bien m'en donner s'il voulait, car il a de l'argent à moi ; mais il ne veut pas m'en donner un double ; j'ai senti vivement le froid, la nudité et la faim... J'ai vécu de cinq sous par jour, ce qui est la subsistance que le roi m'a ordonnée. J'ai été nourri d'abord par un aubergiste qui me traitait fort bien pour mes cinq sous. Mais un autre qui lui a succédé m'a nourri durant cinq mois et retenait tous les jours deux sous six blancs ou trois sous sur ma nourriture. Enfin le major entreprit de me nourrir à son tour. Il faisait d'abord assez bien, mais enfin il s'est lassé de le faire. Il n'ouvre mon cachot qu'une fois par jour, et m'a fait apporter plusieurs fois à dîner, *à neuf heures, à dix heures et à onze heures du soir.* J'ai passé une fois *trois jours* sans recevoir de pain de lui, et, d'autres fois, *deux fois vingt-quatre heures.* »

Le huguenot Ragatz mourut fou dans un de ces profonds

cachots de Marseille dont le fond *était tout pourriture et fourmil-
lait de vers.* En 1703, Daniel Serre écrit : « La citerne répond
précisément au fond de la caverne où je suis, ce qui la rend fort
humide. » Ses vêtements pourrissaient sur lui, et l'on avait
placé sur l'étroit soupirail destiné à aérer son cachot, des plaques
de fer percées de petits trous, en sorte, « dit-il, que l'air que l'on
respire dans l'endroit triste et étroit où je suis enfermé, est si
grossier et si corrompu qu'il est impossible qu'on y jouisse longtemps d'une parfaite santé. »

Daniel Serre était en effet fort malade et le médecin refusait de
lui donner des remèdes sous ce prétexte, que ceux qu'il prendrait *dans un lieu si humide* lui feraient plus de mal que de bien.
Serre ayant objecté que depuis qu'il est dans son cachot, il a
toujours mal aux dents et a dû déjà se faire arracher cinq ou six
dents, le docteur lui répond tranquillement, que, s'il reste davantage dans ce cachot, il faudra qu'il y perde *non seulement ce qui
lui reste de dents*, *mais* aussi la cervelle.

« Quelle plus grande misère peut-on s'imaginer, écrit le
pauvre prisonnier, que celle d'être privé de la lumière du jour
pendant des années, d'être livré en proie à l'avarice et à la sévérité d'un concierge impitoyable, et *de se sentir*, pour ainsi dire,
mourir à tout moment ? »

Besson, un des prisonniers de Marseille, dit en 1709 :
« Il a fait plus froid en ce pays qu'il n'avait fait depuis quarante
ans. Quelques instances que nous ayions faites pour obtenir les
robes que le roi nous donne, nous n'avons rien avancé... On nous
tient dans des appartements où il n'y a ni jour ni air, et où l'on
ne peut respirer, tellement que plusieurs d'entre nous sont souvent malades ; nous en avons trois à l'hôpital... A part ces trois
malades, il en est mort un il n'y a que quelques jours qui avait
resté treize à quatorze ans dans les cachots. » De son côté Carrière écrit qu'il a été enfermé dans un profond cachot, où l'on ne
pouvait entrer *qu'à quatre pieds*, l'entrée étant comme celle d'un
four. Il est dans un fond de tour, où l'on descend par seize degrés,
en passant par cinq portes, puis plus bas encore, par le moyen
de quelque machine. « Cela, dit-il, serait *plus propre à mettre
les morts que les vivants*, il n'y a aucun jour et il faut vivre à la
lumière de la lampe ; notre nombre *n'a pu se soutenir*, car le lieu

est si méchant qu'il paraît impossible d'y durer. Mon frère y est devenu *perclus de tous* les membres... un autre qui fut traduit à l'hôpital avec lui, y mourut peu de temps après, deux autres y sont morts depuis. »

On comprend que, dans de telles conditions, le nombre des prisonniers ne pût *se soutenir*, les uns mouraient, les autres se tuaient désespérés, beaucoup perdaient la raison.

Des quatre ministres, enfermés aux îles Sainte-Marguerite et recommandés à Saint-Mars par cette instruction spéciale « qu'ils soient soigneusement gardés, sans avoir communication avec qui que ce soit, de vive voix ou par écrit, sous quelque prétexte que ce soit », trois étaient fous au mois de novembre 1693.

Avec l'inaction absolue à laquelle étaient condamnés le corps et la pensée dans ces sépulcres voués au silence et à l'obscurité, la folie finissait par s'emparer du malheureux mort-vivant enfermé dans un tombeau anticipé. On conte qu'un prisonnier, ayant trouvé une épingle, ne cessa plus de la perdre en la jetant dans l'ombre de son cachot, puis de la rechercher pour la reperdre encore et que cette occupation machinale le sauva de la folie, dont il avait ressenti les premières atteintes.

Quand il s'agissait de *huguenots*, on n'était jamais disposé à faire pour les prisonniers quelque chose qui pût les empêcher de perdre la raison. Ainsi deux ministres emprisonnés, l'un sain d'esprit, l'autre fou, demandent des plumes et de l'encre pour faire des remarques sur l'histoire sainte. — Le secrétaire d'État oppose un refus à la demande du ministre *sain d'esprit*, et permet de donner une seule fois des plumes et de l'encre à celui qui est *fou*, à condition d'envoyer ce qu'il aura écrit. On fait observer à un secrétaire d'État, que la prison affaiblit l'esprit d'une huguenote, détenue comme opiniâtre, il répond : *l'y laisser* !

Une fois entré dans les cachots des Bastilles du grand roi, l'on n'en sortait pas souvent, et pendant vingt ou trente ans, les prisonniers rayés du monde des vivants, souffraient mille morts sans que personne sût s'ils vivaient encore ou s'ils avaient passé de vie à trépas. Deux de ces morts-vivants, les pasteurs Cardel et Malzac, enfermés avec cette recommandation : « Sa Majesté ne veut pas que l'homme qui vous sera remis soit connu de qui ce soit », sont réclamés en 1713 par les puissances protestantes,

Louis XIV répond qu'ils sont morts, et il est établi que Cardel vécut jusqu'en 1715, et que Malzac ne mourut qu'en 1725.

Que fallait-il faire pour venir dans cet enfer des prisons, d'où l'on n'était jamais assuré de sortir une fois qu'on y était entré ? Il suffisait, pour n'importe qui, catholique ou protestant, d'avoir provoqué la haine ou l'envie chez quelqu'un de ceux qui, disposant de lettres de cachet en blanc, pouvaient faire disparaître sans esclandre ceux qui leur déplaisaient ou leur portaient ombrage. Il suffisait même qu'un agent de police trop zélé vous eût fait emprisonner *sans motif* pour que, si personne ne vous réclamait, vous restiez à tout jamais enseveli dans ces oubliettes du grand roi.

Ainsi, Saint-Simon raconte que lorsque, à la mort de Louis XIV, le régent fit ouvrir les prisons, on trouva dans les cachots de la Bastille un prisonnier enfermé depuis *trente-cinq ans* dans cette prison d'État. Ce malheureux ne put dire pourquoi il avait été arrêté, on consulta les registres et l'on remarqua *qu'il n'avait jamais été interrogé*. C'était un Italien, arrêté le jour même de son arrivée à Paris, sans qu'il sût pour quelle raison, et ne connaissant personne en France. On voulut le mettre en liberté. Il refusa, en disant qu'il ignorait depuis trente-cinq ans ce qu'avaient pu devenir en Italie, tous les siens, pour lesquels sa réapparition serait une gêne et peut-être un malheur. Il obtint *la faveur* de rester à la Bastille, où il avait passé au cachot toute une existence d'homme, avec permission d'y prendre toute la liberté possible en un tel séjour.

C'est la Bastille qui, pour le peuple, personnifiait ce régime du bon plaisir permettant au roi, aux ministres, aux seigneurs de la cour et parfois à un agent subalterne, de supprimer un citoyen, de l'arracher à sa famille, de faire de lui un être innommé qui, jusqu'au jour de sa mort, n'était plus désigné que sous le numéro du cachot dans lequel il était enfermé. C'est parce que la Bastille était pour le peuple le symbole de ce terrible régime de l'arbitraire, que la chute de cette arche sainte du despotisme, fut saluée par de si vives et de si unanimes acclamations; c'est pour la même raison, que la troisième République a choisi pour la célébration de la fête nationale, le jour de la prise de la Bastille.

CHAPITRE IV

LES GALÈRES

Si parfois les portes des prisons s'ouvraient, quand les cachots regorgeaient de prisonniers dont l'entretien devenait une trop lourde charge pour le trésor royal, il n'en était pas de même pour *les galères*, ce dernier cycle de l'enfer qui ne lâchait jamais sa proie, du moins quand il s'agissait de forçats *pour la Foi*, de huguenots mis à la rame pour cause de religion.

Pour maintenir au complet l'effectif de ses galères si laborieusement recruté, Louis XIV n'éprouvait aucun scrupule à retenir les forçats qui avaient fait leurs temps. « Ceux-ci, dit Bion, en parlant des faux-sauniers, ne sont condamnés aux galères que pour un temps. Mais quel bonheur serait encore le leur si, après avoir fait leur temps, on leur tenait parole, et si on les renvoyait; mais il n'en est pas des galères comme du purgatoire, les indulgences n'y trouvent point de places et, quelque terme qu'on ait fixé dans les sentences, le terme est toujours *à perpétuité*, surtout si un homme a le malheur d'avoir *un bon corps.* »

En 1675, l'évêque de Marseille intervient en faveur de forçats dont on avait arbitrairement doublé ou triplé le temps de galères. Huit ayant été condamnés, de 1652 à 1660, à deux, quatre et cinq ans étaient encore aux galères en 1674, et vingt autres avaient fait de quinze à vingt ans au-delà du temps auquel ils avaient été condamnés.

Il y a aux archives du Vatican, beaucoup de suppliques de forçats catholiques qui se plaignent au pape de ce qu'on les retient pour ramer sur les galères *jusqu'à la mort*, alors qu'ils ont fini leur peine depuis dix, vingt et trente ans.

L'intendant des galères, Arnoul, conseillait de relâcher *de loin en loin* quelques-uns de ceux *qui avaient fait leur temps,* quand bien même il leur resterait quelque petite vigueur, *pour guéri la fantaisie blessée de ceux qui ont passé le temps de leur condamnation, que le désespoir saisit et qui commettent sur eux-mêmes des excès pour recouvrer leur liberté.*

Ces conseils étaient parfois suivis, et c'est sans doute à la suite de l'application momentanée de cette mesure *calculée* d'équité, que Dangeau écrit : « Le roi a résolu d'ôter de ses galères *beaucoap de ceux qui ont fait leur temps*, quoique *la coutume* fût établie depuis longtemps, d'y laisser *également* ceux qui y étaient condamnés pour toute la vie et ceux qui étaient condamnés pour un certain nombre d'années. »

Il semble impossible d'aller plus loin dans la voie de l'arbitraire et de l'iniquité. Cependant l'intendant Arnoul avait trouvé mieux, il accordait au forçat ayant fait son temps, *la faveur* de se faire remplacer à ses frais par un Turc fort et valide ; si c'était un forçat de bonne maison, il lui fallait fournir deux esclaves turcs pour être mis en liberté. Blessis, l'amant de la Voisin, qui avait fait cinq ans de galères au-delà du temps que portait sa condamnation, faute de 500 livres pour acheter un Turc qui le remplaçât, ne put obtenir d'être mis en liberté.

Quant aux forçats *invalides*, on les déportait comme esclaves en Amérique, à moins qu'ils n'obtinssent l'autorisation de se faire remplacer par un Turc payé de leur bourse.

Cette *faveur*, pour le forçat valide qui avait fait son temps, ou pour l'invalide, d'acheter un Turc pour ramer à sa place, était impitoyablement refusée à tout huguenot qui, pour être envoyé aux galères, n'avait commis d'autre crime que d'avoir tenté de sortir du royaume ou d'avoir assisté à une assemblée de prières.

En effet, par un règlement particulier des galères, Louis XIV avait décidé qu'aucun homme condamné *pour cause de religion* ne pourrait *jamais* sortir des galères.

Ce règlement resta en vigueur après la mort du grand roi, et en 1763 encore, Saint-Florentin, après avoir rappelé cette décision royale au duc de Choiseul, ajoutait : « si Sa Majesté s'est écartée des dispositions tant de ce règlement que des déclarations, ce n'a été que fort rarement, par des considérations très importantes, et en faveur de quelques particuliers seulement, de sorte que la rareté et les circonstances mêmes des grâces accordées, n'ont fait, pour ainsi dire, que confirmer les édits et déclarations, et prouver la résolution où était Sa Majesté d'en maintenir la rigueur. »

Voici un exemple des bien rares exceptions faites à la règle, exemple qui mérite d'être relevé. En 1724, le comte de Maurepas écrit : « Sur la lettre que vous m'avez fait l'honneur de m'écrire au sujet du nommé Jacques Pastel, forçat dont le roi de Prusse fait demander la liberté, *pour le faire servir dans ses grands grenadiers*, j'ai pris les ordres de Monseigneur le duc pour expédier ceux nécessaires pour cette liberté, et je les envoie à Marseille. Mais comme ce forçat a été condamné *pour le fait de religion*, qu'il peut être un prédicant, et que, en le libérant, il serait à craindre qu'il ne restât dans le royaume, S. A. R. estime qu'on ne doit point le faire sortir des galères, que quelqu'un ne soit chargé de le conduire sûrement à la frontière. »

Nul doute que le roi de Prusse, eût-il pour cela dû se priver momentanément des services de son valet de chambre, n'ait trouvé le moyen de faire conduire sûrement à la frontière son forçat grenadier. En effet, il attachait un tel prix au recrutement de ses grenadiers, qu'au roi de Danemark, lui réclamant l'assassin du comte de Rautzau, il répondait : qu'il ne rendrait le meurtrier que si on lui donnait en échange, six recrues de cinq pieds dix pouces pour ses grands grenadiers.

En vertu du règlement royal décidant que tout forçat condamné pour cause de religion ne devait *jamais* être mis en liberté, c'était lettre morte pour les huguenots que la loi prescrivant de mettre en liberté, *quelque crime qu'il eût commis*, tout forçat qui avait été blessé dans un combat.

Ainsi, le huguenot Michel Chabris, blessé par un boulet devant

Tanger, est remis à la rame une fois guéri, et, pour n'avoir pas voulu se découvrir pendant la célébration de la messe sur sa galère, il reçoit une si terrible bastonnade que, dit un témoin oculaire, « sa jambe était si enflée qu'elle faisait peur ; il y a de quoi s'étonner qu'il n'en soit pas mort. »

« M. de Langeron, dit Marteilhe, demanda au comite par quel sort j'avais été *estropié*. — Par les blessures, repartit le comite, qu'il a reçues à la prise du Rossignol devant la Tamise. — Et d'où vient, dit le commandant, qu'il n'a pas été délivré comme les autres ? — C'est, dit le comite, qu'il est huguenot. » Si les huguenots étaient exclus du bénéfice de la loi accordant la liberté à tout forçat blessé dans un combat, on tenait de même à leur égard, pour lettre morte, la jurisprudence établissant que la peine des galères devait être commuée pour les condamnés trop jeunes ou trop vieux, ne pouvant faire le dur service de la rame.

On mettait donc à la rame des huguenots de quinze, seize ou dix-sept ans, et même de plus jeunes encore, car l'amiral Baudin, sur une feuille d'écrou du bagne de Marseille, a relevé cette annotation en face du nom d'un galérien : « Condamné pour avoir, *étant âgé de plus de douze ans*, accompagné son père et sa mère au prêche. » On agissait de même quand il s'agissait de vieillards huguenots ; on envoya aux galères le baron de Monbeton à soixante-dix ans, le sieur de Lasterne à soixante-seize ans, Pierre Lamy à quatre-vingts ans. Quant à Jacques Puget, condamné à l'âge de soixante-dix-sept ans, il était encore au bagne à quatre-vingt-dix ans. Le baron de Monbeton qui disait : « ce qui me fâche, c'est qu'ayant toujours servi notre grand monarque, en avançant, je sois obligé de le servir dans les galères *de reculons* » ne fut pas longtemps à la rame, on dut le mettre bientôt à l'hôpital avec les invalides. Un jour les évêques de Montpellier et de Lodève se rendent à bord de la galère sur laquelle était enchaîné le vieux baron de Salgas ; à qui son âge et sa santé rendaient bien difficile le maniement de la rame. La galère était à l'ancre et le cap à terre ; mais les évêques ayant manifesté le désir de voir le baron de Salgas à l'ouvrage, pour satisfaire leur barbare curiosité, le capitaine fit armer le banc de Salgas ; au troisième coup de rame, voyant le baron déjà tout haletant, le comite plus humain que ces deux prélats, fit cesser la manœuvre.

Louis XIV, qui avait d'abord édicté la peine de mort contre les huguenots qui assisteraient aux assemblées ou tenteraient de sortir du royaume pour éviter d'être violentés à se convertir, avait bientôt substitué à cette peine, celle des galères, « parce que, disait il, nous sommes informé que cette dernière peine, quoique moins sévère, tient davantage nos sujets dans la crainte de contrevenir à nos volontés. »

En réalité, à raison du nombre de ceux qui contrevenaient aux volontés royales, il était impossible d'appliquer la peine de mort aux *coupables*, et, en outre, il était de *l'intérêt* du roi d'épargner la vie de ses sujets, pour les envoyer ramer sur ses galères ; c'est ce que montre bien ce passage des mémoires du marquis de Souches :

« Le 27 février 1689, dit-il, on eut la nouvelle qu'on avait tué en Vivarais trois cents huguenots révoltés et quelques ministres à leur tête, et le roi témoigna en être fâché, disant *qu'il aurait mieux valu les prendre et les envoyer aux galères*..... Il était plus de *son intérêt* d'augmenter sa chiourme que de tuer ces insensés, car il voulait armer cette année trente galères, et ce nombre était à peine suffisant pour résister aux galères d'Espagne et de Gênes, si elles venaient à se joindre contre la France, comme on le craignait avec raison. »

Les galériens mouraient vite, sous la triple influence des mauvais traitements, de la mauvaise nourriture et d'un travail excessif.

Les galériens mourant vite, le gouvernement ne reculait devant aucun moyen pour maintenir au complet le personnel de sa chiourme, d'autant plus qu'il lui fallait toujours un nombre de forçats bien supérieur à celui des rameurs nécessaires au service de ses galères, car il y avait toujours un grand nombre d'infirmes et de malades dans le personnel de la chiourme. — Ainsi, en 1696, pour le service de 42 galères exigeant chacune 310 rameurs, soit un personnel *valide* de 12 600 forçats, il fallait qu'il y eût au moins 15 000 condamnés aux galères à la disposition du gouvernement. Beaucoup de peines étant laissées à l'arbitraire des juges, on invitait les magistrats à condamner le plus possible aux galères, en sorte que cette peine était appliquée aussi bien au meurtrier qui avait mérité la roue ou la potence, qu'au mendiant, au vagabond ou au contrebandier, au déserteur, au faux-saulnier ou au braconnier qui avait osé toucher au gibier de son seigneur. — « Les déserteurs, dit Jean Bion, aumônier des galères, sont quelquefois des gens de famille qui, ne pouvant supporter les fatigues de la guerre, ou bien par légèreté ou libertinage, désertent. S'ils sont pris, ils sont condamnés aux galères à perpétuité. Autrefois on leur coupait le nez et les oreilles, mais parce qu'ils devenaient punais et qu'ils infectaient toute la chiourme, on se contente à présent de leur fendre tant soit peu le nez et les oreilles. Les faux-saulniers qu'on envoie aux galères sont la plupart du temps de pauvres paysans qui vont acheter du sel dans les provinces où il est à bon prix. Comme dans la comté de Bourgogne ou, celle de Dombes, on sait assez qu'en *France*, la pinte de sel qui pèse quatre livres, vaut quarante-deux sous et qu'il y a de pauvres paysans et des familles entières qui demeurent quelquefois huit jours sans manger de la soupe, qui est néanmoins la nourriture ordinaire des personnes de la campagne en *France*, et cela faute de sel. Un père, touché de compassion de voir ses enfants et sa femme languir et mourir d'inanition, s'aventure d'aller acheter du sel blanc dans ces provinces, où il est les trois quarts à meilleur marché. S'il est surpris, il est condamné aux galères. »

Pour les braconniers, c'étaient des paysans ayant commis le *crime* de tuer le gibier qui venait dévorer leurs récoltes sur pied. Les seigneurs ecclésiastiques n'étaient pas plus indulgents pour cette insolence que les autres ; ainsi un jour l'évêque de Noyon fit, sous ses yeux, attacher à la chaîne des forçats, deux paysans qui avaient méconnu ses droits sur le gibier de ses propriétés.

Colbert, dans son ardeur de maintenir au complet le personnel des galères, avait été jusqu'à écrire aux présidents de tous les parlements de France :

« Sa Majesté, désirant rétablir le corps de ses galères et en fortifier la chiourme, *par toutes sortes de moyens*, son intention est que vous teniez la main à ce que votre compagnie *y condamne le plus grand nombre de coupables qu'il se pourra* et que l'on convertisse, *même la peine de mort*, en celle de galère. »

Quand il y avait eu beaucoup de condamnations aux galères

le ministre témoignait sa satisfaction. « C'est *une bonne nou-velle* pour Sa Majesté, écrit-il, *qu'il y ait trente bons forçats* dans la conciergerie de Rennes. »

C'était une émulation de zèle chez tous les fonctionnaires pour arriver à pouvoir donner le plus de bonnes nouvelles de cette nature.

L'intendant du Poitou dit à Colbert : « J'écrirai aux officiers des présidiaux afin qu'ils condamnent le plus qu'ils pourront aux galères. Si l'on donne la peine des galères aux faux-sauniers de la Touraine, l'on en aura beaucoup *par ce moyen-là*... J'ai jugé à Bellac avec les officiers du siège royal, les gens attroupés du marquis de la Ponse. Il y en a cinq condamnés aux galères. *Il n'a pas tenu à moi qu'il y en eût davantage, mais l'on n'est pas maître des juges.* »

Un avocat au Parlement de Toulouse, faisant connaître l'envoi au bagne de quarante-trois condamnés, dit :

« *Nous devons avoir confusion de si mal servir le roi en cette partie, vu la nécessité qu'il témoigne d'avoir des forçats.* »

Arnoul, l'intendant général des galères de Marseille, à qui sa grande passion pour le corps avait fait donner une extrême extension à l'arrêt contre les bohêmes et les vagabonds, se vante en écrivant à Colbert, d'avoir fait arrêter et mettre à la rame cinq individus ; « les habitants lui avaient dit que ces gens-là ne faisaient que rôder à l'entour du village, cherchant *peut-être, je n'en sais rien*, à dérober. »

Le chevalier de Gout écrit d'Orange au ministre : « J'ai un *bon forçat* que j'ai fait condamner aux galères ; si je puis attraper encore deux huguenots qui ont fait les insolents à la procession de la Fête-Dieu, je les enverrai de compagnie. »

L'archiprêtre Duglan adresse cette supplique à Châteauneuf : « La douceur que le huguenot Madier a trouvée à la Réole, l'a rendu si insolent qu'il n'y a pas moyen d'en tirer rien de bon pour la religion, quoiqu'il ait abjuré. Le marquis de Laury lui a donné déjà trois logements pour l'obliger à vivre en catholique, il se moque de tout... Je supplie Votre Grandeur, d'envoyer quelque ordre au Parlement pour qu'il soit conduit aux galères... c'est une brebis galeuse et un petit démon incarné, *qui a bon corps et servirait bien le roi sur la mer.* »

La correspondance administrative, dit Michelet, montre avec quelle facilité on envoyait aux galères des gens *non condamnés*, et il rappelle qu'un malheureux, entre autres, y fut envoyé, malgré l'opposition du Parlement de Toulouse. En tout temps, du reste, sous l'ancien régime, les rois se souciaient fort peu de l'autorité de la chose jugée. Ainsi en 1754, le pasteur Teissier est condamné aux galères, mais ses trois enfants, impliqués dans la poursuite, sont acquittés. Le roi défend de les mettre en liberté, son intention étant, dit une pièce qui est aux archives nationales, *qu'on les fît garder en prison.*

Quant au Parlement de Metz, il avait absous du crime d'émigration, deux huguenots, Marteilhe et son compagnon, arrêtés sur les frontières ; « mais, dit Marteilhe, comme nous étions des criminels d'État, le Parlement ne pouvait nous élargir qu'en conséquence des ordres de la Cour. » Après échange de correspondances entre le ministre et le Parlement *qui ne voulait pas se déjuger,* la Vrillière clôt le débat par cet ordre : « Jean Marteilhe et Daniel le Gras s'étant trouvés sur les frontières sans passeport, *Sa Majesté prétend qu'ils seront condamnés aux galères.* » Et sur le vu de cet ordre, le Parlement se déjugeant, rend un arrêt qui condamne Marteilhe et Gras aux galères perpétuelles, comme atteints et convaincus, de *s'être mis en état* de sortir du royaume.

Quelle que fût la pression du gouvernement sur les juges et le zèle de ceux-ci pour donner satisfaction aux désirs du roi en multipliant les condamnations aux galères, les condamnations ne faisaient pas encore un assez grand nombre de forçats.

Pour compléter le personnel de la chiourme des galères, on recourait à *toutes sortes de moyens.*

On mettait à la rame, non seulement tous ceux qu'on trouvait sur les navires turcs ou algériens qu'on capturait sur l'Océan et dans la Méditerranée, mais encore les prisonniers de guerre anglais ou hollandais qu'on faisait sur terre ou sur mer.

On enlevait des nègres sur la côte d'Afrique pour en faire des forçats, et, un jour même, le roi fit écrire au gouverneur du Canada de lui envoyer des Iroquois pour ses galères. Celui-ci, ayant attiré dans un guet-à-pens un certain nombre de chefs iroquois, s'en empara et les envoya en France où ils furent mis à la

rame. Mais il avait, en agissant ainsi, provoqué une guerre d'exter-
mination telle contre les Français au Canada, que, pour y mettre
fin, il fut obligé de demander qu'on renvoyât dans leurs tribus
les chefs iroquois, et ces forçats trop coûteux pour la France,
furent ramenés dans leur pays.

Mais le principal élément du recrutement des galériens était,
en dehors des condamnations, l'achat d'esclaves turcs fait aux
impériaux, à Venise et à Malte, même à Tanger, ainsi que le
constate cette lettre de Colbert : « Sa Majesté veut être informée
du succès qu'avait eu l'affaire de Tanger, pour l'achat de cinquante Turcs qui étaient *à vendre.* » On n'y regardait pas de si
près quand on procédait à ces achats d'esclaves, et parfois on
prenait un Polonais pour un Turc. Seignelai écrit, en effet, en
1688 : « Le roi a accordé la liberté aux douze Turcs *invalides* qui
se sont faits chrétiens, aux huit forçats étrangers et au nommé
Grégorio, *Polonais acheté comme Turc.* »

Il semblait, du reste, tout naturel de traiter les schismatiques
comme des Turcs, et Colbert écrivait : « Sa Majesté, estimant
qu'un des meilleurs moyens d'augmenter le nombre de ses
galères serait de faire acheter à Constantinople des esclaves
russiens (russes ou polonais) qui s'y vendent ordinairement,
veut que l'ambassadeur s'informe des meilleurs moyens d'en
faire venir *un bon nombre.* »

L'intendant des galères tente ainsi de justifier cet achat de
chrétiens que l'on met à la rame comme esclaves : « Les Russes
qui demeurent dans la captivité des Turcs, deviennent, pour la
plupart, *des renégats*, il vaut donc mieux les acheter pour les
chiourmes de la France, *au moins ils y pourront faire leur
salut comme chrétiens.* »

Le Turc était une marchandise courante valant de 450 à
500 livres, on comptait environ soixante Turcs sur les trois cents
forçats qui composaient le personnel de chaque galère. Pour
faire sa cour au roi, on lui offrait un ou deux Turcs comme on
lui eût fait cadeau d'une paire de chevaux de prix. Le duc de
Beaufort écrit à Colbert : « J'ai donné pour les galères du roi,
deux grands Turcs dont le vice-roi m'avait fait présent et, s'il
m'était permis, j'y mettrais jusqu'à mes valets. » Moins géné-
reux, le consul de France à Candie propose à son gouvernement

qui l'accepte, de lui assurer à perpétuité la commission de son consulat, en échange de l'engagement qu'il prend de livrer chaque année, cinquante Turcs à prix réduit (340 livres par tête au lieu de 500) et d'en donner gratuitement dix.

Quant au duc de Savoie, n'ayant pas de galères, il vendait ses forçats au roi de France, il lui fit même cadeau, après l'expédition du pays de Vaud, de *cinq cents* de ses sujets pour les chiourmes de France.

En édictant la peine *des galères*, contre les huguenots qui tenteraient de sortir du royaume, Louis XIV avait assuré le recrutement de sa chiourme, car cette peine, quelque crainte qu'elle inspirât, ne pouvait empêcher les huguenots de contrevenir à ses volontés, en tentant de gagner au-delà des frontières, une terre de liberté de conscience.

Huit mois après l'édit de révocation les bagnes de Toulon et de Marseille renfermaient déjà *douze cents religionnaires*, prisons et couvents regorgeaient de huguenots, hommes, femmes, enfants et vieillards.

La seule geôlière de Tournay, quinze mois après la révocation, avait déjà eu à loger *plus de sept cents fugitifs*, hommes ou femmes, pris dans les environs. De tous les côtés du royaume, dit Élie Benoit, on voyait ces malheureux marcher à grosses troupes, des protestants accouplés avec des malfaiteurs, des protestantes enchaînées à des femmes de mauvaise vie. « Jamais, dit une demoiselle d'honneur de la duchesse de Bourgogne, je n'oublierai le spectacle que j'eus sous les yeux près de Marseille. Là, je vis cinq malheureux traînés à la chaîne sur la grande route, suivis par les dragons *qui les piquaient de leurs sabres* quand ils ne voulaient pas avancer. Et cela parce qu'ils n'avaient pas voulu renier le Dieu de leurs pères. » *Il en était ainsi par toute la France.* Nissolles, marchand de Ganges, mené ainsi par des archers avec d'autres fugitifs, demandait à l'un de ces archers la faveur de les faire aller plus lentement pour que les malades pussent suivre. L'autre lui répond que s'ils ne marchent pas, on les attachera à la queue des chevaux de l'escorte.

Ceux des fugitifs qui étaient condamnés aux galères étaient dirigés soit sur la prison d'une des villes que devait traverser la grande chaîne de Paris à Marseille, soit sur la prison des Tournelles, à Paris où se formait cette chaîne.

Et, pour arriver à destination, on avait soin de leur faire prendre le chemin le plus long, pour *les mener en montre*, enchaînés aux pires malfaiteurs, dans le plus grand nombre de villes possibles. Pour aller de Dunkerque à Paris la troupe de galériens dont Martheilhe faisait partie, dut passer par *le Havre*. Voici ce que dit de la prison des Tournelles, Louis de Marolles, conseiller du roi qui y était enfermé en 1686, attendant le départ de la chaîne devant l'amener aux galères de Marseille :

« Nous couchons cinquante-trois hommes dans un lieu qui n'a pas cinq toises de longueur et pas plus d'une et demie de largeur. Il couche, à mon côté droit, un paysan *malade*, qui a sa tête à mes pieds et ses pieds à ma tête, il en est de même des autres. Il n'y a peut-être pas un de nous *qui n'envie la condition de plusieurs chiens et chevaux*. Nous étions bien quatre-vingt-quinze condamnés, mais il en mourut deux ce jour-là ; nous avons encore quinze ou seize malades, il y en a peu qui ne passent par là. »

Louis de Marolles était encore parmi les privilégiés de la Tournelle, ainsi que l'on peut le voir par la description que fait Marteilhe de cette prison, digne vestibule de l'enfer des Galères :

« C'est une spacieuse cave, dit-il, garnie de grosses poutres de bois, posées à la distance les unes des autres, d'environ trois pieds ; sur ces poutres épaisses de deux pieds et demi, sont attachées de grosses chaînes de fer, de la longueur d'un pied et demi et au bout de ces chaînes est un collier de même métal. Lorsque les galériens arrivent dans ce cachot, on les fait coucher à demi pour que la tête appuie sur la poutre. Alors on leur met ce collier au col, on le ferme et on le rive sur une enclume à grands coups de marteau. Un homme ainsi attaché, ne peut se coucher de son long, la poutre sur laquelle il a la tête étant trop élevée, ni s'asseoir et se tenir droit, cette poutre étant trop basse ; il est à demi couché, à demi assis, partie de son corps sur les carreaux et l'autre partie sur cette poutre ; ce fut aussi de cette manière qu'on nous enchaîna, et tout endurcis que nous étions aux peines, fatigues et douleurs (Marteilhe et ses compagnons réformés avaient déjà ramé sur les galères à Dunkerque), trois jours et trois nuits

que nous fûmes obligés de passer dans cette cruelle situation,
nous avaient tellement roué le corps et tous les membres que
nous n'en pouvions plus... L'on me dira peut-être ici : Comment
ces autres misérables que l'on amène à Paris des quatre coins de
la France, et qui sont quelquefois obligés d'attendre trois ou
quatre, souvent cinq ou six mois que la grande chaîne parte pour
Marseille, peuvent-ils supporter si longtemps un pareil tourment? A cela je réponds, qu'une infinité de ces infortunés
succombent sous le poids de leur misère : et que ceux qui
échappent à la mort par la force de leur constitution, souffrent
des douleurs dont on ne peut donner une juste idée.

On n'entend dans cet antre horrible que gémissements, que
plaintes lugubres, capables d'attendrir tout autre que les bourreaux de guichetiers qui font la garde toutes les nuits en ce
cachot et se ruent sans miséricorde sur ceux qui parlent, crient,
gémissent et se plaignent, les assommant avec barbarie à coups
de nerf de bœuf. »

Grâce à l'intervention d'un nouveau converti, riche négociant
de Paris, Marteilhe et ses compagnons huguenots obtinrent d'être
délivrés du cruel supplice de dormir assis, le corps à moitié sur
les carreaux, à moitié sur une poutre. Moyennant un prix débattu
avec le gouverneur et pour le paiement duquel ce négociant se
porta caution, nos huguenots obtinrent *la faveur* d'être enchaînés
par un pied auprès du grillage des croisées, Marteilhe resta ainsi
deux mois; comme sa chaîne longue d'une aune, lui permettait
de se mettre debout, de s'asseoir ou de se coucher tout de son long,
il dit à ce propos : « J'étais *dans une très heureuse situation*, tant
il est vrai que le bonheur est une chose essentiellement relative ! »

Cependant tous, favorisés ou non, avaient hâte, ainsi que le
dit Louis de Marolles, de voir arriver l'heure où le départ de la
chaîne leur permettrait de quitter la prison de la Tournelle. Le
moment du départ venu, ces condamnés étaient enchaînés deux
par deux par une lourde chaîne de deux pieds de long, allant du
collier de fer de l'un à celui de l'autre; il y avait au milieu de
cette chaîne un anneau dans lequel passait la longue chaîne
reliant tous les couples ensemble, et faisant de trois ou quatre
cents galériens un véritable chapelet humain.

Pour chacun, le poids à porter était d'environ 150 livres, en sorte que, de ses mains restées libres, chaque galérien devait soutenir la chaîne dont la pesanteur eût, sans cela, entraîné sa chute. On attachait sans pitié à la chaîne des huguenots vieux, malades ou infirmes. « A une chaîne, dit Chavannes, où se trouvaient un sourd-muet et un aveugle, on attacha deux septuagénaires, Chauguyon et Chesnet, lesquels, arrivés à Marseille, durent être envoyés à l'hôpital où ils moururent bientôt ; à Bordeaux, on mit à la chaîne un huguenot impotent depuis trente ans, lequel ne pouvait marcher qu'avec des béquilles, et qu'il fallut bientôt jeter plus mort que vif dans une charrette. A Metz un arquebusier, travaillé de la goutte, fut contraint, à coups de bâton, de marcher à travers la ville et demi-lieue au delà, sa fille, son gendre et un de ses parents, le soutenaient par-dessous les bras ; une faiblesse le prit et après l'avoir rançonné le conducteur de la chaîne consentit à le mettre sur une charrette. Il y passa un quart d'heure puis rendit l'âme, une demi-heure après ; il en mourut encore trois ou quatre de la même chaîne.

Ce n'était qu'après leur avoir fait subir l'épreuve du nerf de bœuf que le maître de la chaîne consentait à mettre sur une voiture les galériens se trouvant à l'article de la mort ; quand un de ces malheureux, roué de coups, se trouvait dans l'impossibilité absolue de marcher, on les détachait de la grosse chaîne, et, le traînant comme une bête morte par la chaîne qu'il avait au cou, on le jetait sur la charrette, laissant ses jambes nues pendre au dehors ; s'il se plaignait trop fort on l'accablait encore de coups, parfois jusqu'à ce qu'il passât de vie à trépas.

Cette inhumanité des conducteurs de la chaîne s'explique par ce fait qu'il leur était plus profitable de tuer en route un galérien qui, livré vivant à Marseille ne leur eût rapporté que vingt écus, que de le voiturer de Paris à Marseille, ce qui leur eût coûté plus de quarante écus. Ils étaient animés d'un tel esprit de rapacité que pour mettre dans leur bourse, dit Élie Benoit, la moitié de ce qu'on leur donnait pour la conduite de la chaîne, ils ne nourrissaient leur bétail humain qu'avec du pain grossier et malsain qu'ils ne leur donnaient encore qu'en quantité insuffisante.

Nous avons déjà vu que dans les prisons et dans les hôpitaux on trouvait partout cette spéculation *meurtrière*, sur la nourriture des prisonniers et des malades ; nous retrouverons la mêm spéculation sur les galères. Là, les forçats recevaient pour nourriture du pain, de l'eau et des fèves dures comme des cailloux, sans autre accommodement qu'un peu d'huile et quelque peu de sel. « Chacun, dit Marteilhe, reçoit quatre onces de ces fèves indigestes, lorsqu'elles sont bien partagées et que le distributeur *n'en vole pas.* » L'aumônier Bion dit, en outre, que pour le commis d'équipage chargé de fournir des vivres aux forçats malades, la plus grosse partie entre dans sa bourse, en sorte qu'il s'enrichit en cinq ou six campagnes. Bion ajoute que les malades préféraient de l'eau chaude, *à la ressemblance de bouillon* qu'on leur donnait et que les chirurgiens revendaient dans les villes, où ils abordaient, les drogues qu'on leur avait fournies pour leurs malades, et dont ils avaient économisé l'emploi au détriment de ceux qu'ils avaient à soigner.

Le peu de souci que les conducteurs de la chaîne avaient pour la vie des condamnés qu'on leur confiait, se manifestait cruellement quand il s'agissait de procéder à la visite des effets, visite qui se répétait plusieurs fois au cours du voyage.

Voici, par exemple, comment à Charenton on procéda à cette visite, *au mois de décembre, à neuf heures du soir, par une gelée et un vent de bise que tout glaçait, pour la chaîne de quatre cents condamnés dont Marteilhe faisait partie.*

« On nous ordonna, dit Marteilhe, de nous dépouiller entièrement de nos habits et de les mettre à nos pieds. Après que nous fûmes dépouillés *nus comme la main,* on ordonna à la chaîne de marcher de front jusqu'à l'autre bout de la cour, où nous fûmes exposés au vent de bise *pendant deux grosses heures,* pendant lequel temps les archers fouillèrent et visitèrent tous nos habits... La visite de nos hardes étant faite, on ordonna à la chaîne de marcher de front jusqu'à la place où nous avions laissé nos habits. Mais, nous étions si raides du grand froid que nous avions souffert, qu'il nous était impossible de marcher. Ce fut alors que les coups de bâton et de nerfs de bœuf plurent, et ce traitement horrible, ne pouvant animer ces pauvres corps, pour ainsi dire tout gelés, et couchés, les uns raide morts, les autres mourants, ces barbares archers les traînaient par la chaîne de leur cou, comme des charognes, leur corps ruisselant du sang des coups qu'ils avaient reçus. *Il en mourut* ce soir-là ou le lendemain, *dix-huit !*...

Pendant la route, on fit *encore trois fois* cette barbare visite, en pleine campagne, avec un froid aussi grand et même plus rude qu'il n'était à Charenton. »

Il mourait bien d'autres condamnés tout le long de la route.

Les galériens mal nourris, sans cesse cruellement maltraités, écrasés sous le poids des fers qu'ils avaient à porter, devaient chaque jour faire de longues étapes sous la pluie ou la neige. Arrivant à leurs lieux d'étapes harassés de fatigue, transis et mouillés jusqu'aux os, il leur fallait s'étendre sur le fumier d'une écurie ou d'une étable au râtelier de laquelle on attachait la chaîne. On leur refusait même de la paille, qu'il eût fallu payer pour couvrir les excréments des animaux, et c'est sur ce lit répugnant que rongés de poux, qu'ils enlevaient à pleines mains, ils devaient tenter de prendre un peu de repos. Mais c'était chose presque impossible, car le moindre mouvement que l'un faisait réveillait douloureusement celui qui était attaché à la même chaîne, et le supplice de l'insomnie, s'ajoutant à tant d'autres souffrances, venait à bout des plus rigoureux.

Marteilhe était accouplé avec un déserteur avec lequel il couchait dans les écuries ou les étables ; à chaque étape de la chaîne, ce déserteur, dit-il « était si infesté de la gale, que, tous les matins, c'était un mystère de me dépêtrer d'avec lui, car, le pauvre misérable n'avait qu'une chemise à demi pourrie sur le corps, que le pus de la gale traversait sa chemise, et que je ne pouvais m'éloigner de lui tant soit peu ; il se collait tellement à ma casaque qu'il criait comme un perdu lorsqu'il fallait nous lever pour partir, et qu'il me priait, par grâce, de lui aider à se décoller ». Quand après avoir passé une nuit sans repos à l'étape on se remettait en route, on n'avait à attendre nulle pitié, ni du conducteur de la chaîne qui vous rouait de coups, ni des passants que l'on rencontrait et qui vous injuriaient quand ils ne faisaient pas pis encore. Un gentilhomme de soixante-dix ans, Jean de Montbeton, est impitoyablement insulté par la population fanatique que rencontre la chaîne à laquelle il est attaché. Marteilhe et ses compagnons de chaîne, mourant de soif en traversant la Provence, tendent en vain leurs écuelles de bois en suppliant qu'on y verse quelques gouttes d'eau. « Marchez ! leur répondent les femmes, là où vous allez, vous ne manquerez pas d'eau ».

Louis de Marolles, bien que le conducteur de la chaîne se fût
montré pitoyable envers lui et l'eût voituré, soit en bateau, soit
en charrette, arriva demi mort à Marseille. Tourmenté par la
fièvre pendant les deux mois qu'avait duré le voyage, il lui avait
fallu, sur le bateau « coucher sur les planches, sans paille sous
lui et son chapeau pour chevet », ou en charrette « être brouetté
jusqu'à quatorze heures par jour et accablé de cahots, car tous
ces chemins-là ne sont que cailloux. » « C'est une chose pitoyable,
dit-il en arrivant à Marseille, que de voir ma maigreur ! » Cependant on le mène à la galère où on l'enchaîne ; mais un officier,
touché de compassion, le fait visiter par un chirurgien et il est
envoyé à l'hôpital où il reste six semaines. Bien des malheureux
forçats, une fois entrés à l'hôpital, n'en sortaient plus que pour
être enfouis tout nus dans le cimetière des esclaves turcs, comme
les bêtes mortes qu'on jette à la voirie. Ainsi, le forçat huguenot Mauru étant mort à l'hôpital, ses compagnons lui avaient fai
une bière et l'y avaient enfermé ; mais, l'aumônier des galères
trouvant que c'était faire trop d'honneur à un hérétique, fit
déclouer la bière et le corps fut jeté à la voirie.

Quand la chaîne arrivait à Marseille, elle était bien *allégée*,
les privations, la fatigue et les mauvais traitements après quelques semaines de route, ayant fait succomber les moins robustes
des condamnés. Le conducteur de la chaîne, chaque fois qu'il
perdait un de ceux qu'il était chargé d'amener au bagne, en était
quitte pour demander au curé du lieu le plus prochain, une
attestation du décès qu'il devait fournir, à la place de celui qu'il
ne pouvait plus représenter vivant. Ainsi, sur une chaîne de cinquante condamnés partis de Metz, cinq étaient morts le premier
jour et bien d'autres moururent en route.

Le galérien huguenot Espinay écrit : « Nous arrivâmes mardi
à Marseille au nombre de quatre cent un, y en ayant de morts en
route par les maladies ou mauvais traitements *une cinquantaine* ».
« Il arriva ici, écrit Louis de Marolles, une chaîne de cent cinquante hommes, au commencement du mois dernier, *sans compter trente-trois qui moururent en chemin.* » Quant à Marteilhe,
après avoir constaté que *beaucoup* de ses compagnons de chaîne
étaient morts en route, il ajoute : « il y en avait peu qui ne fussent
malades, dont divers moururent à l'hôpital de Marseille ».

Un jour on écrit de Marseille à Colbert : « Les deux dernières chaînes que nous venons de recevoir sont arrivées plus faibles, par suite des mauvais traitements de ceux qui les conduisent, la dernière, de Guyenne, outre la perte qui s'est faite dans la route... est venue si ruinée, qu'une partie a péri ici entièrement et l'autre ne vaut guère mieux. »

Un autre jour, l'intendant chargé de recevoir à Lyon, les chaînes en destination de Toulon, lui dit : que sur quatre-vingt-seize hommes d'une chaîne, trente-trois sont morts en route et depuis leur arrivée à Lyon. Que sur les trente-six restant, il y en a une vingtaine de malades, qu'il garde cette chaîne quelques jours à Lyon, à cause du grand nombre de malades et de la lassitude des autres. Quand la chaîne se remit en route pour Toulon, elle ne comptait plus que trente-deux hommes, huit forçats étaient morts pendant *ce rafraichissement.*

C'étaient encore les plus heureux que ceux qui mouraient au seuil de l'enfer des galères, car ceux qui le franchissaient, mal nourris, accablés de fatigue et cruellement maltraités, avaient à souffrir mille morts avant que leurs corps épuisés et déchirés, fussent jetés à la voirie. Voici, en effet, ce qu'était, suivant une lettre de l'amiral Baudin, le régime des galères au temps de Louis XIV :

« Le régime des galères était alors excessivement dur, c'est ce qui explique l'énorme proportion de la mortalité par rapport aux chiffres des condamnations. Les galériens étaient enchaînés deux à deux sur les bancs des galères, et ils y étaient employés à faire mouvoir de longues et lourdes rames, service excessivement pénible. Dans l'axe de chaque galère, et au milieu de l'espace occupé par les bancs des rameurs, régnait une espèce de galerie appelée *la coursine* (ou le coursier), sur laquelle se promenaient continuellement des surveillants appelés *comites*, armés chacun d'un nerf de bœuf dont ils frappaient les épaules des malheureux qui, à leur gré, ne ramaient pas avec assez de force. Les galériens passaient leur vie sur leurs bancs. Ils y mangeaient et ils y dormaient sans pouvoir changer de place, plus que ne leur permettait la longueur de leur chaîne, et n'ayant d'autre abri contre la pluie ou les ardeurs du soleil ou le froid de la nuit qu'une toile appelée *taud* qu'on étendait au-dessus de leurs bancs, quand la galère n'était pas en marche et que le vent n'était pas trop violent... » Aussi lomgtemps qu'une galère était en campagne, c'est-à dire pendant plusieurs mois, les forçats restaient enchaînés à leurs bancs par une chaîne longue de trois pieds seulement.

« Ceux, dit Michelet, qui pendant des nuits, de longues nuits fiévreuses sont restés immobiles, serrés, gênés, par exemple, comme on l'était jadis dans les voitures publiques, ceux-là peuvent deviner quelque chose de cette vie terrible des galères. Ce n'était pas de recevoir des coups, ce n'était pas d'être par tous les temps, nu jusqu'à la ceinture, ce n'était pas d'être toujours mouillé (la mer mouillant toujours le pont très bas), non, ce n'était pas tout cela qui désespérait le forçat, non pas encore la chétive nourriture qui le laissait sans force. Le désespoir, c'était d'être scellé pour toujours à la même place, de coucher, manger, dormir là, sous la pluie ou les étoiles, de ne pouvoir se retourner, varier d'attitude, d'y trembler la fièvre souvent, d'y languir, d'y mourir, toujours enchaîné et scellé. »

« Je te dis ingénuement, écrit le martyr Louis de Marolles à sa femme, que le fer que je porte au pied, quoiqu'il ne pèse pas trois livres, m'a beaucoup plus embarrassé dans les commencements que celui que tu m'as vu au cou à la Tournelle. Cela ne procédait que de la grande maigreur où j'étais ; mais, maintenant que j'ai presque repris tout mon embonpoint, il n'en est plus de même ; joint qu'on m'apprend tous les jours à le mettre dans les dispositions *qui incommodent le moins.* »

A un bout de la galerie, sur une sorte de table dressée sur quatre piques, siégeait le comite, bourreau en chef de la chiourme, lequel donnait le signal des manœuvres avec son sifflet. D'un bout à l'autre de la galère régnait un passage élevé appelé *coursier*, sur lequel circulaient les sous-comites, armés d'une corde ou d'un nerf de bœuf, dont ils se tenaient prêts à frapper *le dos nu* des rameurs assis, six par six, sur chacun des bancs placés à droite et à gauche du *coursier*.

Dès qu'il fallait faire marcher la galère à la rame, en effet, pour permettre aux comites de maltraiter plus aisément les forçats, on obligeait ceux-ci à quitter la chemisette de laine qu'ils portaient quand la galère était à l'ancre ou marchait à la voile, ainsi que Louis de Marolles l'écrit à sa femme :

« Si tu voyais mes beaux habits de forçat, tu serais ravie. J'ai une belle chemisette rouge, faite tout de même que les sarreaux des charretiers des Ardennes. Elle se met comme une chemise, car elle n'est ouverte qu'à demi par devant; j'ai, de plus, un beau bonnet rouge, deux hauts de chausse et deux chemises de toile grosse comme le doigt, et des bas de drap : mes habits de liberté ne sont point perdus et s'il plaisait au roi de me faire grâce, je les reprendrais. »

A un premier signal, les forçats enchaînés et nus jusqu'à la ceinture, saisissaient les *manilles* ou anses de bois qui servaient à manœuvrer les lourdes rames de la galère, trop grosses pour être empoignées et longues de *cinquante pieds*.

A un nouveau coup de sifflet du comite, toutes les rames devaient tomber ensemble dans la mer, se relever, puis retomber de même, et les rameurs devaient continuer sans nulle interruption pendant de longues heures, ce rude exercice qu'on appelait *la vogue*.

« On est souvent *presque démembré*, dit une relation, par ses compagnons dans le travail de manœuvre, lorsque les chaînes se brouillent, se mêlent et s'accourcissent et que chacun tire avec effort pour faire sa tâche. »

« Il faut bien, dit Marteilhe, que tous rament ensemble, car si l'une ou l'autre des rames monte ou descend trop tôt ou trop tard, en manquant sa cadence, pour lors, les rameurs de devant cette rame qui a manqué, en tombant assis sur les bancs, se cassent la tête sur cette rame qui a pris trop tard son entrée; et, par là encore, ces mêmes rameurs qui ont manqué, se heurtent la tête contre la rame qui vogue derrière eux. Ils n'en sont pas quittes pour s'être fait des contusions à la tête, le comite les rosse encore à grands coups de corde. »

Marteilhe décrit ainsi ce rude exercice de *la vogue* :

« Qu'on se figure, dit-il, six malheureux enchaînés et *nus comme la main*, assis sur leur banc, tenant la rame à la main, un pied sur *la pédague*, qui est une grosse barre de bois attachée à la banquette, et, de l'autre pied, montant sur le banc devant eux en s'allongeant le corps, les bras raides, pour pousser et avancer leur rame jusque sous le corps de ceux de devant qui sont occupés à faire le même mouvement; et, ayant avancé ainsi leur rame, ils l'élèvent pour la frapper dans la mer, et, du même temps se jettent, ou plutôt se précipitent en arrière, pour tomber assis sur leur banc. Il faut l'avoir vu pour croire que ces misérables rameurs puissent résister à un travail si rude ; et quiconque n'a jamais vu voguer une galère, en le voyant pour la première fois ne pourrait jamais imaginer que ces malheureux pussent y tenir une demi-heure. — On les fait voguer, non seulement une heure ou deux, mais même dix à douze heures de suite. Je me suis trouvé avoir ramé à toute force pendant vingt-quatre heures sans nous reposer un moment. Dans ces moments, les comites et autres mariniers *nous mettaient à la bouche un morceau de biscuit trempé dans du vin sans que nous levassions les mains de la rame,* pour nous empêcher de tomber en défaillance.

Pour lors, on n'entend que hurlements de ces malheureux, ruisselants de sang par les coups de corde meurtriers qu'on leur donne ; on n'entend que claquer les cordes, que les injures et les blasphèmes de ces affreux comites ; on n'entend que les officiers criant aux comites, déjà las et harassés d'avoir violemment frappé, de redoubler leur coups. Et lorsque quelqu'un de ces malheureux forçats *crève sur la rame, ainsi qu'il arrive souvent,* on frappe sur lui tant qu'on lui voit la moindre apparence de vie et, lorsqu'il ne respire plus, *on le jette à la mer « comme une charogne. »*

Un jour la galère sur laquelle se trouvait Marteilhe, faisant force de rames pour atteindre un navire anglais, et le comite ne pouvant, malgré les coups dont il accablait les rameurs, hâter suffisamment la marche de la galère au gré du lieutenant, celui-ci lui criait : « Redouble tes coups, bourreau, pour intimider et animer ces chiens-là ! Fais *comme j'ai vu souvent faire aux galères* de Malte, *coupe le bras* d'un de ces chiens-là pour te servir de bâton et en battre les autres. »

Un autre jour le capitaine de cette galère ayant mené jusqu'à Douvres le duc d'Aumont qu'il avait régalé, celui-ci voyant le misérable état de la chiourme, dit qu'il ne comprenait pas comment ces malheureux pouvaient dormir, étant si serrés et n'ayant aucune commodité pour se coucher dans leurs bancs. « J'ai le secret de les faire dormir », dit le capitaine, je vais leur préparer une bonne prise d'opium, » et il donne l'ordre de retourner à Boulogne.

Le vent et la marée étaient contraires et la galère se trouvait à dix lieues de ce port. Le capitaine ordonne qu'on fasse force rames et passe vogue, c'est-à-dire qu'on double le temps de la cadence de la vogue (ce qui lasse plus dans une heure que quatre heures de vogue ordinaire). La galère arrivée à Boulogne, le capitaine dit au duc d'Aumont qui se levait de table, qu'il lui voulait faire voir l'effet de son opium ; la plupart dormaient, ceux qui ne pouvaient reposer feignaient aussi de dormir, le capitaine *l'avait ordonné ainsi*. Mais quel horrible spectacle ! « Six malheureux dans chaque banc, accroupis et amoncelés les uns sur les autres, tout nus, personne n'ayant eu la force de vêtir sa chemise ; la plupart ensanglantés des coups qu'ils avaient reçus et tout leur corps écumant de sueur. » Ce cruel capitaine voulut encore montrer qu'il savait aussi bien éveiller sa chiourme que l'endormir et il fit siffler le réveil. « C'était la plus grande pitié du monde... Presque personne ne pouvait se lever, tant leurs jambes et tout leur corps étaient raides, et ce ne fut qu'à grands coups de corde qu'on les fit tous lever, leur faisant faire mille postures ridicules et très douloureuses. »

Ce n'était, du reste, qu'en faisant de la manœuvre de la rame un cruel supplice, qu'on pouvait obtenir de ceux qui y étaient employés le travail surhumain qu'on appelait la *vogue* des galères. On tenta de faire manœuvrer quatre demi galères (dont les rames n'avaient que vingt-cinq pieds de long au lieu de cinquante) par des mariniers exercés. Avec ces rameurs *libres*, qu'on ne pouvait impunément martyriser, à peine put-on mener ces demi-galères du port à la rade de Dunkerque, après quoi il fallut regagner le port. On essaya alors de mettre à chaque rame, au poste le plus pénible, un forçat, pour seconder les mariniers libres. Ce ne fut que bien difficilement qu'on put aller de Dunkerque à Ostende, le comite n'osant pas, en présence des mariniers, exercer ses cruautés habituelles sur les galériens. On dut reconnaître que *seuls*, les forçats pouvaient être employés à faire marcher les galères à la rame, parce que *seuls* ils pouvaient être torturés sans merci, jusqu'à la mort au besoin.

Quand il fallait faire campagne, presque chaque jour les galériens étaient appelés à faire la terrible manœuvre de la *vogue*, et beaucoup d'entre eux ne pouvaient y résister. « Pendant le voyage, écrit l'intendant de la marine à Colbert, il n'est mort que trente-six forçats, *ce qui est un bonheur incroyable*, car l'année dernière nous en perdîmes *plus de quatre-vingts*, et autrefois les galères de Malte en ont perdu *des trois cents*, en faisant la même naviga-tion que nos galères ont fait cette année ». Il n'est pas nécessaire de faire ressortir la barbarie de cette instruction donnée par Seignelai au directeur général des galères :

« Comme rien ne peut tant contribuer à rendre *maniables* les forçats qui sont huguenots et n'ont pas voulu se faire instruire que *la fatigue* qu'ils auraient pendant une campagne, ne man-quez pas de les faire mettre sur les galères qui vont à Alger. »

Les aumôniers qui s'entendaient à trouver les meilleurs moyens de tourmenter les forçats pour la foi, laissaient metttre *de toutes les campagnes* les plus opiniâtres, — Mauru, par exemple, bien que la santé de ce malheureux fût mince et que son corps fût épuisé.

Quand une galère avait à soutenir un combat en mer, la situa-tion des rameurs, réduits à l'état de rouages moteurs de la galère, était horrible ; enchaînés à leurs bancs, ayant dans la bouche un bâillon en liège, appelé *tap*, qu'on leur mettait pour les empêcher, s'ils étaient blessés, de troubler leurs voisins par leurs plaintes et leurs gémissements, ils devaient, bon gré mal gré, attendre impassiblement la mort au milieu d'un combat auquel ils ne prenaient point part. La mitraille et la fusillade de l'ennemi frappaient sur les rameurs, car tuer ou blesser les galé-riens, c'était immobiliser la galère en la privant de l'usage des jambes redoutables qui lui permettaient de marcher sans le secours du vent. Pendant ce temps, deux canons de la galère étaient braqués sur la chiourme, que tenaient en respect cin-quante soldats, prêts à faire feu à la moindre apparence de révolte ; les malheureux forçats étaient donc placés entre deux feux. Ils attendaient ainsi la mort, sans savoir pour lequel des deux combattants (leur galère ou le navire ennemi) ils devaient faire des vœux.

Un jour la galère où se trouvait Marteilhe, ayant échoué dans la tentative qu'elle avait faite, de *clystériser* avec son éperon d'avant, une frégate anglaise, se trouva bord à bord avec ce navire qui la retint dans cette situation périlleuse avec des grappins de fer.

« Ce fut alors, dit Marteilhe, qu'il nous régala de son artillerie... tous ses canons étaient chargés à mitraille... pas un coup de son artillerie, qui nous tirait à brûle-pourpoint, ne se perdait. De plus, le capitaine avait sur les hunes de ses mâts plusieurs de son monde avec des barils pleins de grenades qui nous les faisaient pleuvoir dru comme grêle sur le corps...; l'ennemi fit, pour surcroît, une sortie de quarante à cinquante hommes de son bord qui descendirent sur la galère, le sabre à la main, et hachaient en pièces tout ce qui se trouvait devant eux de l'équipage, épargnant cependant les forçats *qui ne faisaient aucun mouvement de défense.* »

Les rames de la galère s'étant trouvées brisées par suite de l'abordage entre les deux navires, les Anglais n'avaient plus, du reste, aucun intérêt à frapper les forçats qui ne pouvaient plus mettre les rames en mouvement.

Quant à ceux-ci, enchaînés à leurs bancs, les menottes aux mains et le bâillon à la bouche, ils eussent eu bien de la peine à faire quelque tentative de défense. L'eussent-ils pu, ils auraient été bien sots de [le faire, ainsi que le montre l'exemple suivant.

Un jour, dans une rencontre entre les galères de l'Espagne et celles de la France, les galères françaises ayant le dessous, on remit aux forçats français des corbeilles de cailloux, leur promettant la liberté si l'ennemi était repoussé. Les forçats firent pleuvoir sur les Espagnols une telle grêle de pierres qu'ils les repoussèrent et que les galères françaises furent dégagées; mais on ne tint pas parole aux forçats qui, le danger passé, restèrent à la rame et furent traités comme devant.

Marteilhe poursuit ainsi l'émouvant récit du combat entre sa galère et la frégate anglaise, dans la terrible situation faite aux forçats-rameurs, par l'abordage des deux navires : « Il se rencontra, dit-il, que notre banc, dans lequel nous étions cinq forçats et un esclave turc, se trouva vis-à-vis d'un canon de la frégate *que je voyais bien qui était chargé* ; en m'élevant un peu, je l'eusse pu toucher avec la main... Ce vilain voisin nous fit tous frémir ; mes camarades de banc se couchèrent tout plats, croyant échapper à son coup... Je me déterminai à me tenir tout droit dans le banc, je n'en pouvais sortir. *j'y étais enchaîné! Que faire?...* Je vis le canonnier, avec sa mèche allumée à la main qui commençait à mettre le feu au canon sur le devant de la frégate, et, de canon en canon, venait vers celui qui donnait sur notre banc, *je ne pouvais distraire mes yeux de ce canonnier.*

Il vint donc à ce canon fatal; j'eus la constance de lui voir mettre le feu, me tenant toujours tout droit, en recommandant mon âme au Seigneur. Le canon tira et je fus étourdi... le coup de canon m'avait jeté aussi loin que ma chaîne pouvait s'étendre... Il était nuit; je crus d'abord que mes camarades de banc se tenaient couchés par crainte du canon... Le Turc du banc, qui avait été janissaire, restant couché comme les autres : Quoi! lui dis-je, Isouf, voilà donc la première fois que tu as peur; lève-toi ! et en même temps je voulus le prendre par le bras pour l'aider. Mais, ô horreur ! qui me fait frémir quand j'y pense, *son bras détaché du corps me resta à la main.* Je rejette avec horreur ce bras... lui, comme les quatre autres, étaient hachés comme chair à pâté... Je perdais baucoup de sang, sans pouvoir être aidé de personne, tous étaient morts, tant à mon banc qu'à celui d'au-dessous, et à celui d'au-dessus, si bien que de dix-huit personnes que nous étions dans ces trois bancs il n'en échappa que moi, avec trois blessures. »

Le combat fini, on porta les blessés dans la cale sombre et basse du navire, et l'on jeta à la mer ceux qui paraissaient morts. Dans la confusion et l'obscurité Marteilhe, à qui le sang coulé de ses blessures avait fait perdre connaissance, faillit être ainsi jeté par-dessus le bord : heureusement pour lui, un des argousins qui le déferraient, appuya si fort sur une de ses plaies que la douleur le tira de son évanouissement et lui fit pousser un grand cri.

On l'emporta à fond de cale avec les autres blessés, et on le jeta *sur un cable roulé*, dur lit de repos pour un malheureux blessé souffrant cruellement. Il resta trois jours dans cet affreux fond de cale, sans être pansé qu'avec un peu d'eau-de-vie et de camphre. « Les blessés, dit-il, mouraient comme des mouches ans ce fond de cale, où il faisait une chaleur à étouffer et une uanteur horrible, ce qui causait une si grande corruption dans os plaies que la gangrène s'y mit partout. Dans cet état nous arrivâmes, trois jours après le combat, à la rade de Dunkerque. »

C'est dans cette cale que les malades étaient placés au cours d'une campagne et qu'ils avaient à passer, non trois jours, mais des semaines et des mois entiers.

Voici la lugubre description que fait de cette infirmerie des galères l'aumônier Jean Bion : « Il y a sous le pont à fond de cale un endroit qu'on appelle la chambre de proue, où on ne respire l'air que par un trou large de deux pieds en carré et qui est l'entrée par où on descend en ce lieu. Il y fait aussi obscur de jour que la nuit. Il y a au bout de cette chambre deux espèces d'échafauds, qu'on appelle le *Taular*, sur lequel on met, sur le bois seul, les malades qui y sont souvent couchés les uns sur les autres, et quand ils sont remplis, on met les nouveaux venus *sur les cordages...* Pour leurs nécessités naturelles, ils sont obligés de les faire sous eux. Il y a bien, à la vérité, sur chacun de ces taulars une cuvette de bois, qu'on appelle boyaux, mais les malades n'ont pas la force d'y aller, et d'ailleurs elles sont si malpropres que le choix en est assez inutile. On peut conjecturer de quelle puanteur ce cachot est infecté... dans ce lieu affreux, toutes sortes de vermines exercent un pouvoir despotique. Les poux, les punaises y rongent ces pauvres esclaves sans être inquiétés et quand, par l'obligation de mon emploi, j'y allais confesser ou consoler les malades, j'en étais rempli... Je puis assurer que toutes les fois que j'y descendais, je marchais dans les ombres de la mort, j'étais néanmoins obligé d'y rester longtemps pour confesser les mourants et, comme il n'y a entre le plancher et le taular que trois pieds de hauteur, j'étais contraint de me coucher tout de mon long auprès des malades pour entendre en secret la déclaration de leurs péchés ; et, souvent, en confessant celui qui était à ma droite je trouvais celui de ma gauche qui expirait sur ma poitrine. »

C'est dans ce triste réduit que les aumôniers des galères, de durs lazaristes que les huguenots appelaient avec raison *les grands ressorts de cette machine à batons et à gourdins*, faisaient jeter après leur avoir fait administrer une terrible bastonnade les forçats huguenots qui avaient refusé de *lever le bonnet* pendant qu'ils célébraient la messe.

Quand la galère désarmée hivernait dans le port, les aumô-

niers, par un raffinement de cruauté, obtenaient que l'on donnât
pour cachot aux invalides huguenots, l'infecte cale de la galère.
« Sur la vieille Saint-Louis, dit le *Journal des Galères*, où il y a
bon nombre de nos frères, vieux, estropiés ou invalides, on les
a confinés dans *la rougeole*, endroit où l'on ne peut se tenir
debout et où passent *des ordures et les immondices* de chaque
banc, sans avoir égard à leur vieillesse et à leurs incommodités.
M. André Valette est un de ces fidèles souffrants. Pendant l'été,
on l'avait placé auprès du *Fougon*, lieu où l'on fait du feu, afin
que la chaleur et la fumée l'incommodassent, et présentement,
dans l'hiver, on le fait venir dans *la rougeole*, où l'eau des bancs
coule et où le froid entre plus qu'ailleurs, afin de le mieux
affliger. »
Les aumôniers ne se résignaient qu'à regret à laisser porter à
l'hôpital les huguenots qu'ils avaient fait maltraiter. Ainsi, Jean
L'hostalet ayant reçu une cruelle bastonnade pour n'avoir pas
levé le bonnet, l'aumônier le retint cinq ou six jours sur la
galère, bien que le chirurgien eût ordonné de le transporter à
l'hôpital. Quand on l'en retira enfin, il était mourant. C'est à cet
hôpital que les forçats malades, chargés de lourdes chaînes,
n'ayant ni capote, ni feu par les plus grands froids, allaient
achever de mourir. Un Cévenol, dit Elie Benoît, y mourut de
faim, l'aumônier de l'hôpital ayant défendu de lui donner à
manger pour le punir d'avoir refusé de se laisser instruire. C'est
là que vint mourir le huguenot Mauru, après avoir craché tous
ses poumons : il expira sur un grabat où il grelottait sans feu et
sans capote. Pendant dix années, Mauru avait été tourmenté
cruellement par l'aumônier de sa galère, et la haine de cet aumônier le poursuivit jusqu'après sa mort, car il fit retirer son corps
de la bière dans laquelle on l'avait mis, et le fit jeter tout nu à la
voirie.
Les invalides, incapables de manier la rame, restaient
enchaînés à leurs bancs comme les autres forçats pendant que la
galère était en campagne ; à la rentrée dans le port, moyennant
un sou payé aux argousins, ils obtenaient comme leurs compagnons valides, la faveur d'être déferrés pendant le jour. Cette
faveur accordée aux malfaiteurs et aux meurtriers, était refusée
aux huguenots. Louis de Marolles écrit en 1687, que, depuis *plus*

de trois mois, il est à la chaîne nuit et jour sur la galère *la Fière.*

Un des commis de l'intendant, lit-on dans le journal des galères, son rôle à la main, constate si tous les religionnaires sont à la chaîne. Quant à l'argousin trop pitoyable qui avait déferré un huguenot, il était condamné à trente sous d'amende, pour avoir épargné à ce malheureux le supplice de l'éternelle immobilité. Quand on avait un trop grand nombre d'invalides au bagne, on les envoyait en Amérique, et Louis de Marolles, désigné deux fois pour la transportation, eut la malchance de voir rapporter son ordre d'embarquement; on l'envoya mourir dans un des plus affreux cachots de Marseille.

Les aumôniers ne se bornaient pas à faire donner de *rudes salades* à ceux qui refusaient de *lever le bonnet,* mais encore ils faisaient si cruellement bâtonner les huguenots qui entretenaient des correspondances avec le dehors et distribuaient des secours à leurs coreligionnaires, que plusieurs furent emportés demi-morts à l'hôpital. Pour arriver à découvrir *les coupables,* « les aumôniers, dit le *Journal des Galères,* avaient aposté certains scélérats de forçats *pour leur tenir toujours les yeux dessus* »; parfois même ils mettaient les *suspects* en quarantaine, interdisant à toute personne étrangère de leur parler et de les approcher.

Grâce au dévouement des esclaves turcs et de quelques forçats catholiques qui leur servaient d'intermédiaires, les huguenots, *commis pour régir la Société souffrante des galères,* purent continuer à distribuer les sommes qui étaient recueillies en Suisse, en Hollande et en Angleterre, puis envoyées à des négociants de Marseille pour être données en secours aux forçats *pour la foi.* En vain Pontchartrain, ayant découvert que c'était un pasteur de Genève qui faisait l'envoi des fonds, voulut-il couper le mal dans sa racine, en enjoignant aux magistrats de Genève d'avoir à faire cesser *ce désordre.* Le seul résultat qu'il obtint, fut de faire substituer une nouvelle organisation à l'ancienne, si bien que jusqu'au jour où le dernier forçat *pour cause de religion,* sortit du bagne, la caisse de bienfaisance établie à Marseille continua à recevoir les sommes recueillies à l'étranger, *pour la Société souffrante des galères.*

Parmi les membres de cette Société des galères, on voyait Louis de Marolles, le conseiller du roi, le baron de Montbetou,

parent du duc de la Force, le baron de Salgas, le sieur de Lasterne, de la Cantinière, de l'Aubonnière, Élie Néau, les trois
frères Serre, Sabatier, etc. Sur une liste de cent cinq forçats *pour
la foi,* que donne Court, on trouve deux chevaliers de Saint-Louis
et quarante-six gentishommes.

Le forçat Fabre qui avait obtenu d'être envoyé aux galères à
la place de son père, surpris à une assemblée, expose ainsi la
souffrance morale infligée aux honnêtes gens en se voyant jetés
au milieu des pires malfaiteurs : « Lorsqu'il me fallut entrer
dans ce fatal vaisseau, que je me vis dépouillé pour revêtir
l'ignominieux uniforme des scélérats qui l'habitent, confondu
avec ce qu'il y a de plus vil sur la terre, enchaîné avec l'un d'eux
sur le même banc, le cœur me manqua... Je laisse à penser de
quelle douleur mon âme fut accablée, à cette première nuit,
lorsque, à la lueur d'une lampe suspendue au milieu de la galère,
je promenai mes regards sur tous ces êtres qui m'environnaient,
couverts de haillons et de vermine qui les tourmentait. Je m'ima-
ginai être dans un enfer que les remords du crime tourmentaient
sans cesse. »

La spirituelle et peu sensible marquise de Sévigné contant à
sa fille les horribles détails de la répression de la révolte de la
Bretagne, dit : « J'ai une tout autre idée de la justice depuis
que je suis en ce pays. Vos galériens me semblent *une société
d'honnêtes gens* qui se sont retirés du monde pour mener une
vie *douce ;* nous vous en avons bien envoyé par centaines. »

C'était bien, grâce à la persécution religieuse, une société
d'honnêtes gens que celle des galères ; mais l'on a vu quelle vie
douce, menaient les forçats retranchés du monde. « Oh ! noble
société que celle des galères, dit Michelet. Il semblait que toute
vertu s'y fût réfugiée... On put souvent voir à la chaîne avec le
protestant, le catholique charitable qui avait voulu le sauver,
avec le forçat de la foi ramait le forçat de la charité. On y voyait
le Turc qui, de tout temps, au péril de sa vie et bravant un supplice horrible, servait ses frères chrétiens, se dévouait à leur
chercher à terre les aumônes de leurs amis. »

Quelques forçats catholiques, touchés de l'héroïque constance
des huguenots leurs compagnons de chaîne, se convertirent à la
foi protestante sur les galères mêmes, et les aumôniers n'épar-

gnaient point les plus indignes traitements à ces *apostats* qu'ils menaçaient de la potence.

« Les prosélytes de la chaîne, dit le *Journal des Galères*, qui n'ont à espérer que des tourments et des misères dans ce monde, ne nous font-ils pas plus d'honneur que cette foule de gens convertis que l'Église romaine s'est faite, et dont elle se glorifie par le motif de l'intérêt, des charges, par dragons, par le sang et le carnage ? »

Quant à l'aumônier Bion, en voyant avec quelle cruauté on maltraitait parfois, jusqu'à leur faire venir *l'âme jusqu'au bord des lèvres*, les forçats huguenots (et cela parce qu'ils n'avaient pas levé le bonnet ou avaient refusé de nommer la personne dont ils avaient reçu des secours pour leurs frères des galères), il abjura sa foi catholique. « *Leur sang prêchait*, dit-il, je me fis protestant. »

Les aumôniers secondaient les vues de Louis XIV lorsqu'ils employaient tous les moyens pour arriver à ce que le silence se fît sur ce qui se passait dans l'enfer des galères. En effet, le roi voulait que tout huguenot qui y entrait, perdît toute espérance d'en sortir autrement que par la mort et que nul ne sût ce qui se passait sur les galères. Quoi que fissent pour les tourmenter, intendants, aumôniers, comites, argousins ou geôliers, les huguenots n'avaient aucun recours contre les violences les plus indignes, contre les plus révoltantes iniquités qu'on voulait laisser ignorées de tous, au dehors. Cependant, en dépit des efforts faits par les aumôniers et les intendants pour les isoler du monde entier, les forçats huguenots, soit du pont des galères, soit du bagne, soit du fond des cachots obscurs où on les renfermait parfois, trouvaient toujours moyen, grâce à des merveilles d'intelligence et de patiente ruse, de faire parvenir de leurs nouvelles à leurs coreligionnaires réfugiés à l'étranger. On a recueilli les curieuses et touchantes correspondances de ces martyrs de la liberté de conscience et on les a publiées sous le titre du *Journal des Galères*; on y voit que, à l'étranger, on était tenu au courant, jour par jour, presque heure par heure, de ce qui se passait dans la société souffrante des galères. A l'instigation des réfugiés français, les puissances protestantes ne cessaient de renouveler leurs démarches en faveur des forçats *pour la foi* si cruellement persécutés, mais il semblait que rien ne pût triompher de l'implacable obstination du roi à ne se relâcher en rien de ses odieuses rigueurs.

En 1709, Louis XIV, pour obtenir la paix, consent à céder nos places frontières et offre même de payer une subvention aux puissances alliées pour détrôner son petit fils, mais il se refuse absolument à mettre en liberté les huguenots ramant sur ses galères. Son négociateur de Torcy lui écrit à ce sujet : « On a traité dans la conférence de ce matin des religionnaires détenus sur les galères de Votre Majesté. Buys a demandé *leur liberté* ; sans allonger ma lettre pour vous informer, sire, de mes réponses, j'ose vous assurer *qu'il ne sera plus question* de cet article. »

En effet, il n'en fut pas question dans le traité ; mais la paix signée, Louis XIV avait trop d'intérêt à se ménager les bonnes grâces de la reine Anne pour lui refuser la grâce des forçats *pour la foi* ; seulement, ayant promis de les relâcher tous, sur trois cents il n'en mit en liberté que cent trente-six.

L'intendant des galères à qui l'on faisait observer que les libérés, astreints à partir de suite par mer, n'étaient pas en mesure de fréter un navire à leurs frais, répondait que le roi ne voulait pas dépenser un sou pour eux. Les aumôniers, furieux de voir leurs victimes leur échapper, mettaient mille obstacles à leur départ. Les malheureux, autorisés à courir la ville sous la garde de leurs argousins, finirent par traiter avec un capitaine de navire qui les débarqua à Villefranche, d'où ils se rendirent à Nice puis à Genève. Leur entrée dans cette ville huguenote, si hospitalière pour nos réfugiés, fut un véritable triomphe. La population tout entière vint au-devant d'eux, précédée de ses magistrats, et chacun se disputa l'honneur de loger les martyrs de la foi protestante.

Peu de temps après, une députation des libérés partait pour l'Angleterre et fut présentée à la reine Anne par de Rochegude et par le comte de Miramont, un des plus remuants de nos réfugiés. Bancillon, un des forçats mis en liberté qui faisaient partie de la députation, conte que *la bonne reine* dit à M. de Rochegude : « Voilà donc *tous* les galériens élargis » ; et qu'elle fut fort surprise quand celui-ci lui répondit qu'il y en avait encore un grand nombre sur les galères du roi. Il lui remit la liste des *oubliés*, et elle promit d'agir de nouveau pour obtenir la liberté de *tous* les forçats pour la foi. Cette fois le grand roi dut s'exécuter complètement, et en 1714, on relâcha tous les galériens condamnés pour cause de religion, parmi lesquels se trouvait, entre autres, Vincent qui, depuis douze ans, avait fini le temps de galères auquel les juges l'avaient condamné.

De nouvelles condamnations furent prononcées bientôt contre les protestants ayant assisté à des assemblées de prières, si bien que, sous la régence, on eut encore à faire de nouvelles mises en liberté de forçats *pour la foi*. Puis, à partir de 1724, on recommença à appliquer les édits du grand roi avec tant de rigueur que les bagnes se peuplèrent de nouveau de huguenots.

Mais le sort des galériens était devenu moins dur par suite de la transformation du matériel maritime de la France ; en effet, sous la régence on avait mis à la réforme les deux tiers des galères. Il y en avait encore quelques-unes sous Louis XVI, mais elles ne servaient plus que pour la parade, pour les voyages des princes et des hauts personnages, en sorte que les galériens étaient rarement soumis au dur supplice *de la vogue*.

Jusqu'au dernier moment, l'administration et la justice françaises s'obstinèrent à envoyer les gens aux galères pour cause de religion, si bien que, de 1685 à 1762, plus de sept mille huguenots furent mis au bagne. En 1763, au lendemain du jour où venait d'être prononcée la dernière condamnation aux galères pour cause de religion, le secrétaire d'État, Saint-Florentin (pour repousser la demande de mise en liberté de trente-sept forçats pour la foi, faite par le duc de Belford) disait : « Je n'ai pas entendu dire que nous ayons demandé grâce pour des catholiques condamnés en Angleterre, pour avoir contrevenu aux lois du pays. Les Anglais ne devraient donc pas solliciter en faveur des religionnaires français condamnés pour avoir contrevenu aux nôtres. »

Le progrès de l'esprit de tolérance en France finit par avoir raison de l'obstination des administrateurs à vouloir appliquer les édits de Louis XIV, impudente violation de la liberté de conscience.

En 1769, le duc de Brunswick crut avoir obtenu la liberté du dernier galérien, condamné pour cause de religion ; c'était un vieillard de quatre-vingts ans. « Ce pauvre infortuné, écrivait le pasteur Tessier, sent à peine son bonheur à cause de son âge. »

Il restait encore cependant deux forçats pour la foi, oubliés au bagne depuis trente ans. M. Eymar, que Court avait chargé d'obtenir leur grâce, dit qu'ils jouissaient de la plus grande faveur, pouvant aller librement et sans gardes, exercer en ville une profession lucrative ; « en un mot, dit-il, ils ne portaient plus du galérien que le titre et la livrée ; d'un autre côté, ils avaient perdu de vue, pendant leur long esclavage, leur famille et leur pays ; leurs biens avaient été confisqués, dilapidés ou vendus... Que retrouveraient-ils en échange de l'aisance assurée qu'ils allaient perdre, si ce n'est l'abandon et peut-être la mendicité ? » Aussi, quand M. Eymar annonça à ces deux vieillards qu'ils étaient grâciés, il les vit accueillir cette bonne nouvelle avec la plus froide indifférence. « Je les vis même, dit-il, *pleurer leurs fers et regretter leur liberté*. » Heureusement que la Société de secours, établie à Marseille pour les galériens, existait encore ; elle put fournir à ces malheureux, devenus si peu soucieux de leur liberté, un équipement complet et une somme de mille francs pour les mettre à l'abri de la misère qu'ils redoutaient.

On le voit, c'est presque à la veille de la révolution que sortirent du bagne les deux dernières victimes de l'odieuse législation de Louis XIV, impitoyablement appliquée pendant un siècle.

Louis XIV avait mis en prison, à l'hôpital ou au couvent, expulsé ou transporté en Amérique les *opiniâtres* qui persistaient dans les erreurs d'une religion que, écrivait-il au duc de la Force, *je ne veux plus tolérer dans mon royaume*.

Il avait envoyé aux galères tout huguenot qui avait tenté de passer à l'étranger, assisté à une assemblée de prières, ou rétracté l'abjuration que la violence lui avait arrachée. Pour compléter le tableau de cette odieuse croisade faite par le roi très chrétien contre la liberté de conscience de ses sujets, il ne me reste plus qu'à raconter ce que furent *les exhortations* données aux huguenots par ses soldats, qu'à faire la lamentable histoire des *dragonnades*.

CHAPITRE V

LES DRAGONNADES

Ce qu'était l'armée. — Les logements militaires. — Les dragonnades. — L'édit de révocation. — Expulsion des ministres. — Un article de l'édit de révocation. — Pillage. — Violences. — Tortures. — Les coupables et les Loriquet du XIX° siècle. — L'exode des huguenots.

Sous Louis XVI, l'armée royale n'était qu'un ramassis de bandits, provenant soit de la milice soit du recrutement. Pour la milice, les communes donnaient tous les mauvais sujets, tous les vagabonds dont elles voulaient purger leur territoire, et les officiers recruteurs acceptaient sans difficulté le pire des vauriens pourvu qu'il fût robuste et vigoureux. Pour le recrutement, opéré par violence ou par ruse, c'était une véritable chasse à l'homme que faisaient les recruteurs, par les rues et les grands chemins, dans les cabarets, les tripots et les prisons même. Le résultat de cette chasse à l'homme était de convertir en recrues pour l'armée royale, des gens de sac et de corde, des voleurs, des évadés du bagne. Un jour, une chaîne de quatre-vingt-dix-neuf forçats a la chance de se trouver sur le passage du roi ; par suite de cette heureuse rencontre, cette centaine d'honnêtes gens, au lieu d'être conduits aux galères, sont incorporés pour six ans dans l'armée du roi. Un autre jour c'est le contrôleur général qui, à un intendant lui demandant les ordres nécessaires pour faire conduire au bagne des bohémiens condamnés aux galères, — répond de tenir dans les prisons d'Angoulême, tous ceux d'entre les condamnés qui peuvent porter les armes, jusqu'à ce qu'il passe une recrue à laquelle ils seront joints — sur les extraits d'interrogatoire de Bicêtre, on trouve un avis favorable à la demande de prendre parti dans les troupes faite par : (*Adam, scélérat de premier ordre, fameux fripon, chef de filous*). — Cette promiscuité étrange entre les prisons, le bagne et l'armée, semblait chose si naturelle qu'il était de règle, de donner aux déserteurs et aux réfugiés la faculté d'opter entre les galères et le service militaire. Ainsi, par exemple, les réfugiés Lebadoux et Jean Bretton, faits prisonniers, s'engagent dans l'armée pour éviter les galères. Perrault est condamné aux galères pour émigration, l'intendant de Franche-Comté écrit au ministre :

« Comme il est d'ailleurs jeune et bien fait, si Sa Majesté jugeait à propos de commuer sa peine, en celle de le servir pendant un temps dans ses troupes, il lui serait plus utile comme soldat que comme galérien. »

On comprend ce que pouvait valoir une armée composée de tels éléments; qu'elle fût campée en France ou en pays ennemi, suivant l'énergique expression du temps, *elle mangeait le pays* ; quant à *l'habitant*, il était à la discrétion du soldat qui pouvait impunément piller, battre, voler, violer et maltraiter ses hôtes. — Que se passe-t-il, en Bretagne, lorsqu'en 1675, on a amené par de bonnes paroles à se disperser ceux qui s'étaient soulevés à la suite de l'étalissement de taxes excessives et illégales? Les troupes entrent dans la province et, disent les relations du temps, « les soldats jettent leurs hôtes par la fenêtre après les avoir battus, violent les femmes, lient des enfants tout nus sur les broches pour les faire rôtir, brûlent les meubles, etc. »

Nous n'avons pas besoin de rappeler les scènes de *la désolation* des provinces du midi ordonnée en 1683 par Louvois, ni les horreurs commises pendant la guerre dès Cévennes par les soldats du roi.

Mais, pour juger de ce que pouvaient faire de tels bandits, il n'est pas inutile de rappeler leurs exploits à l'étranger, en Hollande et dans le Palatinat, avant les dragonnades; en Savoie, après cette croisade à l'intérieur. Quel spectacle l'armée du grand roidonne-t-elle en Hollande?

« Trois cent mille gueux, dit Michelet, sans pain, ni solde, jeû-

nant il est vrai, mais s'amusant, pillant, brûlant, violant. Les soldats, sans frein ni loi, par-devant les officiers faisaient de la guerre
royale une jacquerie populaire en toute liberté de Gomorrhe. »

Que se passe-t-il encore quelques années plus tard, quand l'armée de Louis XIV se présente devant Heidelberg, ville ouverte
et après que la population valide s'est enfuie, en s'écrasant
aux portes, dans le château dont le gouverneur a fait enclouer les
canons?

« Les faibles, les dames et les enfants refoulés dans la ville,
s'entassent dans les églises. Le soldat entre sans combat, et, à
froid, il tue parfois un peu, puis bat, joue et s'amuse, met les
gens en chemise. Quand ils entrent dans les églises et voient cette
immense proie de femmes tremblantes, l'orgie alors se rue, l'outrage, le caprice effréné. Les dames, leurs enfants dans les bras,
sont insultées, souillées par les affreux rieurs et exécutées sur
l'autel. Près de ces demi-mortes, laissées là, la joyeuse canaille
fait sortir les vrais morts, les squelettes, les cadavres demi-pour-
ris des anciens Électeurs. Effroyable spectacle! ils arrivent dans
leurs bandelettes, traînés la tête en bas... »

En 1685, alors que les dragonnades touchent à leur fin en
France, Louis XIV envoie quelques milliers des étranges missionnaires qui viennent de convertir les huguenots, pour débarrasser son allié le duc de Savoie des hérétiques des vallées à
Pignerol.

Déjà les hommes en état de combattre, désarmés à la suite de
perfides négociations, avaient été entassés dans les prisons de
Turin, où la peste les avait presque tous emportés.

L'armée française, en arrivant sur le territoire de la Savoie, ne
trouve donc devant elle aucun combattant, elle n'a d'autre chose
à faire que de massacrer.

« Restent, dit Michelet, les femmes, les enfants, les vieillards
que l'on donne aux soldats. Des vieux et des petits, que faire,
sinon les faire souffrir? On joua aux mutilations, on brûla mé-
thodiquement, membre par membre, un à un, à chaque refus
d'abjuration. On prit nombre d'enfants, et jusqu'à vingt personnes, pour jouer à la boule, jeter aux précipices... On se tenait
les côtes de rire à voir les ricochets, à voir les uns légers, gam-
bader, rebondir, les autres assommés comme plomb au fond des

précipices; tels accrochés en route aux rocs et éventrés, mais ne pouvant mourir, restant là aux vautours. Pour varier, on travailla à écorcher un vieux, Daniel Pellenc; mais la peau ne pouvant s'arracher des épaules, remonta par-dessus la tête. On mit une bonne pierre sur ce corps vivant et hurlant, pour qu'il fît le souper des loups. Deux sœurs, les deux Victoria, martyrisées, ayant épuisé leurs assauts, furent, de la même paille qui servit de lit, brûlées vives. D'autres, qui résistèrent, furent mises dans une fosse, ensevelies. Une fut clouée par une épée en terre, pour qu'on en vînt à bout. Une, détaillée à coups de sabre, tronquée des bras, des jambes, et ce tronc informe fut violé dans la mare de sang. »

Élie Benoît dit de son côté :

« Ils pendaient et massacraient les femmes comme les hommes; mais ils violaient ordinairement les femmes et les filles avant de les tuer, et après cela, non contents de les assommer, *ils leur arrachaient les entrailles*, ils les jetaient dans un grand feu ; *ils les coupaient en morceaux et s'entrejetaient ces reliques de leur fureur.* »

Après les massacres, la dévastation impitoyable du pays.

Catinat écrit à Louvois : « Ce pays est *parfaitement désolé*, il n'y a plus du tout ni peuple, ni bestiaux, j'espère que nous ne quitterons pas ce pays-ci, que cette race des Barbets n'en soit *entièrement extirpée*. » Louvois ne trouve pas la désolation *assez parfaite*, il écrit au marquis de Feuquières : « Le roi a appris avec plaisir ce qui s'est passé dans la vallée de Luzerne, dans laquelle *il eût eté seulement à désirer que vous eussiez fait brûler tous les villages où vous avez été.* »

Louvois avait déjà donné de semblables ordres dans le Palatinat. Un jour, apprenant que les troupes se sont contentées de brûler seulement *à moitié*, une ville, il ordonne de brûler tout *jusqu'à la dernière maison* et enjoint de lui faire connaître les officiers qui ont ainsi failli à la ponctuelle exécution des volontés du roi, *afin qu'ils soient punis d'une façon exemplaire.*

Un autre jour, il apprend que les habitants d'une autre ville, qui a été complètement détruite conformément à ses instructions, s'obstinent à venir chercher un gîte au milieu des ruines, il écrit : « Le moyen d'empêcher que ces habitants ne s'y rétablissent, c'est après les avoir avertis de ne point le faire, *de faire tuer* tous ceux que l'on trouvera vouloir y faire quelque habitation. »

Ce n'était pas en donnant de semblables instructions, que Louvois pouvait faire disparaître les habitudes invétérées de banditisme de l'armée royale, tout au contraire ; il n'est donc pas surprenant que le jour où il se décida à ordonner aux soldats logés chez les huguenots, de faire *tout le désordre possible*, pour amener la conversion de leurs hôtes, il ne fût d'avance determiné à fermer les yeux sur les actes les plus odieux et les plus violents de ses *missionnaires bottés*, ainsi qu'on les appelait.

Mais il était trop politique pour ne pas masquer le but qu'il poursuivait et pour vouloir que la persécution prît au début le caractère qu'elle avait eue en Hongrie, en 1672 :

« Les jésuites, menant avec eux des soldats, surprenant chaque village, et convertissant le hongrois qui voyait sa femme sous le fusil... des ministres brûlés vifs, des femmes empalées au fer rouge, des troupeaux d'hommes vendus aux galères turques et vénitiennes. » (Michelet).

C'est au commencement de l'année 1681, que Marillac, intendant du Poitou, soumit à Louvois son plan de convertir les huguenots en logeant *exclusivement* chez eux les troupes et lui demanda d'envoyer dans le Poitou des soldats pour mettre à exécution ce plan que le hasard ou sa malice, dit Elie Benoît, lui avait fait découvrir.

Louvois comprit que, pour reprendre dans l'État le rôle prépondérant qu'il avait perdu depuis que les affaires de religion avaient fini par prévaloir sur toutes les autres dans l'esprit du roi, c'était un excellent moyen, ainsi que le disent les lettres du temps, *de mêler du militaire* à l'affaire des conversions. Mais, il jugea nécessaire de dissimuler qu'il voulait obtenir par la violence, la conversion des huguenots, tout au moins jusqu'au moment où l'importance des résultats déjà acquis, empêcherait de pouvoir revenir en arrière. — C'est pourquoi, après avoir fait signer au roi une ordonnance, exemptant pendant deux ans du logement des gens de guerre les huguenots qui se convertiraient, il se borne à obtenir la permission de faire passer dans les villes huguenotes des régiments dont la seule présence amènerait des conversions. En effet, disait-il, si les huguenots se convertissent pour toucher une pension, ou une faible somme d'argent, ils seront encore plus disposés à abjurer pour éviter quelque incommodité dans leurs maisons et quelque trouble dans leurs fortunes.

En envoyant à Marillac, l'ordonnance et les troupes qui vont lui permettre de mettre son plan à exécution, Louvois multiplie les précautions pour dissimuler l'existence même de ce plan.

« Sa Majesté, écrit-il à Marillac, a trouvé bon de faire expédier l'ordonnance que je vous adresse, par laquelle elle ordonne que ceux qui se seront convertis, seront, pendant deux années, exempts du logement des gens de guerre. Cette ordonnance *pourrait causer beaucoup de conversions dans les lieux d'étape...*

Elle m'a commandé de faire marcher, au commencement du mois de novembre prochain, un régiment de cavalerie en Poitou, lequel sera logé, *dans les lieux que vous aurez pris soin de proposer entre ci et ce temps-là*, dont elle trouvera bon que le *grand nombre* soit logé chez les protestants ; mais elle n'estime pas *qu'il faille les y loger tous* ; c'est-à-dire que de vingt-six maîtres dont une compagnie est composée, si, suivant une répartition *juste*, les religionnaires en devaient porter *dix*, vous pouvez leur en faire donner *vingt* et les mettre tous chez *les plus riches* desdits religionnaires, prenant *pour prétexte* que, quand il n'y a pas un assez grand nombre de troupes dans un lieu pour que tous habitants en aient, il est juste que les pauvres en soient exempts et que les riches en demeurent chargés... Sa Majesté désire que vos ordres sur ce sujet soient, par vous ou vos subdélégués, donnés de *bouche* aux maires et échevins des lieux, sans leur faire connaître que Sa Majesté désire, par là, *violenter les huguenots à se convertir*, et leur expliquant seulement que vous donnez ces ordres *sur les avis que vous avez eus* que, par le crédit qu'ont les gens riches de la religion dans ces lieux là, ils se sont exemptés au préjudice des pauvres. »

En dépit de ces instructions, Marillac logea les troupes *exclusivement chez les huguenots*, qu'ils fussent riches ou pauvres. Lièvre, dans son histoire du Poitou, relève ce fait que, à Aulnay, une recrue ayant été logée *indistinctement* chez tous les habitants, le subdélégué de l'intendant, accompagné de deux carmes, alla de maison en maison, déloger les soldats mis chez des catholiques, et les conduisit chez des huguenots.

Fidèle à sa politique de prudence, au début de la campagne

des conversions par logements militaires, Louvois mettait sa responsabilité à couvert, en blâmant *officiellement*, les violences trop grandes, surtout lorsqu'elles avaient provoqué des plaintes *trop retentissantes*.

C'est ainsi qu'il blâmait l'intendant de Limoges, d'avoir logé les soldats *uniquement* chez les huguenots, et d'avoir souffert *le désordre* des troupes. Il réprimandait de même Marillac, à raison de l'*affectation* qu'il mettait, à accabler les huguenots de logements militaires, à souffrir que les soldats fissent chez leurs hôtes des désordres *considérables*, et enfin à emprisonner ceux qui avaient l'audace de se plaindre. Une telle conduite étant de nature à *sembler*, disait-il, justifier les plaintes que les religionnaires font dans les pays étrangers, d'être abandonnés à la discrétion des troupes.

En blâmant *officiellement* ce qu'il approuvait en secret, Louvois avait soin de formuler son blâme, assez discrètement pour ne pas décourager le zèle de ses collaborateurs. Reprochant à Boufflers d'avoir mis les soldats à loger à *discrétion* chez les huguenots, il dit : « c'est de quoi j'ai cru ne devoir écrire *qu'à vous* afin que, sans qu'il paraisse qu'on désapprouve *rien* de ce qui a été fait, vous puissiez pourvoir à ce que ce ceux qui sont sous vos ordres restent dans les bornes prescrites par Sa Majesté. » Écrivant à un intendant, pour blâmer un commandant de troupes qui a permis au maire de Saintes d'employer ses soldats, hors de son territoire, pour violenter les huguenots à se convertir, il arrive à cette conclusion, à l'égard de ces deux *coupables*. « Sa Majesté n'a pas jugé à propos de faire une plus grande démonstration contre eux, *puisque ce qu'ils ont fait a si bien réussi*, et qu'elle ne croit pas qu'il convienne qu'on puisse dire aux religionnaires que Sa Majesté *désapprouve quoi que ce soit de ce qui a été fait pour les convertir*. »

C'est à Louvois qu'étaient adressées les lettres des gouverneurs et des intendants, et quand il y avait quelque communication délicate à faire, ceux-ci imitaient l'exemple de Noailles écrivant : « qu'il ne tardera pas à lui envoyer (à Louvois) quelque homme *d'esprit* pous lui rendre compte de tout le détail et répondre à tout ce qu'il désire savoir, mais ne saurait *s'écrire*. »

On ne saurait donc s'étonner de ce que « aussi bien lors de la première dragonnade du Poitou, qu'au moment de la grande dragonnade du Béarn en 1685, mettant sur les bras des huguenots toute l'armée rassemblée sur les frontières de l'Espagne » — les relations officielles mises sous les yeux du roi se taisent sur les hauts faits des missionnaires bottés.

A propos de la violente conversion du Béarn, Rulhières affirme avoir fait cette curieuse constatation : « la relation mise sous les yeux du roi ne parle ni de violences ni de dragonnades. On n'entrevoit pas qu'il y ait *un seul soldat* en Béarn. La conversion générale paraît produite par la grâce divine, il ne s'agit que d'annoncer la volonté du roi... Tous courent aux églises catholiques. » A la fin de la même année 1685, Tessé qui vient de traiter Orange, en ville prise d'assaut, et a converti tous les huguenots de la cité en vingt-quatre heures, déclare dans son rapport *officiel, que tout s'est fait doucement sans violence et sans désordre.*

En 1685, comme en 1681 et en 1682, de plus, pour ôter toute créance aux réclamations qui parvenaient directement à la cour, on dragonnait à nouveau, ceux qui se plaignaient d'avoir cédé aux violences des soldats, afin de les obliger à signer qu'ils s'étaient convertis librement et sans contrainte. Enfin Louvois ne reculait devant aucun moyen, même les arrestations les plus arbitraires, pour empêcher les plaintes des huguenots d'arriver *directement* au roi.

Il est difficile d'admettre cependant que Louis XIV ignorât ce qui se passait dans les provinces dragonnées, mais il était fort aise de pouvoir, grâce aux habiletés de son ministre, *sembler* ignorer les violences qu'avaient à supporter les huguenots.

« Aucun monarque, dit Sismondi, si vigilant, *si jaloux de tout savoir*, si irrité contre tout ministre qui aurait prétendu *lui cacher quelque chose*, n'était encore monté sur le trône de France ; et, ce n'était pas une entreprise violente, poursuivie à l'aide de ses troupes, dans toutes les provinces de son royaume, pendant plusieurs années de suite, contre plus de deux millions de ses sujets, qui pouvait être dérobée à sa connaissance,

Déjà en 1666, l'électeur de Brandebourg s'était fait l'organe officiel des réclamations des huguenots français, et ayant écrit à Louis XIV :

« J'ai osé affirmer que Votre Majesté *ignore ces violences* et que tout le mal vient de ce que ses grandes affaires ne lui permettent pas de prendre connaissance elle-même, des intérêts de ces pauvres opprimés. »

Louis XIV s'était empressé de répondre : « Je vous dirai qu'il ne se fait aucune affaire *petite ou grande* dans mon royaume, de la qualité de celle dont il est question, non seulement qui ne soit pas *de mon entière connaissance,* mais qui ne se fasse *par mon ordre.* »

Dès le commencement de la première dragonnade, Louis XIV avait été saisi *officiellement* par Ruvigny, député général des protestants, des justes plaintes des huguenots du Poitou, et il avait été contraint d'ordonner une enquête contre *les violences* commises contre ses sujets réformés ; mais cette enquête, qui avait été considérée comme une interdiction de commettre de nouvelles violences, avait amené un sensible ralentissement dans l'œuvre de la conversion générale. Pour remédier au mal, le roi s'empresse de rendre une ordonnance portant qu'il sera informé contre les ministres « ayant été assez osés que de prêcher publiquement dans leurs chaires que Sa Majesté désavouait *les exhortations* qui avaient été faites au peuple de sa part, d'embrasser la religion catholique, Sa Majesté ne voulant pas souffrir ces *insolences* de si dangereuse conséquence. »

Tout naturellement, après cette ordonnance, les violences reprirent de plus belle contre les huguenots du Poitou, et elles aboutirent à faire un tel éclat que Louis XIV dut, l'année suivante, révoquer Marillac et faire suspendre momentanément les conversions par logements militaires.

Cependant, comme s'il eût voulu établir qu'il ne réprouvait pas, en réalité, *les violences* qu'il se voyait contraint d'interdire *officiellement,* Louis XIV fit tout pour que les conversions obtenues violemment fussent tenues pour bonnes et valables.

Un arrêt *d'exemple* (c'est-à-dire faisant jurisprudence pour tout le royaume), rendu par le Parlement de Paris, établit qu'un huguenot, bien qu'il prouvât qu'il avait abjuré *par force,* pouvait être condamné comme *relaps* quand il retournait au prêche. Une déclaration royale, allant plus loin, décida que tout huguenot contre lequel ne pourraient être produites ni une abjuration écrite, ni même une simple signature, devait être condamné comme *relaps* si deux témoins, *les deux premiers coquins venus*, déclaraient qu'ils lui avaient vu faire un acte quelconque de catholicité.

Enfin, en 1682, comme s'il eût voulu avertir les huguenots que les violences ne tarderaient pas à être de nouveau autorisées contre eux, Louis XIV permettait qu'on signifiât à tous les consistoires l'avertissement pastoral du clergé invitant les protestants à se convertir au plus tôt et, en cas de refus de le faire, les menaçant ainsi : « Vous devez vous attendre à des malheurs incomparablement plus épouvantables et plus funestes que ceux que vous ont attirés jusqu'à présent votre révolte et votre schisme. »

En 1683 et en 1684, Louvois fut occupé à porter *la désolation* dans les provinces du Midi, où, à la suite de la fermeture arbitraire de la plupart des temples, les huguenots avaient commis *le crime* de reprendre l'exercice de leur culte *sous la couverture du ciel;* mais il n'avait pas renoncé au projet de convertir tous les huguenots de France au moyen des logements militaires. « On voit, dit Rulhières, par les lettres de Louvois conservées au dépôt de la guerre, qu'il prenait de secrets engagements pour renouveler à quelque temps de là, en Poitou et dans le pays d'Aunis, l'essai de convertir les huguenots par le logement arbitraire des troupes, lorsqu'un *évènement inattendu* précipita toutes ses mesures. »

Cet évènement *inattendu*, c'est l'emploi fait dans le Béarn par l'intendant Foucault, pour la conversion des huguenots, d'une armée tout entière, amenée sur les frontières de l'Espagne en prévision d'une guerre, et devenue disponible, par suite d'un changement de politique.

Tout ce que peut imaginer la licence du soldat, dit Rulhières, fut exercé contre les calvinistes et, en quelques semaines, la province tout entière fut convertie.

En contant ce *miracle* opéré, disait-il, par la grâce divine, le *Mercure* ne craignait pas d'ajouter : « ce qui a achevé de convaincre les protestants du Béarn, ce sont les moyens *paternels et vraiment remplis de charité*, dont Sa Majesté se sert pour les rappeler à l'Église.

14

Louvois en apprenant la rapide conversion du Béarn où, dit-il, les troupes viennent *de faire merveilles*, ne s'inquiéta plus de savoir si l'on pourra qualifier de *persécution*, les *exhortations* que les soldats font aux huguenots pour les convertir.

Il écrit à Boufflers de se servir des troupes qui viennent de catholiciser le Béarn, pour essayer, *en logeant entièrement les troupes chez les huguenots*, de procurer dans les deux généralités de Montauban et de Bordeaux un aussi grand nombre de conversions qu'il s'en est fait en Béarn. Craignant que, *sans miracle*, il ne puisse le faire, il lui recommande de s'attacher seulement à diminuer le nombre des huguenots, de manière à ce que, dans chaque communauté, il soit deux ou trois fois moindre que celui des catholiques.

Contrairement aux prévisions de Louvois, *le miracle* du Béarn se reproduit partout, c'est par corps et par communautés que se font les abjurations, et de grandes villes huguenotes se convertissent en quelques heures. Boufflers, après avoir catholicisé les généralités de Montauban et de Bordeaux, a le même succès en Saintonge. De Noailles qui avait d'abord demandé jusqu'à la fin de novembre pour convertir le Languedoc, où l'on comptait deux cent cinquante mille huguenots, écrit bientôt qu'à la fin d'octobre *cela sera expédié*.

Dans une lettre qu'il écrit d'Alais, il se plaint que les choses aillent trop vite, « je ne sais plus, dit-il, *que faire des troupes*, parce que les lieux où je les destine, se convertissent tous généralement; et cela *si vite* que, tout ce que peuvent faire les troupes, c'est de coucher *une nuit* dans les lieux où je les envoie. » Comment le *miracle* ne se fût-il pas reproduit? Non seulement les soldats envoyés dans une localité étaient logés exclusivement chez les huguenots, mais à mesure que les conversions se multipliaient, ils refluaient tous chez les opiniâtres, qui se trouvaient parfois avoir jusqu'à cent garnisaires sur les bras. Si le chef de famille cédait, il fallait qu'il fit aussi céder ses enfants; si au contraire il voulait s'opiniâtrer alors que sa femme et ses enfants avaient fait leur soumission, ceux-ci le suppliaient de céder à son tour, car il fallait que le père et les enfants fussent convertis pour que la maison fût abandonnée par les missionnaires bottés. C'est ce dont témoigne cette lettre de Louvois à M. de Vrevins :

« Lorsque le chef de la famille s'est converti, *il faut que les enfants soient de sa religion...* à l'égard des familles dont le chef demeure obstiné dans la religion, et dont la femme et les enfants sont convertis, il faut loger chez lui, tout comme si personne ne s'était converti dans sa maison. »

Louvois s'était d'abord réjoui sans réserve de ce succès des *missions bottées,* succès qu'il qualifiait de *surprenant,* et il était heureux de pouvoir annoncer à son frère Le Tellier : que les grandes cités du Languedoc, et, pour le moins, trente autres petites villes, *des noms desquelles il ne se souvenait pas,* s'étaient converties en *quatre jours;* que les trois quarts des religionnaires du Dauphiné étaient convertis, que tout était catholique dans la Saintonge et dans l'Angoumois, etc.

Cette soumission rapide et complète des huguenots finit par lui paraître *suspecte.* « Il faut prendre garde, écrit-il à Bâville, dès le 9 octobre 1685, que cette soumission unanime maintienne entre eux *une espèce de cabale* qui ne pourrait, par la suite, être que fort préjudiciable. » Dans l'intention de prévenir *cette cabale,* sans attendre que toutes les provinces du royaume eussent été dragonnées, Louvois pressa la publication de l'édit de révocation qui devait priver les réformés de leurs directeurs habituels, en bannissant les ministres.

Louvois avait toujours du reste soutenu cette thèse, qu'il fallait séparer les ministres de leurs fidèles et dès le 24 août 1685, il écrivait à Boufflers :

« Sa Majesté a toujours regardé comme un grand avantage pour la conversison de ses ujets *que les ministres passassent en pays étranger.* Aussi, loin de leur en ôter l'espérance, comme vous le proposez, elle vous recommande, par les logements que vous ferez établir chez eux, de les porter à sortir de la province, et à profiter de la facilité avec laquelle le roi leur accorde *la permission* de sortir du royaume. »

Le 8 octobre, le conseil du roi, appelé à décider du moyen qu'il fallait employer pour séparer les huguénots de leurs pasteurs, l'emprisonnement ou le bannissement des ministres, s'était prononcé pour cette dernière mesure. Chateauneuf avait obtenu cette décision en faisant valoir cette considération *économique* que la nourriture de tant de prisonniers *serait une lourde charge pour le roi*, tandis que bannir les ministres et confisquer leurs biens en même temps, ce serait assurer au roi *un double profit*. On ne voulut même pas que les ministres, ayant reçu *permission de sortir* avant l'édit de révocation, et non encore sortis, pussent vendre leurs biens.

Ainsi le 30 octobre 1685, Colbert de Croissy écrit à l'intendant du Dauphiné :

« Sa Majesté, ayant *ci-devant* donné des permissions à des ministres de la religion prétendue réformée de passer dans les pays étrangers avec leurs femmes et enfants et *de vendre le bien* qu'ils avaient en France, elle m'ordonne de vous faire savoir, qu'en cas que ces permissions ne soient point exécutées et que les dits ministres *n'aient pas encore vendu leurs biens*, l'intention de Sa Majesté et qu'elles demeurent révoquées, et que l'on suive à l'égard des dits ministres l'édit de Sa Majesté de ce mois. »

Louvois, en envoyant au chancelier le Tellier le projet de l'édit révocatoire auquel avaient été ajoutés quelques articles additionnels, *entre autres celui relatif aux ministres*, le priait de donner au plus tôt son avis sur ces articles en lui disant : « Sa Majesté a donné ordre que cette déclaration fût expédiée *incessamment* et envoyée partout, Sa Majesté ayant jugé qu'en l'état présent des choses, *c'était un bien de bannir au plus tôt les ministres.* »

L'édit révocatoire fut expédié promptement suivant les désirs de Louvois; il fut publié le 18 octobre 1685, et l'on tint la main à la stricte exécution de la clause obligeant les ministres à quitter la France dans un délai de quinze jours, les obligeant à choisir, dans ce court délai, entre l'exil, les galères ou l'abjuration; s'ils se prononçaient pour l'exil, il leur fallait partir, seuls et dénués de tout, laissant dans la patrie dont on les chassait, leurs biens, leurs parents et ceux de leurs enfants qui avaient atteint ou dépassé l'âge de sept ans; quelques intendants, allant plus loin encore que cette loi barbare, retinrent la famille entière de quelques pasteurs, jusqu'à des enfants à la mamelle, le ministre Bely, par exemple, dut partir seul pour la Hollande, laissant en France sa femme et ses enfants. Mais partout on appliqua strictement la loi, on ne permit pas au ministre Guitou, fort âgé, d'emmener avec lui une vieille servante *pour le gouverner et subvenir à ses besoins*, et Sacqueville au risque de le faire périr, dut emmener son enfant, sans la nourrice qui l'allaitait, celle-ci *n'étant pas mentionnée dans le brevet*.

Des vieillards chargés d'infirmités, moururent en route sur ce vaisseau qui les emportait, par exemple : Faget de Sauveterre, Taunai, Isaïe d'Aubus ; d'autres, comme Lucas Jausse, Abraham Gilbert, succombèrent aux fatigues du voyage et moururent en arrivant à l'étranger.

Dans quelque état de santé que l'on fût, ne fallait-il point partir pour la terre d'exil dans les quinze jours, aucune excuse n'étant admise pour celui qui avait dépassé le délai fatal. Quelques ministres du Poitou, de la Guyenne et du Languedoc, que les dragonnades avaient contraints de se réfugier à Paris, reçoivent des passeports de la Reynie, sauf trois pasteurs du haut Languedoc que l'on renvoie dans leur province pour y prendre leurs passeports, après les avoir amusés quelques jours. Ils n'arrivent à Montpellier qu'après l'expiration des quinze jours fixés par l'édit de révocation. Bâville les emprisonne et menace de les envoyer aux galères, mais, après quelques jours, ils sont conduits à la frontière. Latané fut moins heureux, il avait fourni le certificat exigé des ministres, constatant qu'ils n'emportaient rien de ce qui appartenait aux consistoires, mais ce certificat fut refusé comme irrégulier parce que les signataires avaient pris le titre d'anciens membres du consistoire. Quand Latané eut fourni tardivement un autre certificat, on le retint en prison au château Trompette ou on le laissait souffrir du froid en le privant de feu. En vain, réclama-t-il ; le marquis de Boufflers, intendant de la province, consulté, répondit : « Il serait plus du bien du service de le laisser en prison, que de le faire passer en pays étranger, vu qu'il est fort considéré *et qu'il a beaucoup d'esprit.* »

En regard de cette singulière raison de garder un ministre en prison, en violation de la loi, *parce qu'il a beaucoup d'esprit*, il est curieux de mettre la réponse faite par Louvois, à la demande de ne pas user de *la permission de sortir* faite pour deux vieux ministres, presque tombés en enfance. « Si les deux anciens ministres de Metz, sont *imbéciles* et hors d'état de pouvoir parler de religion, le roi pourrait peut-être permettre qu'on les laissât mourir dans la ville de Metz, mais, *pour peu qu'ils aient l'usage de la raison,* Sa Majesté désire *qu'on les oblige de sortir.* »

Les ministres qui, au moment de la publication de l'édit de révocation, se trouvaient emprisonnés pour quelque contravention aux édits, devaient être mis en liberté comme le furent Antoine Basnage et beaucoup de ses collègues, afin de pouvoir sortir du royaume dans le délai fixé. Cependant les ministres Quinquiry et Lonsquier ne furent relâchés qu'en janvier 1686, et trois pasteurs d'Orange enfermés à Pierre Encise, n'en sortirent qu'en 1697.

Quelques ministres ne peuvent se résigner à quitter la France et tentent de continuer l'exercice de leur ministère, entre autres Jean Lefèvre, David Martin, Givry et Bélicourt, mais la terreur générale était telle à ce moment qu'on refusait de les écouter et de leur donner asile, en sorte que, traqués de tous côtés, ils durent se résigner à passer à l'étranger.

Bélicourt, pour franchir la frontière, dut se cacher dans un tonneau; quant au proposant Fulcran Rey, il tomba dans les mains de Bâville qui l'envoya au supplice.

Quelques années plus tard un certain nombre de ministres reviennent en France, bravant tous les périls, entre autres Givry et de Malzac qu'on arrête et qu'on enterre vivants dans les sombres cachots de l'île Sainte-Marguerite ; Malzac y meurt après trente-trois ans de captivité, plusieurs autres pasteurs y deviennent fous.

Qui ne serait révolté de voir Bossuet, dans l'oraison funèbre de le Tellier, déclarer mensongèrement que les huguenots ont vu, « *leurs faux pasteurs les abandonner sans même en attendre l'ordre, trop heureux d'avoir à alléguer leur bannissement comme excuse.* »

L'édit de révocation, en chassant les pasteurs du royaume, alors qu'il était, sous peine des galères, interdit à tous les autres huguenots de franchir la frontière, prévenait, suivant les désirs de Louvois, toute *cabale* entre les ministres et leurs fidèles. En même temps, en interdisant tout culte *public* de la religion réformée, cet édit ôtait aux huguenots tout espoir de voir le roi revenir plus tard, sur ce qu'il avait fait jusqu'alors contre eux.

Cependant, chose surprenante, la publication de cet édit sembla un instant compromettre le succès de la campagne de la conversion générale, que les dragons n'avaient pas encore partout terminée. Voici pourquoi : les intendants et les soldats avaient obligé les huguenots à se convertir en leur déclarant que le roi ne voulait plus souffrir dans son royaume que des catholiques, et leurs déclarations recevaient un éclatant démenti, par le dernier article de l'édit de révocation ainsi conçu :

« Pourront au surplus, lesdits de la religion prétendue réformée, en attendant qu'il plaise à Dieu les éclairer comme les autres, demeurer dans les villes et lieux de notre royaume, pays et terres de notre obéissance, et y continuer leur commerce et jouir de leurs biens, *sans pouvoir être troublés ni empêchés sous prétexte de ladite religion prétendue réformée*, à condition, comme dit est, de ne point faire d'exercice, ni de s'assembler, sous prétexte de prière ou du culte de la dite religion, de quelque nature qu'il soit sous les peines ci-dessus de corps et de biens. »

Bâville écrit à Louvois : « Cet édit, auquel les nouveaux convertis ne s'attendaient pas, et surtout la clause qui défend *d'inquiéter les religionnaires*, les a mis dans un mouvement qui ne peut être apaisé de quelques temps. *Ils s'étaient convertis pour la plupart, dans l'opinion que le roi ne voulait plus qu'une religion dans son royaume.* »

Foucault, l'intendant du Poitou, écrit à son père, que cette clause de l'édit *fait un grand désordre et arrête les conversions*, et il propose à Louvois de traiter comme des *perturbateurs publics*, les religionnaires qui opposeront aux dragons convertisseurs cette maudite clause. Boufflers demande au ministre qu'on use de telles rigueurs envers ceux qui auront *une pareille insolence*, que Louvois se voit obligé de lui faire observer qu'il faut éviter de donner aux religionnaires lieu de croire qu'on veut rétablir en France *une inquisition*.

De Noailles rédige un mémoire pour établir que la *tolérance* va tout perdre, et il montre à Louvois en face de quel dilemme se trouvent placés, ceux qui veulent comme lui, achever l'œuvre des conversions par logements militaires. « Il est certain, dit-il, que la dernière clause de l'édit, qui défend d'inquiéter les gens de la religion prétendue réformée, va faire un grand désordre, *en arrêtant les conversions, ou en obligeant le roi à manquer à la parole qu'il vient de donner par l'édit le plus solennel qu'il pût faire.* »

Louvois qui ne veut pas que les conversions s'arrêtent, n'éprouve aucun scrupule à ne tenir aucun compte de la parole du roi, il écrit à Noailles, *de punir sévèrement* les religionnaires qui ont eu *l'insolence* de signifier aux consuls d'avoir à loger les soldats ailleurs que chez eux, attendu la clause de l'édit *qui permet de rester calviniste.*

Non seulemnnt il continue à faire dragonner les provinces du Midi, mais encore il envoie les troupes faire la même besogne de conversion violente dont les provinces du Nord et de l'Ouest, que les soldats n'avaient pas encore parcourues. Il écrit à Noailles : « Je ne doute point que quelques logements *un peu forts* (Noailles en fit de *cent* hommes), chez le peu qui reste de la noblesse et du tiers-état des religionnaires *ne les détrompe de l'erreur où ils sont* sur l'édit que M. de Chateauneuf nous a dressé; et Sa Majesté désire que vous vous expliquiez *fort durement*, contre ceux qui voudraient être les derniers à professer une religion *qui lui déplaît.* »

Au duc de Chaulnes et à l'intendant Bossuet, il enjoint de faire vivre les soldats *grassement* chez leurs hôtes.

A M. de Beaupré, il écrit, au sujet des religionnaires de Dieppe : « comme ces gens-là sont les seuls dans tout le royaume qui se sont distingués à ne se vouloir pas soumettre à ce que le roi désire d'eux, vous ne devez garder à leur égard aucune des *mesures* qui vous ont été prescrites, *et vous ne sauriez rendre trop rude et trop onéreuse la subsistance des troupes chez eux* », et il lui enjoint de faire venir beaucoup de cavalerie, de la faire vivre *fort licencieusement* chez les religionnaires, *opiniâtres* et de permettre aux cavaliers *le désordre nécessaire pour tirer ces gens-là de l'état où ils sont.* A Foucault, il dit : « Sa Majesté désire que l'on essaie *par tous les moyens* de leur persuader (aux huguenots) qu'ils ne doivent attendre *aucun repos ni douceur chez eux*, tant qu'ils demeureront dans une religion *qui déplaît* à Sa Majesté, et on doit leur faire entendre que ceux qui voudront avoir la sotte gloire d'y demeurer les derniers, pourront encore recevoir des *traitements plus fâcheux*, s'ils s'obstinent à y rester. » Il lui enjoint enfin de laisser les dragons faire *le plus de désordre possible* chez les gentilshommes du Poitou et de les y faire demeurer *jusqu'à ce que leurs hôtes soient convertis.*

Il écrit à de Ris qu'il n'y a pas de meilleur moyen |de persuader les huguenots, que le roi ne veut plus souffrir que des catholiques dans son royaume, que *de bien maltraiter* les religionnaires de Barbezieux.

Au marquis de Vérac, enfin, il dit : « Sa Majesté veut qu'on fasse sentir *les dernières rigueurs* à ceux qui ne voudront pas se faire de sa religion et ceux qui auront la sotte gloire de vouloir demeurer les derniers, doivent être poussés *jusqu'à la dernière extrémité.* »,

On mettait le pays en coupe réglée pour convertir les huguenots jusqu'au dernier, sans oublier le plus petit hameau du royaume. Louvois enjoint à Boufflers de réserver de petits détachements à Tessé, pour aller achever *d'éplucher* les religionnaires des villes et villages des généralités de Bordeaux et de Montauban. L'intendant de Normandie écrit aux échevins de Rouen d'aller de maison en maison, pour faire une recherche exacte et nouvelle des huguenots, et il les engage à promettre trente sous à qui découvrira un huguenot caché, il y a, ajoute-t-il, bien des petites gens qui en découvriront.

De Noailles écrit aux consuls de son gouvernement :

« Je vous envoie un état de la viguerie du Vigan, pour que vous en visitiez jusqu'au plus petit hameau, et que vous obligiez, autant qu'il vous sera possible, ce qui reste de religionnaires à faire abjuration dans ce moment, faute de quoi, vous leur ferez entendre qu'ils auront le lendemain garnison, ce que vous exécuterez.

» Faites en sorte que tout soit visité *jusqu'à la dernière maison,* dans la dernière huitaine du mois, et que je puisse avoir un état juste et précis de ce qui reste de religionnaires dans chaque endroit, même de valets, et, supposez qu'il manquât quelques lieux à l'état que je vous envoie, vous les adjoindrez. »

Cet ordre, adressé au consul de Bréau, est identique à ceux donnés aux autres consuls et il est accompagné des instructions suivantes :

« Suivant l'ordre ci-dessus, vous ne manquerez pas de visiter incessamment toutes les maisons de Bréau, et, en cas que vous y trouviez quelques-uns, *soit femmes, filles ou enfants au-dessus de quatorze ans, même des valets, qui n'aient pas fait* leur abjuration, vous m'en donnerez avis aujourd'hui, ce soir, afin que j'y mette *garnison*, et si, dans la visite que je ferai demain de votre quartier, par chaque maison, il s'en trouve quelqu'un, *je m'en prendrai à vous*, comme d'une chose contraire au service du roi.

C'est la part de — du Chesnel. »

C'est ainsi que Louvois et ses soldats tenaient compte de la parole donnée solennellement par le roi, que les huguenots pouvaient demeurer chez eux sans être empêchés ni troublés pour cause de religion.

« Dans toutes les paroisses que les troupes avaient à traverser, pour se rendre aux lieux d'étapes qui avaient été fixés à l'avance par les intendants, les curés, dit Élie Benoit, encouragaient les soldats à faire *tout le mal possible*, et leur criaient : courage, messieurs, c'est l'intention du roi que ces chiens de huguenots soient *pillés et saccagés*. L'intendant avertissait les officiers de donner de la canne aux soldats qui ne feraient pas leur devoir, et quand ceux-ci trouvaient un soldat qui, par sa débonnaireté, empêchait le zèle de ses compagnons, ils le chargeaient à coups de canne. »

A la tête de ces légions infernales, dit Claude, marchaient, outre les officiers, les intendants et les évêques avec une troupe d'ecclésiastiques. Les ecclésiastiques y étaient pour *animer* de plus en plus les gens de guerre à *une exécution* si agréable à l'Église, si glorieuse, disaient-ils, pour Sa Majesté. Pour nos seigneurs les évêques ils y étaient pour tenir table ouverte, pour recevoir les abjurations et pour avoir une inspection générale et sévère.

Les gouverneurs, dit Bayle, les intendants et les évêques avaient table ouverte pour les officiers des troupes, où l'on rapportait *les bons tours* dont les soldats s'étaient servis. Tout soldat, dit Fontaine, qui avait assez le génie du mal pour inventer quelque nouveau genre de torture, était sûr d'être applaudi, sinon récompensé.

Quand les soldats, ainsi *animés* tout le long de la route, arrivaient au lieu qui leur avait été désigné pour étape, il y entraient comme en ville conquise, l'épée nue et le mousqueton haut et se logeaient chez les huguenots.

« On nous dispersa dans les Cévennes, dit le comte de Vordac, avec ordre d'aider les missionnaires et de loger chez les huguenots jusqu'à ce qu'ils eussent fait abjuration de leurs erreurs. Jamais ordre ne fut exécuté avec *plus de plaisir*. Nous envoyions dix, douze ou quinze dragons dans une maison, qui y faisaient *grosse chère* jusqu'à ce que tous ceux de la maison fussent convertis. Cette maison s'étant faite catholique, on allait loger dans une autre, et partout c'était *pareille aubaine*. Le peuple était riche dans les Cévennes et nos dragons *n'y firent pas mal leurs affaires* pendant deux ans. »

Le major d'Artagnan, tout en faisant dans la maison de campagne du banquier Samuel Bernard, un dommage s'élevant *à plus de dix mille livres*, s'évertuait au contraire à faire étalage du chagrin qu'il éprouvait à en agir ainsi. « Je suis fâché, écrivait-il à Samuel Bernard, d'établir garnison dans votre maison de Chenevière. Je vous supplie d'en arrêter de suite le cours, en vous faisant catholique, sans quoi j'ai ordre de vivre *à discrétion*, et, quand il n'y aura plus rien, *la maison court grand risque*. Je suis *au désespoir*, monsieur, d'être commis pour pareille chose, et surtout quand cela tombe sur une personne comme vous. Encore une fois ôtez-moi *le chagrin* d'être obligé de vous en faire. »

Quand il n'y avait plus rien, non seulement les malheureux dragonnés couraient risque de voir les soldats brûler leurs maisons, mais encore d'aller en prison pour avoir commis le crime d'être ruinés. — Louvois n'avait pas craint, en effet, d'aller jusqu'à ordonner *de mettre en prison ceux chez lesquels il n'y avait plus de quoi nourrir les dragons.*

Même avant la révocation, les huguenots se voyaient impitoyablement réduits à la misère par les logements militaires, et voici un exemple de la mise en coupe réglée d'une commune protestante jusqu'à ruine complète, exemple que nous empruntons à l'histoire des réfugiés de la Suisse, de Marikofer :

« Le 2 janvier 1684, des délégués de Saillans, commune réformée du Dauphiné, arrivèrent à Zurich.

» L'année précédente, ils avaient eu à loger, du 27 août au 1er septembre, *douze* compagnies d'un régiment d'infanterie. Ces troupes, le jour même de leur départ, avaient été remplacées par *quatre* compagnies d'un régiment de dragons, qui étaient restées vingt-et-un jours, et à qui il avait fallu payer 150 francs par jour, *en sus de leur entretien.*

» Ces compagnies, étant parties le 22 septembre, avaient immédiatement été remplacées par *quatre* compagnies du précédent régiment d'infanterie. Il avait fallu les loger pendant quarante-quatre jours et payer une contribution de 105 fr. 10 sols par jour, *en sus de leur entretien.* Le 7 novembre, il était arrivé un ordre de l'intendant de la province condamnant les habitants à payer 50 francs par jour, ce qu'ils avaient fait jusqu'au 7 décembre. Tombés ainsi dans la misère la plus extrême, ils avaient vu venir des jésuites chargés d'offrir de l'argent à ceux qui soufraient le plus de la faim et de la détresse. La commune étant restée inébranlable, on avait pris encore de l'argent, le peu qui en restait, et saisi chez les particuliers de la soie, de la laine, des bagues, des pierreries, des ustensiles de ménage, etc. Enfin, ces malheureux s'étaient décidés à aller à Zurich implorer du secours, notamment du secours en blé pour les pauvres. »

Partout, lorsqu'ils arrivaient dans une localité à convertir, les soldats commençaient par faire bombance, gaspiller les provisions, briser, brûler ou vendre le mobilier de leurs hôtes.

Dans le Dauphiné, ils vendaient tout à vil prix (un sou la balle de laine, quatre sous un mouton). A Villiers-le-Bel, ils emportèrent plus de cinq cents charretées de bons meubles. En Normandie, les deux cents dragons logés chez la baronne de Neufville, mettent en vente, trois fois par semaine, le mobilier du château. Au bout de cinq semaines, ils préviennent la châtelaine que, si elle n'abjure pas, on vendra la futaie et les terres. — En Bretagne, au château de Ramsay, l'huissier chargé d'opérer la vente du mobilier, après que les soldats avaient quitté le château, ne trouva plus que « deux petits cabinets tout usés, un vieux bahut, un méchant coffre et quelques fagots ». La vente produisit 24 livres. — Peschels de Montauban conte que les soldats, après avoir enlevé de chez lui des chenets, une pelle, une pincette et quelques tisonniers en fer, *derniers débris du nau-*

frage, allèrent piller ses métairies, dont ils prirent les bestiaux pour les vendre au marché. « Ils menaçaient souvent, dit-il, de démolir ma maison pour en vendre les matériaux. Enfin, ma maison regorgeant de soldats, on afficha à ma porte un papier signé de l'intendant et notifiant que les soldats seraient logés à *mes frais* à l'auberge. »

« Dès que les dragons furent dans cette ville, dit Bureau, libraire à Niort, on en envoya quatre chez nous qui commencèrent par la boutique, jetèrent tous les livres par terre, ensuite avec des haches et des marteaux, brisèrent et mirent en pièces toute la charpente, les rayons, les vitres et la menuiserie, entrèrent leurs chevaux dans la boutique, et les livres leur servirent de litière ; ils furent ensuite dans les chambres dont ils jetèrent tout ce qui était dedans, en la rue. »

Ce n'était, d'ordinaire, qu'après avoir fait ripaille que les soldats songeaient à martyriser leurs hôtes. Les chambres de parade étaient converties en écuries, les chevaux ayant pour litière de la laine, du coton, de la soie ou des draps de fine toile de Hollande. La vaisselle était brisée, les tonneaux, défoncés à coups de hache, laissaient couler à flots sur le plancher le vin ou l'eau-de-vie, les portes et fenêtres étaient fracassées, les meubles et les armoires brisées servaient à alimenter le foyer. Alors les soldats songeaient à convertir, en les martyrisant, leurs hôtes qu'ils s'étaient bornés tout d'abord à insulter et à brutaliser en les empestant de leur fumée de tabac.

« Le logement *ne fut pas plutôt fait*, dit Chambrun, pasteur d'Orange, qu'on ouït mille gémissements dans la ville ; le peuple courait par les rues, le visage tout en larmes. La femme criait au secours pour délivrer son mari qu'on rouait de coups, que l'on pendait à la cheminée, qu'on attachait au pied du lit, ou qu'on menaçait de tuer, le poignard sur la gorge. Le mari implorait la même assistance pour sa femme, qu'on avait fait avorter par les menaces, par les coups et par mille mauvais traitements. Les enfants criaient : miséricorde ! on assassine mon père, on viole ma mère, on met à la broche un de mes frères ! »

Tout était permis aux soldats, *sauf de violer et de tuer*, mais cette consigne était *lettre morte*. Les soldats violaient femmes et filles, ainsi que l'attestent Elie Benoît et Jurieu, et, par un raffinement inouï de méchanceté, souvent ils outrageaient les filles et les femmes en présence des mères ou des maris, liés aux quenouilles du lit. Quand leurs victimes trépassaient au milieu des tourments qu'ils leur faisaient endurer, ils en étaient quittes pour une réprimande *verbale*. C'est ce qui arriva, entre autres, aux soldats qui, s'étant amusés à faire dégoutter le suif brûlant d'une chandelle allumée *dans les yeux* d'un pauvre homme, l'avaient laissé mourir sans secours, au milieu des plus cruelles souffrances.

Quand les soldats avaient doublement manqué à la consigne donnée, qu'ils avaient violé et tué leurs hôtesses, ils en étaient quittes pour quelques jours de prison. Deux dragons, dit Elie Benoît, ayant forcé une fille de quinze ou seize ans dont ils n'avaient pu venir à bout qu'en l'assommant, et la tante de cette fille se jetant sur eux comme une furie, ils tuèrent celle-ci et jetèrent les deux corps encore palpitants dans la rivière. On les condamna, mais pour la forme, car après quelques mois de prison ils furent élargis.

En réalité, le seul résultat de cette double interdiction de violer et de tuer était d'obliger les soldats à s'ingénier pour trouver les moyens les plus variés d'outrager la pudeur des femmes, sans en venir jusqu'au viol, et de découvrir des tourments qui, sans être mortels, fussent assez douloureux pour triompher des résistances les plus obstinées.

Voici quelques exemples de ce qu'ils imaginaient pour blesser la pudeur des femmes :

Les soldats mettaient les femmes en chemise, leur coupaient la chemise par derrière jusqu'à la ceinture, et, en cet état, les obligeaient à danser avec eux. — A Lescure, *ils mirent nus un maître et sa servante* et les laissèrent ainsi pendant trois jours et trois nuits, liés à la quenouille du lit. A Calais, ils jetèrent dans la rue deux jeunes filles qu'ils avaient mises dans un état *de nudité complète*. Un dragon vint se coucher dans le lit où reposait la vénérable douairière de Cerisy. — Les soldats, logés dans le château où se trouvait la fille du marquis de Venours, firent venir *une femme de mauvaise vie*, et convertirent le château *en maison de débauche*. Pendant des nuits entières, les sept filles de Ducros et d'Audenard, bourgeois de Nîmes, eurent à souffrir *toutes les indignités, sauf le viol,* dit une relation. « Les soldats, dit Elie Benoît, faisaient aux femmes des indignités *que la pudeur ne permet pas de décrire* ; ils exerçaient sur leurs personnes des violences aussi insolentes qu'inhumaines, *jusqu'à ne respecter aucune partie de leur corps* et à mettre le feu à celles que la pudeur défend de nommer... quand ils n'osaient faire pis. »

Nous nous arrêtons, n'ayant pas la même hardiesse de description que le grave historien de l'édit de Nantes.

Pour ce qui est des tortures qu'ils infligeaient à leurs hôtes, les soldats ne savaient qu'imaginer pour découvrir un moyen de venir à bout de l'opiniâtreté de ceux qu'on les avait chargés de convertir, en les torturant sans pourtant les faire périr.

Quand, au milieu des tortures, un malheureux tombait en défaillance, les bourreaux le faisaient revenir à lui, afin qu'il recouvrât les forces nécessaires pour résister à de nouveaux tourments, et ils en arrivaient ainsi à faire supporter à leurs victimes tout ce que le corps humain peut endurer sans mourir.

« Dans les persécutions qu'eurent à supporter les premiers chrétiens, dit le réfugié Pierre Faisses, *on en était quitte pour mourir,* mais en celle-ci la mort a été refusée à ceux qui la demandaient pour une grâce. »

Le pasteur Chambrun, cloué sur son lit de douleurs, disait à ses tourmenteurs : On ferait bien mieux *de me dépêcher,* plutôt que de me faire languir par tant d'inhumanités.

Jacques de Bie, consul de Hollande à Nantes, *à qui les soldats avaient arraché le poil des jambes, fait brûler les pieds en laissant dégoutter le suif de la chandelle,* etc., ajoute, après avoir raconté tous les cruels tourments qu'il avait eu à supporter : « Je les priai cent fois *de me tuer,* mais ils me répondirent : Nous n'avons point d'ordre de te tuer, mais de te tourmenter tant que tu n'auras pas changé. Tu auras beau faire, tu le feras, après qu'on t'aura *mangé jusqu'aux os.* Vous voyez *qu'il n'y avait point de mort à espérer, si ce n'est une mort continuelle sans mourir.* »

L'affaire fit grand bruit en Hollande ; d'Avaux, ambassadeur de France, demanda qu'on démentît *les faussetés* de la lettre de Jacques de Bie (les Etats avaient résolu de faire de grandes plaintes, dit-il, *prétendant* que c'était contre le droit des gens d'avoir mis les dragons chez le consul hollandais) : mais d'Avaux parvint à étouffer l'affaire eu soutenant à MM. d'Amsterdam que de Bie n'avait pas été reçu consul, que sa qualité n'était pas reconnue en France, que, au contraire, il était naturalisé Français.

Les États durent, bon gré mal gré, se contenter des explications données par l'ambassadeur de France.

A l'un, ils liaient ensemble les pieds et les mains, lui prenant la tête entre les jambes et faisant rouler sur le plancher l'homme ainsi transformé en boule. A un autre ils emplissaient la bouche de gros cailloux avec lesquels ils lui aiguisaient les dents. Tenant leurs hôtes par les mains, ils leur soufflaient dans la bouche leur fumée de tabac, ou leur faisaient brûler du soufre sous le nez. Ils les bernaient dans des couvertures ou les faisaient danser jusqu'à ce qu'ils perdissent connaissance. Lambert de Beauregard raconte ainsi ce supplice de la danse qui lui fut deux fois infligé et chaque fois *pendant six heures*. « Je fus tourmenté de la plus étrange façon que l'on puisse imaginer, soit pour me terrasser et me faire tomber rudement à terre : me tirant les bras tantôt en avant, tantôt en arrière, de telle sorte qu'il me semblait à tout moment qu'ils me les arrachaient du corps, et quelquefois, après m'avoir fait tourner jusqu'à ce que j'étais étourdi, ils me lâchaient, et j'allais tomber lourdement à terre ou contre la muraille. Quoique ce fût en hiver, ces gens quittèrent leurs casaques par la chaleur et la lassitude, et moi, qu'eux tous ensemble voulaient tourmenter, je devais être bien las. »

Le maire de Calais dut se livrer à ce terrible exercice de la danse, ayant attachées sur le dos les bottes des dragons, dont les éperons venaient le frapper chaque fois qu'on le faisait sauter et tourner violemment.

Suspendant leur hôtes par les aisselles, les soldats les descendaient dans un puits, les plongeant dans l'eau glacée, puis ils les en retiraient de temps en temps, avec menace de les y noyer s'ils n'abjuraient pas. Ils les pendaient à quelque poutre, par les pieds ou par la tête, parfois faisant passer sur le nez du patient la corde qui le tenait suspendu, ils la rattachaient derrière sa tête de façon à ce que tout le poids du corps portât sur la partie la plus tendre du visage. A d'autres, on liait les gros doigts des pieds avec de fines et solides cordelettes jusqu'à ce qu'elles fussent entrées dans les chairs et y demeurassent cachées. Alors, passant une grosse corde attachée à une poutre entre les pieds et les mains du patient, on faisait tourner, aller et venir ce malheureux, ou on l'élevait, on le descendait brusquement, lui faisant endurer ainsi les plus cruelles souffrances.

A Saint-Maixent, tandis que dans une chambre voisine leurs filles étaient battues de verges jusqu'au sang par les soldats, les époux Liège, deux vieillards, étaient suspendus par les aisselles, balancés et rudement choqués l'un contre l'autre. Puis lorsque les soldats furent lassés de ce jeu, ils nouèrent au cou du père une serviette, à chaque bout de laquelle était suspendu un seau plein d'eau, et, la strangulation obligeant leur victime à tirer la langue, ils s'amusaient à la lui piquer à coups d'épingle.

Les soldats prenaient leurs hôtes par le nez avec des pincettes rougies au feu, et les promenaient ainsi par la chambre. Ils leur donnaient la bastonnade sous la plante des pieds, à la mode turque.

Ils les couchaient liés sur un banc, et leur entonnaient, jusqu'à ce qu'ils perdissent connaissance, du vin, de l'eau-de-vie ou de l'eau, qui parfois se trouvait être bouillante. Devant les brasiers allumés pour faire cuire les viandes destinées à leurs interminables repas, ils liaient des enfants à la broche qu'ils faisaient tourner, ou mettant les gens nus, ils les obligeaient à rester exposés à l'ardeur du foyer jusqu'à ce que la chaleur eût fait durcir les œufs qu'ils leur faisaient tenir dans la main ou dans une serviette. Les sabots d'un paysan, soumis à ce supplice, prennent feu, le malheureux a peur d'être brûlé et promet d'abjurer, on le retire, il se dédit, on le remet aussitôt devant le feu, ce jeu cruel recommença plusieurs fois, dit Elie Benoît.

Un soldat, jovialement cruel, fait observer que la femme de l'instituteur Migault, *à peine relevée de couches*, doit être, dans son état, tenue *le plus chaudement possible* et elle est traînée devant le foyer. « L'ardeur du feu était si insupportable, dit Migault dans la rélation qu'il fait pour ses enfants, que les hommes eux-mêmes n'avaient pas la force de rester auprès de la cheminée et qu'il fallait relever toutes les deux ou trois minutes, celui qui était auprès de votre mère. »

Et la pauvre accouchée dut endurer ce supplice jusqu'à ce que la douleur la fît tomber sans connaissance.

Certains, attachés aux crémaillères des cheminées dans lesquelles on avait allumé du foin mouillé, furent fumés comme des jambons, — d'autres flambés à la paille ou à la chandelle comme des poulets, d'autres enfin enflés avec des soufflets, comme des bœufs morts dont on veut détacher la peau.

Les soldats mettaient une bassinoire ardente sur la tête de leurs hôtes, leur brûlaient avec un fer rouge le jarret ou les lèvres, les asseyaient, culottes bas ou jupes relevées, au-dessus d'un réchaud brûlant, leur mettaient dans la main un charbon ardent en leur tenant la main fermée de force, jusqu'à ce que le charbon fût éteint.

Ils les lardaient d'épingles, depuis le haut jusques en bas; ils leur arrachaient, avec une cruelle lenteur, les cheveux, les poils de la barbe, des bras et des jambes, jusqu'à une entière épilation. — Avec des tenailles, ils leur arrachaient les dents, les ongles des pieds et des mains, torture horriblement douloureuse. Un des supplices les plus familiers à ces bourreaux, le seul que le gouverneur du Poitou, la Vieuville, consentit à qualifier de *violence*, était de *chauffer* leurs victimes, de leur brûler la plante des pieds.

L'archevêque de Bordeaux, dit Elie Benoît, qui, d'une chambre haute, *se divertissait* à entendre les cris de Palmentier, un pauvre goutteux que les soldats tourmentaient, suggéra à ces soldats l'idée de brûler les pieds de ce malheureux avec une pelle *rougie au feu*. C'est aussi avec une pelle rouge que le curé de Romans brûla le cou et les mains de Lescalé, qu'il s'était chargé de convertir.

« Les soldats me déchaussèrent mes souliers et mes bas, dit Lambert de Beauregard, et, cependant que deux me firent choir à la renverse en me tenant les bras, les autres m'approchaient les pieds à quatre doigts de la braise *qui était bien vive*, et qui me fit alors souffrir une grande douleur; et quand je remuais pour retirer mes pieds, et qu'ils s'échappaient de leurs mains, mes talons tombaient dans la braise. Cependant, il y en eut un qui s'avisa de mettre chauffer la pelle du feu jusqu'à ce qu'elle fût toute rouge, et ensuite me la frottèrent contre la semelle des pieds, jusqu'à ce qu'ils jugèrent que j'en avais assez; et, après cela, ils eurent la cruauté de me chausser par force mes bras et mes souliers... Voilà plus de deux fois vingt-quatre heures que je demeurai sans que personne s'approchât pour visiter mes plaies, où la *gangrène* commença à s'attacher... Les chirurgiens ayant vu mes plaies, *qui faisaient horreur* à ceux qui les voulaient regarder, me donnèrent le premier appareil; après quoi, on me fit porter à l'hôpital général. »

Un dragon frotta de graisse les jambes d'une fille, en imbiba ses bas, qu'il recouvrit d'étoupe, à laquelle il mit le feu.

Lejeune, retenu devant un brasier et obligé de tourner la broche où rôtissait un mouton tout entier, ne pouvait s'empêcher de faire de douloureuses contorsions, ce que voyant, le loustic de la bande lui dit : je vais te donner *un onguent pour la brulure*, et il versa de la graisse bouillante sur ses jambes qui furent rongées jusqu'aux os. Jurieu, qui se rencontre plus tard sur la terre d'exil avec Lejeune, dit : « Il n'est pas si bien guéri qu'il ne ressente souvent de grandes douleurs, qu'il ne boite des deux jambes, et qu'il n'ait une jambe décharnée jusqu'aux os et moins grosse que l'autre de moitié. »

A Charpentier deRuffec, les soldats font avaler vingt-cinq ou trente verres d'eau; cette torture n'ayant pas réussi, on lui fait découler dans les yeux le suif brûlant d'une chandelle allumée, et il en meurt. D'autres au contraire, comme les sieurs de Perne et la Madeleine, gentilhomme de l'Angoumois, étaient plongés jusqu'au cou dans l'eau glacée d'un puits, où on les laissait pendant de longues heures, Plus la résistance passive de la victime prolongeait, plus l'irritation des soldats s'augmentait en voyant l'impuissance de la force brutale contre la force morale, et, à une torture restée sans résultat, ils ajoutaient mille autres tourments. Ainsi l'opiniâtre Françoise Aubin, après avoir été étouffée à moitié par la fumée du tabac et la vapeur du soufre, fut suspendue par les aisselles, puis eut les doigts broyés avec des tenailles, et enfin fut attachée à la queue d'un cheval, qui la traîna à travers un feu de fagots. A un autre opiniâtre, Ryan, qui souffrait fort de la goutte, on serra les doigts avec des cordes, on brûla de la poudre dans les oreilles, on planta des épingles sous les ongles, on perça les cuisses à coups de sabre et de bayonnette, et enfin l'on mit du sel et du vinaigre dans ses mille blessures saignantes.

La plus cruelle torture *morale* que les soldats eussent imaginée était celle-ci : Quand l'*opiniâtre* était une mère, allaitant son enfant, ils la liaient à la quenouille du lit et mettaient son enfant sur un siège, placé vis-à-vis d'elle, mais hors de sa portée. Pendant des journées entières, on les laissait tous deux ainsi, le supplice de l'enfant, criant et pleurant pour demander sa nourriture, faisait la torture de la mère. La mort de l'enfant ou l'abjuration de la mère pouvaient seules mettre fin à ce cruel supplice, et c'est toujours la mère qui cédait. « Comment en eût-il été autrement ? dit Michelet. Toute la nature se soulevait de douleur, la pléthore du sein qui brûlait d'allaiter, le violent transport qui se faisait, la tête échappait. La mère ne se connaissait plus, et disait tout ce qu'on voulait pour être déliée, aller à son enfant et le nourrir, mais dans ce bonheur, que de regrets ! L'enfant, avec le lait, recevait des torrents de larmes. »

Au début des dragonnades, pour ajouter la torture morale aux tortures physiques, on tourmentait les divers membres d'une famille, les uns devant les autres, mais on ne tarda pas à s'apercevoir que le calcul était mauvais, les victimes s'encourageant mutuellement l'une l'autre à souffrir courageusement pour la foi commune.

On se décida donc, *pour forcer plus aisément les conversions*, dit une lettre du temps, à séparer les membres de la famille, à les disperser dans les chambres, cabinets, caves et greniers de la maison pour les torturer isolément.

« Le roi approuve que vous fassiez *séparer* les gens de la religion réformée *pour les empêcher de se fortifier les uns les autres*, » écrit Louvois à l'intendant, occupé à faire dragonner la ville de Sedan. Cette tactique de *l'isolement* parut tellement efficace au gouvernement que, plus d'une fois, il enferma dans des couvents ou dans dans des prisons éloignées certains membres d'une famille, tandis que les autres restaient livrés aux mains des dragons.

Pontchartrain, pour venir à bout de Mme Fonpatour et de ses trois filles, toutes quatre fort opiniâtres, les fit séparer et enfermer dans quatre couvents différents. Fénélon demandait qu'on refusât aux nouveaux convertis la permission de voir leurs parents prisonniers et disait qu'il ne faudrait même pas que les prisonniers eussent entre eux la liberté de se voir. Les dragons à Bergerac avaient perfectionné cette pratique de *l'isolement* des gens à convertir, en y ajoutant la privation de nourriture et de sommeil. Une lettre écrite de France et publiée en Hollande fait le récit suivant : « On lie, on garotte père, mère, femme, enfants ; quatre soldats gardent la porte pour empêcher que *personne n'y puisse entrer* pour les secourir ou les consoler, on les tient en cet état deux, trois, quatre, cinq et six jours *sans manger, sans boire, et sans dormir ;* l'enfant crie d'un côté, d'une voix mourante : ah ! mon père, ah ! ma mère, je n'en puis plus ! La femme crie de l'autre part : hélas ! le cœur me va faillir, et leurs bourreaux, bien loin d'en être touchés, en prennent l'occasion de les presser et de les tourmenter encore davantage, les effrayant par leurs menaces, accompagnées de jurements exécrables... Ainsi ces misérables, ne pouvant ni vivre ni mourir, *parce que lorsqu'on les a vus défaillir on leur a donné à manger seulement ce qu'il fallait pour les soutenir,* et ne voyant point d'autre voie pour sortir de cet enfer où ils étaient incessamment tourmentés, ont plié enfin sous le poids de tant de peines. » Partout, du reste, les soldats avaient fini par reconnaître que la torture la plus efficace pour faire céder les plus obstinés, c'était la privation de sommeil, l'insomnie prolongée, à l'aide de laquelle les dompteurs viennent à bout des fauves. Les soldats, se ralayant d'heure en heure, nuit et jour, auprès d'un patient, l'empêchaient de prendre le moindre repos, le tiraillant, le pinçant, le piquant, lui jetant de l'eau au visage, le suspendant par les aisselles, lui mettant sur la tête un chaudron sur lequel ils faisaient, à coups de marteaux, le charivari le plus assourdissant.

Après trois ou quatre jours de veille obligée dans de telles conditions, le patient cédait ; s'il résistait plus longtemps, c'est que l'humanité ou la fatigue d'un de ses bourreaux avait interrompu son supplice, et lui avait permis de prendre quelque repos.

Le gouverneur d'Orange, Tessé, vient trouver le pasteur Chambrun et le menace de ce supplice ; Chambrun, cloué sur son lit par une grave fracture de la jambe, découvre en vain son corps, en disant à Tessé : vous n'aurez pas le courage de tourmenter *ce cadavre.* « Sans être touché d'aucune compassion de l'état où il m'avait vu, dit Chambrun, il envoya chez moi dans moins de deux heures, quarante-deux dragons et *quatre tambours qui battaient nuit et jour tout autour de ma chambre pour me jeter dans l'insomnie* et me faire perdre l'esprit s'il leur eût été possible... L'exercice ordinaire de ces malhonnêtes gens était de manger, de boire et de fumer toute la nuit ; cela eût été supportable s'ils ne fussent venus fumer dans ma chambre, pour m'étourdir ou m'étouffer par la fumée de tabac, et si les tambours avaient fait cesser leur bruit importun, pour me laisser prendre quelque repos. — Il ne suffisait pas à ces barbares de m'inquiéter de cette façon ; ils joignaient à tout cela des hurlements effroyables, et si, pour mon bonheur, la fumée du vin en endormait quelques-uns, l'officier qui commandait, et qu'on disait être proche parent de M. le marquis de Louvois, les éveillait *à coups de canne*, afin qu'ils recommençassent à me tourmenter... Après avoir essuyé cette mauvaise nuit, le comte de Tessé m'envoya un officier pour me dire si je ne voulais pas obéir au roi. Je lui répondis que je voulais obéir à mon Dieu. Cet officier sortit brusquement de ma chambre et l'ordre fut donné *de loger tout le régiment chez moi*, et de me tourmenter avec plus de violence. Le désordre *fut furieux* pendant tout ce jour et la nuit suivante. *Les tambours vinrent dans ma chambre*, les dragons venaient fumer à mon nez, mon esprit se troublait par cette fumée infernale, par la substraction des aliments, par mes douleurs et par mes insomnies... Je fus encore sommé par le même officier d'obéir au roi ; je répondis que mon Dieu était mon roi... *Qu'on ferait bien mieux de me dépêcher plutôt que de me faire languir par tant d'inhumanités.*

» Tout cela n'adoucit pas ces cœurs barbares, ils en firent encore pis, de sorte qu'accablé par tant de persécutions, je tombai le mardi 13 de Novembre, dans une pâmoison où *je demeurai quatre heures entières avec un peu d'apparence de vie.* »

Chambrun, qui avait passé un instant pour mort, est encore cruellement tourmenté. « Je souffris de telles douleurs, dit-il, que j'allai lâcher cette maudite parole : Eh bien ! *je me réunirai.* » Cette maudite parole, arrachée par la souffrance, suffisait aux convertisseurs pour déclarer que Chambrun était revenu à l'Église romaine. Pour être réputé catholique, dit Élie Benoît, il suffisait de prononcer *Jésus Maria*, ou de faire le signe de la croix. Le plus souvent, pour mettre leur conscience en repos, les victimes qui mettaient leur signature au bas d'un acte d'abjuration ajoutaient : *pour obéir à la volonté du roi*. La mère de Marteilhe, convertie par les soldats du duc de la Force, signe l'acte d'abjuration avec cette mention amphibologique : *La Force* me l'a fait faire ; quant aux habitants d'Orange qu'il avait convertis tous en vingt-quatre heures, Tessé écrit à Louvois : « Ils croyaient être dans la nécessité de mettre le nom et l'autorité du roi dans toutes les lignes de leur créance, pour se disculper envers leur prince (le prince d'Orange), de ce changement *par une contrainte qu'ils voulaient qui parût*, vous verrez comme quoi *j'ai retranché tout ce qui pouvait la ressentir...* en tous cas il faut que Sa Majesté regarde ce qu'on fait avec ces gens-ci, *comme d'une mauvaise paie dont on tire ce qu'on peut.* »

Le clergé était de cet avis, et se montrait très accommodant sur toutes les restrictions dont les huguenots voulaient entourer leur abjuration. Une fois l'abjuration obtenue, le huguenot enfermé dans le royaume par la loi contre l'émigration, devait être contraint, par la loi sur les relaps, à faire des actes de catholicité dont il avait horreur.

« C'était là la doctrine, dit Rulhières, qui devint presque générale dans le clergé et fut avouée, discutée, approfondie par de célèbres évêques dont nous avons recouvré les mémoires. » Quant aux malheureux à qui, dans un moment de souffrance, on avait fait renier des lèvres la religion à laquelle ils restaient attachés au fond du cœur, plusieurs moururent de désespoir, d'autres devinrent fous. Quelques-uns se dénoncèrent eux-mêmes comme relaps et se firent attacher à la chaîne des galériens. « On en voyait, dit Elie Benoît, qui se jetaient par terre dans les chemins, criant miséricorde, se battaient la poitrine, s'arrachaient les cheveux, fondaient en larmes. Quand deux personnes de ces misérables convertis se rencontraient, quand l'un voyait l'autre aux pieds d'une image, ou dans un autre acte de catholicité, les cris redoublaient. On ne peut rien imaginer de plus touchant que les reproches des femmes à leurs maris et des maris à leurs femmes. L'un accusait l'autre de sa faiblesse et le rendait responsable de son malheur. La vue des enfants était un supplice continuel pour les pères et les mères qui se reprochaient la perte de ces âmes innocentes. Le laboureur, abandonné à ses réflexions au milieu de son travail, se sentait pressé de remords, et, quittant sa charrue au milieu de son champ, se jetait à genoux, demandait pardon, prenait à témoin qu'il n'avait obéi qu'à la violence. » « Un jour que j'étais à la campagne (dit Pierre de Bury, au juge qui lui objecte qu'ayant abjuré il n'a pas le droit de se dire huguenot), duquel jour je ne me souviens pas, *je pleurai tant que mon abjuration se trouva rompue.* » Vingt-et-un nouveaux convertis parviennent à s'embarquer sur le navire qui emportait Beringhen, expulsé du royaume comme opiniâtre. « Après la bénédiction du pasteur, dit Beringhen, ils s'embrassèrent les uns les autres s'entredemandant pardon du scandale qu'ils s'étaient donné réciproquement par leur apostasie. »

Tous ceux qui, après avoir abjuré, pouvaient passer la frontière, se faisaient, après pénitence publique, réintégrer dans la communion des fidèles.

A Londres le consistoire de l'Église française se réunissait tous les huit jours pour réintégrer dans la confession protestante les fugitifs qui avaient abjuré en France. Le premier dimanche de mai 1686, il réhabilita ainsi cent quatorze fugitifs et dans le mois de mai 1687 on ne compte pas moins de quatre cent quatre-vingt-dix-sept de ces réintégrations dans la communion protestante.

Chambrun se fit ainsi réhabiliter, mais il ne se consola jamais du moment de défaillance qui lui avait fait, au milieu des souffrances, renier sa foi. Un autre pasteur, Molines, avait abjuré au pied de l'échafaud. Pendant trente années on le vit en Hollande errer comme une ombre, l'air défait, le visage portant l'empreinte du désespoir. « On ne pouvait, dit une relation, le rencontrer sans se sentir ému de pitié, son attitude exprimait l'affaissement, sa tête pendait de tout son poids sur sa poitrine et ses mains restaient pendantes. »

Pour faire revivre devant les yeux des lecteurs de ce travail, l'abominable jacquerie militaire qui a reçu le nom de *dragonnades*, il a fallu entrer dans des détails navrants, de nature à blesser peut-être quelques délicatesses, mais ces détails étaient nécessaires pour fixer dans les esprits l'exécrable souvenir qui doit rester attaché à la mémoire de Louis XIV et de ses coopérateurs clercs ou laïques.

Les habiles pères jésuites qui composent les livres dans lesquels ils accomodent à leur façon, l'histoire que doivent apprendre les élèves de leurs écoles libres, comprennent bien qu'il est dangereux pour leur cause, de soulever le voile qui couvre ce sujet délicat.

Ils ne craignent pas de donner leur approbation à la révocation de l'édit de Nantes, lequel établissait une sorte d'égalité entre le protestantisme et le catholicisme, entre le mensonge et l'erreur; mais à peine prononcent-ils le mot de *dragonnades*, et ils se bornent à émettre le regret que Louvois ait exécuté *avec trop de rigueur* le plan conçu par Louis XIV pour ramener son royaume à l'unité religieuse.

Mais les Loriquet cléricaux qui écrivent pour le grand public sont plus audacieux, ils nient hardiment la réalité des faits, sachant bien que l'impudence des affirmations peut parfois en imposer aux masses ignorantes.

Ainsi, dans son histoire de la révocation, M. Aubineau, un collaborateur de M. Veuillot, dit:

« Le mot *dragonnades*, éveille mille fantasmagories dans les esprits bourgeois et universitaires.

» Il est *ridicule* de croire à toutes les atrocités que les huguenots ont *prêtées* aux dragons et aux intendants de Louis XIV.

» Il s'agissait *uniquement* d'un logement de garnisaires, c'était une vexation, une tyrannie, si l'on veut, il n'y avait dans cette mesure en soi, *ni cruautés ni sévices*. On exempta du logement militaire les nouveaux convertis. Cette seule promesse suffit à faire abjurer des villes entières — *n'est-ce pas cette exemption qu'on appelle dragonnades* ?

» ... On dit que les conversions n'étaient pas sincères et qu'elles étaient arrachés *par la violence*. En accueillant ces griefs, il faut reconnaître que *la violence n'était pas grande*... Foucault, l'intendant du Béarn, revient en 1684, au moyen d'action imaginé par Marillac en 1681, mais, en maintenant fermement la discipline, *ne laissant prendre aucune licence aux* troupes. Les succès qu'il obtint firent étendre ce *procédé* aux autres provinces.

» *La bonne grâce* avec laquelle les choses se passaient exalta le roi. »

M. de Marne, dans son histoire du gouvernement de Louis XIV, va encore plus loin.

« *Il n'y eut pas de persécution*, dit-il. Il n'y eut *jamais de plus impudent mensonge que celui des dragonnades...* Quand on organisa les missions de l'intérieur, on eut lieu de craindre de la résistance, des soulèvements ; alors les gouverneurs prirent le parti d'envoyer des troupes *pour protéger les missionnaires*. La plupart du temps, les soldats demeuraient en observation, *à distance* du lieu de la mission : là, au contraire, où les calvinistes fanatiques se montraient disposés à répondre par la violence, les officiers plaçaient dans leurs maisons quelques soldats pour répondre, *non de leur soumission religieuse*, mais de leur tranquillité civile... Les désordres furent la faute de quelques particuliers et *punis sévèrement* — tout excès *fut réprimé* promptement et avec la plus grande sévérité... V*oilà ces épouvantables dragonnades !* »

L'argument d'une prétendue résistance violente des huguenots que l'on torturait est bien le plus impudent mensonge qu'on puisse faire.

Le très fidèle historien Elie Benoît n'a trouvé à citer que l'exemple d'un seul huguenot, ayant résisté aux dragons qui tourmentaient sa femme.

Les huguenots, au contraire, poussaient si loin la doctrine de l'obéissance absolue au roi, qu'ils se laissaient impunément dépouiller et maltraiter par les soldats, conformément à cette décision de Calvin :

« Pour ce que j'ai entendu que plusieurs de nous se délibèrent, si on vient les outrager, de *résister* plutôt à telle violence que de se laisser brigander, je vous prie, mes très chers frères, de vous déporter de tels conseils, lesquels ne seront jamais bénis de Dieu pour venir à bonne issue, puisqu'il ne les approuve pas. »

Quant à nier la réalité de la terrible persécution qui a reçu le nom de *dragonnades*, alors que chaque jour les archives de la France et des autres pays de l'Europe, livrent des preuves nouvelles et multipliées des odieuses violences subies par les huguenots, on ne peut s'expliquer la hardiesse d'un si

effronté démenti donné à l'histoire, que par un aveugle parti pris
de sectaires.

On comprend mieux que *les coupables*, Louis XIV et le clergé
son collaborateur, aient tenté, même au prix des mensonges
les plus impudents, dé donner le change à l'opinion publique sur
les moyens employés par eux pour convertir les huguenots;
tout mauvais cas est niable.

Au moment où, par suite des dragonnades, les réfugiés fuyant
la persécution affluaient en Angleterre aussi bien qu'en Suisse
et en Allemagne, ont voit Louis XIV adresser à son ambassadeur à Londres, ces instructions hardies : « Le sieur de Bonre-
pans doit faire entendre à tous en général, que le bruit qu'on a
fait courir de *prétendues* persécutions que l'on fait en France
aux religionnaires *n'est pas véritable,* Sa Majesté ne se servant
que de la voie des *exhortations* qu'elle leur fait donner pour les
ramener à l'Église. »

En même temps l'assemblée générale du clergé osait affirmer :
« Que c'était *sans violences et sans armes,* que le roi avait réduit
la religion réformée à être abandonnée de toutes les personnes
raisonnables, que les hérétiques étaient rentrés dans le sein de
l'Église par le chemin *semé de fleurs* que le roi leur avait ouvert. »

Bossuet, de son côté, s'adressant aux nouveaux convertis de
son diocèse, leur disait : « Loin d'avoir souffert des tourments,
vous n'en avez pas seulement entendu parler, j'entends dire la
même chose aux autres évêques. »

Ces affirmations audacieusement mensongères soulevèrent
partout des protestations indignées; en voici une publiée à La
Haye en 1687 : « Toute l'Europe sait les tourments que l'on a
employés en France, et voici des évêques, qui demeurent dans le
royaume, qui ne l'ont pas seulement entendu dire...

« Croyez ces Messieurs, qui soutiennent qu'ils n'ont pas
entendu parler d'aucun tourment, eux dont les maisons ruinées,
les villes détruites, les provinces saccagées, les prisons et les
couvents, les galères, les hommes estropiés, les femmes violées,
les gibets et les corps morts traînés à la voirie, publient la
cruauté et une cruauté de durée. »

Le ministre Claude proteste ainsi : « Si ce n'est pas un reste de

pudeur et de conscience, c'en est un, au moins, de respect et de
considération pour le public de ne pas oser produire devant
lui ces violences dans leur véritable et naturelle forme, et de
tâcher de les déguiser pour en diminuer l'horreur. Cependant
quelque favorable tour qu'on puisse donner à cette conduite, il
faut demeurer d'accord que c'est une hardiesse inconcevable,
que de vouloir en imposer à toute la terre sur des faits aussi
constants et d'un aussi grand éclat que le sont ceux-ci, et d'entreprendre de faire illusion à toute l'Europe, sur des évènements qu'elle apprend, non par des gazettes ou des lettres, mais,
ce qui est bien plus authentique, par un nombre presque infini
de fugitifs et de *rechappés*, qui vont porter leurs larmes et leurs
misères aux yeux des nations les plus éloignées. »

Frotté, un des collaborateurs de Bossuet, de l'Angleterre où il
est réfugié, écrit à l'évêque de Maux, pour lui rappeler qu'on
amenait des huguenots *de force* dans son palais épiscopal, qu'il
les menaçait s'ils n'abjuraient pas, d'envoyer chez eux des gens
de guerre *qui leur tourneraient la cervelle*. — Il lui cite tel
marchand chez lequel il a fait loger dix dragons, tel gentilhomme
à qui il en a mis trente sur les bras ; les femmes, les enfants, les
vieillards jetés par lui dans les couvents ; un moribond qu'il est
venu menacer, s'il n'abjurait pas, de le faire jeter à la voirie
après sa mort, etc.

Un nouveau converti du Vivarais s'écrie : « On nous a traités
partout comme des esclaves, cependant on a l'impudence de dire
que les moyens dont on s'est servi ont été les voies de *grâce*,
qu'on n'a employé que *la charité*. Voilà de quelle manière on
parle d'une persécution inouïe, dont toute l'Europe a été témoin. »

Dans la relation qu'elle écrit après avoir fui à l'étranger,
Jeanne Faisses, une *réchappée* des dragons, donne cet échantillon
des moyens employés par Louis XIV, *pour ajouter au bonheur
de ses sujets*, celui d'une parfaite et entière réunion, en les rame-
nant au giron de l'Église (1), dans lequel ils rentraient par un
chemin *semé de fleurs* (2)... sanglantes :

« Toute l'Europe, dit-elle, a été témoin des désolations que le

(1) Lettre de Louis XIV à son ambassadeur *en Espagne*.
(2) Déclaration de l'assemblée générale du clergé.

malheureux effet de la fureur du clergé a causée en général au royaume, et en particulier aux pauvres fidèles de la Religion, contre lesquels l'enfer a vomi tout ce qu'il peut avoir d'affreux et d'épouvantable, et, sans outrer les choses, ce petit échantillon peut faire voir jusqu'où est allée sa cruauté, car, que peut-on imaginer de pis que de semblables horreurs ?

« Employer plus de cent mille soldats pour missionnaires, profès à tourmenter tout le monde, entrer dans les villes et dans les bourgs les armes à la main et crier : Tue ! tue ! ou à la messe ! manger, dévorer et détruire toute la substance d'un peuple innocent, boire le vin à se gorger, et répandre le reste, donner la viande aux chiens et aux chats, la fouler aux pieds et la jeter à la rue, donner le pain et le blé aux pourceaux et aux chevaux, vendre les meubles des maisons, tuer et vendre les bestiaux, brûler les choses combustibles, rompre les meubles, portes et fenêtres, descendre et abimer les toits, rompre, démolir et brûler les maisons, battre et assommer les gens, les enfler avec des soufflets jusqu'à les faire crever, leur faire avaler de l'eau sans mesure avec un entonnoir, les faire étouffer à la fumée, les faire geler dans l'eau de puits, leur arracher les cheveux de la tête et les poils de la barbe avec des pincettes, leur arracher les ongles avec des tenailles, larder leurs corps avec des épingles, les pendre par les cheveux, par les aisselles, par les pieds et par le col, les attacher au pied d'un arbre et puis les y tuer, les faire rôtir au feu comme la viande à la broche, leur jeter de la graisse flamboyante sur le corps tout nu, faire dégoutter des chandelles ardentes sur leurs yeux, les jeter dans le feu, les empêcher nuit et jour de dormir, battre des chaudrons sur leur tête jusqu'à leur faire perdre le sens, les déchasser de leurs maisons à coups de bâton ; les rattraper, les traîner dans les prisons, dans les cachots, dans la boue, dans la fiente, les y faire mourir de faim, après s'être dévoré les doigts de la main ; les traîner à l'Amérique, aux galères, aux gibets, aux échafauds, aux roues et aux flammes, violer filles et femmes aux yeux des frères et des maris attachés et garrotés, déterrer les corps morts, les traîner par les rues, leur fendre le ventre, leur arracher les entrailles, les jeter dans les eaux, aux voiries, les exposer aux chemins publics, les faire dévorer aux bêtes sauvages..., tout cela et mille autres choses de même nature sont des témoignages du zèle inconsidéré de ceux qui persécutent les enfants de Dieu, sous prétexte de leur rendre service. »

Avec les terribles moyens qu'employaient les missionnaires bottés pour venir à bout de la constance de leurs hôtes, nul ne se sentait assez sûr de lui-même pour affronter les terribles dragons, chacun se disait qu'il en viendrait peut-être à faire comme le président du Parlement d'Orange, lequel, disait cyniquement Tessé, « aspirait à l'honneur du martyre et *fût devenu mahométan*, ainsi que le reste du Parlement, *si je l'eusse souhaité*. »

La terreur des dragonnades, grandissant de jour en jour, on voyait des villes entières se convertir à l'arrivée des troupes.

A Metz, le jour de l'arrivée des dragons, l'intendant convoque à l'hôtel de ville, tous les huguenots de la localité, et presque tous signent, *séance tenante*, l'acte d'abjuration qu'il leur présente, en leur disant que la volonté du roi est qu'ils se fassent catholiques. Un bourgeois de Marseille conte ainsi comment se fit la conversion de la ville :

« Le second novembre 1685, jour du saint dimanche, est arrivé en cette ville cent cavaliers, dits dragons, avec les noms des huguenots habitants en cette ville, allant à cheval à chaque maison desdits huguenots lui dire, de par le roi, si veulent obéir à l'arrêt du roi *ou aller dès à présent en galères et leurs femmes à l'Amérique*. Pour lors, voyant la résolution du roi, crient tous à haute voix : Vive le roi ! et sa sainte loi catholique, apostolique et romaine, que nous croyons tous et obéirons à ses commandements ! dont MM. les vicaires, chacun à sa paroisse, les ont reçus comme enfants de l'Église, et renoncé à Calvin et Luther. M. le grand vicaire les oblige d'assister tous les dimanches au prône, chacun à sa paroisse, et les vicaires, avant de commencer la prière, les appelle chacun par son nom, et eux de répondre tout haute voix : *Monsieur, suis ici*. »

Un jour, sur l'annonce de l'arrivée des dragons, toute la population huguenote du pays de Gex s'enfuit affolée, passe la frontière et se réfugie à Genève. Le laboureur avait laissé sa charrue et ses bœufs sur le sillon commencé, la ménagère apportait avec elle la pâte, non encore levée, du pain qu'elle avait préparé pour mettre au four, les plus pressés avaient passé le Rhône à la

nage avec leurs bestiaux ; c'était là un des premiers flots de
l'émigration qui allait bientôt inonder tous les pays de l'Europe.

Dans la Saintonge, des populations entières avaient quitté
leurs villages et s'étaient réfugiées dans les bois *où elles vivaient
comme des bêtes de l'herbe des champs*. Louvois écrit à Foucault : « Il y a dans quatre paroisses de la Rochelle, six cents
personnes qui *ne se sont pas converties*, parce qu'elles avaient
toutes déserté et s'étaient mises dans les bois ; comme elles n'y
pourraient tenir *dans la rigueur de l'hiver qui va commencer*,
Sa Majesté trouvera bien agréable que vous sollicitiez M. de
Vérac *d'y faire loger des troupes dans la fin de ce mois*. »

Pour fuir ces terribles dragons convertisseurs, les huguenots
quittaient leurs maisons, fuyant au hasard à travers champs, à
travers bois, Migault trouve sur sa route une dame fuyant, portant un enfant à la mamelle et suivie de deux autres en bas âge,
courant affolée, ne sachant où aller. Croyant toujours avoir les
dragons à sa poursuite, elle marchait toujours devant elle et
passa plusieurs jours en rase campagne, sans abri et manquant
de nourriture.

C'était un crime de fuir les dragons. De Noailles ayant donné
huit jours aux habitants de Nîmes pour se convertir, il fit publier
que ceux qui s'en étaient allés, par crainte des dragons,
eussent à revenir dans trois jours *sous peine d'être pendus ou
mis aux galères*. Une ordonnance décida que les maisons de
ceux qui s'étaient *absentés* de chez eux seraient rasées, quant
aux imprudents qui donnaient asile à ces huguenots errants, on
les déclara passibles de grosses amendes.

« Informé, dit l'intendant Foucault, que plusieurs personnes
donnent journellement retraite dans leurs maisons aux religionnaires *qui abandonnent les leurs pour se mettre à couvert des
gens de guerre, ce qui retarde et empêche même souvent leur
conversion*, fait très extrêmes défenses à toutes personnes de
donner retraite dans leurs châteaux ou maisons aux religionnaires, sous quelque prétexte que ce puisse être, à peine de mille
livres d'amende. »

Anne de Chauffepied, dont le château avait été dragonné, avait
trouvé asile chez Mme d'Olbreuse, parente de Mme de Maintenon. « Dès le mois suivant, dit-elle, M. et Mme d'Olbreuse

furent avertis que Mme de Maintenon ne *trouvait pas bon* qu'ils nous gardassent chez eux. Mme d'Olbreuse écrivit là-dessus, une lettre pleine de bontés pour nous à cette dame, pour la supplier de nous laisser auprès d'elle, sachant qu'elle le pouvait facilement si elle le voulait. Mais sa dureté ne put être amolie là-dessus, et, sans rien écrire elle-même, elle fit mander à Mme d'Olbreuse qu'elle nous renvoyât, *si elle ne voulait avoir bientôt sa maison pleine de dragons.* »

Quant à ceux qui donnèrent assistance aux fugitifs allant chercher asile hors des frontières, ou qui leur servaient de guides, ils étaient passibles de la peine des galères, parfois même de la peine de mort. Ainsi le Parlement de Rouen condamne à être pendus et étranglés les deux fils du laboureur Lamy, atteints et convaincus « *d'avoir donné retraite et couché dans leurs maisons des religionnaires avec leurs hardes et chevaux pour faciliter et favoriser leur sortie du royaume.* »

De même la cour de Metz avait condamné à être pendus et étranglés Jontzeller et sa femme Anne Keller convaincus « savoir ledit Jontzeller, d'être venu aux environs de cette ville pour y joindre lesdits religionnaires et les conduire hors du royaume, de les avoir guidés secrètement la nuit et les avoir cachés chez lui pendant un jour; ladite Keller d'avoir empêché leur capture... d'avoir, par deux fois éteint les lampes, et, par ce moyen, donné lieu à l'évasion desdits ».

Mais les peines terribles édictées, soit contre les fugitifs eux-mêmes, soit contre ceux qui aidaient à leur évasion hors du royaume, ne purent empêcher l'exode des protestants, cet épilogue fatal des dragonnades.

CHAPITRE VI

L'ÉMIGRATION

Caractère de l'émigration. — Les puissances protestantes. — Émigration des capitaux. — Espions. — Guides et capitaines de navires traîtres. — Corsaires et Barbaresques. — Réfugiés réclamés, chassés ou enlevés. — Désir de retour. — Rentrée par la force. — Dispersion de réfugiés. — Projet de Henri Duquesne. — Rôle militaire des réfugiés. — Les conséquences de l'émigration.

On ne peut s'empêcher de reconnaître avec Michelet, que l'émigration des huguenots a un caractère tout particulier de grandeur; si le huguenot franchissait la frontière, ce n'était pas, comme l'émigré de 1793, pour sauver sa tête, et il n'était pas chassé de son pays, comme le Maure l'avait été de l'Espagne. Tout au contraire, s'il voulait rester et prendre *le masque* catholique, il lui était offert, pour prix d'une facile hypocrisie, honneurs, faveurs et privilèges de toutes sortes. Qu'il eût été ou non, contraint par la violence à renier des lèvres sa foi religieuse, le péril ne commençait pour lui que du moment où il se mettait en route pour aller chercher au-delà des frontières, une terre de liberté de conscience où il pût avoir la liberté de prier Dieu à sa manière.

Pour se soustraire au viol journalier de sa conscience, il lui fallait tout quitter, renoncer à ses biens, abandonner ses parents, sa femme, ses enfants, tous les êtres qui lui étaient chers, et s'exposer, s'il échouait dans sa tentative d'évasion, à des peines terribles. S'il réussissait à franchir la frontière, c'était l'exil au

16

milieu d'une population étrangère dont il ne connaissait ni les mœurs ni la langue, et la dure nécessité de mendier son pain ou de gagner sa vie péniblement à la sueur de son front.

On sait à quel point le Français est attaché à son pays, et combien, alors même qu'il s'agit d'aller se fixer à l'étranger avec tous les siens et en emportant son avoir, il a de peine à s'arracher aux liens multiples et invisibles qui le retiennent à son pays natal; combien devait être grand le déchirement de cœur du huguenot, obligé de s'expatrier dans les conditions que je viens d'indiquer, et combien, une fois arrivé à l'étranger, devait être amer pour lui le regret de la patrie, regret qu'un réfugié traduit éloquemment en ces quelques mots : *la patrie me revient toujours à cœur*. Il fallut donc que la révolte de la conscience fût bien puissante pour que l'émigration des huguenots en vînt à prendre les proportions d'un véritable exode et constituât pour la France un désastre.

Au début de l'émigration, alors qu'il n'y avait point de peines édictées contre ceux qui seraient surpris sur les frontières, *en état de sortir du royaume*, il était difficile d'empêcher les huguenots de passer la frontière.

En effet, l'édit de 1669 maintenait le droit de sortir du royaume pour tous les Français, sortant de temps en temps de leur pays pour aller travailler et négocier dans les pays étrangers, et il ne leur défendait que d'aller s'établir dans les pays étrangers, par mariages, acquisitions d'immeubles et transport de leurs familles et biens, *pour y prendre leurs établissements stables et sans retour*.

C'est pourquoi Chateauneuf recourait à cet expédient pour empêcher l'émigration des huguenots, il écrivait aux intendants : « Sa Majesté trouve bon qu'on se serve de sa déclaration qui défend à tous ceux de la religion prétendue réformée, d'envoyer et de faire élever leurs enfants dans les pays étrangers avant l'âge de seize ans, pour faire entendre à ceux de la dite religion qui voudront se retirer hors du royaume, que, *quand on leur laisserait cette liberté,* on ne permettra point qu'ils emmènent leurs enfants au-dessous de cet âge, ce qui, sans doute, sera *un bon moyen* pour empêcher les pères et mères de quitter leurs habitation. »

Plus d'une fois, du reste, le gouvernement devait avoir recours à

ce cruel expédient de mettre les huguenots dans cette douloureuse alternative, ou d'être séparés de leurs enfants, ou de renoncer
à aller chercher sur la terre étrangère la liberté religieuse qu'on
leur refusait en France.

Ainsi, pour les rares notabilités protestantes à qui l'on ne crut
pas pouvoir refuser la permission de sortir de France, on eut soin
de retenir leurs enfants pour les mettre aux mains des convertisseurs ; il en fut de même pour *les opiniâtres*, qu'après un long
temps de relégation ou d'emprisonnement, on se décida à expulser.
Quant aux ministres que l'édit de révocation mettait dans l'alternative, ou de sortir de France, dans un délai de quinze jours, ou
d'abjurer, dès le 21 octobre 1835, une circulaire aux intendants
prescrivait de ne comprendre dans les brevets qu'on leur accordait, que leurs enfants *de l'âge de sept ans ou au dessous*, les
autres devant être retenus en France.

Que de scènes déchirantes provoquées par cette cruelle disposition ! C'est ainsi que lorsque les quatre pasteurs de Metz, Ancil-
lon, Bancelin, Joly et de Combles, furent accompagnés par les
fidèles de leurs églises, jusqu'aux bords de la Moselle où ils
devaient s'embarquer pour prendre le chemin de l'exil, on vit
leurs seize enfants, ayant dépassé tous l'âge de sept ans, les
étreignant dans la douleur et dans les sanglots, ne voulant pas se
séparer d'eux.

Peut-être, cette obligation de se séparer des êtres qui leur
étaient les plus chers fut-elle la cause déterminante de l'abjuration de plus d'un ministre, car les huguenots avaient au plus haut
degré les sentiments de la famille, et l'on vit même des fugitifs qui
avaient réussi à franchir la frontière, revenir, bravant tous les
périls, se résignant même à la douloureuse épreuve d'une feinte
abjuration, pour reprendre ceux de leurs enfants qu'ils n'avaient
pu emmener avec eux en partant.

Le baron Collot d'Escury allant rejoindre sa femme et ses
enfants, qu'il avait fait partir en avant pour sortir avec eux du
royaume, est pris et contraint d'abjurer : « C'est un malheur, dit
son fils, qui lui a tenu fort à cœur. Mais, sans cela, sa femme et
ses enfants n'auraient guère pu éviter d'être repris. Ainsi, c'est
un sacrilège qu'il a commis pour l'amour d'eux, dont nous et les
nôtres doivent à tout jamais lui tenir compte. »

Le baron d'Escury avait laissé chez un de ses amis le dernier de ses enfants, *le trouvant trop jeune pour supporter les fatigues d'un si pénible voyage. Après avoir abjuré,* il alla le reprendre et rejoignit avec lui le reste de sa famille « *aimant mieux que Dieu le retirât à lui que de le laisser dans un pays où il aurait été élevé dans une religion si opposée aux commandements de Dieu* ».

Mlle de Robillard sollicite en pleurant le capitaine de navire qui l'emmenait en Angleterre avec quatre de ses frères et sœurs, pour qu'il consentie à emmener, *par-dessus le marché*, sa plus jeune sœur âgée seulement de deux ans. Elle fait tant qu'elle réussit. « Cette petite fille de deux ans, étant ma sœur et ma filleule, dit-elle, je me croyais d'autant plus obligée *à la tirer de l'idolâtrie* que les autres. »

La femme d'un gentilhomme, Jean d'Arbaud, lequel s'était converti, avait mis *à couvert*, chez ses parents, quatre de ses dix enfants ; on lui avait laissé les trois plus jeunes ; elle se décide à fuir avec eux : « Je me vis contrainte, dit-elle, de prendre la résolution de me retirer, et de faire mon possible pour *sauver mes pauvres enfants...* fortifiée par la grâce de Dieu et par la nouvelle que je venais de recevoir que mon mari, avec le procureur du roi, venait *de m'enlever mes deux filles, l'aînée et la troisième,* pour les mettre dans le couvent... Me servant de l'occasion de la foire de Beaucaire, m'y ayant fait traîner avec mes enfants dans un pitoyable équipage, et déguisée pour ne pas être reconnue ; mais ce qu'il y a de surprenant, ce fut d'avoir reconnu mon mari en chemin, dans son carrosse, qui, accompagné de M. le procureur du roi, menait mes deux pauvres filles captives que je reconnus d'abord, et auxquelles, après un triste regard et plusieurs larmes répandues d'une mère fort affligée, je ne pus donner autre secours que celui de mes prières et ma bénédiction, n'ayant osé me donner à connaître, de peur de perdre encore les autres. Dieu sait avec quelle amertume de cœur je poursuivis mon chemin, me voyant dans l'obligation d'abandonner un mari, peut-être pour jamais, que j'aimais extrêmement *avant sa chute*, et deux de mes filles exposées à toutes les plus violentes contraintes, et à être mises le jour même dans un couvent. Mais enfin, voyant que je n'avais pas de temps à perdre, étant assurée

que l'on me poursuivrait dans ma fuite, je pris au plus vite le
chemin le moins dangereux, qui était celui de Marseille, où j'ai
rencontré mes deux filles que j'avais auparavant envoyées du
Dauphiné pour les mettre *à couvert* et qui avaient ordre de s'y
rendre. Et de là, j'allai jusqu'à Nice, jusqu'a Turin, et de Turin
à Genève, où j'arrivai avec mes six enfants, par la grâce de
Dieu, après avoir été un mois en chemin, souffert une grande
fatigue, et consumé ce que je pouvais avoir sur moi. Là, j'eus la
joie de voir mon fils aîné, l'autre étant parti depuis deux ou
trois mois avec M. le baron de Faisse, pour avoir de l'emploi. »

On trouve sur une liste de réfugiés bretons conservée à
Oxford, les mentions suivantes :

Mme de la Ville du Bois et ses quatre enfants, elle a laissé en
France son mari *dont elle s'est dérobée*, et un enfant de trois
mois qu'elle n'a pu sauver.

Mme de Mûre et trois enfants, elle s'est aussi *dérobée de son
mari*, et a laissé une petite fille de six mois qu'elle n'a pu
sauver.

Combien de familles se mettaient en route pour l'exil et ne
se retrouvaient pas au complet au-delà de la frontière, ayant
laissé sur la route quelques-uns de leurs membres, succombant
aux fatigues du voyage ou retombés aux mains des convertisseurs.

Mme Bonneau, de Rennes gagne l'Angleterre avec sa mère et
cinq petits enfants, son mari arrêté trois fois en voulant se
sauver, était en prison ou aux galères.

Voici, d'après une relation conservée à Friedrichsdorf, la relation des épreuves subies par la famille Privat, de Saint-Hippolyte de Sardège dans le Languedoc :

« La mère fut massacrée par les dragons, le père Antoine
Privat fut jeté dans une forteresse... ses onze enfants, dont le
plus âgé avait dix-sept ans, erraient dans l'abandon et la misère.
Un jour que fatigués, ils se tenaient appuyés contre les murs
d'une vieille tour, ils entendirent une voix qui gémissait au
fond de la tour... Le soir quelque chose tomba du haut de la
tour à leurs pieds, c'était un écu de six livres enveloppé dans un
papier. Ils lurent sur le papier : « *Mes enfants, voici tout ce que
j'ai. Allez vers l'Est et marchez longtemps, vous trouverez un*

prince agréable à Dieu qui vous recueillera. — Antoine Privat ».

Les enfants prirent confiance et marchèrent vers l'Est, ils marchaient depuis quatre mois, lorsqu'ils arrivèrent dans une grande et belle ville, où ils tombèrent épuisés sur une promenade, cette grande et belle ville était Francfort... Les bourgeois de Francfort donnèrent asile aux neuf filles, et plus tard les marièrent. Les deux garçons s'en allèrent vers l'électeur de Hesse qui leur permit de s'établir à Friedrichsdorf. »

Adrien le Nantonnier, émigré en Angleterre, veut passer en Hollande, il est pris par un corsaire algérien et meurt en esclavage, après avoir passé plusieurs années dans les fers. De ses dix enfants, un seul, son fils aîné, est converti et reste en France, ses quatre grandes filles et deux de ses fils déportés en Amérique comme *opiniâtres*, parviennent à s'échapper et à regagner l'Europe. Ses trois plus jeunes filles, cruellement tourmentées à l'hôpital de Valence par le féroce d'Hérapine, finirent par être expulsées et se retirèrent à Genève.

Michel Néel et sa femme, fille du célèbre ministre Dubosc, avaient trois enfants ; ils gagnent la Hollande, ayant perdu deux de leurs enfants qui périssent de misère en route ; le troisième tombe aux mains des soldats à la frontière, quelques mois après, il meurt dans la maison de la Propagation de la foi, où il avait été enfermé. M. de Marmande et sa femme partent avec un enfant au berceau, on leur avait enlevé cinq filles et un garçon de cinq ans pour les élever au couvent. Le baron de Neufville émigre avec ses deux jeunes fils ; sa femme, contrainte d'abjurer, ne peut emmener avec elle que les deux plus jeunes de ses quatre filles. Ils étaient bien nombreux les réfugiés qui, ayant laissé quelques-uns de leurs enfants aux dures mains des convertisseurs, redisaient chaque jour cette touchante prière, imprimée en 1687 à Amsterdam :

« Mon Seigneur et mon Dieu, tu vois la juste douleur qui me presse. Pour te suivre j'ai abandonné ce que j'avais de plus cher, je me suis séparé de moi-même, j'ai rompu les plus forts liens de la nature, j'ai quitté mes enfants a qui j'avais donné la vie. Mais quand je réfléchis sur les dangers où ils se trouvent et sur les ennemis qui les environnent, mon regard se trouble, mes pensées se confondent, ma constance m'abandonne et, comme la désolée Rachel, je ne peux souffrir qu'on me console. »

Et Louis XIV qui, par la persécution religieuse, *divisait* les familles de cette terrible façon, ne craignait pas, pour retirer aux femmes et veuves protestantes l'administration de leurs biens, d'invoquer ce prétexte : que leur opiniâtreté divisait les familles!

Beaucoup de réfugiés, surtout à la première heure, arrivaient dénués de tout.

Au mois de septembre 1685, les pasteurs de Vevey mandent à Berne que soixante-et-un fugitifs, évitant les cruautés des gens de guerre du roi, viennent d'arriver : « ils sont venus, disent-ils, *avec leurs corps seulement*, n'ayant apporté la plupart que leur seul habit et la chemise qui s'est trouvée sur leur corps. »

Sur la terre d'exil, le conseiller Beringhen, beau-frère du duc de la Force, pouvait dire : « Je suis mari sans femme, père sans enfants, conseiller sans charge, riche sans fortune. » Madame Cagnard, parvenue à gagner la Hollande avec ses deux filles, n'eut d'autre ressource pour vivre que le produit de la vente d'un collier de perles, seul reste de son opulence passée. — Henri de Mirmaud arrive à Genève avec ses deux petites filles et un vieux serviteur, ne possédant plus que quatre louis d'or; c'était la même somme qui restait à Mlle de Robillard, quand elle fut débarquée le soir, sur une plage déserte en Angleterre, avec ses quatre jeunes frères et sœurs. M. de la Boullonnière, dit une relation, qui était fort voluptueux et aimait ses aises, dut se faire, en Hollande, correcteur de lettres et travailler *à cœur crevé*, pour gagner vingt sous par jour. Le baron d'Aubaye, ayant abandonné 25 000 livres de rentes, n'avait en poche que trente pistoles. Madame d'Arbaud, qui avait 18 000 livres de rente, arrive dénuée à l'étranger avec neuf enfants dont le plus jeune avait sept ans. Dans sa relation d'un voyage fait par lui à Ulm un ministre dit:

« Le bourgmestre m'avoua qu'il était vrai qu'on refusait l'entrée de la ville à ceux de nos réfugiés qu'on croyait être sur le pied de mendiants, que c'était parce que quelques semaines auparavant une troupe d'environ deux cents personnes s'étant trouvée coucher à Ulm, la nuit du samedi au dimanche, le dimanche matin cette grande troupe se trouva à la porte de l'église, lorsque l'assemblée se formait, et que lui-même, touché de l'état de tant de pauvres gens, avait exhorté l'assemblée à la charité; que cela avait produit des aumônes considérables à l'issue de la prédication; mais, que ces gens, non contents de cela, répandus ensuite par toute la ville, allant clochant et mendiant, que cela avait duré trois ou quatre jours, que la bourgeoisie, non accoutumée à cela, avait été obligée de faire prendre des mesures pour l'éviter. — Il ajouta que deux choses l'avaient fort touché, la première de voir tant de peuple sans conducteur, et sans que quelqu'un entendît l'allemand ou le latin, la seconde que ces pauvres gens *paraissaient tous muets, ne faisaient que tendre la main avec quelque son de bouche non articulé*, qu'il n'avait jamais si bien compris qu'alors que la diversité de la langue fût une si grande incommodité. »

Les Puissances protestantes, comprenant quelle chance inespérée c'était pour elles, d'hériter des meilleurs officiers de terre et de mer, des plus habiles manufacturiers, ouvriers et agriculteurs de la France, rivalisèrent de zèle charitable, en présence du flot sans cesse grossissant des émigrants arrivant la bourse vide, et parfois la santé perdue par suite des fatigues et des privations de la route.

La Suisse multiplia ses sacrifices sans se lasser, et Genève, après avoir pendant dix ans hébergé les innombrables fugitifs qui la traversaient pour se rendre dans les divers Etats protestants de l'Europe, finit par garder trois mille réfugiés qui s'établirent définitivement chez elle. La Hollande donna aux fugitifs des maisons, des terres, des exemptions d'impôt, et créa de nombreux établissements de refuge pour les femmes. — Le Brandebourg fit des villes pour nos réfugiés. L'Angletrrë s'imposa pour eux des sacrifices considérables. Un comité français, établi à Londres, répartissait entre les réfugiés les sommes allouées à l'émigration; les rapports de ce comité constatent que des secours hebdomadaires étaient donnés à 15 500 réfugiés en 1687, à 27 000 en 1688.

Ce n'était pas seulement par zèle charitable, c'était aussi par

intérêt que certaines puissances attiraient les réfugiés chez elles
en leur offrant des terres, des exemptions d'impôt, des avantages
de toute sorte, c'est ainsi que pour le grand électeur de Brandebourg, Lavisse fait observer avec raison que : « ce prince eut l'heureuse fortune, *qu'en repeuplant ses États dévastés, c'est-à-dire
en servant ses plus pressants intérêts*, il s'acquit la renommée
d'un prince hospitalier, protecteur des persécutés et défenseur
de la liberté de conscience.

Mais tous les émigrants n'arrivaient pas sans argent, tant s'en
faut, l'argent affluait en Hollande et en Angleterre à la suite de
la révocation, et bien que les plus riches eussent cherché asile
en Hollande, l'ambassadeur de Louis XIV en Angleterre, écrivait en 1687 que la Monnaie de Londres avait déjà fondu neuf
cent soixante mille louis d'or. — Suivant un auteur allemand,
deux mille huguenots de Metz s'étaient enfuis dans le Brandebourg en emportant plus de sept millions. Suivant le maréchal de
Vauban, dès 1689, l'émigration des capitaux s'élevait au chiffre
de soixante millions et Jurieu estimait que, en moyenne, chaque
réfugié avait emporté deux cents écus.

Le gouvernement de Louis XIV avait pourtant fait l'impossible, pour arrêter cette émigration des capitaux.

Les huguenots parents ou amis des fugitifs, dissimulant leur
sortie du royaume, leur faisaient parvenir à l'étranger les revenus
de leurs biens, mis à l'abri de la confiscation par cette dissimulation, et pour lesquels ils s'étaient fait consentir des baux fic-
tifs. On fit appel aux délateurs, et la moitié de la fortune laissée
par les fugitifs, fut attribuée à celui qui signalait leur évasion. Des
fugitifs ayant, avant leur départ, confié leur fortune à des amis
catholiques qui l'avaient prise sous leur nom, une ordonnance
accorda aux délateurs de ces biens *recélés*, la moitié des meubles
et dix ans des revenus des immeubles.

Puis on intéressa les parents à la ruine des fugitifs, en
les envoyant en possession des biens de ceux-ci, comme s'ils
fussent morts intestats. Beaucoup d'entre eux cependant continuèrent à ne se regarder que comme de simples mandataires,
et à faire parvenir aux réfugiés le montant de leurs revenus ; on
les surveillait, et, du moindre soupçon, on les menaçait de leur
retirer la jouissance des biens dont ils avaient été envoyés en

possession. — Cependant Marikofer et Weiss constatent qu'en Suisse et dans le Brandebourg, un grand nombre de réfugiés recevaient, sous forme d'envois de vins, soit leurs revenus, soit les valeurs qu'ils avaient déposées en mains sûres avant de partir.

Les fugitifs, avant de quitter la France, vendaient à vil prix leurs immeubles ou consentaient des baux onéreux, afin de se faire de l'argent. Pour les empêcher de pouvoir en agir ainsi le roi décrète : « Déclarons *nuls* tous contrats de vente et autres dispositions que nos sujets de la religion prétendue réformée, pourraient faire de leurs immeubles, *un an avant leur retraite du royaume.* »

Pour éluder cette loi il fallait trouver un acheteur consentant à *antidater* l'acte de vente à lui consenti par un fugitif, moins d'un an avant sa sortie du royaume. Cela se trouvait encore, à des conditions onéreuses naturellement, puisque l'acheteur courait risque, si la fraude était découverte, de voir confisquer les biens qui lui avaient été vendus.

Pour porter remède au mal, une loi interdit à quiconque a été protestant ou est né de parents protestants de vendre ses biens immeubles, et même *l'universalité de ses meubles et effets mobiliaires sans permission*, et cette interdiction de vente fut renouvelée tous les trois ans *jusqu'en* 1778.

Voici, d'après une pièce authentique, la requête que devait adresser au Gouvernement celui qui, ayant du sang huguenot dans les veines, voulait vendre ses immeubles : « Aujourd'hui, 3 février 1772, le roi étant à Versailles, la dame X... a représenté à Sa Majesté qu'elle possède -à... un domaine de la valeur de neuf mille livres qu'elle désirerait vendre, mais, qu'étant issue de parents qui ont professé la religion prétendue réformée, *elle ne peut faire cette vente sans la permission de Sa Majesté.* »

Le huguenot qui voulait préparer sa fuite, ne pouvant désormais ni aliéner ni affermer ses immeubles, même à vil prix, n'avait plus d'autre moyen de se procurer de l'argent nécessaire au voyage que de vendre, comme il le pouvait, une partie de ses effets et objets mobiliers. — Là encore, nouvel obstacle créé par le gouvernement ; à Metz, dit Olry, il y avait des défenses si fortes *de rien acheter* de ceux de la religion, que ce fut après de gros dommages, que nous eûmes l'argent des effets que l'on achetait de nous *pour le quart de ce qu'ils valaient;* au château de Neufville, près d'Abbeville, les dragons, dit une relation, « avaient trouvé la maison fort garnie, *on n'avait pu rien vendre*, il y avait plus de trois mois qu'il y avait *des défenses secrètes de rien acheter et aux fermiers de rien payer*. »

Ce n'était pas seulement la difficulté de vendre, qui empêchait les huguenots de réaliser leur pécule de fuite, c'était la nécessité de le faire secrètement, de ne se procurer de l'argent que peu à peu, et de différentes mains, de manière à de pas éveiller les soupçons du clergé et de l'administration. Pour se rendre compte du soin jaloux avec lequel l'administration surveillait les ventes d'objets mobiliers, il faut consulter dans le registre des délibérations de la ville de Tours (séance du 27 octobre 1685), l'état des objets achetés aux réformés par les marchands et particuliers catholiques.

Quatre-vingt-quinze réformés sont signalés comme ayant vendu des bijoux, des meubles, des tapisseries, des tableaux, du linge, de la batterie de cuisine. La dame Renou a vendu deux armoires pour quatre livres dix sous, la veuve Dubourg, un moulin à passer la farine pour sept livres vingt sols, de Sicqueville, deux guéridons pour trois livres, Brethon, deux miroirs, deux lustres et une tapisserie pour six cent cinquante livres, Mlle Briot, un fil de perles pour cinq cent livres, Jallot, de la vaisselle d'argent pour neuf cent soixante-douze livres.

Comme l'avait conseillé Fénélon dans son mémoire à Seignelai, on veillait « à empêcher non seulement les ventes de biens et de meubles, mais encore les aliénations, les gros emprunts ». De cette manière, on empêchait les huguenots non commerçants de réaliser facilement leur fortune *à l'avance* pour la faire passer à l'étranger. Pour les commerçants, Seignelai fit en vain strictement visiter les navires partant pour l'étranger, qu'il croyait remplis de tonneaux d'or et d'argent; cette visite ne pouvait amener de résultats, car, c'est au moyen de lettres de change tirées sur les diverses places de l'Europe, que les commerçants faisaient passer à l'étranger leur fortune, consistant en valeurs mobilières. Weiss dit que quelques familles commerçantes de Lyon firent passer de cette manière jusqu'à six cent mille écus en Hollande et en Angleterre.

Le Gouvernement demeura impuissant, aussi bien pour arrêter l'émigration des capitaux que pour empêcher celle des personnes, bien qu'il eût dicté les plus terribles peines contre les fugitifs et contre ceux qui favoriseraient directement ou indirectement leur évasion.

Un édit de 1679 avait édicté la peine de la confiscation de corps et de biens contre les religionnaires qui seraient arrêtés sur les frontières *en état de sortir* du royaume, ou qui, après être sortis de France seraient appréhendés sur les vaisseaux étrangers ou autres; une déclaration du 31 mai 1685 substitua à la peine de mort celle des galères pour les hommes, de l'emprisonnement perpétuel pour les femmes, avec confiscation des biens pour tous, « peine moins sévère, dit le roi, *dont la crainte* les puisse empêcher de passer dans les pays étrangers pour s'y habituer ». Ce n'était point par humanité qu'était faite cette substitution de peine, mais par suite de l'impossibilité où l'on se trouvait de punir de la peine capitale un si grand nombre de *coupables*; ce qui le montre bien, c'est qu'un édit du 12 octobre 1687 substitue au contraire la peine de mort à celle des galères pour ceux qui auront favorisé directement ou indirectement l'évasion des huguenots. La crainte de la peine des galères n'arrêta pas plus que celle de la peine de mort, le flot toujours grossissant de l'émigration, mais les galères se remplirent de malheureux arrêtés *en état de sortir* du royaume. Marteilhe, acquité du fait d'évasion, bien qu'arrêté sur les les frontières, vit son procès repris sur ordre exprès de la Cour et fut envoyé aux galères. Mascarenc, arrêté à trente ou quarante lieues de la frontière, fut plus heureux; condamné aux galères par le parlement de Toulouse, il interjeta appel de l'arrêt, et, après deux années d'emprisonnement, on le tira de son cachot, et, placé dans une chaise à porteurs, les yeux bandés, il fut conduit, non aux galères, mais à la frontière avec ordre de ne jamais rentrer en France.

Comme il se faisait un grand commerce de *faux* passeports, le gouvernement se montra impitoyable pour les vendeurs de ces *faux* passeports et fit pendre tous ceux qu'il découvrit; des fonctionnaires complaisants en vendirent de *vrais* à beaux deniers comptants, mais le plus souvent c'était avec des passeports délivrés régulièrement à des catholiques que les huguenots franchissaient impunément la frontière. Mme de la Chesnaye, ayant le passeport d'une servante catholique *fort couperosée*, était obligée, pour répondre au signalement de ce passeport, de se frotter tous les matins le visage avec des orties. Chauguyon et ses compagnons voyageaient avec un passeport délivré par le gouverneur de Sedan à des marchands catholiques se rendant à Liège ; avec ce passeport ils franchirent un premier poste de garde-frontières, mais ils furent arrêtés par un second plus soupçonneux. Les surveillants étaient, du reste, toujours en crainte d'avoir laissé passer des fugitifs avec un passeport faux ou emprunté et c'est cette crainte qui assura le succès de la ruse employée par M. de Fromont, officier aux gardes. Accompagné de quelques religionnaires, deguïsés en soldats, il se présente à la porte d'une ville frontière et demande si quelques personnes n'ont point déjà passé. Oui, répond le garde, et avec de bons passeports. Ils étaient *faux !* s'écrie Fromont et j'ai ordre de poursuivre les fugitifs ! Sur ce il se précipite avec ses compagnons, et on les laisse tranquillement passer. Pour passer à l'étranger, sous un prétexte ou sous un autre, des religionnaires obtenaient qu'on leur délivrât un passeport ; ainsi le seigneur de Bourges, maître de camp, grâce au certificat que lui délivre un médecin de ses amis, obtient un passeport pour aller aux eaux d'Aix-la-Chapelle, soigner sa prétendue maladie ; la frontière passée, il va se fixer en Hollande. Pour éviter de semblables surprises, on ne délivre plus de passeports que sur l'avis conforme de l'évêque et de l'intendant, et l'on exige de celui qui l'obtient, le dépôt d'une somme importante, comme *caution de retour*. On en vint à mettre, pour ainsi dire, le commerce en interdit, en obligeant les négociants à acheter la permission de monter sur leurs navires pour aller trafiquer à l'étranger, au prix de dix, vingt ou trente mille livres. La caution n'était pas toujours, quel que fût son chiffre, une garantie absolue de retour ; ainsi le célèbre voyageur Tavernier ayant dû acheter 50 000 livres la permission d'aller passer un mois en Suisse, fit le sacrifice de la caution qu'il avait déposée et ne repassa jamais la frontière.

On veut obliger les huguenots, à se faire les inspecteurs de leurs familles et les garants de leur résidence en France. Un raffineur de Nantes, dont la femme *ne paraissait pas* depuis quelque temps, est obligé de donner caution de mille livres que sa femme reviendra dans le délai d'un mois. Le préfet de police d'Argenson, ne consent à faire sortir de la Bastille Foisin, emprisonné comme opiniâtre, que s'il se résigne à déposer deux cent mille livres de valeurs, comme garantie que, ni sa femme, ni ses enfants ne passeront à l'étranger. D'Argenson conseille d'attribuer l'emprisonnement de Foisin à cette cause qu'il aurait été *présumé complice* de l'évasion de sa fille. Il ne serait pas inutile, ajoute-t-il, que les protestants, appréhendant de se voir ainsi impliqués et punis pour les fautes de leurs proches, ne se crussent obligés de les en détourner et ne devinssent ainsi les inspecteurs les uns des autres.

A Metz, dit Olry, on rendait les pères responsables de leurs enfants, on mit dans les prisons de la ville plusieurs pères, gens honorables, voulant qu'ils fissent revenir leurs enfants. A Rouen, de Colleville, conseiller au parlement, fut emprisonné *comme soupçonné* de savoir le lieu de retraite de ses filles.

Non seulement on tentait d'obliger les parents à faire revenir leurs enfants lorsqu'ils les avaient mis *à couvert*, mais encore, on retenait les familles à domicile, sous la surveillance ombrageuse de l'administration et du clergé, pour pouvoir prévenir tout projet d'émigration. Dès le lendemain de l'édit de révocation, Fénélon, *policier émérite*, conseillait à Seignelai de veiller sur les changements de domicile des huguenots, lorsqu'ils ne seraient pas fondés sur quelque nécessité manifeste. En 1699, pour faciliter cette surveillance, une déclaration interdit aux huguenots de changer de résidence sans en avoir obtenu la permission *par écrit* ; cette permission fixait l'itinéraire à suivre, et si l'on s'en écartait, on était bien vite arrêté.

Le plus simple déplacement temporaire était suspect, et le clergé le signalait. Ainsi, en 1686, Fénélon recommande à Seignelai de renforcer la garde de la rivière de Bordeaux ; tous ceux qui veulent s'enfuir allant passer par là *sous prétexte de procès*, et ayant lieu de craindre qu'il parte un grand nombre de huguenots, par les vaisseaux hollandais qui commencent à venir pour la foire de mars à Bordeaux.

Ce qui était encore plus dangereux, pour les huguenots voulant s'enfuir, que l'inquisitoriale surveillance du clergé, c'étaient les faux frères, qui, à l'étranger et en France, servaient d'espions à l'administration.

L'ambassadeur d'Avaux entretenait en Hollande de nombreux espions parmi les réfugiés, et, grâce à eux, il pouvait prévenir le gouvernement des projets d'émigration que tel ou tel huguenot méditait et dont il avait fait part à ses parents ou à ses amis émigrés. Tillières, un des meilleurs espions de d'Avaux, le prévient un jour qu'un riche libraire de Lyon a fait passer cent mille francs à son frère et se prépare à le rejoindre en Hollande; un autre jour, il lui annonce que Mme Millière vient de vendre une terre 24 000 livres et qu'elle doit incessamment partir, emportant moitié de cette somme qu'elle a reçue comptant; une autre fois, enfin, il lui donne avis qu'une troupe de 500 huguenots environ doit partir de Jarnac pour Royan et s'embarquera sur un vaisseau qui devra se trouver à quelques lieues de là, au bourg de Saint-Georges.

Les espions n'étaient pas moins nombreux en France; moyennant une pension de cent livres qu'il servait à l'ancien ministre Dumas, Bâville connaissait la plupart des projets des huguenots du Languedoc; à Paris de nombreux espions tenaient le préfet de police au courant de ce qui se passait dans les familles huguenotes; en Saintonge, Fénélon se servait, pour espionner les nouveaux convertis, du ministre Bernon, dont il tenait la conversion *secrète*, et il conseillait à Seignelai de donner des pensions secrètes aux chefs huguenots par lesquels *on saurait bien des choses*, disait-il.

En dehors des espions attitrés, les huguenots avaient à craindre encore la trahison de leurs prétendus amis ou de leurs parents, lesquels, par intérêt, ou pour mériter les bonnes grâces d'un protecteur catholique, n'hésitaient pas parfois à les dénoncer. Deux jeunes gens de Bergerac confient leurs projets de fuite à un officier de leurs amis qui avait épousé une protestante de leur pays, ils lui content qu'ils doivent se déguiser en officiers, prendre telle route et sortir par tel point de la frontière. Cet officier, pour se faire bien venir de la Vrillière, à qui il réclamait la levée du séquestre mis sur les biens des frères huguenots de sa femme, donne à ce ministre toutes les indications nécessaires pour faire prendre ses amis trop confiants, et ceux-ci sont arrêtés au moment de franchir la frontière. Un faux frère demande à sa parente, madame du Chail, de lui fournir les moyens de passer à l'étranger; celle-ci lui fait donner, par un de ses amis, des lettres de recommandation pour la Hollande, et, par une demoiselle huguenote, l'argent nécessaire pour faire le voyage. Le misérable les dénonce tous trois et les fait arrêter.

Dès le mois d'octobre 1685, une ordonance avait enjoint aux religionnaires, qui n'étaient pas habitués à Paris depuis plus d'un an, de retourner au lieu ordinaire de leur demeure, mais les huguenots n'en continuent pas moins à affluer à Paris, où, perdus dans la foule, il était moins facile de les surveiller, si bien qu'en 1702 le préfet de police d'Argenson, à l'occasion d'une vieille protestante que l'évêque de Blois lui dénonce comme étant partie depuis plusieurs jours pour y rejoindre son fils qui y est venu, *sans y avoir aucune* affaire, écrit: « Il est fâcheux que Paris devienne l'asile et l'entrepôt des protestants inquiets *qui n'aiment pas à se faire instruire,* et qui veulent se mettre à couvert d'une inquisition qui leur paraît trop exacte. »

C'est que ces protestants *inquiets*, en dépit des espions, trouvaient là plus de facilité à préparer leur fuite.

Il y avait à Paris d'habiles spéculateurs qui savaient déjouer la surveillance des agents du gouvernement, et qui avaient organisé un service régulier d'émigration. Ils confiaient les fugitifs à des guides expérimentés, connaissant les dangers du voyage et sachant les éviter habilement; les fugitifs, passant de main en main, et d'étape en étape, arrivaient presque toujours à franchir heureusement la frontière.

Une note de police, trouvée dans les papiers de la Reynie, donne les détails suivants sur le service parisien de l'émigration:

« Pour sortir de Paris, les réformés, c'est les jours de marché à minuit à cause de la commodité des barrières que l'on ouvre plus facilement que les autres jours, et ils arrivent devant le jour, proche Senlis qu'ils laissent à main gauche. Il en est d'autres qui vont jusqu'à Saint-Quentin, et qui n'y entrent que les jours de marché, dans la confusion du moment. Et, y étant, ils ont une maison de rendez-vous où ils se retirent, et où les guides les viennent prendre. Pour les faire sortir, ils les habillent en paysans ou paysannes, menant devant eux des bêtes asines. Ils se détournent du chemin et des guides, qui sont ordinairement deux ou trois. L'un va devant pour passer, et, s'il ne rencontre personne, l'autre suit; s'il rencontre du monde, l'autre qui suit voit et entend parler, et, suivant ce qu'il voit et entend de mauvais, il retourne sur ses pas trouver les huguenots, et ils les mènent par un autre passage. »

C'étaient en général des huguenots appartenant à la riche bourgeoisie qui venaient résider à Paris pour attendre l'occasion de prendre le chemin de l'étranger.

Mais ce n'était point par Paris que passait le gros de l'émigration ; le plus grand nombre de ceux qui voulaient gagner les pays étrangers, partaient de chez eux, pour se rendre directement au point du littoral ou de la frontière de terre (souvent fort éloigné du lieu de leur résidence), qu'ils avaient choisi pour y opérer leur sortie du royaume.

Quand ils étaient parvenus à sortir de chez eux, sans avoir attiré l'attention de leurs voisins, il leur fallait user d'habiletés infinies pour éviter les dangers renaissants à chaque pas du voyage. Il n'y avait ni bourg, ni hameau, ni pont, ni gué de rivière, où il n'y eût des gens apostés pour observer les passants. Il fallait donc, pour gagner la frontière, éloignée parfois de quatre-vingts ou de cent lieues du point de départ, ne marcher que la nuit, non par les grandes routes, si bien surveillées, mais par des sentiers écartés et par des chemins presque impraticables, puis se cacher le jour, dans des bois, dans des cavernes ou dans des granges isolées.

Nulle part, on n'aurait consenti à donner un abri aux fugitifs, les châteaux et les maisons des religionnaires et des nouveaux convertis étaient surveillés étroitement. Les aubergistes refusaient de loger ceux qui ne pouvaient leur présenter, soit un passeport, soit tout au moins, un billet des autorités locales. Il y avait contre celui qui logeait un huguenot des pénalités pécuniaires s'élevant jusqu'à 3 000 et même 6 000 livres, et celui qui, en donnant asile à un huguenot, était convaincu d'avoir voulu favoriser son évasion du royaume, était passible des galères ou même de la peine de mort. Parfois, l'Église venant en aide à la police, menaçait d'excommunication quiconque avait donné asile ou prêté la moindre assistance à un huguenot cherchant à sortir du royaume.

Voici une pièce constatant cette intervention singulière de l'Église :

Monitoire fait, par Cherouvrier des Grassires, grand vicaire et official de Monseigneur l'évêque de Nantes, de la part du procureur du roi et adressé à tous recteurs, vicaires, prêtres ou notaires apostoliques du diocèse :

« Se complaignant à ceux et à celles qui savent et ont connaissance que certains particuliers, faisant profession de la religion prétendue réformée, quoiqu'ils en eussent ci-devant fait l'abjuration, se seraient absentés et sortis hors le royaume depuis quelque temps, ayant emmené leurs femmes et la meilleure partie de leurs effets, tant en marchandises qu'en argent.

» *Item à ceux et à celles qui savent et ont connaissance de ceux qui ont favorisé leur sortie, soit en aidant à voiturer leurs meubles et effets, tant de jour que de nuit, ou avoir donné retraite, prêté chevaux et charrettes pour les emmener* et généralement tous ceux et celles qui, des faits ci-dessus circonstances et dépendances, en ont vu, su, connu, entendu, ouï dire ou aperçu quelque chose, ou y ont été présents, *consenti, donné conseil ou aidé en quelque manière que ce soit.*

» A ces causes nous mandons à tous, expressément, enjoignons de lire et publier par trois jours de demandes consécutives, aux prônes de nos grands messes paroissiales et dominicales, et de bien avertir ceux et celles qui ont connaissance des dits faits ci-dessus, *qu'ils aient à en donner déclaration à la justice,* huitaine après la dernière publication, *sous peine d'encourir les censures de l'Église et d'être excommuniés.* »

On comprend combien il était difficile aux huguenots qui fuyaient de trouver quelqu'un qui osât leur donner asile ou même une assistance quelconque ; la terreur était si grande que le fugitif Pierre Fraisses, par exemple, vit sa mère elle-même refuser de le recevoir et fut obligé de revenir sur ses pas. Jean Nissoles échoue une première fois dans son projet d'émigration ; il est enfermé à la tour de Constance, d'où il s'échappe avec un de ses compagnons nommé Capitaine, mais en franchissant la muraille de clôture, il tombe, et se déboîte les deux chevilles.

Capitaine se rend chez quelques huguenots du voisinage *qu'il connaissait*, pour leur emprunter un cheval et une voiture, afin d'emmener le blessé ; ceux-ci lui demandent *s'il veut leur mettre la corde au cou*, et le menacent *de le dénoncer* s'il ne se retire au plus vite. Par aventure il finit par trouver dans un pâturage une monture pour Nissoles. Dans des métairies où passent les fugitifs, les habitants *que connaît* Capitaine et qu'il dit *être de la religion*, non seulement ne veulent pas leur donner asile, mais refusent même *de leur montrer leur chemin*. Dans un village où les malheureux arrivent exténués, *on les refuse partout* ; seule une demoiselle les accueille et fait conduire Nissoles chez un homme sachant *rhabiller les membres rompus*. Comme on ne croyait pas le blessé *tout à fait en sûreté* chez ce rhabilleur ou rebouteux, il est mis chez une veuve en pension, et il doit encore, pour sa sûreté, changer trois ou quatre fois de maison. A peu près remis, il s'arrête deux jours chez un ami, puis se rend à Nîmes chez des parents qui le mettent dans une maison isolée, n'osant le loger chez eux, *de peur de se faire des affaires*. Voyant ses parents *dans des frayeurs mortelles*, il se décide à rentrer chez lui à Ganges. Un parent, à Saint-Hippolyte, lui donne un cheval pour le porter, et un garçon pour le conduire, avec une lettre pour son frère. Celui-ci refuse le *couvert* au pauvre Nissolles, disant que son frère devrait avoir honte de lui envoyer un fugitif, *pour le faire périr lui et sa famille*. Le guide de Nissolles ne veut pas le mener jusqu'à Ganges, et le laisse dans une métairie, à deux mousquetades de la ville. Obligé de faire la route à pied, malgré la difficulté qu'il éprouve à marcher, Nissolles arrive dans une étable à porcs, dépendant de sa propriété, s'étend dans l'auge où mangeaient les pourceaux, et, épuisé de fatigue, s'endort profondément, *comme s'il eût été couché dans un bon lit*, dit-il. Les dragons étaient dans sa maison ; dès qu'ils sont couchés, sa femme vient le chercher et le cache dans un magasin, si humide qu'il ne peut y rester que quelques jours. On le met alors dans un autre endroit, si bas qu'il ne pouvait y être à l'aise que couché ; de là il entendait les dragons pester et jurer et, pour peu qu'il eût toussé ou craché un peu fort, il eût été découvert.

Quant un huguenot, pour gagner la frontière, se décidait à

entreprendre un long et périlleux voyage de cinquante, parfois de cent lieues, voyage fait de nuit, sans suivre jamais les grandes routes, il lui fallait nécessairement trouver un guide, lequel était toujours suspect, puisque l'appât du gain lui faisait seul braver la chance des galères ou de la potence, c'était même souvent un traître, et parfois pis encore. Cependant, on voyait de jeunes femmes, de jeunes personnes de quinze à seize ans, se hasarder seules à de telles aventures, se confiant à des inconnus, maîtres de leur honneur et de leur vie, dans les bois, les déserts et les montagnes, qu'il fallait traverser la nuit, sans nul secours à attendre, le cas échéant. Pierre Faisses et ses compagnons, ayant payé leur guide d'avance, celui-ci les abandonne en route, et ils sont obligés de revenir sur leurs pas. Il en est de même du guide qui conduisait Mme de Chambrun et trois demoiselles de Lyon; ces pauvres femmes, abandonnées par lui dans la montagne, errèrent neuf jours au milieu des neiges avant de pouvoir gagner la Suisse. Des fugitifs, conduits par leur guide chez un paysan aux bords de l'Escaut, sont livrés par lui. — Mme Duguenin part de Paris avec son fils, sa belle-fille grosse de sept mois, une nièce, deux neveux et la fille de Sébastien Bourdon, peintre du roi; près de Mons, toute la troupe est trahie et livrée par son guide. Mlle Petit, avant d'arriver à Genève, est maltraitée et dépouillée par son guide. Campana et un autre huguenot, découvrent à temps que leur guide veut les dépouiller et les assassiner, ils le quittent, mais, en revenant à Lyon, ils sont volés et maltraités par les paysans. Un guide s'était chargé de conduire de Lyon à Genève une dame et ses deux filles, il abandonne celles-ci et, emmenant la dame à travers bois, l'assassine et la dépouille.

C'est quand on approchait de la frontière que les périls se multipliaient, car de nombreux postes de soldats ou de paysans, échelonnés de distance en distance, exerçaient sur tous les passages une active surveillance de jour et de nuit. Pour stimuler le zèle des soldats, une ordonnance avait décidé que *les hardes et effets* qui se trouveraient sur les fugitifs ou à leur suite, seraient distribués à ceux qui composeraient le corps de garde qui les aurait arrêtés.

Parfois cependant les soldats trouvaient avantage à laisser

passer les fugitifs : la sentinelle avancée d'un corps de garde se trouve en face d'une troupe de huguenots, le guide qui les conduisait, présente aux soldats un pistolet d'une main, une bourse de l'autre, et l'invite à choisir entre la mort et l'argent, le choix est bientôt fait. Un fugitif, porteur de huit cents écus, est arrêté par un poste de soldats : si vous me gardez, leur dit-il, j'abjurerai, et il vous faudra rendre les huit cents écus, si vous me lâchez vous garderez la somme. On le lâche, il rejoint sa femme qui avait passé par un autre chemin avec une bonne somme et tous deux franchissent la frontière. Les soldats, ainsi que le constate une note de la Reynie, laissaient souvent passer les fugitifs *pour argent* qu'ils leur donnaient. Lors même que les émigrants pouvaient disposer d'une somme de mille ou de deux mille livres, ils achetaient le libre passage des officiers ; ceux-ci donnaient aux femmes des soldats pour guides, et, mêlant les hommes aux archers de leur escorte, les conduisaient eux-mêmes hors des frontières.

Pour remédier au mal, dans beaucoup de passages on remplace les soldats par des paysans, plus difficiles à corrompre, parce que, dit une note de police, *l'un veut et l'autre est contraire*. On accorde à ces paysans une prime, pour chaque huguenot arrêté, qu'on leur permet en outre de *voler*, ainsi qu'en témoigne cette lettre de Louvois aux intendants :

« Il n'y a pas d'inconvénients *de dissimuler les vols* que font les paysans aux gens de la religion prétendue réformée, qu'ils trouvent désertant, *afin de rendre le passage plus difficile*, et même. Sa Majesté désire qu'on leur promette, *outre la dépouille* des gens qu'ils arrêteront, trois pistoles pour chacun de ceux qu'ils amèneront à la plus prochaine place. »

Mais l'espion de la Reynie est bientôt obligé de reconnaître que les paysans, s'il leur est plus difficile qu'aux soldats de se mettre d'accord sur le prix à demander pour laisser passer les fugitifs, sont cependant plus faciles à corrompre que ceux-ci, à raison de leur âpreté au gain.

Le littoral n'était pas moins rigoureusement gardé que les frontières de terre ; les allées et venues des barques de pêche étaient continuellement surveillées ; nul navire ne pouvait mettre à la voile, sans avoir été visité, une première fois au départ, une seconde fois en mer, par les croiseurs qui stationnaient devant tous les ports.

Tous ces obstacles n'arrêtaient pas plus l'émigration, que le soin pris par le gouvernement de mener *en montre* dans les villes, attachés à la chaîne, les fugitifs dont il avait pu se saisir. Le clergé et l'administration répandaient en vain les nouvelles les plus alarmantes sur le mauvais accueil reçu à l'étranger par les réfugiés, dont huit mille seraient morts de misère en Angleterre, et qui, manquant de tout, sollicitaient, disait-on, la faveur de rentrer en France au prix d'une abjuration. Mais les lettres venues de l'étranger et les libelles imprimés en Hollande, empêchaient les huguenots d'ajouter foi à tous ces faux bruits.

Chaque jour, sur bien des points du royaume se renouvelait quelqu'une de ces scènes de l'exode protestant, semblable à celle que conte ainsi le fils du martyr Teissier : « Il ne fallait plus songer à aller à la Salle ; ma mère et ma sœur s'étaient enfuies, notre vieux rentier (fermier) et sa femme avaient abandonné la place, ayant été fort maltraités tout d'abord par les soldats... Enfin, mon frère m'avait quitté, nous nous dîmes un adieu, soit! le cœur *serré et chacun s'en alla à la belle étoile.* »

Chaque nuit, quelque maison se fermait silencieusement, et ses habitants partaient mystérieusement pour l'inconnu, ainsi que le fit Jean Giraud. — « Nous mîmes, dit-il, des morceaux de nappes que j'avais coupés, aux pieds de mes chevaux, à cette fin qu'ils ne menassent point de bruit en sortant de chez moi sur le pavé, de peur que les voisins n'entendissent. Ma femme, en sortant de la chambre, mit sa fille sur le dos. C'était environ onze heures du soir, au plus fort de la pluie, et quand je jugeai qu'elle pouvait être à deux cents pas hors de ma maison et du village, je fermai bien mes portes et me remis à la garde du bon Dieu. Et, ayant joint ma femme, nous déchaussâmes les deux chevaux et mis ma femme à cheval avec ma fille. »

« Nous quittâmes de nuit notre demeure, dit Judith Manigault, laissant les soldats dans leur lit, et leur abandonnant notre maison et tout ce qu'elle contenait. Pensant bien qu'on nous chercherait partout, nous nous tînmes cachés pendant dix jours, à Romans, en Dauphiné, chez une bonne femme qui n'avait garde de nous trahir. Nous étant embarqués à Londres (où ils étaient arrivés en passant par l'Allemagne et la Hollande), nous eûmes toutes sortes de malheurs. La fièvre rouge se déclara sur le navire, plusieurs des nôtres en moururent et parmi eux *notre vieille mère*. Nous touchâmes les Bermudes, où le vaisseau qui nous portait fut saisi. Nous y dépensâmes tout notre argent, et ce fut à grand peine que nous nous procurâmes le passage sur un autre navire. De nouvelles infortunes nous attendaient à la Caroline. Au bout de dix-huit mois, nous perdîmes *notre frère aîné* qui finit par succomber à des fatigues si inaccoutumées. En sorte que, depuis notre départ de France, nous avions souffert tout ce qu'on peut souffrir, je fus six mois *sans goûter du pain*, travaillant d'ailleurs comme une esclave ; et, durant trois ou quatre ans, je n'eus jamais *de quoi satisfaire complètement la faim qui me dévorait*. Et toutefois, Dieu a fait de grandes choses à notre égard, en nous donnant la force de supporter ces épreuves. »

Un premier, un second échec ne faisaient pas renoncer à leurs projets ceux qui s'étaient déterminés à quitter leur patrie pour gagner un pays de liberté de conscience. Un orfèvre de Rouen, arrêté une première fois à Lyon, une seconde fois en Bourgogne, après s'être échappé de prison, trouva moyen de gagner la Hollande où il retrouva sa famille.

Le marchand Jean Nissolles, évadé de la tour de Constance où il avait été enfermé pour avoir voulu émigrer, se remet en route seul, et monté sur un méchant âne, acheté une pistole ; *tout incommodé des pieds et tourmenté d'une fièvre d'accès assez fâcheux*. Il arrive à Lyon après avoir été retiré *à demi mort* et à grand peine avec sa monture, d'une fondrière de boue épaisse, gluante et glacée. Ayant trouvé là un guide qui consentait à conduire un pauvre *estropié* comme il l'était, il repart avec lui, monté sur son âne. Le guide le fait passer par un chemin effroyable, au milieu duquel reste sa pauvre monture, fourbue et ne pouvant plus faire un pas. Un paysan, qu'il rencontre par bonheur, le laisse monter sur un de ses chevaux pour franchir la montagne. Une tempête s'élève ; à chaque instant, cheval et cavalier manquent d'être précipités du chemin dans l'abîme. Le

cheval ne pouvant se tenir sur la neige, se couchait à tout coup,
si bien qu'il fallût le traîner pendant sept à huit cents pas.
Démonté une seconde fois, Nissolles, malgré la difficulté extrême
qu'il éprouve à marcher, est obligé de faire la route à pied. Il
traverse clopin clopant le pays de Gex, *endurant beaucoup de
soif*, parce que son guide lui fait soigneusement éviter tous les
villages, et il arrive enfin, après tant de hasards et de fatigues,
sur la terre de Genève.

Mlle du Bois, avec deux autres demoiselles, est arrêtée, à
quatre lieues de son point de départ par une troupe de cavaliers
qui se contente de maltraiter et de dépouiller les fugitives.
Quelque temps après, les passages étant soigneusement gardés,
elles gagnent un roulier qui consent à les mettre dans un tonneau emballé de toile. Elles y restent trois jours et trois nuits,
mais alors qu'elles étaient rendues près de Hambourg, et
n'avaient plus que quinze lieues à faire pour passer la frontière,
le roulier entendant les tambours de la garnison, croit que les
dragons sont à ses trousses; il dételle un de ses chevaux et
s'enfuit laissant là charrette et chargement. Les demoiselles se
sauvent dans un bois où elles sont prises par les paysans qui les
livrent au gouverneur de Hambourg. Après dix mois de réclusion
dans un couvent, Mlle du Bois traverse le dortoir des pensionnaires, descend dans la cour par une fenêtre dont elle lime ou
descelle les barreaux. Elle saute dans la cour, de là dans le jardin, en arrachant le cadenas qui tenait la porte fermée. S'aidant
d'une pièce de toile qu'elle trouve étendue là pour blanchir, elle
descend du haut de la muraille et traverse la Moselle qui passe
au pied, en ayant de l'eau jusqu'au cou. Elle trouve asile chez
des religionnaires, mais comme sa fuite avait été découverte et
qu'on avait promis dix louis à qui la découvrirait, elle est obligée de changer deux fois de retraite. Elle se déguise en paysan,
pour passer les portes de la ville, ayant une hotte avec un tonneau dessus, et un panier au bras. Après avoir fait une lieue à
pied, en cet équipage, elle trouve un guide qui la fait passer pour
son valet; arrêtée à une place frontière, elle est interrogée par un
dragon qui parlait allemand, mais comme elle parlait assez bien
cette langue elle se tire d'affaire. Au moment d'arriver à bon port
elle trouve des archers qui demandent à son guide s'il n'a pas

entendu parler de la religieuse qui s'est enfuie, et ordonnent au prétendu valet d'aller faire boire leurs chevaux, ce qu'il fait; aussitôt de retour, elle monte à cheval et tous deux, galopant toujours, gagnent Liége. Arrivée là, Mlle Dubois avoue à son guide qu'elle est la religieuse que l'on cherche partout, et celui-ci, tout tremblant, s'écrie que s'il l'eût su, il ne se serait pas chargé pour mille pistoles de la conduire.

Jamais on n'avait vu tant de marchands, tant de veuves de négociants, appelées par leurs affaires à l'étranger, tant de femmes mariées à des soldats, allant rejoindre leurs garnisons dans les places frontières. Les gardes s'en étonnaient, et plus d'une ne put passer qu'après qu'on l'eût vue, tout au moins quelques instants, couchée dans le même lit que son soi-disant mari.

Mlle Petit arriva à Genève déguisée en marmiton, beaucoup d'autre femmes ou filles se travestissaient en jeunes garçons, en valets, sans craindre, sans soupçonner même, le terrible danger qu'elles couraient en prenant ces déguisements. En effet, les femmes qu'on arrêtait habillées en hommes, étaient traitées comme des coureuses, et, rien que pour avoir pris ce déguisement, on les envoyait au milieu *de prostituées* dans quelque couvent de filles *repenties*! C'est ce qui arriva aux deux jeunes demoiselles de Bergerac, travesties en hommes, auxquelles Marteilhe eut quelque peine à faire comprendre, tant elles étaient innocentes, qu'il était *de la bienséance* de ne pas se laisser prendre plus longtemps pour de jeunes garçons, afin de ne pas rester enfermées dans le même cachot que leurs compagnons de captivité. Quelques jours plus tard, les juges trouvèrent qu'il était *de la bienséance*, d'envoyer ces innocentes finir leurs jours *aux repenties* de Paris.

D'autres se cachaient de leur mieux pour passer la frontière sans qu'on les aperçût. Mlle de Suzanne fut prise dans un des tonneaux composant le chargement d'une charrette. Trois demoiselles, cachées sous une charretée de foin, furent plus heureuses, mais elles eurent à subir des transes mortelles, pendant que les cavaliers qui avaient failli les arrêter quelques heures plus tôt, discutaient avec le conducteur de la charrette à qui ils voulaient persuader de revenir vendre son foin en France, au lieu d'aller le porter à l'étranger. Une femme passa heureusement, *empaquetée*

dans une charge de verges de fer, avec laquelle elle fut mise dans
la balance et pesée à la douane ; et elle dut rester dans cette incommode cachette jusqu'à ce que le charretier osât la désempaqueter,
à plus de six lieues de la frontière.

Quant aux hommes, ils se déguisaient en marchands, en
paysans, en valets, en courriers, en soldats ou en officiers allant
rejoindre leur régiment tenant garnison dans quelque place frontière.

Le vénérable pasteur d'Orange, Chambrun, qui venait de se
faire opérer de la pierre, à Lyon, se fait attacher dans une chaise,
et, suivi de quatre valets, il se donne si bien, dit-il, l'apparence
d'un haut officier de guerre déterminé, que les postes militaires
de la France et de la Savoie lui rendent les honneurs militaires
quand il passe, et le laissent gagner Genève sans encombre. Bien
qu'ayant avec lui deux jeunes enfants, le baron de Neuville par-
vient à se faire passer pour un officier allant rejoindre sa garnison ; quand il y avait quelque danger, il jetait une couverte de
voyage sur les paniers attachés sur le dos d'un cheval et renfer-
mant, non son bagage, mais ses enfants qu'il y avait cachés. Les
quatre jeunes enfants du baron d'Escury étaient cachés de même
dans des paniers placés sur un cheval mené en bride par un valet.

La servante catholique qui emmenait les deux jeunes filles de
Mme Cognard avait caché ces deux enfants dans des paniers,
sous des légumes, qu'elle était censée aller vendre à un marché
voisin de la frontière.

Le fils du ministre Maurice que des officiers, amis de son père,
emmenaient déguisé en soldat avec leur bataillon qu'ils conduisaient en Alsace, est reconnu dans une halte. Il s'enfuit à la hâte,
et, après avoir erré quelque temps, au cœur de l'hiver, dans les
montagnes du Jura, il arrive en Suisse exténué de fatigue et
dans un état à faire pitié.

Chabanon, fils d'un autre ministre, à l'âge de treize ans, entreprit de rejoindre son père passé en Suisse. Parti seul, à pied, il
fut pris de la petite vérole ; quand son mal le pressait trop, il se
couchait au pied d'un arbre, puis, l'accès passé, il se remettait
courageusement en route, et il ne se découragea pas jusqu'à ce
qu'il eût franchi la frontière. De riches bourgeois, des gentilshommes, déguisés en mendiants, portaient dans leurs bras ceux

de leurs enfants qui ne pouvaient marcher, et se faisaient suivre
par cinq ou six autres, demi-nus et couverts de sales haillons,
qui allaient de porte en porte demander leur pain. Ces enfants,
dit Élie Benoit, comprenaient si bien l'importance de leur déguisement et jouaient si bien leur rôle, qu'on aurait dit *qu'ils étaient
nés et nourris dans la gueuserie.*

« Mon frère et Jacques Laurent, dit Chauguyon, firent marché
avec un guide fort résolu, *mangeur de feu* comme un charlatan.
Il faisait porter à mon frère une grande boîte sur les épaules,
pour faire voir *les curiosités de Versailles*, et Jacques Laurent
en portait une autre, comme les Savoyards qui crient *la curiosité.* »

Tel, parvenu à une ville frontière mettait du beau linge, des
souliers *bons à marcher sur le marbre ou dans une salle de par-
quetage*, et, une badine à la main, passait devant les corps de
garde, comme s'il allait dans le voisinage faire une simple promenade ou quelque visite. Tel autre, son fusil sous le bras et
sifflant son chien, passait la frontière semblant ne songer qu'à
aller chasser dans les champs voisins. D'autres enfin, vêtus en
paysans, paraissaient se rendre au marché le plus prochain au-
delà de la frontière ; celui-ci conduisait une charrette chargée
de foin ou de paille ; celui-là portait sur le dos une hotte de
légumes ou une balle de marchandises, ou poussait devant lui
une brouette ; un dernier, portant quelque paquet sous le bras,
menait des bestiaux à la foire.

Quelques-uns s'ouvraient le passage de vive force. Un jour,
trois cents huguenots de Sedan se réunissent en secret, accompagnés de leurs femmes et de leurs enfants et menant avec eux
quelques chariots de bagages ; ils forcent un passage gardé par
quelques paysans et se dirigent vers Maëstrich. Sur la frontière du
Piémont, quatre mille émigrants, bien armés, gagnent Pragelas,
après un combat contre les troupes, dans lequel M. de Larcy est
blessé et perd cent cinquante hommes. Le gouverneur de Brouage
poursuit onze barques parties des rivières de Sèvres et de Moissac,
portant trois mille huguenots, lesquels, après un combat assez vif,
parviennent à s'échapper, sauf cinquante d'entre eux, dont la barque sombra. Des huguenots, embarqués à Royan, ayant été découverts par les soldats chargés de faire la visite, lesquels ne voulu-

rent pas se laisser gagner, se jetèrent sur eux et les désarmèrent. Puis, coupant les câbles des ancres, ils forcèrent l'équipage à mettre à la voile et emmenèrent en Hollande avec eux les soldats qui avaient voulu les arrêter. Louvois était sans pitié pour ceux qui tentaient de sortir de vive force ; il prescrivait aux soldats de les traiter comme des bandits de grands chemins, d'en pendre une partie *sans forme ni figure de procès*, et de prendre le reste pour être mis à la chaîne. Il faisait en même temps enjoindre aux paysans de *faire main basse* sur les fugitifs qui auraient l'*insolence de se défendre*, et ceux-ci n'y manquaient pas ; c'est ainsi qu'ils blessèrent de la Fontenelle et tuèrent d'un coup de fusil Quista, qui voulaient leur échapper en fuyant avec leurs femmes et leurs enfants. Le maire de Grossieux et son fils, âgé de quinze ou seize ans, ayant résisté aux paysans, furent pris et pendus. Un gentilhomme, d'Hélis, pris après résistance, eut la tête tranchée. Quant à M. de la Baume, autre gentilhomme du Dauphiné, pour le punir de la vigoureuse défense qu'il avait opposée aux soldats, on le pendit, sans vouloir tenir compte de sa qualité de noble ; de Bostaquet, gentilhomme de Normandie, fut moins malheureux, surpris par les soldats, sur la plage, au moment où il allait s'embarquer avec toute sa famille et blessé dans le combat, il put s'enfuir. Caché par des catholiques, il put gagner plus tard l'Angleterre, et bien des années après faire venir près de lui ce qui restait de sa famille.

Sur les frontières de mer comme sur celles de terre, les émigrants riches pouvaient souvent acheter leur libre passage de ceux-là même qui avaient mission de les empêcher de sortir du royaume. Des familles de fugitifs payèrent jusqu'à huit et dix mille livres à des capitaines de croiseurs qui, moyennant ces grosses primes, les menèrent eux-mêmes à l'étranger ; les préposés à la garde des côtes vendaient aussi à haut prix leur connivence, et le sénéchal de Paimbœuf fut poursuivi et condamné comme convaincu d'avoir pris de l'argent de *quantité* de huguenots, pour les laisser sortir. Quant aux préposés à la visite des navires, ils se laissaient *boucher l'œil*.

Mais il ne fallait pas se fier outre mesure à ces malhonnêtes gens, toujours prêts à tirer deux moutures du même sac, en arrêtant les fugitifs auxquels ils avaient d'abord vendu à beaux deniers comptants la faculté de libre sortie. Anne de Chauffepié et ses compagnons furent victimes de cette mauvaise foi des préposés à la visite. « Au moment où la barque dans laquelle nous étions montés se dirigeait vers le navire anglais qui devait nous emmener, nous fûmes, raconte Anne de Chauffepié, abordés vers deux heures de l'après-midi, par un garde de la patache de Rhé qui, après plusieurs menaces de nous prendre tous, composa avec nous, promettant de nous laisser sauver, pourvu que nous lui donnassions *cent pistoles*, qui lui furent délivrées dans le même moment que le marché fut conclu..... Sur les cinq heures du soir, la barque joignit le bateau anglais : à peine y étions-nous, que la patache, *à la vue de qui cela s'était fait*, nous aborda, et les officiers, s'étant promptement rendus maîtres du vaisseau anglais, qui avait voulu faire une résistance inutile, firent passer le capitaine et tous les Français sur leur bord... toutes les hardes qu'avaient les prisonniers, excepté celles qui étaient sur eux, *furent pillées par les soldats*. »

Cette vénalité des agents chargés de la surveillance des frontières de terre et du littoral, si elle constituait une facilité pour les riches, était un obstacle de plus pour le plus grand nombre, hors d'état de payer de grosses primes. En effet, ces infidèles surveillants, pour masquer les complaisances intéressées qu'ils avaient pour quelques-uns, se croyaient obligés de déployer une plus grande rigueur vis-à-vis de tous ceux qui n'avaient pas le moyen de leur *boucher l'œil*. La plupart des fugitifs, qui se dirigeaient vers un port, avaient à parcourir une distance considérable avant d'arriver à destination, et quand ils étaient parvenus à proximité de la mer, ils trouvaient mille difficultés imprévues à dissimuler leur présence sur le littoral étroitement surveillé. A Nantes, le procureur du roi, pour découvrir les huguenots arrivant de l'intérieur du pays, dans l'intention de s'embarquer, faisait faire de fréquentes visites domiciliaires dans la ville et dans les maisons de campagne des bourgeois. Il écrivait à son collègue de Rennes :

« Je n'aurai pas grande occasion de vous donner avis des religionnaires qui nous échapperont pour s'aller réfugier chez vous, car, comme on ne veut plus les loger ici dans les hôtelleries, *sans avoir billet du magistrat ou de moi*, et qu'on arrête ceux qui viennent du Poitou, en vertu d'un nouvel ordre du roi, *ils ne savent où donner de la tête, ni où se réfugier.* S'il vous en va, il faudra *qu'ils passent à travers champs.* J'oblige tous les hôtes et ceux qui logent à faire déclaration au greffe, *trois fois la semaine,* de ceux qu'ils logent, de quelque qualité, condition ou religion qu'ils soient. »

En vertu d'une ordonnance du présidial, cette déclaration devait être faite sous peine d'une amende, dont une partie *reviendrait au dénonciateur.*

Quant à ceux qui demeuraient à peu de distance de la mer, il leur était possible, en dépit de l'étroite surveillance exercée, de se jeter à la hâte, sans s'être précautionnés de rien à l'avance, dans quelque barque de pêche, peu propre à faire un aussi long voyage que celui qu'ils entreprenaient.

C'est ainsi que partit le comte de Marancé, gentilhomme de Basse Normandie. « Il passa la mer, dit Élie Benoit, lui quarantième, dans une barque de sept tonneaux, *sans provisions,* dans la plus rude saison de l'année. Il y avait dans la compagnie, des femmes grosses et des nourrices. Le passage fut difficile, ils demeurèrent longtemps en mer sans autre secours que d'un peu de neige fondue dont ils rafraîchissaient de temps en temps leur bouche altérée. Les nourrices, n'ayant plus de lait, apaisèrent leurs enfants en leur mouillant un peu les lèvres de la même eau. Enfin ils abordèrent demi-morts en Angleterre. »

Même quand on s'embarquait sur un navire, à peu près pourvu de tout, les calmes ou les vents contraires allongeant la durée du voyage, on avait souvent à souffrir de la faim et de la soif, dans l'impossibilité où l'on se trouvait de se ravitailler dans un port français.

Henri de Mirmaud s'étant embarqué sur un navire, qu'un calme plat retint plusieurs jours dans la Méditerranée, équipage et passagers se trouvèrent dépourvus de tout. Il n'y avait plus que *du vieux biscuit et de l'eau puante,* dont les jeunes enfants de M. de Mirmaud, deux petites filles (l'aînée avait à peine sept ans), ne pouvaient s'accommoder, en sorte, dit-il, que je me vis dans la dure extrémité de craindre que mes enfants ne mourussent d'inanition sur mer. Fontaine et ses compagnons, par suite de vents contraires, mirent onze jours à se rendre de l'île de Rhé

en Angleterre et eurent à souffrir du défaut de provisions et plus
particulièrement du manque d'eau.

Ceux qui avaient l'heureuse chance d'habiter quelque port de
mer étaient constamment espionnés, et le récit de Mlle de Robillard, de la Rochelle, montre bien à quelles excessives précautions devaient recourir ceux qui voulaient s'embarquer, de
manière à n'éveiller l'attention de qui que ce fût sur leurs projets
d'émigration.

Quelques jours à l'avance, Mlle de Robillard avait fait marché
avec un capitaine anglais pour partir avec ses jeunes frères et
sœurs ; elle avait dû faire ce marché, *par l'entremise d'un ami,
en maison tierce, à quatre heures du matin.*

« La veille du jour fixé pour le départ, à huit heures du soir,
dit-elle, je pris avec moi deux de mes frères et deux de mes
sœurs, nous nous mîmes propres et prîmes sur nous ce que nous
avions de meilleures nippes, ne nous étant pas permis d'en
emporter d'autres. Nous feignîmes de nous aller promener à la
place du Château, endroit où tout le beau monde allait tous les
soirs ; sur les dix ou onze heures que la compagnie se sépara, je
me dérobai à ceux de ma connaissance, et, au lieu de prendre le
chemin de notre maison, en primes un tout opposé pour nous
rendre dans celle qu'on m'avait indiquée à la digue près de la
mer, et nous entrâmes par une porte de nuit où on nous attendait.
On nous fit monter sans chandelle ni bruit, dans un galetas où
nous fûmes jusqu'à une heure de nuit, là nous vint prendre notre
capitaine. »

Bien que les capitaines avec lesquels les fugitifs étaient obligés
de traiter, connussent le risque, s'ils étaient découverts, de voir
leurs navires confisqués et d'être eux-mêmes envoyés aux galères ; cependant, les profits de cette contrebande humaine étaient
tels, qu'il n'y eût bientôt plus si petit port où se trouvât quelque
capitaine faisant métier de transporter des fugitifs à l'étranger.

Le capitaine une fois trouvé, les fugitifs étaient obligés de se
soumettre à toutes les conditions que celui-ci voulait leur imposer, tant pour le départ que pour le payement. Le marché conclu,
on avait à surmonter encore bien des difficultés avant de pouvoir
mettre le pied sur le navire qui devait vous emmener à l'étranger

La relation du départ de Fontaine et de ses compagnons peut

donner quelque idée de ces difficultés de la dernière heure.

Fontaine avait trouvé à Marennes, un capitaine anglais qui avait consenti à le porter en Angleterre, ainsi que quatre ou cinq autres personnes, moyennant dix pistoles par tête.

Pendant plusieurs jours d'une attente cruelle, les émigrants se tiennent à la Tromblade prêts à partir ; enfin le capitaine leur fait savoir qu'il est prêt à mettre à la voile, et que si, le lendemain, ils se trouvaient dans les sables près de la forêt d'Arvert, il enverrait une chaloupe pour les prendre et les mener à bord.

Le lendemain, plus de cinquante huguenots attendaient à l'endroit fixé, espérant pouvoir s'échapper en même temps que Fontaine et ses compagnons, mais les catholiques avaient eu l'éveil, et les autorités avaient empêché le navire de partir.

Toute la journée se passe sans que les personnes assemblées dans les sables, voient paraître le navire attendu, et, sans un faux avis donné exprès au curé et à ses acolytes par des pêcheurs, elles étaient surprises ; on se disperse, Fontaine et une quinzaine d'autres vont demander asile à un nouveau converti ; celui-ci les renvoie après quelques heures, craignant d'être compromis, et ce fut fort heureux pour les fugitifs, car il n'y avait pas une demi-heure qu'ils étaient partis, qu'un juge de paix accompagné de soldats vint faire une descente chez ce nouveau converti.

Chacun tire de son côté, Fontaine et quelques-uns de ses compagnons restent cachés quatre ou cinq jours dans des cabanes de pêcheurs, Dieu sait dans quelles transes continuelles.

La capitaine anglais leur fait savoir un jour, que le lendemain il prendra la mer et qu'il passera entre les îles de Rhé et d'Oléron, il leur dit que s'ils peuvent se procurer une petite barque, et courir les risques d'une navigation hasardeuse dans ces parages, ils n'auront qu'à laisser tomber trois fois leur voile, et qu'il accostera leur barque pour les emmener sur son navire après qu'il aura été visité.

« Le même soir, 30 novembre 1685, dit Fontaine, nous montâmes dans une petite chaloupe *à la tombée de la nuit...* nous n'étions plus que douze dont neuf femmes. A la faveur de la nuit, nous pûmes nous éloigner de la côte sans être aperçus, ni du fort d'Oléron, ni des navires en surveillance, et, *à dix heures du matin, le lendemain,* nous laissâmes tomber l'ancre pour attendre le vaisseau libérateur. Ce ne fut que *vers trois heures de l'après-midi,* que le vaisseau parut en vue de notre barque. Mais il avait encore à bord les visiteurs officiels et le pilote, nous le vîmes jeter l'ancre à la pointe septentrionale de l'île d'Oléron, après quoi, il descendit les visiteurs et le pilote, et reprit son chemin en faisant voile de notre côté. Quelle joie nous éprouvâmes à cette vue ! Hélas ! cette joie fut de bien courte durée ! Nous commencions à peine de nous y abandonner, qu'une des frégates du roi, constamment occupées à surveiller les côtes pour empêcher les protestants de quitter le royaume, se rapprocha du lieu où nous nous trouvions. La frégate jeta l'ancre, ordonna au vaisseau anglais d'en faire autant, l'aborda et envoya des gens en fouiller les coins et recoins..., quelle bénédiction qu'à ce moment nous ne fussions pas encore sur le vaisseau ! *Supposez que la frégate fût arrivée une heure plus tard, nous étions tous perdus...* La visite terminée, le capitaine anglais reçut l'ordre de mettre immédiatement à la voile ; nous éprouvâmes l'amère douleur de le voir partir en nous laissant derrière lui. Il ne put même pas nous voir, car la frégate se trouvait entre lui et notre bateau. Quelle déplorable situation que la nôtre à ce moment-là. Nous étions dans le désespoir et nous ne savions que faire. A prendre le parti de ne pas bouger de l'endroit où nous étions, nous devions à coup sûr exciter les soupçons de la frégate et nous exposer à nous faire visiter par elle. Si nous tentions de retourner à la Tremblade, pour une chance de succès, nous en courions cent de contraires. Remarquant que le vent était propice pour La Rochelle et contraire pour la Tremblade, je dis au batelier : couvrez-nous tous dans le fond du bateau avec une vieille toile, et allez droit à la frégate, en feignant de vous rendre à la Tremblade. Vous pouvez, votre fils et vous, en contrefaisant les ivrognes et en roulant dans le bateau, vous arranger de manière à laisser tomber la voile trois fois et (à l'aide de ce signe convenu), nous faire reconnaître du capitaine anglais. »

Tout s'exécute suivant les instructions de Fontaine, et les officiers de la frégate voyant deux hommes ivres semblant courir à à leur perte, crient aux deux pêcheurs, de ne pas s'obstiner à vouloir gagner la Tremblade et de faire voile au contraire pour La Rochelle.

« Nous changeâmes immédiatement de direction, continue Fontaine, le bateau vira vent arrière et nous dîmes adieu à la frégate du fond de nos cœurs et aussi du fond de notre bateau car nous y restâmes soigneusement couverts sans oser encore montrer le bout du nez. Cependant le navire anglais avait répondu à notre signal, tout en commençant à gagner la haute mer, et nous n'osions pas nous mettre à sa suite, par crainte de la frégate qui était encore à l'ancre non loin de nous; nous attendîmes que le jour tombât. Alors le batelier fut d'avis qu'il fallait tenter l'aventure avant qu'il fît entièrement obscur, pour ne pas nous exposer à être engloutis par les vagues; nous changeâmes donc encore une fois de direction, et la manœuvre était à peine terminée, que nous vîmes la frégate lever l'ancre et mettre à la voile. Notre première pensée fut naturellement qu'elle avait remarqué notre mouvement et qu'elle se préparait à nous poursuivre. Sur quoi, *la mort dans l'âme*, nous mîmes de nouveau le cap sur la Rochelle, mais notre anxiété fut de courte durée ; au bout de quelques minutes nous pûmes voir distinctement la frégate voguer dans la direction de Rochefort, et nous, de notre côté, nous virâmes encore de bord et nous nous dirigeâmes vers le vaisseau anglais qui ralentit sa marche pour nous permettre de l'atteindre, nous le rejoignîmes en effet, et nous montâmes à son bord, *sans avoir encore perdu de vue la frégate.* »

Le plus souvent, pour éviter des difficultés semblables à celles que Fontaine avait rencontrées pour parvenir à s'embarquer, les émigrants montaient sur les navires qui devaient les emmener, dans le port même; ils s'y rendaient la nuit et s'y tenaient cachés. — Les uns se cachaient sous des balles de marchandises, ou sous des monceaux de charbon, d'autres se mettaient dans des tonneaux vides, placés au milieu de fûts remplis de vin, d'eau-de-vie ou de blé. Pierre de Bury, qui fut condamné pour avoir embarqué des huguenots à Saint-Nazaire et à Saint-Malo, mettait ses passagers, dit le jugement, *dans de doubles fûts en guise de vin ou de blé.* De Portal embarqua ses enfants sur un navire, enfermés dans des tonneaux et *n'ayant que le trou de la bonde pour respirer.*

Les deux cousines de Jean|Raboteau partirent cachées dans de grandes caisses remplies de pommes, et l'histoire de leur évasion est un véritable roman.

La famille Raboteau, originaire des environs de la Rochelle, était allée s'établir à Dublin pour y faire le commerce des vins de France, bien des années avant la révocation. Jean Raboteau, qui avait succédé à son père, ne tombait donc point sous le coup de disposition légale, interdisant l'accès des ports français aux huguenots *naturalisés* anglais ou hollandais qui avaient quitté leurs pays depuis l'édit de révocation. Reconnu comme sujet anglais, il venait fréquemment à la Rochelle avec un navire qu'il avait frété pour son commerce, et visitait ses parents et amis nouveaux convertis, lorsqu'il débarquait en France. Deux de ses cousines lui confient leur embarras, leur tuteur les met dans l'alternative, ou d'épouser deux anciens catholiques dont elles ne veulent pas, ou d'entrer au couvent. Raboteau conseille à ses cousines de feindre de consentir au mariage, pendant qu'il préparera leur fuite, et tout se prépare pour la noce. La veille du jour fixé pour le mariage, à minuit, les deux jeunes filles s'échappent sans bruit, rejoignent leur cousin qui les attendait près de là avec deux chevaux, il prend l'une d'elles en croupe, la seconde monte sur l'autre cheval et tous trois sont promptement rendus à la Rochelle.

Là, une vieille dame reçoit les deux sœurs qu'elle cache dans une partie écartée de la maison qu'elle habitait, Raboteau ramène promptement les chevaux à l'endroit où il les avait pris et regagne sa chambre sans encombre.

Le lendemain il était le premier descendu, et bientôt les équipages amènent tous les gens de la noce ; le tuteur monte dans la chambre des fiancées, voit tout en désordre, les lits non défaits. On cherche les jeunes filles partout, dans les caves, dans toutes les parties du château, dans le parc, et Raboteau semble prendre part aux recherches avec autant d'activité que les fiancés déconfits. Le tuteur prévient les autorités ; tous les navires qui étaient dans le port, notamment celui de Raboteau, sont soigneusement visités sans succès. Raboteau, pour dérouter les soupçons, prolonge son séjour au château, puis il retourne à la Rochelle pour mettre à la voile. Les deux jeunes filles sortent de la maison où elles avaient trouvé asile, elles sont placées dans de grandes caisses ouvertes et recouvertes d'une certaine quantité de pommes ; une charrette vient prendre les caisses et les porte jusqu'à une barque où se trouvait Raboteau ; de là elles sont transbordées sur le pont du navire, et quand on a perdu de vue les côtes de France, les deux fugitives peuvent enfin sortir de leur incommode cachette.

Mais les navires qui se livraient habituellement à cette contre-bande humaine avaient des *caches*, où l'on mettait les fugitifs ; ces caches fort petites étaient dissimulées, soit sous la chambre du navire, soit sous le pont, *entre le mât et la chute de la chambre*, ainsi que le constatent divers jugements rendus contre des capitaines. Baudoin de la Boulonnière partit sur un navire de vingt-cinq à trente tonneaux, dans la cache duquel on entrait *par-dessous le lit d'un matelot*, et l'on entassa *douze personnes* dans cet étroit espace.

Les fugitifs entraient, quelquefois longtemps à l'avance, dans ces caches, et Élie Benoit montre à quelles dures épreuve ils y étaient soumis : « on s'enfermait, dit-il, dans des trous où l'on était entassé les uns sur les autres, hommes, femmes et enfants ; où on ne prenait l'air qu'à certaines heures de la nuit... ce qui renfermait le pot destiné à subvenir aux nécessités naturelles servait aussi de table pour boire et manger. On demeurait dans cette contrainte pour attendre le vent ou la commodité des visiteurs, *huit et quinze jours*... Le silence, l'obscurité, l'air étouffé, la puanteur, tout ce qui pouvait faire le plus de peine, devenait aisé pour les personnes les plus délicates, pour les femmes grosses, pour les vieillards, pour les enfants. On a vu des enfants d'un naturel éveillé, remuant, inquiet, sujets à crier pour la moindre chose, demeurer dans ces obscures cachettes aussi long-temps que des personnes d'un âge mûr, sans jeter un cri, ni donner une marque d'impatience. »

Mlle de Robillard fut mise avec ses cinq jeunes frères et sœurs dans la cache qu'on avait faite sur le navire qui devait l'emmener.

« Cette cache, dit-elle, était si petite, qu'un homme était dedans pour nous y tirer. Après que nous y fûmes placés et assis sur le sol, *ne pouvant y être en autre posture*, on referma la trappe, et on la goudronna comme le reste du vaisseau pour qu'on n'y pût rien voir. Le lieu était si bas, que nos têtes touchaient aux planches d'en haut. Nous prîmes soin de tenir nos têtes, droit sous les poutres, afin que, quand les visiteurs, selon leur belle coutume, *larderaient leurs épées, ils ne nous perçassent pas le crâne.* »

Le danger n'était pas chimérique ; on conte, à ce sujet, qu'un pasteur, enfermé dans une de ces caches, fut blessé par l'épée d'un des soldats qui *lardaient* le navire où il se trouvait ; non seulement il ne poussa pas un cri, mais il eut la présence d'esprit d'essuyer la lame de l'épée qui l'avait blessé, a mesure que le soldat la retirait à lui, pour que sa présence ne fût pas décelée par son sang. Mlle de Robillard et ses cinq jeunes frères et sœurs étaient depuis *dix heures* dans l'étroite cache où on les avait entassés, quand on put enfin ouvrir la cache pour leur permettre de respirer. « Il était temps, dit-elle, car nous étouffions dans ce trou et croyions y aller rendre l'âme aussi bien que tout ce que nous avions dans le corps, qui en sortait de tous les côtés. On nous donna de l'air, et en sortîmes quelques heures après, plus morts que vifs ; notez pourtant que, malgré ce mauvais état, *toute ma jeunesse ne jeta ni cris ni plaintes.* »

Un cri échappé à un fugitif eût perdu tous les réformés que pouvait contenir la cache d'un navire. Baudoin de la Bouchardière enfermé, *lui douzième*, dans une de ces caches, raconte que pendant la visite du navire qui dura trois quarts d'heure, son jeune enfant, qui n'avait que trois ans, vint à vomir. « Sa mère, dit-il, lui mit la main sur la bouche, et *Dieu voulut qu'il ne poussât pas un cri.* » Sans cette heureuse fortune, toute la chambrée eût été découverte par les visiteurs.

Quand on avait échappé à la visite ou aux visites (le navire sur lequel monta Fontaine, avait été visité *deux fois* ; celui sur lequel était cachée Mlle de Robillard, eut à subir *trois* visites), on n'était pas encore hors de danger.

Parfois l'inexpérience des capitaines menait le navire à sa perte ; ainsi Baudoin de la Bouchardière et ses compagnons vinrent faire naufrage sur les côtes de la Hollande, après, dit-il, avoir fait voile toute une nuit *sans savoir où nous étions.*

Le pilote du navire qui emmenait Olry en Angleterre faillit

aborder, sans le vouloir, dans un port de la côte de France, et plusieurs navires, chargés de réfugiés, allèrent, grâce à l'igno-rance des capitaines, échouer sur les côtes d'Espagne.

Dans ce pays de l'inquisition, les huguenots trouvèrent plus d'humanité qu'ils n'en auraient rencontré dans leur propre patrie. Suivant le conseil des juges, qui se firent, il est vrai, payer leur complaisance, ils se firent réclamer par les consuls des puissances protestantes auxquels ils furent remis.

Les fugitifs avaient à redouter, non seulement l'inexpérience, mais encore l'improbité des capitaines qui se livraient au dan-gereux métier du transport des émigrants. Le capitaine avec lequel Mlle de Robillard avait traité, devait la débarquer à Tapson, près Exeter; il la dépose, à la nuit, sur une plage déserte, à vingt lieues de cette petite ville, avec ses jeunes frères et sœurs.

« Le septième jour, dit Mlle de Robillard, *à neuf heures du soir*, nous vîmes aborder le vaisseau. On nous fit descendre tous avec le peu de nippes que nous avions : sur ce rivage ou petit port, *il ne nous parut ni ville ni maison*.

» La peur nous prit de nous voir dans ce lieu *qui nous parut un désert*, et mon capitaine de venir à moi d'un air fort résolu me dire : de l'argent! les cinq cents livres que vous me devez encore! (il en avait reçu cinq cents au départ). Je lui répondis que sa demande était injuste, puisqu'il ne nous menait pas où il avait promis de nous laisser, à Tapson. *Il fallut néanmoins payer*, après quoi il mit à la voile et nous restâmes dans ce lieu qui se nommait Falcombe, à vingt lieues de Tapson... »

Les lamentations de ces six enfants abandonnés (Mlle de Robil-lard, l'aînée, n'avait que dix-sept ans) attirèrent quelques enfants qui amenèrent un ministre. Grâce à quelques mots de *latin* que Mlle de Robillard avait appris avec ses frères, elle put se faire comprendre, et en montrant quatre louis d'or composant toute sa fortune, elle réussit à se faire donner une chaloupe qui la conduisit à Tapson avec toute sa jeunesse. C'est ainsi qu'elle fut tirée du mauvais pas où l'avait mise son capi-taine.

Cet *honnête homme* s'était pourtant laissé apitoyer au dé-part, et, bien que payé seulement pour le transport de cinq

personnes, il avait consenti à prendre, *par-dessus le marché*,
la plus jeune sœur de Mlle de Robillard, âgée seulement de
deux ans. Un autre capitaine, plus pitoyable, avait consenti à
prendre *gratis* sur son navire, pour les emmener en Angleterre, une pauvre veuve et ses quatre enfants. Cette pauvre
veuve ne possédait que quinze francs pour tout avoir, et son
bagage, ainsi que le constate le procès-verbal de saisie, ne consistait qu'en une couëtte et une méchante caisse contenant de
menues hardes pour ses enfants.

Ceux qui s'adressaient à des capitaines catholiques, anglais
ou irlandais, dit Élie Benoît, étaient trahis, et perdaient à la
fois leur argent et leur liberté. Beaucoup dépouillaient leurs passagers. Baudoin de la Bouchardière fait naufrage sur les côtes
de la Hollande, le maître du navire et les matelots sautent dans
la chaloupe avec toutes les hardes des passagers qu'ils avaient
volées. Les fugitifs restent abandonnés pendant quatre mortelles
heures sur le navire échoué, et à chaque instant sur le point
de sombrer sous l'effort des vagues; ils sont enfin tirés d'affaire
par des matelots hollandais qui viennent à leur secours.

On n'a jamais eu de nouvelles, dit Legendre, de Simon le
Platrier, orfèvre, qui s'était embarqué avec sa femme et sa
fille aînée, « ou ils seront péri sur la mer, ou le maître du vaisseau dans lequel ils s'étaient embarqués, leur aura *coupé la
gorge* et se sera retiré dans quelque île du nouveau monde.
Ce ne serait pas le seul qui aurait fait de semblables coups. »

En 1689, le présidial de Caen condamnait à la roue le nommé
Reigle, convaincu d'avoir passé des religionnaires à Jersey et
d'en avoir volé un, *après l'avoir étranglé*. En 1697, le même
présidial condamnait au même supplice Goupil, maître de
bateau et Tilloc, son matelot, convaincus d'avoir fait périr
plusieurs de leurs passagers, entre autres *cinq religionnaires* et un bourgeois catholique de Caen. Ces misérables
conduisaient leur bateau entre les deux îles de Saint-Marcouf,
dans un endroit où la mer, en se retirant, laissait le sable à sec.
Ils faisaient descendre, sous un motif spécieux, les passagers à
fond de cale, fermaient l'écoutille, pratiquaient une ouverture
au bateau, et s'éloignaient, laissant la haute mer, dont le niveau dépassait le dessus du pont, remplir leur office d'assassins.

Fontaine, réfugié en Angleterre, avait donné mission à un capitaine anglais de prendre pour lui un chargement de sel en France. Au moment où ce capitaine allait repartir pour l'Angleterre, après avoir pris ce chargement, quelques huguenots qui avaient pu, grâce à une conversion simulée, trouver le temps et le moyen de transformer tous leurs biens en argent comptant, s'adressèrent à lui pour les transporter en Angleterre.

Porteurs de sommes considérables, ces malheureux crurent que leurs valeurs seraient plus en sûreté entre les mains du capitaine qu'entre les leurs. « La vue d'un tel trésor, dit Fontaine, fut pour ce capitaine une tentation à laquelle il ne sut pas résister et il forma la résolution de se l'approprier. — Sous prétexte que le vent était contraire, il persuada les passagers qu'il fallait mettre le vaisseau à l'abri dans quelque port. Comme ils auraient couru de grands dangers dans un port français, il leur dit qu'il fallait gagner la côte d'Espagne. Il naviguait donc entre Bilbao et Saint-Sébastien, marchant à pleines voiles, lorsque, voyant que le vent et la marée favorisaient son criminel dessein, il lança le vaisseau à la côte et le brisa entièrement...

» Le capitaine et ses hommes sautèrent dans la chaloupe avec le trésor et laissèrent les passagers à la mer, car chaque vague venait recouvrir complètement le navire naufragé. Parmi eux se trouvait une dame de qualité, à laquelle appartenait la plus grande partie des sommes confiées au capitaine. Elle aurait pu se sauver parfaitement, grâce à un jupon d'un tissu épais et serré qui la faisait flotter sur l'eau et l'aurait soutenue jusqu'à ce qu'elle fût arrivée à la côte. Mais le capitaine prévoyant ce qui allait arriver, poussa sur elle sa chaloupe, comme s'il allait à son secours, et, lorsqu'elle fut a sa portée, *d'un coup de gaffe il la fit plonger sous l'eau, et il la tint enfoncée assez longtemps pour que le jupon s'imbibât d'eau et ne pût pas ramener le corps à la surface.* »

Ce capitaine, dit Fontaine, se rendit à Cadix, et avec sa fortune mal acquise acheta un *corsaire* dont il prit le commandement.

Les fugitifs, alors même qu'ils avaient eu la chance de tomber sur un capitaine expérimenté et honnête, et qu'ils avaient pu s'embarquer sans encombre et gagner la haute mer en déjouant la vigilance des croiseurs, n'étaient pas encore à l'abri de tout danger, — souvent ils rencontraient un corsaire de Saint-Malo ou de Dieppe, ou un hardi forban d'Alger ou de Tunis, venant faire des razzias près des rivages de la France et même jusque en vue des côtes de la Hollande. Naturalisé ou non, le réfugié pris par un navire français était envoyé aux galères. — David Doyer, de Dieppe, est pris avec le navire marchand qu'il commandait; il est envoyé aux galères, et, après quelques années de rame, il meurt à l'hôpital de Marseille.

Au XVIIe siècle, ce n'était point chose rare de tomber aux mains des corsaires barbaresques qui réduisaient leurs prisonniers en esclavage. Saint-Vincent-de-Paul avait été au bagne de Tunis, comme Regnard avait été à celui d'Alger. En 1645, le synode protestant ordonnait une quête générale pour le rachat de la *multitude* de captifs qui étaient dans les fers (à Alger, à Tunis, à Salle, et autres lieux de la Barbarie).

La France et l'Espagne avaient des moines rédempteurs, dont la seule mission était le rachat des captifs catholiques; l'Angleterre et la Hollande, rachetaient aussi leurs nationaux. En 1648, il n'y avait pas à Alger moins de 20000 esclaves chrétiens, catholiques, grecs ou protestants. En 1666, lors du traité avec Tunis, M. de Beaufort convient qu'on rendra les captifs de part et d'autre, homme pour homme; le surplus pour un prix modéré. La même année, dans le traité passé avec Alger, la France stipule, moyennant une somme déterminée le rachat de trois mille esclaves français.

En 1687, un paquebot hollandais portant cent soixante-quatre passagers, parmi lesquels se trouvaient soixante-trois huguenots, est pris par un corsaire algérien; tous sont faits esclaves. C'est sur ce navire que se trouvait le pasteur Brossard, qui conte ainsi l'aventure : « Le 6 juin 1687, je me mis, avec un grand nombre de réfugiés, dans le vaisseau du sieur Williamson de Rotterdam, pour passer d'Angleterre en Hollande. Comme nous fûmes près de la Brille et que nous voyions la terre de Zélande, les corsaires d'Alger, commandés par le Bouffon, renégat d'Amsterdam, arrivèrent là subitement avec trois vaisseaux et nous prirent. »

Valait-il mieux pour les réfugiés tomber aux mains des Français qu'à celles des Barbaresques ?

Le procureur du roi de Nantes le pensait, lorsque, parlant de la femme d'un raffineur de Nantes et de trois ménages religionnaires capturés par un corsaire algérien, il disait : Voilà des gens punis *plus sévèrement* que s'ils avaient été arrêtés en France. Mais ce n'était pas l'opinion de Noblet, un protestant de Rouen, qui, racheté par les pères rédempteurs, après avoir passé de longues années dans les fers à Alger, et menacé des galères à son retour en France, comme *prétendu* relaps, déclarait qu'il avait trouvé *plus d'humanité* en Afrique qu'en France, ayant toujours eu à Alger la liberté de prier Dieu comme il l'entendait. C'était encore moins l'avis du célèbre ministre Claude, déclarant que, même les nouveaux convertis, restés à leurs foyers, mais obligés chaque jour de commettre des sacrilèges qui leur faisaient horreur, « changeraient de bon cœur leur dur esclavage, avec des fers dans Alger ou dans Tunis, car ils n'y seraient pas au moins, disait-il, opprimés dans leurs consciences, et auraient encore quelque espérance de liberté par la voie de la rançon. »

Il est incontestable que les huguenots, si cruellement tourmentés sur les galères du roi de France, n'avaient pas au bagne d'Alger des aumôniers acharnés à les persécuter sans cesse, moralement aussi bien que physiquement. Cependant, même dans les bagnes des États barbaresques, les missionnaires français venaient encore parfois vexer et tourmenter les esclaves huguenots. C'est ce qui arriva au pasteur Brossard, pris en vue des côtes de la Hollande, et qui resta dix-huit mois au bagne avant d'être racheté par les soins de ses coreligionnaires de l'Angleterre et de la Hollande.

Le jour même de son arrivée, le père vicaire de la congrégation de la mission française résidant à Alger, le presse fort de changer de religion et de faire changer de même toutes les personnes prises avec lui, lui promettant qu'il serait bien récompensé de ce grand service rendu au roi.

Brossard, à l'instigation de ce saint homme, est fort durement traité par les Turcs : « Le père vicaire, dit-il, ayant toujours en tête de me faire passer à sa religion, était bien aise que je fusse ainsi tourmenté, me faisant dire que je ne le serais plus, pourvu que je me fisse catholique, à cause de l'argent qu'il bâillerait pour cela aux Turcs... Je suis assuré qu'il parla aux autres religieux et prêtres d'employer tous leurs soins pour cela.., comme ils firent tout leur possible pour me mettre mal dans l'esprit du Bacha, afin qu'il continuât de m'envoyer au travail, mais il n'eut pas toujours égard à leurs sollicitations contre moi, il me dispensa du travail et me permit d'aller par la ville... Après cela le père vicaire et ses gens agirent contre moi d'une autre manière, c'est qu'ils me donnaient le nom de Duquesne, et me faisaient appeler ainsi en tous lieux par leurs émissaires, pour m'exposer à la fureur du peuple, qui, à l'ouïe de ce nom, se ressouvenant que M. Duquesne les avait fait ci-devant bombarder, s'échauffait extrêmement contre tous les Français et particulièrement contre moi, qui, pour cette raison, ne sortais guère ou, si je sortais, je recevais de grosses injures et souvent de rudes coups. »

L'amiral d'Estrées ayant commencé à bombarder Alger, tous les jours les Turcs faisaient périr quelques Français, en les mettant à la bouche des canons. Brossard, enfermé dans un cachot et au moment d'être envoyé au supplice avec d'autres réfugiés, se prépare à la mort. A ce moment, il doit encore subir des exhortations du père vicaire qui vient insister de nouveau pour que lui et ses compagnons se convertissent : « nous assurant, dit Brossard, que, par ce moyen, nous avions notre salut en l'autre monde, et nous insinuant en même temps, que même nous pourrions encore le faire en celui-ci. »

Un danger plus sérieux menaçait les huguenots, esclaves aux bagnes d'Alger et de Tunis, c'est qu'il fût fait droit aux réclamations de Louis XIV, dont la haine poursuivait les émigrés, non seulement dans tous les États qui leur avaient donné asile, mais encore jusqu'au fond des bagnes. Le grand roi, en effet, avait, ainsi que le dit Élie Benoît, demandé, heureusement sans succès, que les huguenots pris et faits esclaves par les Barbaresques, lui fussent rendus comme des fugitifs *ayant déserté malgré ses ordres*.

Au roi de Portugal, il demande de faire convertir une demi douzaine de ses sujets huguenots établis au-delà des Pyrénées, ainsi qu'en témoigne cette lettre de Schomberg : « L'ambassadeur travaillle ici avec de grands empressements pour obliger cinq ou six marchands protestants à se faire romains. Il a trouvé de la disposition au roi de Portugal à leur ôter sa protection. »

A son allié le roi d'Angleterre, dit de Sourches, Louis XIV faisait redemander par son ambassadeur, M. de Bonrepos, les matelots huguenots qui s'étaient réfugiés en Angleterre, et les faisait redemander *pour ses galères*. Il tente d'obtenir une *restitution* analogue de la République de Gênes, et voyant qu'il n'a aucune chance de réussite, il fait féliciter son consul, d'avoir du moins fait courir le bruit que la demande était faite. « Sa Majesté, écrit Seignelai ; a approuvé que vous ayiez fait courir le bruit *sous main*, que vous avez *ordre* de demander à la République tous les Français de la religion prétendue réformée qui sont à Gênes, puisque vous avez reconnu qu'il serait *trop difficile* d'obtenir de la dite République, *de vous les remettre entre les mains*. » Le comte de Tessé, commandant des dragons à Orange, signifie au légat du pape qu'il sera forcé d'entrer à Avignon et dans les autres villes du comtat, si on y donne asile aux huguenots. — Vis-à-vis de la Suisse, pour réclamer l'expulsion des réfugiés, Louis XIV ne craint pas d'invoquer une disposition d'un traité relatif aux *malfaiteurs* des deux pays.

Tambonneau, ambassadeur de France, demande, au nom du roi, qu'il ne soit point fait accueil aux réfugiés, attendu l'article 4 du pacte d'alliance, portant que l'un des pays contractants ne devait donner asile ou protection, à *aucun ennemi ou bandit* dont l'autre pays fût justiciable, et s'engageait à *le chasser de son territoire*.

Berne, appuyée par Zurich, répond : « nous estimons unanimement et selon la saine raison que ceux qui, *pour cause seulement de religion et pour sûreté de leur conscience*, ont quitté la France, *sans être coupables d'aucun méfait*, ne sauraient être assimilés à ceux dont parle l'article 4. »

C'est surtout vis-à-vis de sa faible voisine, Genève, que Louis XIV multiplia les insolentes injonctions et même les menaces, pour obtenir que les réfugiés fussent expulsés de cette trop hospitalière République.

Louis XIV écrit à Dupré, résident français à Genève, d'insister auprès des magistrats de cette ville pour qu'ils obligent les réfugiés *à partir pour retourner dans leurs maisons* — « vous déclarerez aux dits magistrats, poursuit-il, *que je ne pourrais pas souffrir* qu'ils continuassent à donner retraite à aucun de mes sujets qui voudraient encore sortir de mon royaume », il lui écrit encore plus tard, pour lui enjoindre de déclarer une seconde fois aux magistrats, que s'ils n'obligent pas les réfugiés *de s'en retourner incessamment dans les lieux où ils demeuraient auparavant*, il pourrait bien *prendre des résolutions qui les feraient repentir de lui avoir déplu.*

Genève, sans armes, avec ses remparts en mauvais état, ne pouvait songer à résister ouvertement aux injonctions de son trop puissant voisin. — Elle envoya les réfugiés du pays de Gex dans les propriétés rurales que possédaient ses bourgeois, et soutint que, de tout temps on avait employé chez elle des valets et des servantes de ce pays, et qu'on ne saurait comment s'en procurer ailleurs.

Elle fit publier à son de trompe dans la ville l'expulsion des réfugiés, mais, après les avoir fait sortir en plein jour par la porte de France, elle les faisait rentrer à minuit par la porte de Suisse.

Enfin, quand elle vit l'orage approcher d'elle, les troupes françaises étant descendues dans les vallées vaudoises, pour les désoler de concert avec l'armée du duc de Savoie, elle travailla avec ardeur à relever ses fortifications, avec l'aide des ingénieurs du prince d'Orange, puis elle conclut une alliance défensive avec les autres villes réformées de la Suisse, qui s'engagèrent à mettre 30,000 hommes à sa disposition, dans le cas où Louis XIV voudrait mettre à exécution les menaces qu'il lui avait faites. L'intendant de Gex avait, en effet, insolemment écrit : « Sachez que le roi a 9 000 hommes sur la Saône, qui seront ici dans un moment, avis à vous, messieurs de Genève. « Quand la petite république se fut mise en état de se défendre, le roi dut se borner à écrire à son résident, ces vaines paroles de menace : « Dites à ces messieurs de Genève qu'ils se repentiront bientôt de m'avoir déplu. »

Partout les tentatives de Louis XIV, pour se faire livrer les réfugiés, échouèrent misérablement, excepté auprès du duc de Savoie qui consentit à se faire le pourvoyeur des galères de France, en établissant des postes de garde tout le long de ses frontières, et en organisant une véritable chasse aux huguenots sur son territoire.

Voici comment furent traités Jean Nissolles et ses compagnons, arrêtés hors des frontières de France, auprès de Pignerol, et arrêtés, *de la part du duc de Savoie.*

« On nous sépara, dit Jean Nissolles. On mit Hourtet, Figuels et mon fils dans une certaine casemate, où l'on n'avait accoutumé que d'enfermer les plus grands scélérats. *On n'y pouvait voir le jour que par un trou, l'eau y coulait de tous côtés et il n'y avait qu'un peu de paille pourrie, toute remplie de poux*..... On nous enferma, Claude et moi, dans un cachot *si plein d'ordure et de la plus sale ordure*, qu'elle remplissait presque jusqu'à la porte, et qu'à peine pûmes-nous y mettre une paillasse pour coucher. Le lieu était *fort humide et d'une puanteur si insupportable*, qu'un prisonnier des vallées de la Luzerne y était devenu *tout enflé*... Après vingt-trois jours de séjour dans de pareils endroits, *et pendant la rigueur de l'hiver*, on eut ordre de la cour de nous faire conduire dans notre pays et devant nos juges. »

En avril 1686, deux cent quarante émigrants passent la frontière savoyarde pour se rendre en Suisse, avec vingt-huit mulets portant les hardes et les petits enfants. Mais les curés des paroisses auxquelles les fugitifs appartenaient, avaient prévenu le curé de Saint-Jean de Maurienne, et ces fugitifs ne furent pas plus tôt sur le territiore de la Savoie, que les paysans appelés au son du tocsin, accoururent de toutes parts et les enveloppèrent. Faits prisonniers par ces sujets zélés de l'allié de Louis XIV, ils furent remis aux autorités françaises, et les juges envoyèrent les femmes en prison, les hommes aux galères.

Au mépris du droit des gens, Louis XIV faisait enlever les réfugiés, hors des frontières de la France, à l'étranger; il tenta même de faire enlever en pleine Hollande, le pasteur Jurieu, dont les pamphlets l'exaspéraient au plus haut degré.

Élie Benoit constate que les gardes des frontières allaient enlever les fugitifs descendus dans quelque auberge à deux ou trois lieues de la frontière, en sorte que, à proximité de la France, il n'y avait sûreté pour les émigrés que dans les villes fermées.

Vernicourt, conseiller au Parlement de Metz, fut pris par la garnison de Hombourg sur le territoire du Palatinat.

Le banquier Huguetin, établi en Hollande, avait fait une immense fortune. On attira ce réfugié en France, sous prétexte de négocier la restitution des biens qu'il avait laissés dans sa

patrie. Pontchartrain l'obligea à souscrire des lettres de change
pour plusieurs millions, mais Huguetin ayant pu révoquer à
temps les ordres qu'on lui avait extorqués, s'empressa de repasser en Hollande. Poursuivi par les agents du gouvernement français, il fut enlevé par eux *sur le territoire hollandais* et, sans un
heureux hasard qui lui permit de se faire reconnaître à la frontière, il eût fini ses jours dans quelque prison d'État.

Jean Cardel, originaire de Tours, avait fondé à Manheim une
importante manufacture de drap. Accusé *faussement* (ainsi que
le reconnaît La Reynie, dans une pièce qui se trouve aux
archives de la Préfecture de police) d'une prétendue conspiration
contre la personne du roi, il est enlevé par un détachement de
troupes françaises entre Manheim et Francfort. Enfermé à la
Bastille le 4 août 1690, le malheureux Cardel y reste trente ans ;
son esprit, disent les mémoires sur la Bastille, était dans une
espèce d'égarement qui ne lui laissait que de fort légers inter-
valles de raison. Le 3 juin 1715, on le trouva mort dans le cachot
fangeux où il languissait depuis si longtemps ; son corps était
chargé de soixante-trois livres de chaînes de fer. L'Électeur, le
roi Guillaume, les États généraux et l'Empereur lui-même,
avaient réclamé vainement la mise en liberté de Cardel, que
Louis XIV avait fini par faire passer pour mort. — C'est ce qu'il
avait fait pour les trois ministres, réclamés en 1713 en vertu du
traité d'Utrecht. — C'est encore par un mensonge semblable,
qu'il mit fin aux instantes réclamations faites par la Porte, au
sujet d'Avedick, patriarche de Constantinople, qu'il avait fait
enlever et gardait au fond d'un cachot depuis plusieurs années.
— Ce n'est que plus tard qu'Avedick mourut, et sa fin arriva si
à propos pour tirer Louis XIV d'embarras, qu'on eut quelque
peine à croire qu'elle fût naturelle.

Ces enlèvements de réfugiés à l'étranger n'étaient pas les
seules marques qu'eût données Louis XIV de son mépris du
droit des gens. Quand la France avait été dragonnée, on avait
logé les soldats chez un grand nombre d'étrangers, allemands,
anglais, hollandais, sous prétexte qu'ils étaient alliés à des
familles françaises, et il fallut l'intervention des États généraux
de Hollande et de l'ambassadeur d'Angleterre pour faire cesser
ces incroyables abus de pouvoir. Le procureur du roi à Nantes

s'oppose au départ du négociant *hollandais* Wyterloft et fait saisir ses meubles, bien qu'il eût un passeport dans les règles, sous prétexte que, pour éviter d'être converti par les dragons, ce négociant veut émigrer avec toute sa famille, en ne laissant que son fils aîné comme *plastron*. Ce zélé convertisseur, ayant sans doute reçu quelques observations de son procureur général, à l'occasion de cette assimilation des étrangers aux Français, lui écrit : « Je prévois un inconvénient fâcheux qui va arriver, et sur lequel je vous prierai de spécifier votre ordre, qui est qu'y ayant ici un grand nombre d'étrangers *non naturalisés* que je prévois convertis à la venue des premiers dragons, et, après cela, ces gens feront leurs affaires et enverront tous leurs effets *au pays dont ils sont*, et ensuite voudront se retirer, et régulièrement on ne saurait point les en empêcher. Pourquoi ? *s'il n'y a point de différence à faire ?* » (entre étrangers et Français). — On trouve aux archives, des ordres pour faire entrer aux nouvelles catholiques de Paris, Mlle Betsy, *Anglaise*, pour en faire sortir Mlle du Cerceau et Mme de Bonroger, toutes deux Hollandaises.

Un envoyé du duc de Zell, ayant refusé de se laisser convertir, est jeté à la Bastille ; on donne l'ordre d'enfermer dans cette prison de Villaines, écuyer de l'ambasseur de Hollande, accusé de pervertir les nouveaux convertis, mais au dernier moment on recule devant cette violation flagrante du droit des ambassadeurs ; on se borne à demander le rappel de l'écuyer de Villaines, mais, en même temps, on donne l'ordre de tenter de l'enlever, quant il se mettra en route avec sa famille pour rentrer en Hollande. Quant aux réfugiés qui s'étaient fait naturaliser et avaient pris du service dans les armées étrangères, s'ils étaient faits prisonniers, ils étaient impitoyablement envoyés aux galères ; c'est ce qui arriva aux réfugiés pris à Fleurus, c'est ce qui serait arrivé à lord Galloway, fils de Ruvigny, s'il fût resté aux mains des Français où il était tombé un instant au cours de la bataille de Nerwinde ; et, cependant, dès 1680, Ruvigny son père, avant de quitter la France, avait pris soin de prendre en Angleterre des lettres de naturalisation pour lui-même et pour ses enfants.

Le roi croyait avoir assez fait pour ces dangereux *naturalisés* en publiant le 12 mars 1689, une ordonnance ainsi conçue :

« Sa Majesté ayant été informée que plusieurs officiers de ses troupes et autres ses sujets, qui depuis la publication de l'édit portant révocation de celui de Nantes, sont sortis du royaume et se sont retirés en Angleterre et Hollande, comme dans les pays neutres, se trouvent présentement embarrassés, dans l'appréhension qu'ils ont d'être obligés, à l'occasion de la présente guerre, ou de porter les armes contre leur véritable souverain, ou de perdre la subsistance qu'ils tirent dans lesdits pays ; et Sa Majesté, voulant bien leur donner moyen de ne point tomber dans un pareil crime, qui a toujours été en horreur à la nation française, et d'éviter l'autre inconvénient, Sa Majesté a ordonné et ordonne, veut et entend, que tous ceux de ses sujets, de quelque qualité qu'ils soient, qui sont sortis du royaume à l'occasion de la révocation dudit édit de Nantes, et lesquels passeront au Danemark, pour y servir dans les troupes de Sa Majesté Danoise, qui est dans l'alliance de Sa Majesté, ou se retireront à Hambourg, *pourront jouir de la moitié des biens qu'ils ont en France.* »

Ce qui est plus excessif encore, c'est que les réfugiés *naturalisés ou non* qui étaient pris, non les armes à la main mais voyageant d'un pays à l'autre pour leurs affaires ou leur négoce, étaient aussi envoyés aux galères, en vertu de cette disposition de la déclaration du 31 mai 1685 : « Les Français qui seront pris sur les vaisseaux étrangers, ou autres, et convaincus de s'être établis sans notre permission dans les pays étrangers, seront constitués prisonniers dans les prisons ordinaires des lieux... et condamnés aux galères perpétuelles. »

C'est ainsi qu'Élie Neau, *naturalisé Anglais,* ayant été pris en mer par un corsaire de Saint-Malo, fut mis aux galères ; il fut cruellement tourmenté par l'aumônier des galères qui, ne pouvant venir à bout de sa constance, finit par demander qu'on le débarrassât d'un tel *pestiféré.* Élie Neau fut alors jeté dans un cachot sans jour et sans air, où on le laissa souvent sans vêtements pour se garantir du froid, et sans nourriture, et ce ne fut qu'au bout de cinq ans, sur les pressantes instances de lord Portland qu'il fut enfin mis en liberté.

Pour les huguenotes qui étaient prises en mer, elles étaient mises au couvent où on les convertissait. Trois jeunes filles partent de la Caroline où leur père s'était fixé, pour se rendre en Angleterre où une femme de qualité s'était chargée de les faire élever ;

le vaisseau qui les portait est pris et on les met au couvent. L'aînée se fait religieuse, et les deux autres sœurs se convertissent ; dix ans après leur capture, l'intendant de Bretagne demande pour elles une dot afin de les marier à deux anciens catholiques. La demoiselle Falquerolles, *fameuse protestante* dit Pontchartrain, qui avait été prise sur un vaisseau anglais, capturé par un armateur de Dunkerque, résista à tous les efforts faits pour la convertir; on dut se résigner à l'expulser du royaume comme opiniâtre.

C'était, sans croire qu'ils renonçaient pour toujours à leur patrie, que les huguenots avaient pris la route de l'exil. « Nous partons, avaient-ils dit, comme Olry, mais seulement *jusqu'à ce que Dieu nous ramène* dans les lieux d'où l'on nous a déchassés par la violence que l'on a exercée contre nos consciences ». Avec cet espoir persistant du retour, ces réfugiés ne se considéraient que comme les hôtes passagers des pays qui les avaient accueillis. En 1697, dans le Brandebourg, les Églises françaises célébraient encore un jeûne solennel *pour le retour en France*, et jusqu'en 1703, les pasteurs de ces Églises se refusèrent à dresser la liste des membres qui composaient leurs troupeaux, dans la crainte de donner une constitution définitive à un état de choses qu'ils ne considéraient que comme provisoire. Si un grand nombre de huguenots, cinq ou six mille, se fixèrent à Cassel, c'est, dit Weiss, parce qu'ils étaient heureux de ne pas s'éloigner beaucoup de leur pays natal, dans lequel ils espéraient être rappelés un jour. »

« Si, dit Maritofer, troupe par troupe, on voyait les réfugiés se succéder en Suisse avec la même persistance, c'est qu'aussi la Suisse leur offrait le plus court chemin, *pour retouner chez eux*. Le regret de la patrie perdue leur rendait plus difficile de prendre racine dans les asiles qui s'ouvraient à eux et de se fondre avec leurs frères en la foi, si charitables et si dévoués qu'ils se montrassent à leur égard; aussi voyons-nous partout les émigrés, chercher à se grouper en nombre, à former une paroisse à part, avec ses préposés et son administration propre, *afin de pouvoir à la première occasion retourner tous ensemble au pays regretté.* »

Cette préoccupation de se grouper ensemble, pour se faire sur le sol étranger une petite France, à l'image de la patrie perdue, on la retrouve partout chez les réfugiés, en Hollande, en Angleterre, en Amérique, en Allemagne et en Suisse.

C'est en Hollande, en Angleterre, dans le Brandebourg et dans les différents États de l'Allemagne, que se fixa la plus grande partie des réfugiés.

Si un si grand d'entre eux allèrent si fixer dans le Brandebourg, vingt-cinq mille militaires, gentils hommes, gens de lettres, artistes, marchands manufacturiers, cultivateurs, c'est que pour les attacher au pays, Frédéric Guillaume laissait les colonies d'émigrants subsister dans une certaine mesure en corps de nation. Les réfugiés avaient leurs cours de justice, leurs consistoires, leurs synodes, et toutes les affaires qui les concernaient se traitaient en français. Il leur semblait qu'ils vivaient encore parmi leurs parents et leurs amis, tant le Brandebourg leur retraçait l'image de la patrie absente.

Si les pasteurs retardèrent jusqu'en 1703 la formation des registres des églises du Brandebourg, c'est parce qu'ils craignaient, nous le répétons, tant l'esprit du retour était resté fermement enraciné dans les cœurs, de donner, par la formation des listes, une apparence définitive à la constitution de leurs troupeaux. Ainsi, que le dit Jurieu, les réfugiés s'obstinaient à conserver *ce cœur Français* qu'on s'efforçait de leur arracher.

Il ne faut pas croire que, dès le début, les réfugiés prenant les armes sous le drapeau des puissances protestantes qui leur avaient donné asile, eussent perdu l'amour de leur patrie ; un grand nombre d'officiers, en s'engageant dans l'armée hollandaise, avaient stipulé qu'ils ne combattraient point contre la France. Si tant de réfugiés vinrent s'enrôler dans l'armée de Guillaume d'Orange, et verser leur sang pour lui assurer la possession du trône d'Angleterre, ils furent surtout poussés à le faire par le désir de se constituer, en la personne de Guillaume, un protecteur assez puissant, pour qu'il pût imposer un jour à Louis XIV le rappel des huguenots. La lettre suivante écrite par le baron d'Avejon, pour provoquer des engagements dans son régiment, destiné à prendre part à l'expédition d'Angleterre, montre bien que, pour les réfugiés, il s'agissait là d'une sorte de croisade en vue du retour ultérieur dans la patrie. « Je m'assure, dit-il, que vous ne manquerez pas de faire publier dans toutes les Églises françaises de Suisse, *l'obligation* où sont les réfugiés de nous venir en aide dans cette expédition, où il s'agit de la gloire de Dieu, et, dans la suite, *du rétablissement de son Église dans notre patrie.* »

Le succès de la bataille de la Boyne eût peut-être été pour les réfugiés le gage assuré d'un retour prochain en France, si leur chef, le maréchal de Schomberg, n'eût pas trouvé la mort sur le champ de bataille. Deux ans plus tard, après le combat naval de la Hogue, Guillaume décidait qu'une descente serait faite en France et qu'on ferait appel au concours des nouveaux convertis. Les régiments de réfugiés avaient été désignés pour former l'avant-garde du corps expéditionnaire que devait commander Ménard de Schomberg, fait comte de Leinster.

Mais les vents contraires ayant empêché le débarquement, et la saison avancée ne permettant pas de donner suite à ce projet de descente en France, il fut abandonné, et, depuis ce moment, jamais il ne fut fait une tentative sérieuse pour rétablir, *de haute lutte*, le culte protestant en France.

Un des premiers chefs des révoltés des Cévennes, Vivens, un ancien cardeur de laine, avait appelé à lui, mais vainement, tous les réfugiés ; l'entente eût-elle été possible entre les gentilshommes émigrés, et les obscurs artisans, chefs improvisés de la démocratique insurrection des Cévennes ? Cela semble d'autant plus douteux que l'on voit d'Aigullières et les nobles nouveaux convertis de Nîmes supplier le gouvernement de Louis XIV de leur donner des armes pour aller exterminer les Cévenols, *ces malheureux fanatiques* ; si l'on eût pu amener les réfugiés qui versaient leur sang sur tous les champs de bataille pour leurs patries d'occasion, à s'unir au dernier chef des Cévenols, Roland, il est incontestable qu'ils eussent eu grande chance de réussite et que Louis XIV aurait pu se voir contraint à rétablir l'édit de Nantes.

Mais rien de sérieux ne fut tenté par les réfugiés pour venir au secours de l'insurrection cévenole, la flotte que Ricayrol amenait en 1704 au secours des insurgés est dispersée par la tempête. L'année suivante, alors que Roland, le grand organisateur des révoltés, périt victime d'une trahison, La Bourlie, Miramont et Belcastel, de l'étranger où ils sont réfugiés, tentent d'organiser dans le Languedoc une vaste conspiration; Bonbonnoux, un des derniers chefs camisards, parle ainsi de cette aventure :

« Quelques-uns de ceux qui avaient suivi Cavalier dans les pays étrangers, étant de retour dans nos provinces, leurrés par quelques puissances étrangères, roulaient de vastes projets dans leurs esprits. Il ne s'agissait pas de moins que de se rendre maître de la province et de mettre quarante mille hommes sur pied au premier signal... Mais lorsque la lourde machine est prête à jouer, le secret s'évente et tout le projet tombe; heureux, si par sa chute il n'avait pas entraîné la perte des principaux qui l'avaient formé. Mais quelle cruelle boucherie n'en fit-on pas ! Vélas fut étendu sur une roue, Catinat et Ravanel périssent sur un même bûcher, Flessière est tué sur place. »

Infatigable conspirateur, La Bourlie, fils d'un lieutenant général, ancien sous-gouverneur de Louis XIV, ne cessa, jusqu'au jour de sa mort, de faire de nouveaux complots qui n'aboutirent pas.

Déjà, en 1703, retiré dans son manoir de Vareilles, d'où il lançait de nombreuses proclamations, il avait tenté d'organiser un soulèvement général des catholiques et des protestants contre le gouvernement de Louis XIV. Montrant que, par suite de la de la suppression de toutes les libertés, le pouvoir sans limites du roi surchargeait impunément le peuple d'impôts insupportables, il invitait tous les Français à briser les fers de leur honteux esclavage et à réclamer les armes à la main la convocation des États généraux. Pendant qu'il préparait le soulèvement du Rouergue, il chargeait le capitaine Boëton de s'entendre avec les chefs camisards pour agir avec eux. Mais Catinat, lieutenant de Cavalier, ayant pris les devants et ayant fait brûler quelques églises dans le canton où l'on devait se rencontrer, fut attaqué par les milices catholiques qui dispersèrent sa troupe. Boëton arrivant avec six cents hommes, ne trouve plus ses alliés, il est obligé de gagner la montagne et de s'enfermer dans le château de Ferrières, où il est attaqué par des forces supérieures et obligé de se rendre avec sa troupe.

Si La Bourlie avait pu réunir tous les éléments de résistance épars sur les divers points du territoire, faire marcher ensemble les catholiques et les protestants pour la revendication des libertés perdues et la suppression des impôts, réduisant à la plus horrible misère, la gent taillable et corvéable à merci, il eût transformé la guerre religieuse en une guerre sociale qui eût pu constituer un grave péril pour le gouvernement.

Quelques années auparavant déjà, les souffrances du peuple avaient amené des troubles sérieux en Bretagne et en Guyenne, et la misère était elle partout, qu'elle eût servi puissamment la cause de La Bourlie, s'il avait pu réaliser le soulèvement général qu'il avait rêvé. Pour qu'on puisse se rendre compte du puissant appui qu'eût rencontré dans la misère générale le soulèvement général rêvé par La Bourlie, il n'est pas inutile de montrer par quelques citations, ce qu'était cette misère *au bon vieux temps.*

« Par toutes les recherches que j'ai pu faire depuis plusieurs années que je m'y applique, dit le maréchal de Vauban, j'ai fort bien remarqué que dans ces derniers temps, la dixième partie du peuple est réduite à la mendicité, et mendie effectivement; que, des neuf autres parties, il y en a cinq qui ne sont pas en état de faire l'aumône à celle-là, parce qu'eux-mêmes sont réduits, à très peu de chose près, à cette malheureuse condition ; que des quatre autres parties qui restent, les trois sont fort mal aisées et embarrassées de dettes et de procès et que, dans la dixième, où je mets tous les gens d'épée, de robe, ecclésiastiques et laïques, toute la noblesse haute, la noblesse distinguée, et les gens en charges, militaires et civils, les bons marchands, les bourgeois rentés et les plus accommodés, on ne peut pas compter sur cent mille familles, et je ne croirais pas mentir quand je dirais qu'il n'y en a pas dix mille, petites ou grandes, qu'on puisse dire être fort à leur aise... De tout temps en France on n'a pas eu assez d'égards pour le menu peuple... aussi c'est la partie la plus ruinée et la plus misérable du royaume. Les biens de la campagne rendent le tiers moins de ce qu'ils rendaient il y a trente ou quarante ans, surtout dans les pays où les tailles sont personnelles. Les puissants font dégrever leurs fermiers, leurs parents, leurs amis... Les paysans ont renoncé à élever du bétail et à améliorer la terre dans la crainte d'être accablés par la taille, l'année suivante. Ils vivent misérables, vont presque nus, ne consomment rien et laissent dépérir les terres. Les paysans arrachent les vignes

et les pommiers à cause des aides et des douanes provinciales...
Le sel est tellement hors de prix qu'ils ont renoncé à élever des
porcs, ne pouvant conserver leur chair. Des agents employés à
lever les revenus, de cent il n'y en a pas un qui soit honnête, et,
par le fer et le feu, il n'y a rien qu'on ne mette en usage pour
réduire ce peuple au pillage universel. Et tous les pays qui composent ce royaume sont universellement ruinés. » Une relation de
1669, qui se trouve aux manuscrits de l'arsenal dit : « Plusieurs
femmes et enfants ont été trouvés morts sur les chemins et
dans les blés, *la bouche pleine d'herbes*, dans le Blaisuis, ils sont
réduits à pâturer *l'herbe et les racines* tout ainsi que des bêtes,
ils dévorent *les charognes*, et, si Dieu n'a pitié d'eux, ils se man-
geront les uns les autres. »

Au mois de mai 1673, Lesdiguières écrit à Colbert : « La plus
grande partie de la province (le Dauphiné) n'ont vécu pendant
l'hiver *que de pain, de glands et de racines*, et présentement on
les voit manger *l'herbe des prés et l'écorce des arbres* ».

Une relation adressée à l'évêque d'Angers, 1680 à 1686, porte :
« Nous entrons dans des maisons qui ressemblent plutôt à des
étables qu'à des demeures d'hommes. On trouve des mères *sèches*
qui ont des enfants à la mamelle et n'ont pas un double pour
leur acheter du lait. Quelques habitants ne mangent *que du pain
de fougères*, d'autres sont trois ou quatre jours sans en manger
un morceau. »

En 1693 et 1694, la guerre, la disette et la peste font de la
France un désert. Les villes se dépeuplent, les villages deviennent des hameaux, les hameaux disparaissent jusqu'au dernier
homme. — En 1709, on fait avec de l'orge un pain grossier qui
prend le nom de *pain de disette*. D'autres réduisent en farine et
pétrissent en pain la racine d'arum, le chiendent, l'asphodèle.
Le plus grand nombre dans les campagnes, après qu'on eût
vendu pour payer l'impôt le peu qu'on avait récolté, durent *brou-
ter l'herbe* que les animaux, dévorés depuis longtemps, ne pouvaient plus leur disputer.

Ces quelques citations montrent qu'on ne peut accuser
Labruyère d'exagération quand il fait cette peinture des paysans
de l'ancien régime :

« On voit certains animaux farouches, des mâles et des femelles, répandus par la campagne, noirs, livides et tout brûlés par le soleil, attachés à la terre, qu'ils fouillent avec une opiniâtreté invincible ; ils ont comme une voix articulée, et, quand ils se lèvent sur leurs pieds, il montrent une face humaine, et en effet ce sont des hommes, ils se retirent la nuit dans des tanières, où ils vivent de pain, d'eau et de racines. »

L'erreur des réfugiés, c'était de pas comprendre qu'il n'y avait pas d'autre moyen de rétablir de haute lutte le culte protestant en France, que de venir eux-mêmes, *sous leur propre drapeau*, et non sous le drapeau des ennemis de la France, opérer ce rétablissement, comme le firent les Vaudois rentrant dans leur pays.

Tout au contraire, ils supposaient que les huguenots ou nouveaux convertis restés en France, étaient prêts à seconder toutes les attaques dirigées contre leurs persécuteurs par des armées étrangères dans lesquelles se trouvaient quelques régiments d'émigrés français *dénationalisés*.

En 1696, une flotte anglaise s'approchant des côtes du Poitou était venue bombarder les Sables, le gouvernement craignait qu'une descente des Anglais fût combinée avec un soulèvement des huguenots, ceux-ci ne bougèrent pas. En 1703, l'armée du duc de Savoie entre dans le Dauphiué, et cette armée comptait plusieurs régiments de réfugiés, les huguenots de la province ne se joignent pas aux envahisseurs de leur patrie.

Dix-huit ans plus tard, un intendant, pour montrer que les huguenots du Daupniné ne sont pas disposés à faire de mouvements, ainsi qu'on le prétend, rappelle qu'ils sont restés tranquilles dans deux circonstances critiques : la guerre des Cévennes et l'invasion de la province par le duc de Savoie. En 1719, on fait craindre au régent que les huguenots du Midi ne veuillent s'associer aux projets formés contre lui par Albéroni. L'ambassadeur de France en Hollande prie le pasteur Basnage d'intervenir, et celui-ci écrit aux prédicants de France que leur devoir est de rendre à Dieu ce qui est à Dieu, et à César ce qui est à César. Court, le restaurateur des églises en France, affirme que le bruit d'un soulèvement des huguenots est une invention des catholiques.

Le régent envoie dans le Languedoc M. de la Bouchetière, un

émigré du Poitou, et celui-ci, après avoir sondé ses coreligionnaires, peut rassurer complètement le duc d'Orléans. En 1720 encore, une lettre du prédicant Cortès fait renoncer le gouvernement aux inutiles mesures de précaution qu'il avait cru devoir prendre en vue d'une révolte dans les Cévennes.

En 1746, des vaisseaux anglais se montrent sur la côte du Languedoc, et l'on annonce au gouvernement que des émissaires étrangers vont s'entendre avec les huguenots du Midi. L'intendant fait sonder les intentions des protestants du Midi, et treize pasteurs protestent énergiquement de leur fidélité à la France. Viala écrit : « Dieu nous est témoin qu'il ne se passe rien dans nos assemblées qui tende le moins du monde à troubler la tranquillité de l'État, et je ne connais aucun protestant dans ce pays, capable de favoriser les Anglais. » Paul Rabaut écrit de son côté au ministre :

« En conscience, et comme devant Dieu qui sonde les cœurs et les reins, je puis vous assurer, monseigneur, que je n'ai jamais eu de liaison personnelle, de commerce de lettres, de correspondance directe ou indirecte avec les Anglais, que je n'ai jamais vu ni connu, encore moins introduit et favorisé des émissaires des cours de Londres, de Vienne et de Turin, et que, si l'une ou l'autre de ces cours m'en adressait quelqu'un qui fût destiné et employé à renverser le système de la France, à exciter de nouveaux troubles dans notre royaume, *à armer les protestants français contre les catholiques français, la France contre la France..*, je me conduirais à son égard de la manière qu'un bon patriote, un véritable chrétien, un pasteur religieux devrait alors se conduire. »

Rabaut avait d'autant plus de mérite à faire cette patriotique protestation que dans le même moment de nouvelles persécutions étaient exercées contre les protestants « rendus infiniment plus malheureux, disait-il, au milieu du peuple de France que ne le sont les juifs au milieu des peuples les plus barbares. » Ce qui passe l'imagination, c'est de voir les huguenots, pour lesquels les persécutions ne se ralentissaient, sous Louis XIV comme après lui, que lorsque une guerre avec l'étranger ôtait au gouvernement la libre disposition de ses troupes, aller jusqu'à prier pour leur persécuteur et pour ses succès militaires.

En 1744 même, les synodes des Cévennes et du Languedoc prescrivaient *un jeûne solennel* pour demander à Dieu la conservation du roi et la *prospérité de ses armes*.

Le système de *moutonnerie* chrétienne prêché par les pasteurs à leurs fidèles, était de se laisser dépouiller, brigander et égorger sans résistance; un tel système non seulement interdisait absolument aux nouveaux convertis de songer à seconder une tentative armée des réfugiés, mais encore devait les amener jusqu'à blâmer la conduite de ceux qui s'étaient soustraits par la fuite à l'étranger, aux violences des convertisseurs.

Voici, en effet, la lettre pastorale qui était adressée en 1782 aux huguenots de Cuère :

« Faites en sorte qu'aucun de vos concitoyens ne vous surpasse en patriotisme, disputez-leur à tous la gloire d'aimer et de servir votre prince.... Plus vous serez utiles à la France, plus elle sentira qu'elle doit vous accorder une tolérance fondée sur les lois. Il est d'autres pays où vous pourriez suivre les mouvements de votre cœur, célébrer la bonté de Dieu comme il vous a paru digne de lui. Malgré cela, n'ayez jamais de projet pour vous éloigner de votre pays, *gardez-vous de porter vos talents et vos arts chez vos voisins, ce serait tendre à faire naître la misère dans notre province, ce serait vous exposer à devenir un jour les ennemis de votre patrie, à porter les armes contre elle, à verser le sang de vos frères.* »

Il fut heureux pour la cause de la liberté de conscience, que les gouvernants ne se rendissent pas compte, de ce que la théorie de l'obéissance absolue au prince, prêchée par les pasteurs, leur eût tout permis, sans lasser *la patience de huguenot* des persécutés.

Mais le souvenir de l'insurrection des Cévennes hantait la cervelle des gouverneurs et des intendants; chaque fois que la France était attaquée par ses ennemis, on interrompait les persécutions, dans la crainte de voir les huguenots suivre l'exemple des terribles montagnards qui avaient tenu en échec les armées du grand roi.

Sauf le parti militaire de l'émigration, les réfugiés, ainsi que les nouveaux convertis, n'attendaient la restauration du culte protestant en France que d'un changement de politique qui serait spontanément adopté par le gouvernement ou qui lui serait imposé par un traité conclu avec les puissances protestantes.

Pendant plus de vingt ans, ils persistèrent à espérer que ces puissances profiteraient de leurs succès militaires pour obtenir de Louis XIV, par des négociations, le rétablissement du culte protestant en France. Invoquant les précédents des traités de Westphalie, de Munster et d'Osnabruck, à l'occasion desquels on avait vu le roi de France défendre, contre la maison d'Autriche, les intérêts des princes protestants de l'Allemagne, ils demandaient que le roi Guillaume et ses alliés fissent une condition de la paix du rappel des réfugiés et du rétablissement de l'édit de Nantes en France.

Les plénipotentiaires protestants à Ryswick se bornèrent à remettre à l'ambassadeur de France un mémoire lui recommandant *ces pauvres gens*, afin qu'il leur fût procuré le soulagement après lequel ils soupiraient depuis si longtemps. Louis XIV, irrité de la faiblesse qu'avait montrée son ambassadeur en prenant ce mémoire avec promesse de l'envoyer à la cour, fit déclarer officiellement que ce mémoire n'avait pu lui être remis, bien qu'il l'eût reçu.

Quoique Guillaume, en 1697, eût refusé de risquer d'accrocher les négociations de paix pour un objet aussi *secondaire* que les réclamations des huguenots de France, cependant, en 1713, les délégués des réfugiés insistent encore vivement auprès des plénipotentiaires protestants pour qu'il soit inséré dans le traité d'Utrecht une clause relative au rappel des émigrés en France.

Mais depuis 1709, une partie des réfugiés s'étaient fait naturaliser dans leurs pays d'adoption, dont ils s'étaient considérés si longtemps comme des hôtes passagers, et, parmi les émigrés, il s'était formé un parti puissant hostile au retour en France. — Quant aux puissances protestantes, nulle d'entre elles ne désirait voir rentrer en France les émigrés qui avaient versé leur sang sur tous les champs de bataille pour elles, les avaient dotées d'industries florissantes et avaient su faire un jardin de leurs terres incultes, même des sables de la Prusse et du Holstein. — Par bienséance, les ministres de la reine Anne formulèrent une demande de rappel des réfugiés, mais ils ne tentèrent pas de triompher des résistances obstinées de Louis XIV, ils eussent comme les plénipotentiaires des autres puissances protestantes, bien regretté de voir cette demande obtenir satisfaction.

Les puissances protestantes savaient bien, en effet, que c'était la persécution qui leur avait valu, outre tant de bons marins et de valeureux soldats, le concours de nos fabricants et de nos ouvriers, leur apportant nos secrets agricoles et industriels ainsi que les capitaux nécessaires pour les utiliser, ce qui leur avait permis de cesser d'être, comme par le passé, les tributaires de la production française.

La signature du traité d'Utrecht avait fait perdre définitivement aux réfugiés l'espoir d'obtenir leur rappel en France par l'intervention des puissances protestantes; ils eurent cependant encore cette illusion à la mort de Louis XIV, de croire que le régent allait spontanément renoncer à la politique d'intolérance qui leur avait fermé si longtemps les portes de leur patrie, mais ils furent bientôt cruellement détrompés. Enfin, en 1724, l'édit remettant en vigueur toutes les ordonnances édictées par Louis XIV, vint signifier un ordre éternel d'exil à tous les émigrés qui s'obstinaient à espérer contre toute espérance, tant le regret du pays natal leur tenait à cœur.

Quatre cents familles huguenotes établies dans la Caroline, voyant qu'elles doivent perdre l'espoir de rentrer en France, demandent qu'on leur accorde au moins la permission de s'établir en Louisianne, *sur une terre française*, à la seule condition que sur cette terre lointaine on leur accordera la liberté de conscience. A cette patriotique requête, Pontchartrain répond : « Que le roi n'avait pas chassé ses sujets protestants de ses États d'Europe pour leur permettre de former une république dans ses possessions d'Amérique. »

N'est-ce pas chose touchante que la persistance de l'amour de la France, chez ces réfugiés que la persécution avait chassés de leur patrie et qui rêvaient toujours de venir mourir sur une terre française ?

Le Gouvernement, aussi bien sous la régence et sous Louis XV que sous Louis XIV, interdisait aux réfugiés de revenir *individuellement* en France, soit pour s'y fixer, soit même pour n'y faire qu'un séjour passager, à moins qu'ils ne consentissent à abjurer.

Ainsi Bancillon conte qu'un sieur de la Roche vint à la France en 1713 avec un passeport de l'ambassadeur de France, d'Aumont, et un autre de la reine d'Angleterre, qui avait beaucoup de considération pour lui.

M. de la Roche était de Montpellier et il espérait qu'en allant respirer l'air natal, sa santé se rétablirait, mais à Paris, on lui montre un ordre qui défend à tout réfugié de rentrer dans le royaume à moins de faire abjuration ; il ne pousse pas plus loin que Paris et revient au plus vite en Angleterre. En 1753 encore, le refugié Arnaud, malgré l'appui de la duchesse d'Aiguillon, ne peut obtenir la permission d'entrer en France pour conduire sa femme malade dans le Dauphiné.| A la mort de Louis XIV, plusieurs réfugiés croient pouvoir rentrer dans leur patrie, pensant que, *à l'occasion des changements qui viennent d'arriver*, on ne les contraindra point à abjurer.

Les commandants de troupes écrivent aux évêques pour leur dire de réclamer aux curés l'état des fugitifs qui sont rentrés dans leurs paroisses, afin que les troupes obligent ceux-ci soit à abjurer, soit à repasser la frontière. — Le régent, apprenant que Henri Duquesne, le fils de l'amiral, est venu à Paris, le fait prévenir par le lieutenant de police de La Reynie, d'avoir à sortir immédiatement du royaume, sous peine d'être jeté à la Bastille.

Et pendant tout le règne de Louis XV, on tient la main à la stricte observation de cette règle : ne permettre aux réfugiés la rentrée en France qu'au prix d'une abjuration. — En 1756, le réfugié Télégny prie l'intendant Lenain d'intervenir pour qu'il lui soit permis de revenir, sans subir cette dure condition. — Le secrétaire d'État, Saint-Florentin répond à Lenain : « Je conviens avec vous qu'il serait plus avantageux à l'État de ne pas tant perdre de sujets, ou d'en recouvrer davantage, mais *la loi est faite* et subsiste depuis longtemps dans toute sa rigueur, et ce serait renverser l'ouvrage de soixante ans que d'y porter la moindre atteinte. »

En 1763 encore, l'archevêque de Canterbury demande qu'on laisse rentrer en France le réfugié Bel et qu'on lui rende ses biens qui ont été confisqués. Saint-Florentin répond au duc de Choiseul, qui lui a transmis cette demande, qu'elle n'est pas susceptible de faveur, et il motive ainsi son refus :

« Si M. Bel *se présentait en qualité de catholique pour obtenir son retour en France et le rétablissement dans tous ses droits civils*, il pourrait mériter d'être écouté, mais les déclarations du roi de 1698 et de 1725, *excluent pour toujours du royaume tout Français réfugié pour cause de religion, à moins qu'il n'ait abjuré*. Il paraît qu'on ne doit pas non plus y laisser revenir, ni encore moins y rétablir dans ses biens, un homme *qui a été condamné pour fait de religion*, et qui n'a pas, autant qu'il est en lui, et *par une abjuration indiquée par la loi*, réparé *le crime* qui a fait le texte de sa condamnation. Ce serait réintégrer dans le royaume un coupable, autorisé, pour ainsi dire, *dans son erreur*, et aussi dangereux pour la religion que pour l'État. »

Ainsi que nous l'avons dit, au début de l'émigration, les réfugiés avaient afflué en Suisse, en Hollande, en Angleterre et dans les états de l'Allemagne, et bien qu'ils se groupassent pour se constituer une sorte de petite France sur le sol étranger, ils ne s'éloignaient pas, afin de pouvoir saisir la première occasion de revenir dans leur patrie.

Ce ne fut qu'après avoir perdu l'espoir de rentrer en France que les réfugiés se dispersèrent sur tous les points du globe, devenant une sorte de rosée féconde et civilisatrice pour le monde entier. On trouve un assez grand nombre de réfugiés en Danemarck, à Copenhague, à Altona, à Fredéricia et à Gluckstadt, il y en a en Russie, à Saint-Pétersbourg et à Moscou; quelques-uns même allèrent s'établir sur les bords du Volga. En Suède, l'intolérance luthérienne réduisit l'émigration à fort peu de chose. Beaucoup de réfugiés s'établirent dans les provinces de l'Amérique anglaise, la Caroline du Sud, entre autres, donna asile à un assez grand nombre d'émigrants, pour recevoir des Américains, la qualification de : *la maison des huguenots dans le nouveau monde*.

Quelques centaines de huguenots s'établirent à Surinam, dans la Guyane Hollandaise. Quelques milliers se fixèrent au cap de Bonne-Espérance, et c'est une famille de réfugiés, les Desmarets, qui dota cette colonie hollandaise du fameux vin de Constance. En 1795, un du Plessis, descendant d'une famille noble de réfugiés, défendit avec une poignée de burghers un défilé, si courageusement, que le général anglais devenu gouverneur de la colonie, lui offrit un fusil d'honneur.

« On força, dit Rabaut Saint-Étienne, trois ou quatre cent mille Français à s'exiler de leur patrie. Ils allèrent enrichir de leur travaux la Suisse, dix provinces de l'Allemagne, les campagnes de Hollande, d'Angleterre, de Danemarck, de Suède et les sables arides du Brandebourg. Ce furent eux qui firent le fond des premiers établissements de ces colonies anglaises de l'Amérique qui étonnent aujourd'hui l'ancien continent. Ils passèrent des premiers au cap de Bonne-Espérance, où ils plantèrent la vigne pour y conserver le souvenir de leur ancienne patrie. On en trouve dans tous les établissements des Européens, en Asie et en Afrique, et dans quel pays n'en trouverait-on pas? Sur le rocher de Sainte-Hélène, près du pôle austral, dans cette île délicieuse située entre l'Asie et l'Amérique, à quatre mille lieues de leur patrie, on a trouvé des réfugiés français. »

L'obstination mise par Louis XIV à refuser de rappeler les huguenots en France, n'aurait pas amené cette dispersion des réfugiés, si le grand roi n'avait pas commis cette nouvelle faute de faire échouer le projet conçu en 1689, par Henri Duquesne, le fils de l'amiral, de réunir tous les réfugiés et de fonder avec eux, à l'île Bourbon, une nouvelle France protestante, placée sous le protectorat de la Hollande. Des circulaires avaient annoncé à tous les réfugiés de l'Angleterre, du Brandebourg, de la Suisse, de l'Allemagne et de la Hollande, le prochain départ pour la terre promise. Les États généraux de Hollande avaient autorisé Duquesne à équiper dix vaisseaux, les préparatifs avaient été poussés avec tant d'ardeur que, dans les premiers mois de 1690, les vaisseaux à l'ancre au Texel, n'attendaient plus que le signal du départ. La Trigodière, capitaine du génie qui devait fortifier l'île, était déjà embarqué avec une partie des colons, le comte de Monros, qui devait prendre les devants, allait mettre à la voile, lorsque tout à coup Duquesne annonce qu'il renonce à son projet, il fait débarquer les colons et désarmer les vaisseaux. Qu'était-il arrivé ? L'espion de l'ambassadeur de France en Hollande, Tillières, avait appris que les huguenots allaient s'embarquer, emportant douze cent mille livres d'espèces, pour fonder une république protestante sous la présidence de Duquesne. Un des capitaines des émigrants lui avait dit qu'il y aurait là quatre cents personnes bien décidées à se battre et à se faire sauter à la dernière extrémité. Faisant observer que, pourvu qu'on prît l'argent, ce ne serait pas une grande perte que celle de la personne des émigrants, l'honnête Tillières avait demandé que le gouvernement français envoyât des vaisseaux pour s'opposer au débarquement des colons, et il avait été fait droit à sa demande. Duquesne, en apprenant que des vaisseaux de guerre partaient de France pour livrer bataille à la flottille qu'il allait conduire à l'île Bourbon, avait cru devoir renoncer à son expédition, afin de ne pas violer le serment qu'il avait fait à son père, *de ne jamais combattre contre les Français.*

Ce projet de création d'une France protestante au delà des mers, rêvé par Coligny au xvi⁰ siècle, eût certainement réussi au moment où Duquesne voulait le réaliser, car alors, les huguenots émigrés n'avaient pas encore pris racine dans les pays qui leur avaient donné asile. Dans la seconde moitié du xviii⁰ siècle, le pasteur Gilbert, à la suite d'une recrudescence de persécution contre les huguenots de France, voulut reprendre le projet de Duquesne, mais il n'était plus temps ; les réfugiés s'étaient fondus avec les peuples qui les avaient accueillis, et les huguenots ou nouveaux convertis restés dans leur pays, n'avaient plus la même ardeur d'émigration. Gilbert n'aboutit qu'à faire sortir de France en 1764, une poignée de nouveaux émigrants qui allèrent rejoindre les réfugiés établis depuis longtemps dans la Caroline.

On regrette d'autant plus vivement l'avortement du projet de Duquesne, quand on réfléchit au rôle prépondérant que les réfugiés et leurs descendants ont joué dans toutes les guerres que la France a eu à soutenir depuis la révocation de l'édit de Nantes.

La petite armée de onze mille hommes avec laquelle Guillaume d'Orange alla conquérir le trône d'Angleterre et détrôner Jacques, l'allié de Louis XIV, comptait trois régiments d'infanterie et un escadron de cavalerie, composés *entièrement* de réfugiés. En outre, sept cent trente-six officiers, formés à l'école de Turenne et de Luxembourg, étaient répartis dans les divers régiments de l'armée de Guillaume, armée dont le commandant en chef était le maréchal de Schomberg, et où l'artillerie était commandée par Goulon, un des meilleurs élèves de Vauban. A la bataille de la Boyne, en 1688, le maréchal de Schomberg

décida de la victoire en entraînant ses soldats par ces paroles :
« Allons, mes amis, rappelez votre courage et vos ressentiments,
voilà vos persécuteurs! » Au combat de Neuss, les grands mousquetaires, corps composé de réfugiés, attaquèrent les troupes
françaises avec fureur.

Au siège de Bonn, les corps de réfugiés, commandés pour
l'assaut, *sur leur demande expresse*, se précipitèrent avec un
tel acharnement que tous les ouvrages extérieurs furent emportés, ce qui entraîna le lendemain la reddition de la place. A la
Marsaille, les réfugiés sont décimés, Charles de Schomberg est
tué, comme son père l'avait été à la Boyne, après avoir chère-
ment fait acheter la victoire à Catinat. A Fleurus, déjà, Schomberg avait empêché Luxembourg de tirer parti de la victoire.

Ruvigny, fait comte de Galloway, triomphe à Agrim ; à Nerwinde il soutient presque seul, à la tête de son régiment, l'effort
de toute la cavalerie française, et couvre, par une résistance
désespérée, la retraite de l'armée anglaise. En 1706, il entre à
Madrid à la tête de l'armée anglaise victorieuse, et fait proclamer
Charles III, le prétendant autrichien opposé à Philippe V. Il
avait eu un bras emporté par un boulet au siège de Badajoz, et
il fut blessé d'un coup de sabre à la figure à la bataille d'Al-
manza. C'est à cette bataille que le régiment de réfugiés, commandé par le Cévenol Cavalier, se trouva en face d'un régiment
français qui avait pris part à la terrible guerre des Cévennes.

Les deux régiments s'abordèrent à la bayonnette et s'entr'égor-
gèrent avec une telle furie qu'il n'en resta pas trois cents hommes.

Enfin partout, en Irlande, sur le Rhin, en Italie et en
Espagne, les corps de réfugiés furent le plus solide noyau des
troupes opposées à l'armée de Louis XIV ; partout ils versèrent
leur sang pour leurs patries d'adoption.

De tous les États de l'Europe, c'est la Prusse qui a le plus
largement profité, pour le développement de sa puissance militaire, de la double faute qu'avait commise Louis XIV, en obligeant ses sujets huguenots à quitter leur pays, et en empêchant
Duquesne de réunir tous les réfugiés à l'île Bourbon. — L'armée
de Frédéric-Guillaume comptait les grands mousquetaires, les
grenadiers à cheval, les régiments de Briquemault et de Varennes,
et les cadets de Courmaud, *corps exclusivement composés de*

réfugiés. En 1715, c'est le réfugié Jean de Bodt, major général, qui, ayant sous ses ordres de Trossel et de Montargues, deux autres réfugiés, dirige les opérations militaires sur les bords du Rhin, jusqu'aux traités de Radstadt et de Bade ; sous Frédéric II, les fils des réfugiés prennent une part glorieuse à la guerre de Sept Ans et les noms de neuf généraux *d'origine française* sont inscrits sur le socle de la statue élevée dans la ville de Berlin à Frédéric le Grand.

Il est difficile de savoir quel est le nombre des descendants de réfugiés qui ont fait partie de l'armée d'invasion en 1870, car, après Iéna, un grand nombre d'entre ces descendants avaient germanisé leurs noms de manière à les rendre méconnaissables. — Bien avant cette époque, dit Weiss, beaucoup de réfugiés, ayant perdu tout espoir de retour dans leur patrie, avaient traduit leurs noms français en allemand. Lacroix était devenu *Kreutz*, Laforge *Schmidt*, Dupré *Wiese*, Sauvage *Wied*, etc.

Ce fait de la germanisation des noms rend donc bien incomplète l'indication que peut donner le relevé des noms français pour déterminer le nombre des descendants des réfugiés dans l'armée d'invasion. Quoi qu'il en soit, sur l'état de l'armée prussienne au 1er août 1870, figurent, rien que pour l'état-major, les généraux et les colonels, quatre-vingt-dix noms *dont l'origine française ne saurait faire aucun doute*.

Voici ces noms :

Généraux (de toutes armes) : De Colomier, de Berger, de Pape, de Gros, de Bories, de Montbary, de Malaise, Mulzer, de la Roche, de Jarrys, de Gayl, de Memerty, de Busse, du Trossel, de Colomb, Girod de Gaudy, de Ruville.

Colonels et lieutenants-colonels d'état-major : De Loucadou, Verdy du Vernois, de Verri, Faber du Faur.

Chefs d'escadron d'état-major : Seyssel d'Aix, d'Aweyde, de Parseval, Manche.

Capitaines d'état-major : Cardinal, de Chappuis, Mantey, de Noville, Menges, D'Aussin, Baron de la Roche.

Lieutenants d'état-major : De Collas, de Palezieux, Mellin Marc, de Bosse, de Rabenau, baron Godin, Surmont, de Nase, comte de Villers, de Baligand, Chelpin, de Roman, Jarry de la Roche, de Lières.

Officier de marine : Le Tanneux de Saint-Paul.

Colonels et lieutenants-colonels de cavalerie : De Loë, Arent, de Busse, Rode.

Colonels et lieutenants-colonels d'infanterie : De Barby, Laurin, Duplessis, Colomb, de Rex, Conrady, de Bessel, Valentini, de Montbé, de Berger, de Conta, de Legat, de Busse.

Artillerie : De Mussinan, de Borries, baron de Lepel, de Pillement, Blanc, de Malaisé, de Selle, Gaspard, Gayl.

Génie, pontonniers : Bredan, Ney, Bredan (lieutenant), Hutter, de Berge, Lilie, Mache.

Si ces officiers et ces soldats huguenots que la persécution avait chassés de France et qui mettaient leur furie française au service des puissances étrangères, ne s'étaient pas sans cesse trouvés face à face avec ceux-là même qui les avaient dépouillés et tourmentés, s'ils avaient eu une nouvelle patrie *toute française* au-delà des mers, la violence de leurs ressentiments se fût vite apaisée. Ils auraient promptement repris ce cœur français, que Dieu et la naissance leur avaient donné, dit Jurieu, et qu'on avait eu tant de peine à leur arracher.

L'émigration protestante eût d'ailleurs apporté à la nouvelle France, non seulement les soldats aguerris qui versaient leur sang sur tous les champs de bataille de l'Europe, mais encore tous les éléments constitutifs d'un peuple pouvant aspirer à de hautes et prospères destinées ; elle lui eût donné, en effet, des savants, des diplomates, des ingénieurs, des matelots, des commerçants, des manufacturiers, des ouvriers de toutes les industries, des agriculteurs, des vignerons, des horticulteurs, etc., enfin des capitaux considérables pour créer son outillage industriel et agricole.

A quel avenir n'eût pu prétendre cette république protestante française, groupant tous ces éléments de force et de richesse, qui se sont dispersés sur tant de points du globe ?

Grâce à la double faute commise par Louis XIV, de s'être refusé à rappeler les huguenots en France, et d'avoir empêché la création d'une nouvelle France protestante à l'île Bourbon, ce sont les puissances ennemies ou rivales de notre pays qui ont profité de l'émigration qui était un désastre pour la France.

« L'ambassadeur de France ayant demandé au roi de Prusse,

raconte Tissot, ce qui pourrait lui faire plaisir, le roi lui répondit : ce que votre maître peut me faire de plus agréable, *c'est une seconde révocation de l'édit de Nantes.* »

Les puissances protestantes eussent toutes pu en dire autant, car voici ce que les réfugiés avaient, au dire de Michelet, fait pour les pays qui leur avaient donné asile :

« Ils avaient fait un jardin des sables de la Prusse et du Holstein, porté la culture en Islande, donné à la rude Suisse les légumes, la vigne, l'horlogerie, enseigné à l'Europe les assolements, le mystère de la fécondité. Aux bords de la Baltique on les croyait sorciers, leur voyant pratiquer l'art innocent de doubler, panacher les fleurs. Par Lyonnet et Bonnet, ils continuaient Swammerdam, ouvraient le sein de la nature. Par Jurieu Saurin, ils préparaient Rousseau. Denis Papin porte à l'Angleterre, le secret qui, plus tard, donnera à quinze millions d'hommes les bras de cinq cents millions, donc la richesse et Waterloo. »

L'Angleterre, la Hollande, la Suisse, la Prusse et les autres États de l'Allemagne, avaient hérité de nos manufacturiers les plus riches et les plus intelligents et de leurs ouvriers les plus habiles, qui avaient apporté à leurs nouvelles patries leur savoir-faire, leur secrets industriels et les moyens de les mettre en œuvre. Grâce aux réfugiés, les divers États de l'Europe cessèrent d'être tributaires de la France pour une foule d'industries, la soierie, la draperie, la chapellerie, la ganterie, les toiles, le papier, l'horlogerie, etc.; aujourd'hui toutes ces industries ont fait de tels progrès dans les pays où les ont importées les émigrants français, qu'elles font une redoutable concurrence aux produits similaires de notre pays.

On n'estime pas à moins de trois ou quatre cent mille le nombre des émigrants qui s'établirent à l'étranger, et l'on calcule que la persécution religieuse a fait, en outre, cent mille victimes qui trouvèrent la mort, dans les massacres des assemblées, dans les luttes des Cévennes, sur la route de l'exil, au fond des cachots, sur les bancs des galères, sur la potence, sur la route et sur le bûcher.

La perte qu'a subie la France ne peut s'évaluer d'après le nombre des émigrés et des victimes, car on ne peut évaluer par têtes une perte d'hommes, comme on ferait pour du bétail, l'instruction et l'intelligence établissant entre les hommes une grande différence au point de vue de la valeur sociale. Or, les protestants formaient la meilleure partie de cette classe moyenne, industrieuse et éclairée qui a fait la grandeur et la prospérité des nations modernes.

« Les protestants, dit Henri Martin, étaient fort supérieurs, en moyenne, sinon à la bourgeoisie catholique de Paris et des principaux centres de la civilisation française, du moins à la masse du peuple, et les émigrants *étaient l'élite des protestants.* Une multitude d'hommes utiles, parmi lesquels beaucoup d'esprits supérieurs, laissèrent en France des vides effrayants, et allèrent grossir les forces des nations protestantes ; *la France baissa de ce qu'elle perdit et de ce que gagnèrent ses rivales.* Elle s'appauvrit, non pas seulement des Français qui s'exilent, mais de ceux, bien plus nombreux, qui restent malgré eux, découragés, minés, sans ardeur au travail ni sécurité de la vie ; c'est réellement l'activité de plus d'un million d'hommes que perd la France, et du million qui produisait le plus. »

Quant à Quinet, il montre ainsi le grand vide que fit dans l'esprit de la nation française, la proscription des protestants :

« Ce fut, dit-il, un immense dommage pour la révolution française d'avoir été privée du peuple proscrit à la Saint-Barthélemy et à la révocation de l'édit de Nantes...

Quand vous voyez dans l'esprit français de si grands vides, qu'il serait désormais puéril de nier, n'oubliez pas que la France s'est arrachée à elle-même le cœur et les entrailles par l'expulsion ou l'étouffement de près de deux millions de ses meilleurs citoyens. — Qu'y a-t-il de plus sérieux et de plus persévérant que le calvinisme, le jansénisme de Port royal ? La violence nous a diminués, mais c'est notre honneur qu'il a fallu la proscription de cinq cent mille des nôtres, l'extirpation d'une partie de la nation, pour nous réduire a la frivolité dont on nous accuse aujourd'hui... Il y avait chez nous un juste équilibre de gravité et de légèreté, de fond et de formes, de réalité et d'apparences. Est-ce notre faute, si la violence barbare nous a ôté le lest ?... Que n'eût pas été la France si, avec l'éclat de son génie, elle se fût maintenue entière, je veux dire, si, à cette splendeur, elle eût joint la force de caractère, la vigueur d'âme, l'indomptable ténacité de cette partie de la nation qui avait été retrempée par la réforme. »

Le mal que l'émigration avait fait à la France, Louis XIV eût pu le réparer en partie, s'il se fût résigné à rappeler les huguenots et à tolérer en France l'exercice du culte protestant; mais il se refusa obstinément à revenir sur ses pas, alors même que, sans argent et sans armée il se trouvait dans l'impossibilité de continuer la lutte contre les puissances catholiques, liguées avec ces puissances protestantes dont il s'était fait d'irréconciliables ennemies, en se faisant le Pierre l'Hermite du catholicisme, aussi bien au-dehors qu'au-dedans des frontières de son royaume.

Après lui, le régent songea un instant à ce rappel des huguenots, « *considérant*, dit Saint-Simon, *le gain de peuple, d'arts, d'argent et de commerce que la France ferait en un moment par ce rappel si désiré* »; mais il se laissa bien facilement déconseiller de réaliser ce projet.

Pourquoi l'idée de rouvrir les portes de la France aux réfugiés, à leurs enfants et à leurs petits enfants fut-elle toujours repoussée par le gouvernement, aussi bien sous la Pompadour et sous la Dubarry que du temps de la dévote Maintenon?

Parce que la tradition administrative était, que l'intérêt de l'État exigeait qu'aucun réfugié ne pût rentrer en France sans avoir abjuré, à raison de cette fiction légale qu'il n'y avait plus de protestants dans le royaume. Or, ainsi que le fait observer Rulhières, sous les gouvernements arbitraires, si les principes peuvent changer, d'un règne à l'autre, même d'un ministre à l'autre, il y a quelque chose qui reste *immuable*, c'est la tradition administrative.

La Constituante essaya de réparer la faute commise par la monarchie de droit divin; elle décréta que les descendants des religionnaires fugitifs pourraient revenir en France, y reprendraient l'exercice de leurs droits civils et politiques, et rentreraient en possession des biens invendus et non adjugés de leurs familles, restés sous la régie des domaines.

C'est grâce à cette mesure réparatrice, que plusieurs familles de réfugiés, les Odier, les la Bouchère, les Pradier, les Constant,

les Bitaubé, les Pourtalès, purent rendre quelques-uns de leurs
membres à la mère patrie. Mais il était trop tard pour que le
rappel des huguenots pût avoir un effet efficace; après un si long
temps écoulé depuis que les réfugiés avaient quitté la France,
leurs descendants s'étaient fondus dans les nations qui avaient
donné asile à leurs familles, le désastre de l'émigration était
devenu irréparable.

CONCLUSION

Me voici parvenu au terme de la tâche que je m'étais imposée, tâche consistant à faire revivre pour mes lecteurs — à l'aide de nombreux documents empruntés, soit aux historiens, soit aux acteurs, bourreaux ou victimes, d'une odieuse persécution religieuse — l'histoire de la croisade à l'intérieur commencée contre les huguenots de France par Louis XIV et poursuivie par ses successeurs presque jusqu'à la dernière heure de la monarchie de droit divin.

La conclusion à tirer de cette triste histoire se dégage d'elle-même c'est que, la force étant impuissante contre l'idée, les plus abominables violences ne peuvent avoir raison d'une foi philosophique ou religieuse.

Dès 1688, du reste, il était devenu manifeste que l'on s'était trop hâté de frapper de menteuses médailles en l'honneur de l'extinction de l'hérésie et que le prétendu retour de la France à l'unité religieuse n'était qu'une vaine apparence.

Un courageux patriote, le maréchal de Vauban ne craignit pas, à ce moment, de remettre à Louvois un mémoire, concluant à ce qu'on revînt sur tout ce qu'on avait fait. Après avoir rappelé la désertion de cent mille Français, la ruine de notre commerce, les flottes et les armées ennemies, grossies de neuf mille de nos meilleurs matelots, de six cents de nos officiers et de douze mille de nos soldats, il montrait qu'il était impossible de poursuivre l'œuvre imprudemment entreprise, sans recourir à l'un de ces partis extrêmes : ou exterminer les *prétendus* nouveaux convertis, ou les bannir comme des relaps, ou les renfermer comme des furieux. Et il demandait hardiment : le rétablissement des temples, le rappel des ministres, la liberté, pour tous ceux qui n'avaient abjuré que par contrainte, de suivre celle des deux religions qu'ils voudraient, une amnistie générale pour tous les fugitifs, pour ceux-mêmes qui portaient les armes contre la France, la délivrance des galères et la réhabilitation de tous ceux que la cause de religion y avait fait condamner.

Il faisait en outre observer : « que les sectes se sont toujours propagées par les persécutions, et qu'après la Saint-Barthélemy, un nouveau dénombrement des huguenots prouva que leur nombre *s'était accru de cent dix mille.* »

Après un siècle de persécutions, le ministre de Breteuil, dans son rapport à Louis XIV, constate que le nombre des huguenots est aussi grand en 1787, qu'il l'était en 1685 au moment de la révocation, qu'ils ont remplacé « tout ce qui a péri pendant les temps de persécution, tout ce qui s'est réellement converti à notre foi et tout ce que les émigrations en ont enlevé au royaume ».

Bien plus, ainsi que l'établit Chavannes, dans son *Essai sur les abjurations*, la persécution qui avait pour but d'augmenter le nombre des *croyants* au catholicisme, a au contraire augmenté le nombre des indifférents en matière religieuse ; ce ne sont pas seulement les protestants qu'on avait forcés d'abjurer, ce sont aussi les anciens catholiques, qui ne sont plus aujourd'hui catholiques *que de nom.*

« Quelle est, en effet, aujourd'hui, dit-il, l'attitude qu'ont prise, et que maintiennent de génération en génération à l'égard de la religion, un si grand nombre de chefs de famille, sinon précisément celle que le fait d'une abjuration forcée imposait aux malheureux qui cédaient à l'oppression? Qu'on prenne à ce point de vue les classes lettrées ou les classes ouvrières, qu'on pénètre même au sein des populations des campagnes, on trouvera trop généralement les pères ne croyant guère au catholicisme, le pratiquant le moins possible pour ce qui les concerne, y laissant participer leurs femmes, y faisant participer leurs enfants dans la mesure voulue. — Au fond, une profonde indifférence, un vrai néant religieux, au dehors une honteuse dissimulation, une lâche hypocrisie calculée en vue d'intérêts tout matériels ou de convenances tout humaines, voilà ce qu'on ne peut méconnaître chez le grand nombre de ceux qui portent en France le nom de catholiques.

Les anciennes familles de réformés de France, ou bien sont devenues purement et simplement catholiques, *à la manière de la majorité de leurs concitoyens,* ou bien sont revenues à la foi protestante, après un temps d'adhésion extérieure au romanisme, sans que rien ait marqué, dans leur retour à la profession de leurs pères, un acte sérieux rappelant la voix sainte de la conscience. »

Bayle avait prévu ce résultat lorsqu'il disait :

« Nous avons présentement à craindre le contraire de nos faux convertis, savoir un germe d'incrédulité qui sapera peu à peu nos fondements et qui, à la longue, inspirera du mépris à nos peuples pour les dévotions qui ont le plus de vogue parmi nous. »

Cette démonstration, par les faits, de l'impuissance de la force contre une foi religieuse, était suffisamment établie déjà quand le maréchal de Vauban demandait à Louis XIV de s'arrêter et de revenir sur ses pas, mais on ne revient pas *de si loin* ainsi que le faisait observer madame de Maintenon.

Au contraire, en présence des obstacles insurmontables qu'il rencontrait sur sa route, Louis XIV ne fit que redoubler de violence et d'ardeur passionnée pour poursuivre son impossible entreprise. Quelques années plus tard, ainsi que le rappelle Saint-Simon, quand ses nombreux ennemis voulurent exiger le retour des huguenots en France, comme l'une des conditions sans lesquelles ils ne voulaient point mettre de bornes à leurs enquêtes et à leurs prétentions pour finir une guerre qu'il n'avait plus aucun moyen de soutenir, il repoussa cette condition avec indignation, *quoi qu'il pût arriver,* alors qu'il se trouvait épuisé de blés, d'argent, de ressources et presque de troupes, que ses frontières étaient conquises et ouvertes et qu'il était à la veille des plus calamiteuses extrémités.

On voit qu'il est impossible de pousser plus loin l'aveugle obstination que peut donner à un fanatique l'exercice du pouvoir absolu, mais Louis XIV était de la race de ces Xercès qui finissent par se croire dieux et en arrivent à faire battre la mer des verges quand elle ne se prête pas à l'exécution de leurs volontés.

« Les rois, dit-il dans les mémoires qu'il avait fait rédiger pour son fils, sont seigneurs *absolus* et ont *naturellement* la disposition des biens tant des laïques que des séculiers... Celui qui a donné des rois aux hommes, a voulu qu'on les respectât comme ses lieutenants, *se réservant à lui seul le droit d'examiner leur conduite*, sa volonté est que, quiconque est né sujet, *obéisse sans discernement*.

Maître de la personne et des biens de ses sujets, il se croyait au même titre maître de leurs consciences, et, habitué à voir tout plier devant lui, à s'entendre dire : *il est l'heure qu'il plaira à Votre Majesté*, il traitait comme des rebelles ceux qui s'obstinaient à rester fidèles à une religion qu'il ne voulait plus tolérer dans son royaume.

Aux galères les *opiniâtres*, qui, pour se soustraire aux violentes exhortations des missionnaires bottés, ont tenté de franchir la frontière, et leurs biens confisqués, *même dans les provinces où la loi n'admet pas la confiscation*. En prison, au couvent, à l'hôpital les *opiniâtres* qui n'ont commis d'autre crime que de refuser d'abjurer leur foi religieuse ! et, *vu le mauvais usage qu'ils font de leurs biens*, on les leur confisque afin qu'ils ne soient pas traités plus favorablement que ceux qui ont émigré !

Une complainte de 1698, résume ainsi la situation faite aux huguenots pas la persécution religieuse :

> Nos filles dans les monastères,
> Nos prisonniers dans les cachots,
> Nos martyrs dont le sang se répand à grands flots,
> Nos confesseurs sur les galères,
> Nos malades persécutés,
> Nos mourants exposés à plus d'une furie,
> Nos morts traînés à la voirie,
> Te disent nos calamités.

Les prisons et les couvents regorgeant, on expulse un certain nombre de ces *opiniâtres*, dont ne peut triompher le zèle convertisseur des geôliers, on les mène à la frontière en leur interdisant de rien emporter, ni effets ni argent, et on déclare leurs biens confisqués. Cette confiscation des biens prononcée aussi bien contre ceux qu'on expulsait du royaume que contre ceux qui avaient voulu franchir la frontière, sembla si peu justifiable que

le Président de Roclary crut devoir présenter au secrétaire d'État
les observations suivantes :

« Comme des officiers qui passent toute leur vie dans l'obligation
d'étudier et de suivre les lois, sont obligés de chercher dans leurs
dispositions les fondements des avis qu'ils prennent, je ne crois
pas qu'ils puissent regarder *comme un crime* la sortie hors du
royaume, *d'un homme qu'on oblige d'en sortir*, et prononcer la
confiscation de ses biens ni aucune peine, pour une action *qui
n'a rien de volontaire* de la part de celui qui paraît plutôt la
souffrir que la commettre. — Que si le roi avait trouvé bon de
révoquer par une déclaration la liberté que l'article 12 de l'édit
du mois d'octobre 1685 a laissée à ses sujets de vivre dans la profession de la religion prétendue réformée et d'ordonner à tous
ceux qui voudraient continuer dans cette erreur de sortir du
royaume dans un certain temps, cette peine, quoique grande, ne
pourrait être regardée que comme un effet de la clémence aussi
bien que de la justice du roi, et le bannissement perpétuel auquel
ils se condamneraient volontairement *leur ferait perdre leurs
biens dans les règles de la justice;* mais dans l'état où sont les
choses, je ne puis que *soumettre mes sentiments à toutes les
volontés du roi*, persuadé que les motifs de sa résolution *n'en
seront pas moins justes* pour surpasser une intelligence aussi
bornée que la mienne. »

Ces considérations d'équité et de justice n'étaient pas de nature
à arrêter Louis XIV; *si veut le roi si veut la loi*, disait-il alors,
de même qu'en son enfance il écrivait : *les rois font ce qui leur
plaît* (1).

Le bon plaisir était la seule règle de sa conduite, et j'ai eu plus
d'une fois au cours de ce travail, l'occasion de donner des preuves
de cette affirmation; en voici encore une : bien que Louis XIV
eût mis tous les sujets huguenots dans l'alternative, ou de rester
dans le royaume exposés à toutes les violences des convertisseurs, ou d'encourir la terrible peine des galères s'ils tentaient
de franchir la frontière, il permit cependant à quelques notabilités protestantes, les Ruvigny, le comte de Roye, le maréchal

(1) Marnier conte, en effet, qu'il a vu à la bibliothèque de Saint-Pétersbourg un papier sur lequel Louis XIV enfant, avait écrit six fois : « l'hommage est dû aux rois, *ils font ce qui leur plaît.* »

de Schomberg, etc., de sortir librement de France. Il refusa cette
faveur au plus notable des protestants, à l'amiral Duquesne, ce
grand homme de mer que les Barbaresques, dans leur terreur,
prétendaient avoir été oublié par l'ange de la mort. Duquesne,
par faveur exceptionnelle, put mourir tranquillement en France,
sans avoir été violenté à se convertir, mais Louis XIV ne voulut
pas qu'on élevât un tombeau à l'amiral et refusa même son corps
à ses enfants qui lui avaient préparé une sépulture sur la terre
étrangère. On voyait encore en 1787, sur les frontières de la
Suisse, dit Rulhières, cette sépulture *vide* portant l'inscription
suivante :

« Ce tombeau attend les restes de Duquesne, son nom est
connu sur toutes les mers. Passant ! si tu demandes pourquoi les
Hollandais ont élevé un superbe monument *à Ruyter vaincu* et
pourquoi les Français ont refusé une sépulture honorable *au
vainqueur de Ruyter*, ce qui est dû de crainte et de respect à un
monarque dont la puissance s'étend au loin, me défend toute
réponse. »

Les autres *opiniâtres*, moins favorisés que Duquesne, furent
violentés à se convertir, et pour la plupart, emprisonnés, jusqu'au
jour où les prisons et les couvents regorgeant, on expulsa du
royaume les *opiniâtres* qu'on n'avait pu convertir. Le plus grand
arbitraire présida encore à l'exécution de cette mesure ; c'est
ainsi qu'on voit Mme de Coutaudière, marquée dès 1692 pour être
expulsée, encore retenue en prison en 1700. Cependant un rapport
fait en 1697 au secrétaire d'État portait : les parents disent que
la prison *lui affaiblit l'esprit*, mais Pontchartrain avait écrit en
marge de ce rapport : *l'y laisser* ! et, grâce à cette inhumaine
annotation, Mme de la Coutaudière était restée en prison.

Les ministres et les intendants avaient la même bonté de cœur
vis à vis des huguenots, que Louis XIV, qui ne voyait, dans le
désastre de l'émigration, minant et dépeuplant la France au profit de l'étranger, *qu'un moyen de purger le royaume de ses mauvais et indociles sujets*, et qui, en apprenant que des milliers de
Vaudois venaient périr de la peste dans les prisons du duc de
Savoie, écrivait : je ne doute pas qu'il *ne se console facilement
de la perte de semblables sujets*..

Tel maître, tels valets. Seignelai recommandait de mettre les forçats huguenots, de toutes les campagnes, c'est-à-dire de les soumettre journellement au meurtrier supplice de la vogue. Louvois, apprenant que les femmes de Clairac, en se jetant à genoux en larmes dans le temple, avaient retardé de quelques heures sa démolition, écrivait : qu'il eût été à désirer que les troupes eussent tiré sur elles, pour les punir de cette touchante rébellion, etc.

Quelques *opiniâtres*, notables protestants, au lieu d'être emprisonnés avaient été relégués dans telle ou telle résidence déterminée, et ceux d'entre eux qui tentaient de passer à l'étranger, étaient encore plus impitoyablement frappés que les autres fugitifs, car on considérait comme un eaggravation de leur crime de désertion, l'oubli qu'ils avaient fait de *la faveur* dont ils avaient été l'objet; c'est ce dont témoigne le passage suivant d'un édit royal :

« Nous avons été informés que quelques-uns de nos sujets, *même* de ceux que nous jugeons quelquefois à propos d'éloigner pour un temps du lieu de leur établissement ordinaire par des ordres particuliers, et pour bonnes et justes causes à nous connues, et pour le bien de notre État, oubliant, non seulement les engagements indispensables de leur naissance, *mais encore l'obéissance qu'ils doivent en particulier à l'ordre spécial qu'ils ont de nous*, quittent le lieu du séjour qui leur est marqué par notre dit ordre, pour se retirer hors le royaume. »

C'est une curieuse histoire que celle d'une de ces *reléguées*, la duchesse de la Force dont le roi lui-même avait entrepris la conversion, elle montre ce que Louis XIV appelait laisser une huguenote *en pleine liberté* :

« Par un zèle digne d'un roi très chrétien, dit l'abbé de Choisy, le roi avait résolu de procéder lui-même à la conversion du duc et de la duchesse de la Force, et ce fut pendant de longues années une lutte journalière du roi contre la duchesse opiniâtre, pour maintenir le duc dans l'apparente conversion qu'il lui avait arrachée. »

« Le duc de la Force, dit Saint-Simon, était un très bon et honnête homme, et rien de plus, qui, à force d'exils, de prisons, d'enlèvements de ses enfants et de tous les tourments dont on s'était pu aviser, s'était fait catholique. » En 1686, il s'était converti après avoir été enfermé à la Bastille, il y avait été remis en 1691 après qu'on eut découvert son testament ainsi conçu :

« La religion que nous croyons la seule véritable est celle dans laquelle nous sommes né et dans laquelle nous espérons mourir... Si la force de quelques maux, un délire ou quelque autre chose de cette nature nous faisait dire des choses qui ne rapportent point à ceci, *qu'on ne le croie point.* Seigneur Jésus, pardonnez-nous, si, dans un acte de fragilité, nous avons signé *par obéissance,* contre les sentiments de notre cœur, que nous changions de religion, bien que nous n'en ayons jamais eu la pensée... »

Le roi fait sortir de la Bastille ce mauvais converti et le relègue dans sa terre de la Boullaye avec la duchesse, mais jusqu'au jour de sa mort il le surveille avec un soin jaloux. Il désigne les personnes qui peuvent le voir, il lui ôte ses domestiques et les remplace par des gens sûrs, il lui interdit de se faire soigner par tel médecin, parce qu'il le juge *suspect.* Il attache à sa personne un espion, hors la présence duquel il est interdit à la duchesse de le voir, et qui reçoit cette instruction : « Si elle (la duchesse) se mettait en devoir de lui parler de religion, il lui imposera silence et l'obligera de se retirer d'auprès de lui. » Le duc devenant de plus en plus valétudinaire, on adjoint à l'espion ordinaire un Père de l'Oratoire, afin que l'un des deux soit toujours auprès de lui et qu'il ne se puisse jamais trouver seul avec sa femme, *soit de nuit, soit de jour.* L'état du duc s'aggravant encore, la duchesse reçoit l'ordre de se retirer dans une des chambres du château de la Boullaye, sans pouvoir avoir aucune communication, par écrit ou de vive voix, avec son mari, à peine de désobéissance. Elle ne peut même obtenir la grâce de le voir expirer, elle est remise aux mains de son fils, un nouveau converti devenu un des plus ardents persécuteurs des huguenots. On lui déclare que si elle ne se convertit pas, elle sera expulsée; elle persiste et est conduite au port dans lequel elle doit s'embarquer pour l'Angleterre, par un garde de la prévôté chargé « d'observer sa conduite pendant la route et d'en venir rendre compte à Sa Majesté ».

C'est en parlant de la situation faite à cette malheureuse femme, séparée de ses enfants mis au couvent ou au collège pour être convertis, espionnée jour et nuit dans le château où elle avait été reléguée, ne pouvant même assister aux derniers moments du mari avec lequel on l'empêchait de jamais se trouver seule, que le roi fait écrire à la Bourdonnaie : « Sa Majesté a poussé *la complaisance* jusqu'à laisser Mme la duchesse de la Force *en pleine liberté* à la Boullaye, ce qu'elle n'a encore fait pour personne de ceux qui sont dans l'état d'opiniâtreté et d'endurcissement en la religion prétendue réformée, où elle se trouve. »

Quand la déraison en vient à ce point, de regarder comme *une complaisance* méritoire, l'incessante persécution exercée à domicile, contre une malheureuse femme à laquelle il n'est plus permis d'être ni mère, ni épouse, rien ne peut vous arrêter dans la voie malheureuse où l'on s'est engagé.

C'est donc en vain, qu'on faisait observer au nouveau Philippe II, que ses tentatives pour catholiciser son royaume et l'Europe entière, faisaient perdre à la France ses alliances les plus anciennes et les plus sûres ; que l'émigration de tant de citoyens utiles et industrieux, c'était la vie du pays s'exhalant par tous les pores ; que la France baissait en population et en richesse de tout ce qu'elle perdait et de tout ce que gagnaient les puissances ses rivales. Louis XIV répondait imperturbablement que, en présence de l'importance de l'œuvre qu'il avait résolu d'accomplir, ces considérations étaient pour lui *de peu d'intérêt.*

Si le mobile de sa conduite eût été, non son incommensurable orgueil, mais la conviction inflexible du sectaire, le grand roi eût eu, du moins, jusqu'à sa dernière heure, l'imperturbable assurance que donne au fanatique, la conscience d'un devoir accompli. Mais qu'elle est l'attitude de Louis XIV quand il se trouve au moment de comparaître devant Dieu, devant le seul être auquel il reconnaisse le droit *de juger sa conduite* ?

Il ne fait pas comme le Tellier, qui, après avoir apposé sa signature sur l'édit de révocation, estime qu'il a assez vécu, et, sa tâche accomplie, s'écrie : *nunc me dimittis, Domine* !

Il ne montre pas l'héroïque courage du prophète Esprit Séguier, se vantant encore au moment de monter sur le bûcher, d'avoir porté le premier coup à l'archiprêtre du Chayla, le bourreau de ses frères, et s'écriant : « Je n'ai pas commis de crimes, mon âme est un jardin plein d'ombrages et de fontaines ».

S'il n'a ni la tranquille résignation de le Tellier, ni l'inébranlable fermeté du prophète cévenol, meurt-il du moins, avec la paisible assurance de l'homme à qui sa conscience atteste qu'il n'a jamais violé les lois de l'éternelle justice ?

Meurt-il en brave, comme le père de P.-J. Proudhon, un pauvre artisan, dont le fils conte ainsi la *belle mort*?

« Mon père à 66 ans, épuisé par le travail, en qui la lame, comme on dit, avait usé le fourreau, sentit tout à coup que sa fin était venue. Le jour de sa mort il eut, chose qui n'est pas rare, le sentiment arrêté de sa fin. Alors, il voulut se préparer pour le grand voyage, et donna lui-même ses instructions. Les parents et amis sont convoqués, un souper modeste est servi, égayé par une douce causerie. Au dessert, il commence ses adieux, donne des regrets à l'un de ses fils mort dix ans auparavant, mort avant l'heure. J'étais absent pour le service de la famille. Son plus jeune fils, prenant mal la cause de son émotion, lui dit : Allons, père, chasse ces tristes idées. Pourquoi te désespérer ? N'es-tu pas un homme ? Ton heure n'a pas encore sonné. — Tu te trompes, réplique le vieillard, si tu t'imagines que j'aie peur de la mort. Je te dis que c'est fini, je le sens, et j'ai voulu mourir au milieu de vous. Allons ! qu'on serve le café ! Il en goûta quelques cuillerées. J'ai eu bien du mal dans ma vie, dit-il, je n'ai pas réussi dans mes entreprises, mais je vous ai aimés tous et je meurs sans reproche. Dis à ton frère que je regrette de vous laisser si pauvres, mais qu'il persévère ! — Un parent de la famille, quelque peu dévot, croit devoir réconforter le malade en disant, comme le catéchisme, que tout ne finit pas à la mort, que c'est alors qu'il faut rendre compte, mais que la miséricorde de Dieu est grande. — Cousin Gaspard, répond mon père, je n'y pense aucunement. Je n'éprouve ni crainte, ni désir, je meurs entouré de ce que j'aime, *j'ai mon paradis dans le cœur.* Vers dix heures, il s'endormit, murmurant un dernier bonsoir ; l'amitié, la bonne conscience, l'espérance d'une destinée meilleure pour ceux qu'il laissait, tout se réunissait en lui, pour donner un calme parfait à ses derniers moments. Le lendemain mon frère m'écrivait avec transport : *Notre père est mort en brave.* »

Ce n'est pas en brave, c'est en lâche que meurt Louis XIV ! A ses derniers moments, il ne se souvient plus que le pape Innocent XI lui a écrit, qu'en révoquant l'édit de Nantes et en pourvoyant par ses édits contre les huguenots à la propagation de la foi catholique, il a mérité d'être félicité sur « le comble de louanges immortelles, qu'il a ajouté par cette dernière action, à toutes celles qui rendaient jusqu'à présent sa vie si glorieuse... et qu'il doit attendre de la bonté divine, *la récompense* d'une si belle résolution ».

Il a même oublié au moment de mourir cet incroyable panégyrique de Bossuet, que naguères son incommensurable orgueil acceptait comme un hommage justement mérité :

« Touchés de tant de merveilles, épanchons nos cœurs sur la piété de Louis. Poussons jusqu'au ciel nos acclamations, et disons à ce nouveau Constantin, à ce nouveau Théodose, à ce nouveau Marcien, à ce nouveau Charlemagne, ce que les six cent trente pères dirent autrefois dans le concile de Chalcédoine : Vous avez affermi la foi, vous avez exterminé les hérétiques, c'est le digne ouvrage de votre règne, c'en est le propre caractère. Par vous l'hérésie n'est plus, Dieu seul a pu faire cette merveille. Roi du ciel ! conservez le roi de la terre, c'est le vœu des églises, c'est le vœu des évêques ! »

Ces éloges outrés, il ne les entend plus, et quoi que puissent lui dire les évêques et les cardinaux qui l'entourent, sa conscience étouffe leur voix et lui crie : Roi ! qu'as-tu fait de ton peuple ? Caïn qu'as-tu fait de tes frères ?

Devant ses yeux flamboie comme un menaçant *Mané, Thécel, Pharès*, cet avertissement que lui ont donné ses sujets persécutés dans la supplique qu'ils lui ont vainement adressée lors de la signature du traité de Ryswick :

« Peut-être *qu'au lit de mort*, Votre Majesté aura quelque crainte et quelque regret d'avoir voulu contraindre la conscience de ses sujets. Peut-être, *aux dernières heures de sa vie*, les misères affreuses d'un si grand nombre de ses sujets viendront se présenter à ses yeux pour troubler le repos de son âme. »

Et, juste châtiment de son impitoyable orgueil, le spectacle de ces misères affreuses venait se dérouler devant lui. Il voyait les hommes torturés, les femmes outragées par ses missionnaires bottés; les fugitifs errants par troupes, mourant de fatigue et de privations sur la dure route de l'exil : les prisonniers grelottant de froid et criant la faim au fond de sombres et humides cachots ; les forçats pour la foi, attachés à la rame et souffrant mille morts sur les galères ; les cadavres nus et sanglants traînés sur la claie et jetés à la voirie ; des milliers de victimes, enfin, expirant, par ses ordres, sur la potence, sur la roue ou sur le bûcher.

Dans la terreur qui s'empare de lui à ce spectacle, il ne lu suffit plus d'être absous et pardonné par les ministres de son culte, et c'est sur quelques-uns de ceux qui, *nés ses sujets*, n'avaient rien autre chose à faire que d'obéir *sans discernement* à sa puissance absolue, qu'il cherche à rejeter la responsabilité des actes monstrueusement odieux qu'il a commis.

Appelant près de son lit de mort les cardinaux de Bissy et de Rohan, qui se trouvaient dans sa chambre, il les prend à témoin que, dans les affaires de l'Église, il n'a jamais rien fait que ce qu'ils ont voulu.

« *C'est à vous*, s'écrie-t-il, *de répondre pour moi devant Dieu*, de ce qui a été fait de trop ou de trop peu. Je proteste de nouveau que *je vous en charge devant Dieu !* J'en ai *la conscience nette*, et, comme *un ignorant*, je me suis absolument abandonné à vous dans toutes ces affaires. »

Non, il n'avait pas la *conscience nette*, ce grand coupable du crime de *lèse patrie*, qui avait sacrifié les intérêts du peuple sur lequel il régnait aux exigences de son rôle de convertisseur, et qui, en mourant, laissait la France épuisée d'hommes et d'argent, amenée par lui à deux pas de sa ruine. Quant à son *igno-rance* en matière religieuse qu'il invoquait à sa dernière heure, pour décliner dans l'autre monde, la responsabilité des actes injustifiables auxquels il s'était laissé entraîner, c'est en 1688 qu'il lui aurait fallu la confesser, cette ignorance, alors que le maréchal de Vauban lui montrait quelles avaient déjà été pour la France les déplorables conséquences de son intolérance reli-gieuse. Il y aurait eu alors quelque mérite pour cet ignorant, à s'arrêter dans la voie funeste où il s'était engagé, et quelque gran-deur à reconnaître son erreur en revenant sur ce qu'il avait fait Mais son orgueil insensé l'avait empêché de prendre le seul parti qui eût pu réparer en partie le mal fait par lui à la France. Tout au contraire, sans vouloir rien entendre, il avait continué son œuvre néfaste pour son royaume jusqu'à sa dernière heure, et même par delà ; car, par son testament il recommandait à ses successeurs de ne jamais revenir sur la révocation de l'édit de Nantes ; le funeste legs de ses odieux édits contre les protestants, accepté par eux, fit recommencer plus d'une fois l'exode des huguenots, si bien qu'en 1787 encore, Rulhières peut dire : *l'émigration est toujours prête à se renouveler*. La faute qu'a commise Louis XIV, nous en subissons encore aujourd'hui les conséquences, car sur tous les marchés du monde comme sur les champs de bataille, nous trouvons en face de nous, dans nos luttes avec l'étranger, les descendants de ces réfugiés français que la persécution a obligés a se dénationaliser.

Si l'impartiale histoire ne peut admettre l'excuse de l'*ignorance* pour décharger entièrement le roi très chrétien de la responsabilité qu'il trouvait trop lourde à porter à ses derniers moments, elle a le devoir, du moins, de rejeter, pour une large part, la responsabilité du mal fait à la France, sur le clergé qui se servait de cet *ignorant*, pour appliquer ses théories d'intolérance impitoyable.

Jamais, en effet, quelles que fussent les déplorables conséquences de la persécution religieuse, le clergé n'avait cessé de réclamer les plus odieuses contraintes contre les huguenots, et Rulhières en a vu plus d'une preuve dans des lettres trouvées par lui aux archives et dont quelques-unes, dit-il, *font frémir*.

« *Spécieuses* raisons d'État, s'écriait Massillon à la mort du grand roi, en vain vous opposâtes à Louis les vues timides de la sagesse humaine, *le corps de la monarchie affaibli par l'évasion de tant de citoyens, ou par la privation de leur industrie, ou par le transport furtif de leurs richesses* : les périls fortifient son zèle, l'œuvre de Dieu ne craint pas les hommes, il croit même affermir son trône en renversant celui de l'erreur. »

En 1775 encore, l'orateur de l'assemblée générale du clergé, disait à Louis XVI :

« Jamais, sire, vous ne serez plus grand, vous ne vous montrerez jamais mieux le père de vos sujets que quand, pour protéger la religion, vous emploierez votre puissance *à fermer la bouche à l'erreur*. L'Église compte au nombre de ses plus beaux jours, celui où, prosterné dans le sanctuaire de Clovis, vous avez voué votre sceptre à sa défense contre toutes les hérésies. On essaiera donc en vain d'en imposer à *Votre Majesté sous de spécieux prétextes de liberté de conscience, de désertion de citoyens utiles et nécessaires à la nation:* en vain, par de fausses peintures des avantages d'un règne de douceur et de modération, voudrait-on intéresser la bonté de votre cœur, vous persuader d'autoriser, ou au moins *de tolérer* l'exercice de la prétendue religion réformée : vous répouverez ces conseils d'une fausse paix, ces systèmes d'un *tolérantisme* capable d'ébranler le trône et de plonger la France dans les plus grands malheurs. Nous vous en conjurons... achevez l'œuvre que Louis le Grand avait entreprise, que Louis le Bien Aimé a continuée ; il aurait eu la gloire de la finir, si les ordres qu'il ne cessait de donner avaient été exécutés... Il vous est réservé, sire, de porter le dernier coup au calvinisme dans vos États! »

L'Église est invariable dans sa doctrine de l'intolérance, ce qu'elle condamnait au xviiᵉ et au xviiiᵉ siècle, *la liberté de conscience et toutes les autres libertés*, elle le condamne encore aujourd'hui; et si demain, un monarque *chrétien* était placé sur le trône de France, l'Église l'obligerait à combattre *les erreurs* du droit nouveau, quoi qu'il pût arriver : *Périssent les colonies et le pays tout entier plutôt que les principes d'intolérance*, disent les jacobins cléricaux. Pourvu que l'on ferme la bouche à l'erreur et que l'on tente de rendre au régime catholique son ancienne puissance, il ne faut pas s'inquiéter de savoir si, en agissant ainsi, on mènera le pays à sa ruine et si l'on fera couler le sang à flots; ces préoccupations sont *les vues timides de la sagesse humaine*, dont l'Église ne veut tenir aucun compte.

Si, par impossible, ceux qui réclament chaque matin un sauveur, comme les grenouilles demandaient un roi, voyaient donner satisfaction à leurs désirs, ils seraient bientôt, au nom du principe de l'intolérance religieuse, violentés, empoisonnés et égorgés comme le furent les huguenots *au bon vieux temps;* et s'ils se plaignaient, on serait autorisé à leur répondre : *Tu l'as voulu, Georges Daudin!*

FIN

TABLE DES MATIÈRES

CHAPITRE IV

LES GALÈRES

CHAPITRE V

LES DRAGONNADES

CHAPITRE VI

L'ÉMIGRATION

FIN DE LA TABLE DES MATIÈRES

ASNIÈRES. — IMP. LOUIS BOYER ET Cⁱᵉ, 7, RUE DU BOIS.